자본주의의 가을

자본주의의 가을

2023년 3월 25일 초판 인쇄
2023년 3월 30일 초판 발행

지은이 | 김선영
교정교열 | 정난진
펴낸이 | 이찬규
펴낸곳 | 북코리아
등록번호 | 제03-01240호
전화 | 02-704-7840
팩스 | 02-704-7848
이메일 | ibookorea@naver.com
홈페이지 | www.북코리아.kr
주소 | 13209 경기도 성남시 중원구 사기막골로 45번길 14
우림2차 A동 1007호
ISBN | 978-89-6324-164-7 (93320)

값 23,000원

THE

자본주의의 가을

The Autumn of Capitalism

AUTUMN OF

김선영 지음

CAPITALISM

북코리아

머리말

우리가 살아가고 있는 자본주의체제는 어디에서 왔을까? 그동안 어떤 변화의 과정을 거쳐 현재에 이르렀을까? 자본주의체제는 인류가 선택할 수 있는 최상의 사회체제인가? 만일 그렇다면 현재의 신자유주의적 자본주의는 자본주의가 작동하는 최선의 방식인가? 신분적 계급사회였던 중세 봉건사회가 무너진 이후 사유재산제도와 시장경제체제를 본질적 특성으로 작동되는 자본주의는 처음 세상에 나온 이후 5~6세기 남짓 동안 끊임없이 유기적으로 변화하면서 현재에 이르렀다. 사유재산은 자본화하여 자체증식의 극대화를 목표로 조직되었고, 시장은 그것을 가능하게 하는 도구가 되었다. 시장은 수요와 공급의 균형에 의해 가격을 결정하고 또 그 가격이 다시 수요와 공급에 영향을 미치는 가격기구를 작동원리로 작용하면서 생산수단의 사적소유를 바탕으로 생산자는 이윤극대화를, 소비자는 효용극대화를 추구하면서 적절한 생산과 분배를 이루어낸다. 그러나 시장에서의 자유는 늘 힘의 논리가 작용한다. 자본은 늘 힘의 우위를 차지하고 있었고, 다수 노동자는 늘 자본에 종속된 약자의 지위에 있다. 그 결과 부의 대부분은 자본에 집중되고, 약자인 노동자는 노동의 재생산에 필요한 수준의 소득만 배분받게 되면서 불평등은 심화되어왔다.

자본주의는 15~16세기 상업자본주의 형태로 나타나 18~19세기 기업조직이 지배적 생산양식으로 등장하면서 산업자본주의 형태로 자리 잡았으며, 20세기 말 신자유주의가 등장하면서 다시 금융자본주의 형태로 변화했다. 자본주의는 인류사회를 경영하는 체제로 자리 잡은 이후 지금까지 수차례의 위기를 맞았으나 그때마다 작동방식을 조금씩 변화시켜가면서 오늘날까지 유지되어오고 있으며, 영원할지는 알 수 없으나 한동안은 지구상 대부분 국가의 운영체제로서 작동할 것이다.

자본주의의 첫 번째 위기는 산업혁명에 따른 기술 · 과학의 발달로 생산력이 급격히 향상되었으나 시장에서의 수요가 그에 미치지 못하면서 발생하는 유효수요 부족 문제를 해소하기 위해 식민지 전쟁 또는 제국주의 전쟁으로 전 세계를 피로 물들인 것이었다. 산업화에 뒤늦었던 아시아와 아프리카 그리고 아메리카 대륙의 수많은 국가가 식민지 시절을 겪었고, 식민지의 민중은 피 흘리고 수탈당했으며, 그 시기에 형성된 식민지 지배구조는 지금까지도 국가 간의 역학구도에 영향을 미치고 있다.

두 번째 위기는 산업혁명 이후 자본에 의한 심각한 노동착취와 아동노동 등 가혹한 노동환경이 만연하고, 그로 인해 노동의 재생산조차 어려운 상황에 이르자 이제 막 정착되어가는 자본주의에 대한 회의와 이에 대한 반작용으로 사회주의체제가 등장한 것이다. 자본은 계속 축적되면서 갈수록 소수의 손에 집중되는 움직일 수 없는 경향이 있으며, 자본주의체제 내에는 그것을 제어할 아무런 장치도 없었다. 수십 년간의 산업적 성장을 이룬 다음에도 절대다수 대중의 상황이 여전히 비참한 상태를 벗어나지 못하고 점점 악화되어간다면 자본주의체제는 계속될 수 없을 것이라는 생각이 확산되었다. 자본은 축적될수록 수익률이 끊임없이 감소하거나 혹은 국민소득 가운데 자본가의 몫이 무한히 증가하게 될 것이었고, 마르크스는 그 결과 자본가들 사이에 격렬한 투쟁을 부르거나 인내에 한계를 보인 노동자들이 폭동을 일으켜 결국 자본주의는 최후를 맞을 것이라고 내다봤다. 사회주의의 등장으로 세계는 둘로

쪼개졌고 두 체제는 오랜 기간 서로 대립하면서 숱한 전쟁과 냉전의 시대를 지냈으나 한 세기도 지나지 않아 사회주의가 스스로의 한계를 드러냄으로써 지구촌은 다시 자본주의 경제체제를 신봉하게 되었다.

세 번째 위기는 1929년 미국 월가에서 시작된 세계 대공황이 전 세계 자본주의 국가를 덮친 것이다. 대공황은 수요 부족에 따른 결과였다. 마르크스는 대공황을 자본주의의 피할 수 없는 예정된 종말이라고 예언했지만, 이때도 자본주의는 정부지출로 수요를 창출하여 시장을 회복시키는 이른바 '뉴딜정책'으로 그 위기를 벗어날 수 있었다. 오히려 케인즈 경제학을 기반으로 세계 경제가 움직였던 1950~1973년 기간 동안 자본주의는 황금기를 누릴 수 있었다.

네 번째 위기는 1970년대 중반 이후 미국의 누적된 정부지출에 따른 통화량의 팽창과 브레튼우즈 체제의 폐기로 인해 인플레이션이 심화되고 있던 중에 1, 2차 오일쇼크가 겹치면서 스태그플레이션이 전 세계로 확산되던 시기였다. 유가 폭등은 석유제품뿐만 아니라 대부분의 공산품가격을 인상시키고 그 결과 수요가 위축되면서 생산도 줄어들자 고용이 축소되어 실업이 증가했다. 실업이 소득을 감소시키고 소비가 줄어들어 경기가 침체되는 악순환의 고리에서 빠져나오지 못하게 되면서 1980년대의 스태그플레이션은 케인즈 경제학의 이론적 기반을 송두리째 허물어버렸으며 그 결과 신자유주의 시대를 불러왔다. 신자유주의적 경제학은 하이에크와 밀턴 프리드먼에 의해 케인즈 경제학이 등장하던 비슷한 시기에 세상에 나와 50년가량 케인즈의 그림자에 가려져 있었으나 오일쇼크 이후에 빛을 보게 되었다. 통화주의자이면서 신자유주의의 이론적 활동가로 불린 밀턴 프리드먼은 기회를 놓치지 않고 "당신들이 변해야 할 시간이 되었을 때 대안은 이미 준비되어 있었다"고 외치며 단번에 전면에 등장해 신자유주의 시대를 활짝 열었다. 신자유주의는 규제완화, 정부지출 삭감, 민영화, 노동시장의 유연화, 자본의 금융화, 금융의 세계화를 핵심 내용으로 하면서 워싱턴 합의Washington consensus에 따라 전 세계로 확산되었고 우리나라는 1997년 외환위기 이후 IMF의 요구에 따라 신자유주의 시스템에 편입되었다.

다섯 번째 위기는 2008년 리먼브라더스의 파산을 기점으로 또다시 월가에서 시작된 세계 금융위기였다. 글로벌 금융위기는 신자유주의 경제체제에서 금융 부문이 지나치게 비대해진 탓에 발생한 것이며, 미국에서 일어난 일이지만 제3세계 국가에 더 큰 고통을 안겨주었다.

자유방임주의 경제학이 1929년 대공황으로 무너질 때 케인즈 경제학이 준비되어 있었고, 1970년대 케인즈의 수요관리정책이 무너질 때 신자유주의 경제학이 50년간 준비해오고 있었다. 2008년 세계 금융위기로 신자유주의의 실패가 확인되었지만, 그다음의 대안은 아직 그 누구에 의해서도 제시되지 않고 있다. 어떤 이는 "대안이 없으니 죽은 유령과도 같은 신자유주의가 아직도 떠돌아다니고 있다"고 표현했다. 신자유주의체제에서 온갖 풍요를 누려온 기득권층은 언론과 정부를 장악해 신자유주의체제를 지켜내려고 안간힘을 쓰고 있는 반면, 경제적 권리를 박탈당한 하층계급은 신자유주의가 몰고 온 불평등한 사회구조를 타파하려고 노력하기보다는 좌절과 절망에서 구원받기 위해 마음을 위로해주는 책을 읽으면서 힐링하거나, 한 줄기 희망을 품고 갭투자나 코인투자에 열을 올리고 있다. 한탕을 노리고 확률이 낮은 게임에 올인한 그들은 더 깊은 수렁에 빠져들 가능성이 크다.

2020년 초 발생한 코로나19 팬데믹이 세상을 집어삼키면서 전 세계는 셧다운에 돌입했고, 국가 간 이동이 금지되기도 했다. 다행히 처음 발생한 지 3년이 지나가는 2022년 말을 지나면서 코로나는 서서히 엔데믹endemic으로 전환될 것으로 전망되고 있다. 바이러스는 부자와 가난한 자를 가리지 않았지만 부자들은 대부분 그와 무관하게 기존의 생활방식을 계속 유지할 수 있었던 반면, 소상공인과 비정규직 같은 저소득층에는 감내하기 어려운 경제적 고통을 안겨주었다. 코로나19의 피해가 저소득층에 집중되는 동안 국내의 대기업들은 유례없는 호황을 누리고 있다는 보도가 이어지고 있다. 코로나19 사태는 자본주의에 여섯 번째 위기를 안겨줄 전망이다.

설상가상으로 코로나19 기간 중 무한대로 공급된 달러로 인한 통화인플레이션monetary inflation에 러시아-우크라이나전쟁에 따른 비용인상 인플레이션cost-push inflation이 겹치면서 물가가 폭등하자 이를 진정시키기 위해 미국 정부가 금리를 급상승시키고 우리 한국은행도 이에 따라 금리를 올리면서 OECD 최고 수준의 가계부채를 보유하고 있는 우리나라는 1997년 외환위기에 맞먹는 위기를 맞을 수도 있다는 우려가 조심스럽게 제기되고 있다.

2022년 들어 미국의 주도하에 또다시 자본주의의 패러다임이 변화하고 있다. 1990년대 초 미국의 주도로 시작되었던 세계화의 거대한 물결이 30년 만에 또다시 미국의 주도로 탈세계화로 방향을 전환해가던 중에 코로나19와 러시아-우크라이나전쟁이 촉매제 역할을 함으로써 그 변화를 가속화시키고 있다. 탈세계화의 결과는 고물가로 이어질 것이고, 고물가는 고금리 시대를 예고한다. 2008년 글로벌 금융위기 이후 13~14년간 이어진 유례없는 저금리 시대의 뉴노멀new-normal이 막을 내리고 다시 노멀normal한 시대로 되돌아간다는 것을 의미한다.

미국이 30년 전 일본과 벌였던 경제 패권전쟁과 소련과 벌였던 정치·군사적 패권전쟁이 오늘날 미국과 중국 사이에서 벌어지고 있다. 자신이 지닌 패권을 놓지 않으려는 미국이 집요하게 중국을 압박하고 있으며, 트럼프와 달리 바이든은 '동맹'이라는 이름으로 우리나라를 그 싸움판에 끌어들이고 있다. 이러한 격동의 시기에 자칫 냉철한 판단과 합리적 선택을 하지 못하면 19세기 중반 아르헨티나와 플라자합의 이후 일본이 그랬던 것처럼 한순간에 나락으로 떨어질 수도 있다.

자본주의가 수차례 작동방식을 조금씩 변화해가면서 그 생명을 유지해나가고 있지만 언제나 변치 않는 것 중 하나는 시장은 늘 더 많이, 더 크게 증식하려는 자본에 의해 본능적으로 불평등을 향해 나아간다는 사실이다. 그러나 경제가 눈부시게 성장해가는데도 갈수록 불평등이 심해지고, 성장의 과실이 일부 소수의 상위층에게만 귀속되고 대다수 국민의 삶이 나아지지 않는 상황이 계속된다면 경제성장은 무엇을 위한 것이며, 왜 해야 하는 것인지, 누구를 위한 것인지에 대해 의문을 품는 것이 당연하다. 자본이 눈앞의 이익을 좇아 달려간 결과 심화되는 불평등이 유효수요를 위축시킴으로써 장기적으로 시장의 칼날이 자본 자신을 향하게 될 것이라는 경고에 귀 기울여야 한다.

소득불평등과 자산불평등 문제를 자본주의 사회의 당연한 현상으로 받아들이고 그것이 세습되는 사회를 용인한다면 다시 시민혁명 이전의 전근대 사회로 회귀하게 되는 것이기 때문이다. 시장에서 자본을 통제할 힘을 가진 것은 정부와 의회밖에 없으며, 정부와 의회를 통제할 힘은 국민에게 주어져 있다. 우리가 민주주의 사회에서 살아가기를 원한다면 민주주의가 자본주의의 노예가 되는 것을 용인해서는 안 된다. 민주주의의 힘으로 자본주의를 통제해야 한다!

이 책은 6부로 구성되어 있다. 제1부 '자본주의 이전의 시대'는 인류가 이 땅에 온 이후 원시 상태로부터 계급사회로 진전되어가다가 시민혁명의 결과 중세가 무너지고 자본주의로 이행하는 과정에 대해 서술했다.

제2부 '초기 자본주의 시대'는 자본주의의 등장을 가능하게 한 초기 자본의 축적 과정과 자본주의를 정착시키는 동력이 된 산업혁명 시기의 이야기, 마르크스가 자본주의의 파멸을 전망하게 된 시대적 배경, 그리고 초기 자본주의가 불러온 비극적 사건들을 소개한다.

제3부 '근대 자본주의 시대'는 시장의 실패를 정부가 보완함으로써 무너지던 자본주의를 다시 일으켜 세운 케인즈 혁명과 우연히 발생한 여러 역사적 사건들이 케인즈 경제학을 무너뜨린 과정을 소개한다.

제4부 '신자유주의 시대'는 현재 우리가 살고 있는 시대의 자본주의의 모습이다. 정부의 역할을 축소하고 자본에 무한한 자유를 부여함으로써 자본주의를 다시 불평등한 구조로 변화시킨 신자유주의의 등장과 워싱턴 합의에 따라 전 세계로 확산되는 과정에 대해 썼다.

제5부 '우리나라의 신자유주의'는 1997년 IMF 외환위기를 계기로 우리나라가 IMF의 요구를 수용하면서 신자유주의체제에 편입되는 과정과 그 결과 불평등한 사회로 이행해가는 과정에 대해 소개한다.

제6부 '시장만능의 신화가 불러온 위기의 자본주의'는 신자유주의가 불러온 시장만능의 신화가 불평등을 본질로 하는 자본주의를 더욱 불평등한 사회구조로 변화시킨 결과 또다시 자본주의를 위기에 빠뜨리고 근로자 대중을 막다른 길로 내몰고 있을 뿐만 아니라 자본 자신에게도 지속가능한 성장을 불가능하게 만드는 부메랑으로 작용할 것이라는 점을 지적하면서 공정경제로 나아가기 위한 제언을 한다.

공자는 《논어》에서 술이부작述而不作을 설명하면서 "술述은 옛것을 전할 뿐이며 작作은 곧 처음 시작함이다. 그러므로 作은 성인이 아니면 할 수 없으며, 述은 현자라도 미칠 수 있다"고 말씀하셨다. 유시민 작가가 스스로를 지식을 생산하지 않고 전달만 하는 '지식 소매상'이라고 표현한 것도 같은 맥락으로 이해된다. 이 책은 새로운 이론이나 독창적인 시각을 제시한 책은 아니며, 뒤늦게 공부를 좀 해보려고 경제 관련 서적을 읽으면서 본 것들을 시대적 순서에 따라 정리하고 느낀 점들을 더한 것이다.

부족한 글을 출판할 수 있도록 허락해주신 북코리아 이찬규 대표님, 공부한 내용을 책으로 써보도록 동기부여를 해주시고 글을 쓰는 내내 격려해주신 오정열 교수님과 교정을 도와준 친구 문천에게 감사드린다. 이 책을 쓰는 1년여 동안 주말에 한번 친구들과 등산을 다녀온 것 빼고는 거의 혼자 시간을 보낸 것을 참고 이해해준 아내에게도 미안함과 감사의 마음을 전한다. 민채와 채은이가 커서 이 책을 읽게 된다면 더 없이 큰 기쁨이 될 것이다.

목차

제1부

자본주의 이전의 시대

THE AUTUMN OF CAPITALISM

제1장
역사발전의 단계

오늘날 거의 모든 역사서는 인류 역사의 발전단계를 설명할 때 칼 마르크스의 '역사발전 5단계 설'에 근거하여 서술되고 있다. 변증법적 유물론의 역사관으로 바라본 마르크스의 해석은 경험적인 사실을 통해 많은 지지를 얻었기 때문이다.

역사발전 5단계 설에 따르면 인류의 역사를 원시-고대-중세-근대-현대의 다섯 단계로 구분하고 각 시대의 특성에 따라 원시 공산사회, 고대 노예제사회, 중세 봉건사회, 근대 자본주의 그리고 현대로 부르고 있다. 그리고 역사발전의 단계마다 벌어지는 정치투쟁을 결정하는 것은 '생산수단'을 둘러싼 계급 간의 대립, 즉 계급투쟁의 결과라고 판단했다.

현대는 우리가 살아가고 있는 사회형태로서 아직 그 특성에 따른 이름이 붙여지지 않았지만, 마르크스는 역사를 다섯 단계로 구분하면서 원시 공산사회, 고대 노예제 사회, 중세 봉건사회, 근대 자본주의를 지나 결국 자본주의 사회의 붕괴로 이어질 것이라고 생각했으며, 자본주의 사회가 내적 모순으로 붕괴된 이후에는 경제적 평등이 달성되는 공산주의 사회가 올 것이라고 예언했다.[1] 1917년 11월 7일 러시아의 10월

---

1 채사장, 《지적 대화를 위한 넓고 얕은 지식》, 역사 · 경제 · 정치 · 사회 · 윤리 편, 한빛비즈,

혁명[2](볼셰비키 혁명)이 일어난 지 100년이 지난 지금도 마르크스의 예언대로 자본주의가 붕괴되지도 않았고 세계가 공산화되지도 않았지만, 자본주의의 내적 모순은 그 당시보다 오히려 심화되어가고 있다.

생산수단을 소유한 사람은 경제력을 갖게 되고, 경제력을 가진 사람이 곧 권력을 갖게 된다. 지금부터 역사발전의 각 단계에서 누가 생산수단을 소유하고 경제력과 권력을 갖게 되었는지 살펴보기로 하자.

원시 공산사회

과학 교과서를 살펴보면 지구상에 유인원이 출현한 것이 약 700~600만 년 전이고, 돌 도구를 사용한 것으로 추정되며 현생인류와 같은 종인 호모Homo속에 속하는 최초의 종인 호모하빌리스Homo habillis가 탄생한 것이 약 240~160만 년 전이며, 현대 인류의 조상이며 처음 아프리카에서 출현해 다른 지역으로 이주한 최초의 인류인 호모에렉투스Homo erectus는 약 170만 년 전에 등장하여 약 20만 년 전에 멸종했다고 한다.

그리고 두개골과 골격구조가 현생인류와 거의 유사하고 사냥, 채집 등을 했으며 정교한 도구를 사용했고 동굴에 벽화를 그리고 시신을 매장하는 등 높은 수준의 예술과 기술을 보유한 것으로 추정되는 현생인류의 직계조상으로 알려진 호모 사피엔스Homo sapiens는 3만 5천~1만 년 전인 구석기시대에 출현했다고 한다.

다른 유인원의 경우와 마찬가지로 인류는 부부와 자식들로만 이루어진 핵가족사회나 여러 무리가 단순히 한 장소에 모여 사는 단순한 군

p. 26.

2 1917년 11월 7일은 러시아 달력으로 10월 25일이었기에 이 봉기를 '10월 혁명'이라 부른다.

집생활 단계도 거쳤을 것이지만, 진화의 일정 단계에서부터는 '원시 공산사회'라 불리는 다른 동물계에서는 찾아볼 수 없는 소규모 공동체사회로 나아갔다.

원시 공산사회에서 남자는 주로 수렵이나 어로에 종사하고, 여자는 간단한 농경이나 육아에 종사했으나 내부의 분화는 진전이 없고 계급관계도 없었다. 혈연을 중심으로 토지와 기본적인 천연자원을 공유하고 먹을 것을 서로 나누며 빈부의 차이나 타고난 지위에 따른 권위적 지배가 없는, 정치적으로 평등한 원시공동체 사회구조였으며, 생산수단은 거주지 중심의 토지나 간단한 도구 등에 불과했지만 사회 전체의 소유이고 생산물이 평등하게 분배되었다는 점에서 공산제 사회형태였다.

생산은 소비를 위한 것이지 교환이나 판매를 위한 것은 아니었다. 지도자가 존재하기도 했으나 지도자의 권위는 자원의 분배를 위한 것일 뿐 사적私的 축재를 위한 것은 아니었다. 생산력이 극히 미약했던 원시 공산사회에서 채집하거나 사냥한 식량을 특정인이 축적한다는 것은 다른 공동체 구성원의 아사餓死를 의미하는 것이었기 때문이다.

역사적으로 인류사의 대부분을 차지하는 구석기시대는 빙하시대와 함께 막을 내리고 약 1만 년 전 후빙기로서 인류가 활동하기에 알맞은 따뜻한 기후가 되자 신석기시대가 시작되었으며, 이 시기에 접어들면서 역사학자들이 '농경혁명'이라고 부르는 변화가 일어났다. 구석기시대가 수렵과 채집을 특징으로 하는 반면 신석기시대는 밀, 보리 등을 재배하는 농경생활과 늑대를 길들인 개를 시작으로 점차 염소, 양, 돼지, 소 등을 가축으로 기르는 목축생활이 특징을 이룬다. 농경과 목축의 시작은 채집경제 단계를 뛰어넘어 식량을 직접 생산하는 생산경제시대로 나아가는 등 인류의 생활에 큰 변화를 가져오게 되었다. 기원전 9,500년경 수메르인이 최초로 농경을 시작했고, 기원전 7천 년경에는 인도로 전파되었으며, 기원전 6천 년경에는 이집트로, 기원전 5천 년경에는 중국으로 이어졌고, 기원전 2,700년 전에는 중앙아메리카로 전파되었다고 한다.

구석기시대의 인류가 채집과 사냥을 하면서 이동성 생활을 했던 것과 달리 신석기시대 사람들은 정착생활을 시작할 수 있었고 생산력을 향상시키기 위해 여러 가지 기술을 개발해내기 시작했다. 도끼, 괭이, 창이나 활 같은 도구와 함께 곡식을 저장하기 위해 토기도 만들었으며, 짐승의 가죽으로 몸을 가리던 데서 나아가 베옷을 만들어 입기도 했다. 동물의 가축화로 인해 원시적 채취경제가 농업목축 방식으로 진화하게 됨에 따라 공동노동의 필요성이 줄어들면서 자기 생활 유지에 필요한 개인경영 형태로 변화되었다.

기술과 도구의 발달로 생산력이 향상되자 이제 공동체가 먹고 남을 정도의 생산물, 즉 '잉여생산물'이 발생하게 되었다. 잉여생산물의 발생은 한 사회 내에서 관계의 변화가 일어날 가능성을 촉발시켰는데, 이는 인류사에서 인류가 계급사회로 진입하는 매우 중요한 사건으로 작용했다. 잉여생산물은 사적 소유의 대상이 되었고, 타인의 노동력을 구매할 수 있는 수단이 되었기 때문이다. 잉여생산물을 사적으로 소유한 자는 타인에게 마르크스가 말하는 소위 필요노동(노동자가 자기 노동력의 재생산을 위해 들이는 노동) 이상의 노동을 요구했고, 그 결과 발생한 잉여생산물은 다시 사적으로 소유할 수 있게 되었다. 잉여생산물을 소유한 자는 타인의 노동력을 자신을 위해 사용할 수 있게 된 것이다.

잉여생산물은 어디서 온 것일까? 이는 생산수단(도구)으로부터 온 것이다. 즉 생산수단을 소유하면 생산물을 소유하게 되고, 그 생산물을 이용해서 더 많은 생산수단과 함께 권력을 얻게 되는 것이다. '생산물'이라는 물질이 비물질적인 사회적 관계로서의 권력관계를 발생시킨 것이다. 함께 일하고 동일하게 나누었던 평등한 관계는 도구의 발명과 생산

력 향상이 촉발한 권력관계의 탄생과 함께 막을 내리게 되었다.[3]

부족 간의 정복에 의한 토지 수탈과 수확물이나 토지에 대한 사적 점유가 일반화되면서 사유재산제와 계급체계가 형성되었고, 원시공동체 사회는 해체되고 고대 노예제 사회가 시작되었다.

고대 노예제 사회

노예제 사회란 노예가 사회 · 경제구조의 핵심적 역할을 한 시대를 말한다. 노예제도는 생산력이 극히 미약했던 수렵 · 채집사회에서는 형성되기 어렵고 생산력 향상에 따른 잉여생산물과 함께 충분한 수의 인구가 확보되어야 발생 가능하다. 그 때문에 노예제도는 신석기혁명으로 농경사회에 접어든 이후 타 씨족이나 부족을 정복해서 피정복 부족민을 하층민으로 부리면서 시작된 것으로 추정되며, 이후 금속의 사용이 보편화된 청동기시대와 철기시대에 이르러서는 노예 수가 급속히 증가했다.

원시시대에는 도구가 생산력의 향상을 가져오는 유일한 생산수단이었으나 농경사회로 진화하게 되자 정착생활을 하면서 인구가 늘어나고 생산력이 향상된 고대 노예제 사회에서의 생산수단은 더 큰 것, 즉 토지로 바뀌었다. 비옥하고 넓은 토지는 모든 생산물의 원천이며 땅에서 생산된 농산물은 땅주인, 즉 지배자의 것이 되었다. 고대 노예제 사회가 되자 국가가 형성되면서 토지는 '영토'라는 개념으로 범위가 확장되고 강력한 생산수단인 토지는 왕에 의해 독점되었다. 토지는 혼자 소유할 수는 있지만 혼자 경영할 수는 없기 때문에 토지라는 생산수단은 노동을 대신할 사람, 즉 노예를 필요로 했다. 지배자는 자기 땅에서 노예가

---

3 《지적 대화를 위한 넓고 얕은 지식》, 역사 편 참고.

평생 안정적으로 농사지으며 살 수 있도록 허락해준 자비로운 사람이 되었다.

서양사에서 노예제는 수메르문명을 비롯하여 고대 이집트, 바빌로니아, 고대 그리스, 고대 로마, 이슬람, 아랍제국 등 대부분의 고대문명에서 그 흔적을 찾을 수 있으며, 고대 이집트, 고대 그리스, 고대 로마와 같이 대부분의 고대국가는 정치와 종교가 일치했던 제정일치祭政一致 사회였다. 노예는 전쟁포로가 되어 노예가 된 경우가 많으나 노예의 자식뿐만 아니라 채무를 갚지 못해 노예가 된 경우, 범죄를 저지르고 노예가 된 경우 등 다양했다.

공화정 시대의 로마는 자국의 영토와 동맹국 그리고 식민지를 넓혀 가면서 제국이 되어가는 동안 수없이 많은 전쟁을 치러야 했다. 로마에 패한 여러 나라의 군인이나 농민들을 전리품으로 취해 본국에 공급하여 노예로 삼았으며 그리스인, 일리리아인, 베르베르인, 게르만인, 브리튼인, 트라키아인, 갈리아인, 유대인, 아랍인 등 다양한 민족 출신의 노예가 노동뿐만 아니라 검투사나 성노예 등을 목적으로 로마의 노예가 되었다.

공화정 말기에 이르러 고대 로마 인구의 약 25%까지 이른 노예들은 로마경제의 중요한 기반이 되었으며, 로마가 건국하여 쇠퇴하기까지 약 1천 년 동안 지중해와 그 배후지 전역에서 잡히거나 팔린 노예 수는 1억 명이 넘는 것으로 추정된다. 노예는 노예주의 사적 소유물이며 사유재산이었다. 노예주들의 억압으로 드물게 노예반란이 일어나기도 했으나 노예제도를 흔들 정도는 아니었다. 노예들이 노예로서의 삶을 받아들였던 것은 저항할 힘이 없었기 때문이기도 하지만 종교적 믿음의 영향도 컸다.

지배자들은 노예들이 자신의 노동으로 생산된 생산물을 대부분 수탈해가는 왕에 대한 불만을 잠재우기 위해 스스로를 신神이라 칭하고 신으로 섬기도록 강요하면서 종교를 통해 지배체제를 공고히 했다. 지배자는 '토지'라는 생산수단을 독점하고 그 정당성을 종교에서 찾았으며 종교는 그 역할을 충실히 했다.

중세 봉건제 사회

중세中世, Middle Ages는 유럽 역사에서 서기 476년 서로마제국이 멸망하고 게르만 민족의 대이동이 있었던 5세기부터 르네상스(14~16세기)와 더불어 근세(1500~1800)가 시작되기까지 5세기부터 15세기까지의 시기를 말하며 약 1천 년 동안 이어졌다.[4]

5세기 말 지금의 프랑스 일대에 게르만족에 의해 프랑크 왕국이 세워지고 민족이동의 혼란이 가시자 유럽 사회는 점차 질서가 잡히기 시작했다. 게르만족은 유럽에 봉건제도를 실시해 토지를 중심으로 한 신분 계급을 마련했다. 왕은 영주들에게 토지를 나누어주고 그들의 충성서약을 받았으며, 영주들은 다시 부하들에게 그 토지를 나누어주면서 충성서약을 받았다. 이처럼 봉건사회는 보호와 충성을 매개로 한 주종관계로 이루어졌는데, 하위 영주는 상위 영주(대영주)의 가신家臣이 되고 대영주 또한 더 상위의 영주로 이어져 궁극적으로 국왕 또는 황제와 쌍무적 계약관계를 맺은 계층적인 가신관계가 형성된 체제였다.

정치적으로는 왕과 신하 사이에 봉토를 기반으로 주종관계 계약을 맺은 봉건사회였으며, 경제적으로는 농노의 노동을 중심으로 돌아가는 장원제도가 형성되었다. 왕에게서 토지를 나누어 받은 왕의 제후, 신하, 사제들은 각 지방의 영주로서 자체적인 기사騎士를 양성하고 농민들에

---

4 동양의 역사적 발전과정에 비추어보면 '중세'라는 개념은 동양사에는 적용하기 어렵고, 유럽 이외 지역에는 중세가 없었다는 유럽 중심주의적인 의견도 존재한다.

게 토지를 경작하게 하여 소작세 등 각종 세금을 부과하고 유사시 전쟁에 참가하거나 노역을 시키는 계약관계를 맺었다. 지방 영주는 장원에서 왕과 같은 권력을 누렸으며, 장원의 한가운데는 영주의 성이 자리 잡고 있었고, 교회는 대표적인 장원시설 중 하나가 되었다. 장원은 영주의 사유지나 마찬가지였기 때문에 장원에서 발생하는 모든 생산물은 영주의 것이 되었고, 장원은 영주가 가진 생산수단으로서 영주가 가진 권력의 원천이 되었다.

부역이 농노를 착취하는 큰 역할을 했으며 재해와 기근의 속출, 끊임없이 일어나는 전쟁이나 내란 때문에 풍작이 들었을 때조차 생활에 필요한 생산물을 손에 넣을 수 없을 만큼 농노들의 생활은 궁핍했다. 농노들은 일주일에 2~3일간 영주의 직영지에서 부역해야 했고 그 외에도 축제 준비, 삼림벌채, 목초 베기, 도로공사 같은 임시부역이 과해졌으며 탁영지 생산물에 대한 공납貢納 의무도 과해졌다. 나아가 자녀의 결혼에 관해서도 영주의 허락을 얻어야 했고, 상속인 없이 사망했을 때는 재산을 몰수당했으며, 상속할 경우에도 무거운 차지상속세를 지불해야 했다. 또한 영주재판권에도 복종할 것을 강요받았다. 이 때문에 농노의 생활은 언제나 비참한 상태에 놓이게 되었으며 지금의 영국, 프랑스, 독일 등지에서는 수시로 농민전쟁이 일어나기도 했다. 중세 후반에 이르러 도시를 중심으로 하는 화폐경제의 발달에 영향을 받아 화폐에 대한 영주의 욕구가 높아짐에 따라 물납은 점차 금납으로 바뀌었고, 직영지는 점차 탁영지로, 다시 자유소작제도로 바뀜에 따라 장원경제는 소멸과정을 밟게 되었다.

그리스도교와 왕권신수설

약 2천 년 전 그리스도교가 이스라엘 민족으로부터 발생한 이후 313년이 지나 콘스탄티누스 1세(콘스탄티누스 대제)가 '밀라노 칙령'으로 그리스도교에 대한 박해를 끝내고 사실상 정식 종교로 공인함으로써 로마에서 그리스도교의 위상은 새로이 정립되었으며, 중세 초기인 5세기에서 10세기까지 유럽 전체로 퍼져나가 유럽 여러 나라의 국교로 자리잡았다.

그리스도교가 보급되기 전의 로마제국을 비롯한 유럽 사회는 다신교 문화권이었다. 고대 로마 고유의 신화가 없었던 것은 아니지만 고대 그리스 문명이 쇠퇴한 이후에도 그들의 신화작품들이 높이 평가되어 로마신화에 대부분 수용되면서 고대 로마의 신화들은 소멸되고 말았다. 그런 까닭에 그리스의 신들과 로마의 신들은 명칭은 달라졌으나 대부분 중복된다.

그리스-로마의 신들은 천둥 · 번개 · 비 · 바람의 신이자 모든 신과 인간의 아버지인 제우스, 제우스의 아내이자 신들의 여왕인 헤라, 바다와 물의 신 포세이돈 등 올림포스의 12신과 함께 대지의 여신 테라, 승리의 여신 빅토리아, 행운의 여신 포르투나, 전쟁의 신 마르스, 사랑과 미의 여신 비너스, 태양의 신 아폴로, 달의 여신 루나, 지혜의 신 미네르바 등과 같은 수없이 많은 신이 있었으나 모두 신화적 또는 전설적 인물이거나 애니미즘 성격의 신들로서 인간이 범접할 수 없는 힘을 가진 존재였다. 인간은 얻고자 하는 모든 대상마다 신을 만들었으며, 현생에서 간절히 바라는 것이 있거나 어려움을 극복하기 위한 큰 힘이 필요할 경우 늘 자신들이 만든 신에게 의지했다.

그러나 그리스도교는 완전히 다른 성격의 종교였다. 그리스도교는 천국과 지옥이라는 개념을 제시하며 현세보다는 사후세계의 행복을 얻는 것을 삶의 목표로 제시한다. 생각해보면 로마제국 시대의 노예나 농노들은 물론 평민 같은 하층민조차 살아가는 것이 힘들고 고통스러웠을 것이며, 삶의 희망을 찾는다는 것이 쉽지 않았을 것으로 짐작된다. 짧은 현생은 고통과 고난 속에 있더라도 내세에는 천국에서 안락하고 행복한 삶을 제공해주겠다고 약속하는 그리스도교가 그들에게 희망으로 다가왔을 것이다. 그리스도교는 급속히 확산되었고, 유일신 하나님은 다른 모든 신을 무력화시켜버렸다.

고대 노예제 사회에서는 지배자들이 스스로를 신이라 칭하는 것이 가능했다. 무수히 많은 신들 속에 또 하나의 신을 더하는 것은 크게 문제될 것이 없었으며, 지배자들이 신의 지위를 갖는 것은 노예들에 대한 지배체제를 공고히 하는 데 큰 힘이 되었다. 그러나 중세에 접어들면서 그리스도교가 광범하게 확산되자 지배자들이 스스로를 신이라 칭하는 것은 더 이상 힘들게 되었다. 그리스도교 문화권에서 하나님은 우주와 인간의 창조주이자 절대적 지위를 갖는 유일신이었기에 인간이 감히 신의 흉내조차 낼 수 없었기 때문이다.

이제 군주는 자신이 신이 아니라는 사실을 인정하면서도 피지배자들에게 종전과 같은 권위를 유지할 수 있는 방법을 찾아야 했으며, 마침내 그들은 왕권신수설王權神授說을 발명해냈다. 왕권신수설은 "신이 군주에게 국민을 지배할 권한을 부여했다"는 것으로, 왕권이 신에게서 주어졌기 때문에 군주는 신에 대해서만 책임을 지며 국민은 군주에게 절대 복종해야 했다. 신하인 국민이 군주를 거역하는 것은 곧 신을 거역하는 것을 의미하는 것이라는 그럴듯한 논리를 내세운 것이다.

왕권신수설은 통치자를 초자연계의 신성하고 거룩한 존재 또는 신의 대리인으로 파악하는 신정설神政說에 바탕을 둔 것으로, 중세의 군주권은 신의 뜻에 의해 이루어진 것이며 성경에 등장하는 "카이사르의 것은 카이사르에게, 하나님의 것은 하나님에게"라는 구절을 근거로 세속적 영역에 관해서는 신성로마 황제가, 정신적 영역에서는 교황이 최고권을 갖는다는 것이 이념으로 자리 잡았다.

이제 왕은 스스로 신이 아니라 신으로부터 통치권을 위임받은 존재로 변해야 했으며, 그에 대한 국민의 의구심에 대해서는 성직자가 왕권신수설이 신의 뜻임을 보증해주었고, 그 대가로 왕은 성직자에게 일정 정도의 정치적 권력과 경제적 지원을 보장해주었다. 왕으로 대표되는 정치권력과 성직자로 대표되는 종교권력의 밀월이 시작되면서 왕은 다시 토지와 영토라는 생산수단을 확보하고 종교적으로도 권력의 정당성을 인정받을 수 있게 되었으며 이렇게 새로이 안정을 찾은 중세는 1천년간 계속될 수 있었다.

제2장
중세의 가을

하나님의 절대적인 영향 아래 형성된 신본주의神本主義 사회였던 중세는 고대 그리스에서 시작되어 르네상스기에 이르러 다시 이어진 유럽의 인본주의人本主義 전통이 야만적으로 단절되었던 기간이라는 의미에서 '암흑기Dark Ages'로 불린다. 한편 네덜란드의 역사학자 하위징아Johan Huizinga는 그의 책 《중세의 가을》에서 전성기를 지나 노쇠해지고 새로운 시대를 준비하는 단계인 14~15세기를 "석양이 아름답지만 황혼이 가까워 어두워지려 하는 시대" 또는 "르네상스를 거쳐 근대로 나아가는 시대"를 의미하는 '중세의 가을'이라고 규정했다. 하위징아는 중세에 대해 "소박한 삶의 양식과 더 나은 세계에 대한 환상 등을 통해 이미 그 속에 화려한 인본주의의 싹을 가지고 있었다. 그리고 그 씨앗들이 가을에 열매를 맺듯 자연스레 르네상스와 근대라는 수확을 거둘 수 있게 했다"고 표현했다.

중세의 몰락 배경에는 이탈리아 상인들이 지중해 무역으로 상당한 부를 축적하면서 신흥계급으로 등장한 것이 작용했다. 그들은 고대와 중세의 유일한 생산수단이던 '토지'를 소유하지 않고서도 부를 축적할 수 있었으며, 영국에서 시작된 산업혁명 이후 '공장'이라는 생산수단이 등장하면서 부르주아는 막강한 경제력을 바탕으로 사회에 영향력을 행사하게 되었다. 그러나 당장 부르주아의 정치참여에는 한계가 있었는데, 그것은 구권력이 현실세계를 설명하고 사후세계를 주관하는 신이라는 이론적 토대를 확보하고 있으면서 부르주아의 정치참여를 인정하지 않았기 때문이다. 그러나 결국 힘의 균형추는 왕으로부터 부르주아에게로 서서히 이동하고 있었다. 천년 넘게 이어진 중세를 무너뜨린 역사적 사건과 배경에 대해 살펴보자.

십자군전쟁과 교황권의 쇠퇴

예루살렘은 유대교인들에게는 아브라함과 다윗의 성전이 있는 곳이고, 그리스도 교인들에게는 예수가 십자가에 못 박혔다가 부활한 곳이며, 이슬람 교인들에게는 예언자 마호메트가 승천한 곳으로 알려진 바위돔 사원이 있는 곳으로 유대교와 그리스도교 그리고 이슬람교 세 종교의 성지聖地다. 특히 예수의 무덤이 있는 성묘교회는 모든 그리스도 교인들이 일생에 한 번 방문해보고 싶어 하는 곳이기도 하다.

11세기 중엽 셀주크 튀르크가 세력을 확장해 이슬람제국의 지배자가 되면서 그리스도 교인들의 예루살렘 성지순례를 방해하기 시작하자 그리스도 교인들의 성지순례는 목숨을 걸어야 하는 위험한 일이 되고 말았다. 그뿐만 아니라 셀주크 튀르크가 동로마제국의 수도인 콘스탄티노플을 위협하게 되자 비잔티움 황제 알렉시우스 1세(재위 1081~1118)는 이슬람교도들로부터 성지를 되찾기 위해 이들을 공격했으나 크게 패하면서 자신과 정치적 라이벌 관계에 있던 로마 교황 우르바누스 2세에게 원조를 청했다. 그러자 황제들 때문에 권력이 약해져 있던 교황은 이 기회에 분열되어 있던 동·서 로마교회를 통일하고자 하는 원대한 계획을 세우게 되었다. 여기에 은자隱者 피에르가 예루살렘을 다녀온 후 이슬람에 의해 그리스도 교인들이 잔혹하게 박해받는다고 과장해서 퍼뜨린 루머는 모든 그리스도인을 분노하게 했다.

교황 우르바누스 2세가 1095년 11월, 프랑스 클레르몽에서 종교회의를 열어 "짐승 같은 이슬람으로부터 거룩한 성지 예루살렘을 되찾아 자유롭게 기도할 수 있게 만들자. 하느님께서 그것을 원하신다"고 외치자 수많은 사람이 호응했으며, 결국 대규모의 다국적 군대가 결성되어 예루살렘으로 출정했다. 이때 참가한 기사들이 가슴과 어깨에 십자가 표시를 했기 때문에 이들을 '십자군'이라 불렀으며, 그때부터 그리스도교 세력(십자군)과 이슬람 세력(셀주크 튀르크)은 예루살렘 성지를 두고 약 2세기 동안 일곱 차례에 걸친 '십자군전쟁'을 벌였다.

많은 사람이 구원을 얻고 자신의 죄를 용서받을 기회라고 생각하고 전쟁에 참여했지만, 이것은 표면적인 명분에 불과했으며 십자군전쟁에 참여한 여러 세력은 각기 다른 속셈이 있었다. 우르바누스 2세는 분열된 동서 교회를 통합해 교황권을 강화할 절호의 기회라 여겼으며, 영주와 기사들은 새로운 영지와 재물을 얻기 위해서였고, 베네치아와 제노바의 상인들은 동방 세계와의 무역을 통한 경제적 이득을 위해, 농민들은 농노의 신분에서 벗어나기 위해 전쟁에 나섰다.

7차에 걸친 십자군전쟁[5] 중 그리스도 세력이 승리한 것은 1차 십자

---

5 1차 십자군전쟁(1096~1099)에 동원된 십자군은 제대로 준비되지 않은 비조직적 군대였음에도 6주 동안 싸우면서 이슬람 군인뿐만 아니라 주민들까지 무차별적으로 죽이고 예루살렘을 차지했으며, 승리한 십자군은 예루살렘-라틴 왕국(1099~1187)과 3개의 공국을 건설했다. 땅과 성지 예루살렘을 빼앗긴 이슬람은 분노했으며, 2차 십자군전쟁 때 이슬람에는 '성전(聖戰)-지하드'라는 개념이 나타났다. 3차 십자군전쟁은 신성로마제국의 프리드리히 1세 황제(붉은수염왕), 프랑스 국왕 필리프 2세, 영국 국왕 리처드 1세(사자왕)가 이끄는 군대가 참전해 이슬람의 술탄 살라딘과 벌인 전쟁이어서 '왕들의 전쟁'이라 불렸다. 영화 〈킹덤 오브 헤븐(Kingdom of Heaven)〉과 〈흑기사(Ivanhoe)〉 그리고 〈로빈 후드(Robin Hood)〉 등은 모두 3차 십자군전쟁을 배경으로 한 것이다.
1198년 4차 십자군전쟁은 십자군의 수송을 맡은 베네치아 상인들이 밀린 선박 이용료 대가로 같은 그리스도 교인들이 살고 있던 크로아티아 남서부의 달마티아 연안을 공격해 차

군전쟁뿐이고 나머지 전쟁에서는 대부분 그리스도 진영의 패배로 끝났다. 성지를 되찾기 위해 출전한 십자군전쟁이 실패로 끝나자 권력 강화를 원했던 교황의 권위는 더욱 추락했고 봉건영주들도 몰락하게 되었다. 이에 비해 국왕들은 권력이 강해지고 영지를 확장하게 되었으며, 결국 십자군전쟁은 서유럽의 각 나라가 중앙집권화를 이루는 계기가 되었다. 또 십자군전쟁 이후 동방무역의 주축이 되었던 북이탈리아 여러 도시가 성장 발전하게 되면서 형성된 지중해 무역권은 뒤를 이은 북유럽 내륙 무역권 형성과 함께 부르주아가 탄생하기 시작했고, 농업 중심이던 중세 봉건사회의 기반을 무너뜨리는 계기가 되기도 했다. 한편 십자군전쟁을 계기로 비잔티움 문화와 이슬람 문화를 접하게 된 서유럽 사회는 문화적으로 큰 영향을 받게 되었는데, 이슬람의 철학 · 의학 · 화

지했다. 이 소식을 들은 교황 인노켄티우스 3세가 분노해 십자군을 파면하자 십자군들은 콘스탄티노플을 공격해 함락했으며, 성 소피아 성당까지 쳐들어가 교회의 유물과 보물을 약탈했다. 게다가 1212년 프랑스와 독일에서 순수하지 못한 어른들 때문에 십자군전쟁에서 패했다고 생각한 12~13세의 수많은 소년 · 소녀가 십자군을 조직해 성지 회복에 나섰으며, 신의 계시를 받았다는 북프랑스의 양치는 소년 에티엔의 이야기를 듣고 모여든 어린 십자군들은 7척의 배에 나누어 타고 프랑스 남부 마르세유에서 출발해 이탈리아로 향했다. 그들이 항해하는 도중에 2척의 배가 난파되어 타고 있던 어린 십자군들이 목숨을 잃었고, 일부는 마르세유의 못된 상인에게 속아 알렉산드리아에서 노예로 팔리기도 했다. 다행히 알렉산드리아의 이슬람 지도자가 이들에게 온정을 베풀어 700명의 어린이 십자군 노예를 고향으로 돌려보냈다.

십자군은 4차 십자군전쟁 이후 종교적 열정보다는 정치적 · 경제적 욕심이 앞섰기 때문에 그 뒤에도 여러 차례 이슬람 지역으로 원정을 나갔지만, 예루살렘이 아닌 다른 지역을 공격하는 것이 대부분이었다. 5차 십자군전쟁(1228~1229)은 헝가리 왕의 지휘 아래 이슬람의 근거지인 이집트로 가서 다미에타를 점령했으며, 6차 십자군전쟁(1248~1254)은 신성로마제국의 프리드리히 2세에 의해 단독으로 이루어졌는데, 그는 뛰어난 외교술을 발휘하여 1229년 예루살렘을 양보받았지만 1년 만에 다시 빼앗기고 말았다.

7차 십자군전쟁(1270~1272)은 프랑스의 루이 9세가 주도했는데, 그는 이슬람군과 싸우다가 크게 패하여 포로로 붙잡혔다가 엄청난 몸값을 내고서야 풀려날 수 있었다. 루이 9세는 추락한 자신의 명예를 되찾기 위해 다시 전쟁에 나서 튀니지를 거쳐 시리아까지 진출했지만, 병으로 갑자기 죽는 바람에 결국 7차 원정도 무산되고 말았다. 1291년 팔레스타인에 마지막 남은 그리스도 교인들의 도시 아콘이 이집트의 공격을 받아 함락되면서 200여 년에 걸친 십자군전쟁도 막을 내리게 되었다.

학 · 수학 · 천문학 등이 전해지면서 르네상스가 싹트는 계기가 되었다.

잔혹했던 십자군전쟁의 성과에 대한 기대가 어긋나고 교황의 지위가 세속군주에 의해 좌우되면서 교황의 권위는 추락했고, 또한 교회가 부패하여 성직 매매가 계속되면서 신앙심이 흔들리기 시작했다. 하나님의 절대적인 영향 아래 형성된 신본주의 사회였던 중세의 정신적 기반이 위협받기 시작한 것이다.

십자군전쟁은 유럽인의 가치관과 윤리적인 태도를 크게 변화시켰는데 사랑에 대해서도 정신이 아니라 육체의 문제로, 고결함이 아니라 쾌락의 추구로 세속화했으며 유부남 · 유부녀들이 경쟁적으로 혼외정사를 벌였고 혼외출산도 예사로운 일이 되었다. 남편 외에 애인이 없는 여성은 매력이 없는 여성으로 치부되었고, 아내 이외의 애인이 없는 남성은 육체적 매력은 물론 경제적 능력도 없다는 것을 의미했으며 부끄러운 일로 여겨졌다.[6]

흑사병과 교회의 위기

지오반니 보카치오의 《데카메론》[7]에는 흑사병에 대해 "코피가 났다는 것은 피할 수 없는 죽음이 임박했음을 뜻했다. … 겨드랑이나 사타구니에 나타난 가래톳이 몸 곳곳으로 퍼져갔으며 이후 시커먼 점으로 바뀌었다. 팔과 넓적다리에 시커먼 점들이 나타나 하나로 합쳐지고 커지

---

6 조준현, 《고전으로 읽는 자본주의》, 다시봄, 2014, p. 50.

7 데카메론은 그리스어로 '10일간의 이야기'라는 뜻이다. 보카치오가 전 유럽을 휩쓴 페스트의 참상을 목격하고 흑사병을 피해 피렌체의 별장에 모인 7명의 숙녀와 3명의 신사 등 10명이 지혜와 사랑에 관한 음탕한 이야기를 나누는 형식으로 쓴 100편의 이야기를 묶은 책이다. 단테의 《신곡(神曲)》이 100곡으로 이루어진 것에 비견되어 '인곡(人曲)'으로도 불린다.

면서 거의 3일 이내에 전부 죽어나갔다. … 아주 건강한 젊은이도 아침에는 친구들과 식사를 하고 저녁에는 저세상에서 조상들과 만찬을 했다"는 묘사가 있다.

우리에게는 14세기에 유럽을 집어삼킨 흑사병이 주로 알려져 있지만, 사실 흑사병은 이때 처음 발생한 것이 아니었다. 중세 초인 6세기경 동로마제국은 유스티니아누스Flavius Petrus Sabbatius Justinianus 대제의 통치하에 번영을 누렸지만, 갑작스러운 기후 변화와 기근으로 인해 엄청난 타격을 받았다. 특히 기근 이후에 찾아온 유스티니아누스 역병Justinian plague으로 국가를 마비시킬 정도의 인구가 순식간에 사라져 제국의 넓은 지역이 초토화되었다. 유스티니아누스 역병은 541년경 이집트에서 전파된 이래 542년까지 비잔티움제국, 사산제국, 그리고 지중해 연안 전역에 걸쳐 유행하면서 2,500~5,000만 명의 목숨을 앗아갔으며 2세기 후에 재발한 것까지 합하면 사망자가 1억 2천만 명에 이르렀던 것으로 추정된다.

역사학자들이 이 시기 독일에서 매장된 유골에서 페스트균을 추출하는 데 성공함에 따라 유스티니아누스 역병이 흑사병이었음을 확인했다. 이때의 흑사병으로 동로마제국의 군사력이 급격히 약화되었고, 이후 이슬람에 패해 몰락하는 중요한 요인이 되었다.

그 후 8세기가 지난 1347년 흑해 연안의 어느 항구에 정박하고 있던 화물선 안의 쥐들에게 페스트균이 옮겨졌고, 곧 지중해를 운항하는 선박을 따라 유럽 전역으로 퍼져나갔다. 페스트는 쥐벼룩에 의해 매개되는 페스트균이 일으키는 전염병으로 원래는 쥐 같은 설치류의 질병이었지만 인수공통전염병으로 변이되었으며 감염 부위에 따라 림프절 종창에 의한 '선페스트', 폐를 감염시키는 '폐페스트', 혈액을 감염시키는 '패혈성 페스트'로 나뉜다. 흑사병 당시 유행 초기에는 선페스트가, 나중에는 폐페스트가 유행했으며, 폐페스트 환자는 사망 직전에 피부가 흑색이나 자색으로 변하고 선페스트에 비해 사망률이 훨씬 높았기 때문에 폐페스트를 흔히 '흑사병'이라고 부르게 되었다.

이렇게 흑사병이 빠른 속도로 전염된 이유는 당시 지중해 지역의 활발한 무역에 따른 잦은 왕래와 도시의 비위생적인 환경 때문이었는데 중세 유럽 사회는 오수와 하수처리가 전혀 되지 않아서 생활하수를 거리로 다 흘려보냈고, 믿을 수 없게도 씻지 않는 걸 순결하다고 생각하기도 했다고 한다. 더러운 도시환경과 최악의 위생상태가 흑사병을 더 빨리 전파시켰으며, 이 시기에 있었던 영국과 프랑스 간의 백년전쟁(1337~1453)도 흑사병의 확산에 일조했다.

유럽 전역으로 확산된 흑사병으로 1347년부터 1351년까지의 3년 만에 유럽 인구의 1/3에 해당하는 무려 7,500만 명이 목숨을 잃었으며, 당시 4억 5천만 명으로 추산되던 세계 인구는 14세기를 거치면서 1억 명 가까이 줄었고, 그 후에도 전염병은 심심찮게 재발해 1400년경의 유럽 인구는 흑사병 발생 이전에 비해 절반 수준으로 감소했다. 유럽에서 흑사병 이전인 13세기 수준의 인구를 회복한 것이 17세기에 이르러서였다고 하니 당시 얼마나 많은 사람이 흑사병으로 목숨을 잃었는지 짐작할 수 있다.

흑사병의 발병 원인과 치료법을 알았을 리 없는 당시 사람들은 갑자기 쓰러져서 헛소리하다가 죽는 환자를 속수무책으로 지켜보다가 죽음이 확인된 사체를 매장하는 것 외에는 할 수 있는 것이 없었다. 그러다가 매장을 거들었던 인부들과 성직자들조차 전염되어 쓰러지자 시체는 물론 그들이 쓰던 물건까지 불태우기도 했다. 흑사병의 원인을 몰랐던 탓에 공포는 한층 더 가중되었다. 어떤 사람들은 악마가 공기를 더럽혔기 때문이라고 하여 약초를 태우거나 수액樹液을 구해서 마시는 일도 있었고, 하늘이 내리는 천벌이라고 믿은 사람들은 흑사병이 유행하는 동안 기도만 하면서 위엄 있게 죽어가기도 했다. 파리대학의 의학부는 목성 · 토성 · 화성이 일자를 이루는 순간 천체로부터 악의 뿌리가 뿌려지면서 페스트가 퍼져나가게 되었다고 발표하기도 했다.

미지의 질병에 대한 공포는 희생양을 필요로 했다. 평소 증오의 대상이 되었던 집단에 대한 복수가 행해졌고, 특히 유대인이 우물에 독을 탔다는 유언비어가 돌면서 수많은 유대인이 억울하게 생매장되거나 불에 타 죽기도 했는데, 유대인이 이렇게 당하게 된 것은 그리스도 교인들이 평소 미워해온 이교도였다는 점과 유대인이 상술이 뛰어나 돈을 너무 잘 벌었던 데 대한 시기심이 작용했기 때문이기도 했다. 유대인에 대한 학살이 점점 확대되자 교황 클레멘스 6세는 학살을 금지하고 유대인을 보호하려 했지만, 평소의 불만을 해소하려는 그리스도 교도들의 만행을 중지시키지는 못했다.

흑사병을 신의 천벌이라고 여긴 사이비 종교집단의 광적인 행동도 넘쳐났다. 인간이 지은 죄 때문에 페스트가 퍼진 것이니 죄를 용서해달라고 기도하고 찬송가를 부르면서 완전한 알몸이거나 반나체의 남녀가 도시와 도시를 돌아다니며 십자가와 못이 박혀 있는 가죽끈 또는 쇠사슬로 자신의 맨살에 채찍질하여 살점이 찢어지고 온몸이 피투성이가 되어 속죄를 부르짖기도 했다. 이런 어이없는 행동은 프랑스, 오스트리아, 네덜란드, 영국, 스웨덴 등 유럽 각지로 번져갔으며 오히려 흑사병의 전파를 가속화하는 역할을 했다. 이 병에 대해 아무것도 할 수 없었던 의사들은 외부와 완전히 차단된 옷(일종의 방호복)과 새 부리 모양의 가면을 쓰고 다녔고, 부자들은 질병이 없는 곳으로 멀리 피신 갔다.

모두가 죽어가는 상황에서 신은 무력했고, 교회의 권능은 땅에 떨어졌다. 법을 집행하는 이들이나 종교를 이끄는 사제들이 모두 죽었거나 살아있다고 해도 도움이 되지 않았기 때문에 종교적 규율과 세속적 법에 대한 존중은 무너졌다. 이렇게 흑사병에 속수무책으로 대책을 세우지 못하는 동안 중세를 떠받치던 2개의 축인 그리스도교와 봉건제도가 흔들렸다. 교회와 봉건영주에 대한 전통과 권위가 상실되어갔으며, 질병과 전쟁으로 약해진 국력 때문에 로마와 함께 중세의 해가 저물어 갔다. 페스트균이 발견된 것은 그로부터 500년이 더 지난 19세기 말 파스퇴르[8]에 의해서였다.

흑사병으로 인구가 급격히 감소하자 노동력이 부족해지면서 농노들의 협상력이 강해지게 되었고, 처음으로 자신의 노동이 가치 있다는 걸 인식하게 되었다. 농노와 노동자에 대한 처우가 개선되면서 임금이 상승했고 생활 수준도 개선되었다. 인본주의가 싹트기 시작하면서 사회적 지위 향상도 가져왔다. 반면 상대적으로 경제적 부담이 증가된 데다 인구의 급격한 감소로 곡물 수요가 줄어들면서 토지로부터 나오는 수입에 의존하던 지주들은 높은 임금과 수익감소의 이중고를 겪었다. 상업과 교역이 마비되었으며, 숙련공이 격감해 생산량이 감소하자 생필품의 공급 부족으로 가격이 급등하기 시작하면서 타격을 입은 지주들은 각종 봉건조세와 부과금으로 농민들을 압박하면서 어려움을 농민에게 전가하려 했고, 그러자 14세기 유럽 각지에서 농민반란이 발생하기도 했다.

영국과 프랑스가 116년 동안 프랑스 안의 영토를 둘러싸고 벌인 백년전쟁은 농토를 황폐화시키고 봉건 기사 세력을 무너뜨렸으며, 이는 중세 봉건사회가 문을 닫고 중앙집권화된 절대왕정국가로 전환되는 계기가 되었다. 또한 농노해방의 길이 촉발되었을 뿐만 아니라 부르주아 계급이 전면에 등장하여 역사적 시대전환을 불러왔다는 점에서 의미가 큰 전쟁이었다.

---

8 파스퇴르(Louis Pasteur)는 19세기 프랑스의 화학자이자 미생물학자로 특정 세균이 특정 질환을 일으킨다는 것을 확인하고 동물이나 사람의 면역체계를 역이용하여 세균을 동물에 주입시켜 동물의 체내에서 생겨나는 항체를 이용한 예방법이나 치료법을 만들었던 백신의 아버지이자 근대 미생물학, 면역학의 창시자다. 광견병, 탄저병, 닭 콜레라 등에 대한 백신을 발명했으며, 발효와 부패가 미생물의 작용에 의한 것임을 입증하고 저온살균법을 개발하기도 했다.

이전에 노동집약적으로 짓던 밀농사와 쌀농사가 줄고 노동력이 덜 필요한 포도농사가 늘어나면서 와인산업이 발달하는 계기가 되기도 했다. 저명한 학자들과 권위적인 지식인들이 줄줄이 사망했기 때문에 후학들은 그들의 영향에서 벗어나 새로운 길을 개척할 수 있었다. 당시 라틴어로만 전수되던 지식은 영어, 프랑스어, 독일어 등 자국어로 기록되면서 민주주의가 싹트기 시작했고, 또 중세에 명맥이 끊겼던 고대 그리스문화의 부활과 더불어 과학의 부활도 생겨났다. 신 중심의 사고에 대한 비판적인 안목이 자라면서 과학 중심적 사고가 생겨났고, 이는 16, 17세기 과학혁명의 토대가 되었다. 지식은 경험에서 나온다는 과학적 사고방식이 싹트게 되었으며, 신이 아니라 인간 중심의 사고를 하게 되면서 과학과 예술을 토대로 한 화려한 르네상스가 부활하게 되었다.[9]

르네상스와 과학의 발달

신본주의 시대였던 중세 기간 동안 유럽인에게 하느님의 말씀을 떠난 생활은 상상할 수 없었다. 그러나 중세의 가을 이후 유럽 사회는 세상과 자연을 보는 시각이 달라지기 시작했다. 중세의 세계관은 "우리를 둘러싼 자연과 인간의 질서는 오직 신의 섭리로 만들어졌으며, 개인은 교회와 사제를 통하지 않고는 신의 섭리를 이해할 수 없다"는 것이었으나 르네상스의 세계관은 "우리를 둘러싼 세계는 자체의 질서로 만들어졌으며, 교회를 통하지 않고도 개인이 그 질서를 이해할 수 있다"는 것이었다. 르네상스 운동은 거의 천년에 걸쳐 이어지던 중세의 제도와 사상을 비판의 대상으로 삼음으로써 근대 사회사상의 형성에 중요한 기틀을 확

---

9 블로그 [글리's 라이프충전소] 〈중세유럽을 끝장낸 최악의 감염병, 흑사병〉 참고.

립했다.[10]

'재생'을 뜻하는 르네상스Renaissance는 '문화적 암흑기'로 불린 중세를 지나 고전 학문과 지식이 부활한 시기이며, 처음에는 '인문주의'라고 불린 지적 운동의 형태로 나타났다. 인문주의는 모든 다양한 표현과 작품에서 인간의 본성을 그 주제로 삼고 있으며, 인간의 존엄성을 강조한다. 인문주의자들은 과거 인간의 활동에서 가장 고귀한 형태로 인식되던 '속죄의 생활'이라는 중세의 이상 대신 창조를 위한 투쟁과 자연의 정복에 대한 시도를 소중히 여기고 상실된 인간 정신과 지혜의 부활을 고대했으며, 인간의 사고와 창의력의 가능성에 대한 새로운 자신감을 불러일으켰다.

14세기 말부터 이탈리아에서 일어난 르네상스는 인쇄술의 발명에 힘입어 전 유럽에 파급되었으며 옛 그리스와 로마의 문학, 사상, 예술을 재수용하여 인간 중심의 정신을 되살리고 인간의 존엄성을 중히 여겨야 한다는 생각을 확산시켰다. 그리스도교의 속박에서 벗어나 학문과 과학 등 모든 분야의 연구를 자유롭게 하자는 문예부흥운동이 시작되면서 자유로운 탐구와 비판을 가능하게 하고 인간의 사고와 창의력에 대한 새로운 자신감을 불러일으켰다. 르네상스로 인해 신 중심의 사회는 인간 중심의 사회로 변환되었고, 유럽이 암흑기에서 벗어나 '대항해시대'로 상징되는 경제성장 시기로 진입하는 초석이 되기도 했으며, 종교개혁의 원동력이 되기도 했다.

르네상스를 말할 때 '메디치 가문Medici Family'의 이야기를 빼놓을 수 없다. 이탈리아 피렌체의 메디치 가문은 13세기 피렌체에서 상업과 은행업의 성공을 바탕으로 약 350년간 막대한 부와 정치권력을 누렸다. 메디치 가문은 4명의 교황과 2명의 왕비를 배출했으며, 유럽의 수많은

---

10 《고전으로 읽는 자본주의》, p. 43.

왕가와 혼맥을 맺으면서 정치적 · 종교적으로 큰 영향력을 행사했다. 은행업의 성공 배경에는 친했던 추기경이 교황이 되면서 교황청의 자금을 관리할 수 있었던 것이 크게 작용했으며 메디치은행은 로마, 베니스, 나폴리, 밀라노, 런던, 제네바 등 유럽 주요 도시에 지점을 둔 유럽 최대은행으로 성장했다.

메디치 가문의 수장인 조반니 메디치의 아들 코시모 메디치는 자신의 부를 원천으로 문화예술의 중요한 후원자가 되어 피렌체를 르네상스의 중심지가 되도록 이끌었으며, 르네상스 건축의 대가 미켈로초에게 메디치궁전을 짓게 하고 수많은 예술가를 헌신적으로 지원했다. 코시모의 손자 로렌초 메디치는 보티첼리, 미켈란젤로 같은 르네상스 거장들의 작품을 지원했으며 당대의 철학자들을 후원하고 많은 학자를 고용해 메디치도서관에 수많은 고전을 수집하고 사본을 만들어 유럽 전역에 지식을 퍼뜨렸다. 로렌초의 셋째 아들 줄리아노 데 메디치는 레오나르도 다빈치와 라파엘로를 후원했다. 보티첼리와 레오나르도 다빈치는 수많은 미술작품 속에 메디치 가문의 인물들을 주인공으로 등장시켰다.

메디치 가문은 예술가들 외에도 갈릴레이 같은 과학자들에게도 많은 지원을 했는데, 갈릴레이가 교황청으로부터 이단으로 파문을 당해 종신형을 받았다가 가택연금으로 감형되자 피렌체로 데려가 연구작업에 몰두할 수 있도록 지원했다. 1610년 갈릴레오는 목성의 4대 위성(이오, 유로파, 칼리스토, 가니메데)을 발견하고 《별에서 온 메신저》를 출판했는데, 자신이 발견한 4개 위성을 '메디치 별Medician stars'로 명명하고 메디치가에 헌정했다.

1543년 코페르니쿠스가 《천구의 회전에 관하여》를 출간하면서 지동설을 주장하고 17세기에 갈릴레이 같은 과학자들에 의해 증명되고 보강되면서 프톨레마이오스 체계Ptolemaic system[11]를 무너뜨렸으며, 1687년에는 아이작 뉴턴이 《자연철학의 수학적 원리》에서 소개한 만유인력의 법칙으로 우주 전체의 작동원리를 설명하고 천체의 운동을 정확한 수학 공식으로 나타내어 우주가 통일적인 운동법칙에 따라 움직이고 있다는 기계론적 우주관을 확립했다. 찰스 다윈의 조부인 에라스무스 다윈은 《유기적 생명의 법칙》이라는 책에서 "지구는 인간이 나타나기 수백만 년 전에 이미 생성되어 존재했고 동물들이 진화했을 것이다"라고 했다. 1859년 찰스 다윈이 《종의 기원》을 출판하고 1871년 《인류의 혈통》을 저술하면서 수많은 증거를 제시해 인간이 동물들의 여러 변종이 수백만 년에 걸쳐 진화한 결과라고 납득할 만한 설명을 내놓았다. 이로써 자연현상을 종교의 교리나 신의 섭리로 여기기보다는 인간의 이성을 통해 우주와 자연을 객관적이고 합리적으로 파악할 수 있다는 인식이 널리 퍼지게 되었다.

과학혁명의 성과가 확산되면서 인간의 이성으로 자연현상을 통제할 수 있다고 믿는 경향이 사회 전반에 퍼졌으며, 나아가 인간과 사회현상도 자연현상처럼 과학적 법칙을 적용해 이해하고자 하는 경향이 나타나면서 근대철학이 발전하게 되었다. 실제로 관찰한 결과에서 출발해 일반적인 결론을 도출하는 베이컨의 '귀납법'과 대전제를 제시한 후 그것을 분석하면서 개별적 사실에 관한 결론을 제시하는 데카르트의 '연역법'이 소개되었고, 인간의 경험과 감각을 지식의 원천으로 여기는 '경

---

11 클라우디오스 프톨레마이오스는 서기 127~145년 알렉산드리아에서 활동한 고대 그리스의 천문학자, 지리학자이자 수학자로서 태양과 달, 다른 행성들의 운동에 대해 이심원(離心圓)-주전원(周轉圓) 체계나 편심 체계를 이용하여 '프톨레마이오스 체계'라고 널리 알려지게 된 천동설(天動說)을 확립했다. 그는 《알마게스트》 제1권에 천동설에 대해 언급하고 지구가 우주의 중심에 있으며 움직일 수 없다는 것을 증명하기 위한 많은 논증을 했으며, 이 이론에 반대되는 어떤 것도 관측되지 않았음을 증명했다. 그 결과 천동설은 그리스도교의 천지창조론과 융합되어 15세기까지 유럽 사회에서 거의 독보적인 지지를 받았다.

험론'과 본질적인 논리구조를 가지고 있는 이성을 지식의 제일 근원으로 보는 '합리론' 간의 논쟁이 가열되었다.

계몽주의와 백과전서파

자연법사상이 개인주의와 결부되고 개인이 가진 자연권이 강조되면서 홉스, 로크, 루소 등의 자연법은 내용은 상이하지만 사회계약론을 매개로 하여 역사 변혁의 큰 힘이 되었다. 홉스Hobbes, T.는 《리바이어던Leviathan, 혹은 교회 및 세속적 공동체의 질료와 형상 및 권력》을 통해 '사회계약설'을 주장했는데, 그는 "사회가 이루어지기 전의 자연상태는 만인에 의한 만인의 투쟁이 벌어지는 무질서하고 혼란한 상태였으며 이 상태에서 벗어나기 위해 사회계약에 의해 국가를 만들어 통치자에게 정치적 권리를 양도한 것이므로 이를 위해서는 강력한 통치자와 정부의 역할이 필요하다"고 주장하면서 절대군주제를 옹호했다.

존 로크John Locke는 홉스가 개인의 권리 전부를 통치자에게 양도했다고 한 것과 달리 "개인의 생명과 자유, 재산을 보호받기 위해 자연권 중 일부만 통치자에게 위임한 것이므로 만일 정부가 생명과 자유, 재산 등을 지켜주지 못하고 그 의무를 다하지 않는다면 국민이 이에 저항하고 새로운 정부를 세울 수 있다"고 주장했다. 로크의 이러한 사상은 후일 미국 독립혁명과 프랑스 대혁명에 큰 영향을 미치게 되었다.

"인간은 자유롭게 태어났다. 그러나 도처에서 쇠사슬에 묶여 있다" 고 설파한 장 자크 루소Jean-Jacques Rousseau의 《사회계약론》 첫 구절은 인간의 자유를 갈망하는 사상을 집약적으로 보여준다. 루소는 "주권은 항상 인민에게 있는 것으로서 본질적으로 양도될 수 없는 것"이라고 주장했다. 그는 공동의 선과 이익을 추구하는 사회구성원 전체의 의사를 '일반의지一般意志'라고 하면서 이를 표현한 것이 법이고 "주권은 전체 일반의지의 행사"라고 보았다.

17세기 후반에 시작되어 18세기에 화려하게 개화한 계몽사상은 신 · 이성 · 자연 · 인간 등의 개념을 하나의 세계관으로 통합한 사상운동으로서 근대과학과 철학의 발전, 그리고 존 로크의 정치사상 등에 힘입은 것이며 정치나 경제 · 사회 · 종교 · 사상 등에서의 봉건적 · 종교적 권위, 특권 · 압제 · 인습 · 편견 · 미신 등과 같은 전근대적인 어둠에 이성의 빛을 비추어 이를 타파함으로써 사회가 진보할 수 있다는 사상이다. 종교와 자연관, 사회와 국가 등 모든 것을 신의 권위에 따랐던 중세 사회체제는 계몽사상가들에 의해 모든 것을 인간의 이성에 의해 판단하는 시대로 이행되었으며, 그 결과 계몽사상은 시민혁명과 근대 유럽 사회의 형성과 발전에 큰 영향을 미쳤다. 사회계약설은 왕권신수설을 대체하여 신 없는 사회를 설명하는 방법이었고, 정치권력의 정당성을 부여하는 주체가 신이 아니라 인간이라는 것이었으며, 부르주아의 정치참여를 정당화하는 이론적 토대로서 부르주아의 전폭적인 지지를 받았다. 부르주아는 과학과 인간의 이성으로 신의 역할을 완벽하게 대체하는 데 성공했다.

계몽주의는 전통적인 로마 가톨릭 교리에서 벗어난 자유주의 신학에 영향을 주었으며, '하나님의 책The book of god'이라고 불리던 성서에 대한 자유로운 비평의 토양이 되었다. 대표적인 계몽사상가로는 날카로운 비판과 풍자로 18세기 유럽의 전제정치와 종교적 맹신에 저항한 볼테르Voltaire, 20년의 집필과정을 거쳐 발표한《법의 정신》에서 최초로 입법권, 사법권, 행정권으로 권력을 나누는 삼권분립과 견제와 균형의 필요성을 설파해 당시의 정치사상에 큰 영향을 끼친 몽테스키외Montesquieu, 사회계약론뿐만 아니라 음악을 비롯한 여러 예술 분야에 혁신을 가져오고 낭만주의를 탄생시킨 루소Rousseau, 후술할 백과전서파의 드니 디드로Denis Diderot와 장 르 롱 달랑베르Jean-Baptiste Le Rond d'Alembert, 그리고 경제학 분야의 애덤 스미스A. Smith가 있다. 애덤 스미스는 《국부론》에서 자유방임주의를 주장했는데, 자유방임주의 경제체제에서 국가는 시장에 간섭하지 말고 치안과 국방을 담당하는 야경국가의 역할에 국한해야 하며 국가가 시장의 흐름에 개입하지 않으면 시장은 '보이지 않는 손invisible hand', 즉 가격기구에 의해 저절로 효율성을 유지하게 된다고 주장하면서 권력을 가진 소수 귀족 등 특권층들만 갖는 시장에서의 특권을 비판했다.

개방적인 태도로 과학과 사상의 진흥을 부르짖은 프랑스 계몽주의 철학자들의 위대한 위업으로《백과전서》가 있다. 이는 프랑스 혁명이 일어나기 전 수십 년 동안 프랑스의 정치 · 사회 · 문화 · 학문 모두에 커다란 영향을 미쳤으며, 이 《백과전서》의 기고자들을 '백과전서파'라고 한다. 위키백과에 따르면《백과전서》제1권이 1751년 출판된 이후 1772년까지 21년에 걸쳐 35권, 7만 1,818개 항목, 3,129개의 일러스트레이션이 발행되었다. 볼테르, 몽테스키외, 루소와 중농주의 경제학자 케네 등도 집필에 참여했으며, 편집자는 디드로와 달랑베르였고, 서문은 달랑베르가 썼다.

《백과전서》의 출간은 그 출발부터 보수적인 성직자들과 정부 관리들의 반대에 부딪혔으며, 이 책을 고발한 프랑스 검찰은 "이것은 유물론을 주장하고 종교를 파괴하고 자유정신을 고취하기 위해 결성된 단체에 의해 제작된 것"이라고 주장했다. 실제로 이후 다수의 유물론자가 참여하면서《백과전서》는 단순한 지식 전달의 창구가 아니라 전통적인 관념과 종교적 질서에 대한 옹호자들을 무찌르기 위한 무기로 변화하게 되었다.

공장이 등장한 것은 지식이 급격히 퍼지기 시작한 이후였다. 1700년대 수공업길드guild에 의한 도제제도가 주를 이루던 시기에는 직접 경험하거나 숙련자 밑에서 도제교육을 받아야 일을 배울 수 있었으나《백과전서》의 출간 이후에는 도제제도를 대신하는 교과서가 등장해 천년간 쌓아온 노하우가 일반에 알려지게 되었고, 이것이 바로 산업혁명을 가능하게 했다. 지식의 진보가 깊이 있는 지식의 확산을 도왔고, 자본가들은 그 지식을 더 빠르게 더 많이 이용하여 비즈니스에 활용한 결과 비로소 공장이 탄생할 수 있었다. 자본가의 사회적 위치도 자연스레 급상승했으며, 전 세계가 자본주의의 물결 속으로 자연스레 빠져들게 되었다.

제3장

시민혁명과 중세의 종말

과학혁명과 계몽사상의 확산을 통해 중세 사람들은 자연은 물론 인간사회를 바라보는 새로운 시각을 싹 틔웠고, 이는 봉건사상과 그리스도교를 통해 세계를 이해하던 중세적 세계관을 뒤흔들었을 뿐만 아니라 다양한 사회적 모순을 지적하고 이를 개혁하려는 실질적인 움직임을 불러왔다. 이제 사람들은 계몽사상가들의 주장을 현실에 옮기기 위한 행동을 개시했다.

사람들을 신분적으로 속박하고 종교적으로 억압하면서 그 위에 소수 귀족과 성직자들만 거대한 특권을 향유하게 했던 봉건제도를 무너뜨린 것은 17~18세기 유럽과 북아메리카에서 일어난 시민혁명이었다. 근대 민주주의를 탄생시킨 시민혁명은 절대왕정체제라는 봉건적 정치체제와 소수 지배계층의 특권체제를 타파하는 저항을 통해 나타났으며, 선거권 확대와 인민주권론을 기반으로 '인권human right' 개념을 발전시켜 나갔다.

근대 민주주의는 영국의 청교도혁명, 미국 독립혁명, 프랑스 혁명을 거치면서 조금씩 진전되었으나 근대 민주주의라는 완결적 모습을 역사의 무대에 드러내기까지는 많은 시간을 기다려야 했다. 영국과 프랑스, 미국은 시기와 배경은 달라도 나름의 방식으로 시민혁명을 이루어냈고 혁명에 성공했다. 러시아 혁명을 통해 사회주의가 발판을 다졌다는 것은 널리 알려진 반면, 자본주의 역시 혁명을 통해 그 토대가 마련되었다는 사실은 간과하기 쉽다. 오늘날 우리 삶의 근간이 되는 자본주의 역시 치열한 시민혁명을 통해 이루어낼 수 있었던 결과물이며, 무엇보다 시민혁명의 성공은 역사적으로 전 세계가 왕정을 종식시키고 근대 시민사회로 가는 물꼬를 텄으며, 부르주아가 이끄는 자본주의 사회체제로 나아가게 되는 매우 중요한 계기가 되었다.

청교도혁명

1603년 엘리자베스 1세의 뒤를 이어 즉위한 제임스 1세가 영국의 입헌정치의 전통을 무시하고 왕권신수설을 신봉하면서 전제정치를 강화하려 하자 의회는 반발했다. 여기에 더욱 심각한 문제는 제임스 1세가 영국 국교회를 신봉하는 데 반해 의회는 청교도[12]를 믿고 있는 상황에서 제임스 1세와 그의 아들 찰스 1세가 억압적인 전제정치를 시행하자 의회와의 관계가 더욱 악화되었다. 1625년 스튜어트 왕가의 두 번째 왕으로 즉위한 찰스 1세는 의회의 승인 없이 세금을 징수하는 한편, 일부 귀족과 대상인에게 상업독점권을 주었을 뿐 아니라 영국 국왕을 수장으로 하는 영국 국교를 강제로 믿게 했다. 그뿐만 아니라 칼뱅의 교리에 따라 근면 · 금욕 · 절약을 실천하는 청교도를 탄압하면서 자신의 통치권을 더욱 강화해나가기 시작했다.

---

12 가톨릭적인 성격이 강한 영국의 국교회에 반대해 사치와 성직자의 권위를 배격하며, 칼뱅주의를 바탕으로 순결한 신앙과 철저한 신교주의를 취하고, 검소와 근면을 생활신조로 삼으며 맡은 바 일을 하나님이 정해주신 천직으로 생각하여 최선을 다해야 한다는 이념의 종교다. 17세기 영국에서 종교 박해를 피해 신대륙으로 건너가 미국 건국의 기초를 닦았다.

16세기 이후 영국에 모직물산업이 발달하고 인클로저 운동이 일어나면서 많은 젠트리[13] 계급이 탄생했으며, 이들은 경제력을 바탕으로 의회에서 약 70%의 다수의석을 차지하고 있었는데 이들 청교도 의원들이 찰스 1세를 맹렬히 비판하자 찰스 1세는 이들을 영장 없이 체포해버렸다. 그러자 의회는 1628년 "국왕은 의회의 동의 없이는 어떠한 세금도 거둘 수 없고, 부채를 질 수도 없으며, 법에 의하지 않고는 누구도 체포할 수 없다"는 내용의 '권리청원' 가결로 맞섰다. 의회의 협조가 필요했던 찰스 1세는 마지못해 승인했지만, 그 후 11년간 의회를 소집하지 않았다.

청교도의 한 분파인 장로교를 믿고 있었던 스코틀랜드에서 찰스 1세가 느닷없이 영국 국교회를 믿으라고 강요하는 일이 발생하자 무장봉기가 일어났다. 당황한 찰스 1세는 이를 막을 군대가 필요했지만 군대도 돈도 없었기 때문에 전쟁자금에 대한 동의를 얻기 위해 할 수 없이 11년 만에 의회를 다시 열 수밖에 없었는데, 오히려 이것이 청교도혁명이 시작되는 계기가 되고 말았다. 의회는 찰스 1세가 요청한 전쟁자금을 지원하기는커녕 오히려 11년 동안이나 의회를 열지 않고 독단적 정치를 했던 왕이 저지른 잘못을 200여 개 조항으로 구분해 비판했다. 이에 화가 난 찰스 1세가 의회를 해산시키자 왕을 지지하는 왕당파와 의회를 중심으로 왕을 비판하던 의회파 사이에 내전이 발생하게 되었다. 정치적 이유 외에도 종교적으로 영국 국교회를 믿은 사람은 왕당파를 지지한 반면 청교도들은 의회를 추종했다.

이 내전에서 처음에는 기병대를 보유한 왕당파가 유리했으나 올리버 크롬웰Oliver Cromwell이 의회파의 군대를 재조직하면서 전세는 차츰

---

13 영국에서 자영농과 귀족 사이에 존재하는 중산 계급으로서 신분상 귀족은 아니지만 가문의 휘장을 사용하는 자유민이다. 부유한 지주와 상인, 전문직 종사자 등이 여기에 속했으며 16세기 이후 귀족이 몰락하면서 주요한 세력으로 성장했다.

역전되기 시작했다. 더구나 의회파는 종교적인 이유로 스코틀랜드의 지지를 얻고 있었고 해상권 또한 장악하고 있어서 해외원조를 받기도 쉬웠다. 결국 전쟁은 의회파의 승리로 끝났고 의회파 대부분이 청교도들이었기 때문에 이 사건을 청교도혁명(1640~1660)이라고 부르게 되었다.

전쟁에서 의회파가 승리했으나 그들은 왕을 죽이지는 않았다. 그러나 의회파는 곧 신앙의 미묘한 차이와 군인과 의원들 간의 차이 등으로 인해 다수 의원 중심의 '장로파'와 크롬웰 휘하의 군인들로 이루어진 '독립파'로 분열되었다. 군인들이 믿은 청교도는 더욱 퓨리턴적이었는데, 의회가 이를 인정하지 않고 자신들의 종교를 강요하자 서로 대립하게 되었고, 이러한 분열을 틈타 국왕 찰스 1세는 다시 한번 전쟁을 일으켰으나 또다시 크롬웰이 이끈 군대에 패했다. 그 후 크롬웰은 대부분 군인인 독립파를 이끌면서 장로파 의원들을 몰아내고 의회를 장악해 전쟁의 책임을 물어 국왕인 찰스 1세를 사형시킨 후 영국 역사상 최초의 공화정을 수립했다.

크롬웰은 이후 스코틀랜드와 아일랜드를 정복하고 항해조례를 제정해 영국의 무역활동을 신장시키기도 했으나 공화정은 그리 오래가지 못했다. 크롬웰은 의회를 해산하고 스스로 호국경Lord Protector[14]이 되어 금욕적인 독재정치를 실시하는 등 사형당한 찰스 1세보다 더욱 강한 정치권력을 휘두르자 국민은 호국경 정치에 대한 불만으로 가득 찼다. 크롬웰이 죽자 영국 국민은 그의 지나친 금욕정치에 환멸을 느끼고 예전의 좀 더 여유로운 삶, 즐거운 오락이 존재하는 삶으로 돌아가기를 원했다. 결국 찰스 1세의 아들로 프랑스에 망명 중이던 찰스 2세가 귀국하면서 영국은 다시 왕정으로 돌아갔다.

---

14 잉글랜드의 왕권이 미약했을 때 왕을 섭정하던 귀족에게 붙이던 호칭으로서 입헌군주국가의 대통령 또는 총리와 유사하다. 잉글랜드와 스코틀랜드 왕정의 역사에서 여러 차례 호국경이 왕을 보좌하는 경우가 있었다.

그러나 찰스 2세의 뒤를 이어 즉위한 제임스 2세는 1685년 왕위에 오른 후 노골적인 가톨릭 편중정책을 폈다. 1688년 제임스 2세의 아들이 태어나자 개신교도였던 그의 딸 메리의 왕위 계승을 기대하던 개신교도들은 영국에 가톨릭 왕국이 세워질지 모른다는 위기의식을 느끼게 되었고 국민의 불만은 극에 달했다. 16세기 후반 헨리 8세의 종교개혁 이후 영국 사회에서는 왕권신수설에 치우쳐 있는 가톨릭에 대한 불안감과 혐오감이 강했기 때문이다. 의회는 1689년 1월 22일 컨벤션 의회를 소집하여 제임스 2세의 국외 탈출을 왕위 포기로 간주하고 권리선언에 따라 왕위를 윌리엄 3세와 메리에게 공동으로 이양하는 무혈 명예혁명을 일으켰다. 이후 컨벤션 의회는 진정한 의회로 변모했으며 권리선언은 내용이 보완되어 '권리장전權利章典, Bill of Rights'으로 바뀌었다. 권리장전은 윌리엄 3세와 메리 사이에 후손이 없을 경우 메리의 여동생 앤에게 왕위가 계승되도록 규정함으로써 가톨릭교도에게는 왕위 계승의 길을 봉쇄했으며, 의회 주권에 기초를 둔 입헌왕정이 수립되었다.

청교도혁명은 "국왕은 신이 부여한 절대권력을 갖는다"는 왕권신수설의 몰락을 의미했다. 왕권을 뒷받침하던 신분제가 흔들렸고, 왕이 특정 집단에게만 독점적 거래권한을 주었던 특권적 경제체제를 무너뜨렸다. 또한 시민이 직접 왕에 맞서 정치적 · 경제적 권력을 쟁취한 역사적인 대사건으로 법에 의한 통치체제를 이끌어냈으며, 개인의 재산권이 철저히 보호받을 수 있는 사회로 발전하게 되었다. 1688~1689년의 명예혁명은 영국의 역사에서 오랫동안 지속되던 왕권과 의회의 갈등을 종식시키는 이정표가 된 사건이었다. 1689년 권리장전으로 인해 더 이상 군주의 절대적 권리에 대한 주장이 힘을 얻지 못하는 결과를 가져와 영국은 전제군주제와 결별하게 되었고, 입헌군주제로 들어서는 출발점이 되었다.

미국 독립혁명

미국은 영국에서 종교적 자유를 찾아 아메리카 대륙으로 건너온 청교도들이 세운 나라이며, 미국의 시민혁명은 영국으로부터의 독립을 의미했다. 식민모국의 입장에서는 미국으로 간 청교도들이 고국을 위해 봉사하고 공헌하는 식민지로 남아있기를 바랐겠지만, 신대륙 정착민들은 점차 자신들의 독자적인 기반을 갖추고 독립성을 강화해갔다. 프랑스와 7년여에 걸친 전쟁을 벌인 끝에 북아메리카대륙을 손에 넣은 영국은 바닥난 국고를 메우기 위해 식민지 미국의 차, 설탕, 종이 등에 막대한 세금을 부과했으나 아메리카 식민지 대표들의 참여도 없이 제국 유지비용의 상당 부분을 아메리카 식민지에서 충당하기로 결정한 이 조치가 미국 독립운동의 발단이 되었다.

미국 독립전쟁이 일어난 18세기 후반, 13개 주 식민지 지역의 많은 사람들은 사회계약설을 비롯한 존 로크의 자유주의사상의 영향을 받아 공화주의의 신념을 지니고 있었다. 부패한 영국 정치에 비판적이었던 영국의 휘그당은 미국에서 일정한 영향력을 발휘하고 있었고, 식민지의 대표자들은 영국의 신분제의회에 속해 있었으나 이러한 귀족정에 대해서는 매우 비판적이었다.

영국은 북아메리카 식민지에 대해 신문, 팸플릿 등의 출판물, 법적으로 유효한 모든 증명서, 허가증 등에 인지를 붙이는 것을 의무화한 인지세법을 시행하고 있었으나 식민지 개척민들은 영국 의회에 13개 주 식민지의 대표가 선출되지 않은 것에 대해 "대표 없이 과세 없다No taxation without representation"며 강하게 반발하면서 인지세를 보이콧하고 이듬해인 1766년 인지세를 철폐했다. 그 후 1773년 영국 의회가 차茶 조례를 통과시켜 대중 음료인 차에 또다시 세금을 부과하자 이에 반발한 북아메리카의 식민지 주민들이 인디언으로 위장한 후 보스턴항에 정박해 있던 배에 올라 도끼로 300여 개의 차 상자를 부수고 바다에 던져버리는 일명 '보스턴 차 사건'이 발생했다. 그러자 영국 의회는 그 보복으로 손상된 차를 배상할 때까지 보스턴시의 해상무역을 봉쇄하는 '보스턴 항구 폐쇄법Boston Port Bill'을 포함해 식민지들 사이에 '참을 수 없는 법Intolerable Acts'으로 알려진 일련의 징계조치를 통과시켰고 이후 군대를 파견했다. 미국인은 민병대를 조직하여 대항했으며, 후에 미국 초대 대통령이 되는 조지 워싱턴을 총사령관으로 선출했다.

1776년 13개 식민지의 대표들은 미국 독립선언에 서명하여 새로운 국가인 아메리카합중국을 수립한 후 1778년 영국과 경쟁관계에 있던 프랑스와 동맹을 맺고 군사적 지원을 받았으며, 이후 스페인 · 네덜란드와도 동맹을 맺었다. 미국이 새러토가 전투에 이어 미국 독립전쟁을 사실상 종결시킨 요크타운 전투에서도 승리하면서 8년간 계속된 전쟁은 결국 미국 시민군의 승리로 끝났다. 대영제국은 1783년 파리조약으로 미국의 독립을 승인하고 평화협정을 맺었으며, 이로써 미국은 완전한 독립국가가 되었고 그 국경은 북으로는 오대호와 세인트로렌스강, 남쪽은 남쪽 경계 및 북위 31°, 서쪽은 미시시피강으로 정해졌다. 미국은 독립전쟁에서 승리함으로써 영국에 종속되어 있던 식민지 경제구조를 극복하고 독립적인 발전을 도모할 계기를 마련할 수 있었다.

그러나 미국의 독립혁명은 완전한 시민혁명이라 하기에는 불완전한 면이 있었다. 서유럽에서와 달리 미국은 신분제를 쉽게 철폐할 수 없었기 때문이다. 기본권은 백인에게만 적용될 뿐 아프리카에서 끌려온 흑인 노예들은 여전히 신분제의 굴레에 얽매여 있었다. 한창 상공업이 발달하고 있던 북부에서는 노예제가 별로 중요하지 않았던 데 반하여 미국 남부는 노예들을 대규모로 필요로 하는 상업적 농업농장인 플랜테이션plantation을 중심으로 운영되는 경제체제였기 때문에 쉽게 노예제를 철폐할 수 없었다. 이러한 다양한 이해관계가 얽혀 있었기 때문에 노예제 철폐는 난항을 겪을 수밖에 없었으며, 결국 남북전쟁을 통해 해결될 수밖에 없었다.

1863년 링컨 대통령은 '노예해방선언'을 발표하고 흑인에게 북군에 참여해 싸우기를 독려하자 남북전쟁 중 총 18만 5천 명의 흑인이 166개의 부대에 소속되어 함께 싸웠다. 링컨이 노예해방선언을 통해 남부의 흑인을 동요하게 만들고 흑인을 북군에 참여시킴으로써 남군의 전열을 뒤흔들려고 했던 전략이 주효해 결국 남북전쟁에서 북군이 승리했다. 남북전쟁에서 북군이 승리함으로써 미국의 신분제를 폐지하고 시민혁명을 마무리했다는 점에서 역사적 의미가 크며, 오늘날 역사가들은 미국의 독립전쟁을 '1차 시민혁명'으로, 남북전쟁을 '2차 시민혁명'으로 부르고 있다.

프랑스 대혁명

태양왕 루이 14세는 파리에서 20km 떨어진 곳에 루이 13세의 사냥용 별장이 방치되어 있던 자리에 막대한 비용을 투입해 베르사유 궁전을 짓고 1682년 파리에서 베르사유로 왕궁을 옮겨왔다. 매일 수백 명의 귀족이 모여 화려한 연회를 열었으며, 성직자와 함께 절대왕권 제도의 지지자였던 귀족들은 대부분 궁정에 빌붙어 나태한 생활을 보냈다.[15]

이로 인해 루이 14세의 말년에 이미 국가 재정은 고갈되기 시작했으며, 18세기 후반이 되자 봉건적 특권을 누리던 귀족들도 대부분 재정적 곤란에 처하게 되어 막대한 부채를 짊어지게 되자 귀족들은 농민을

---

15 루이 14세는 언제 반기를 들지 모르는 귀족들을 정치적·경제적으로 나약하게 만들려는 목적으로 귀족들을 초대하여 연회를 열었다는 견해도 있다.

더 심하게 착취하게 되었고 농촌은 더욱 황폐화되었다. 한편 루이 14세가 낭트 칙령[16]을 폐지하고 위그노를 추방한 것이 프랑스 산업 발전에 심각한 악재로 작용했다.

그뿐만 아니라 루이 16세(재위 1774~1792)에 이르러 프랑스 정부는 영국의 아메리카 대륙 진출을 견제하기 위해 미국 독립전쟁(1775~1783)에 20억 리브르(프랑스인 700만 명에게 식량과 집을 해결해줄 수 있는 규모의 돈이라고 함)에 이르는 과도한 지원을 하면서 재정 궁핍에 빠지게 되었다. 재정은 파탄 나고 흉년이 거듭되는 상황에서 1785년 일어난 '목걸이 사건'[17]으로 왕실에 대한 의회와 시민 계급의 불만은 극에 달했다. 루이 16세의

---

16 1562년 프랑스에서 종교전쟁이 시작되었으며, 1598년까지 간헐적으로 계속되어 위그노(프랑스의 프로테스탄트를 의미함)의 주요 인물이 거의 목숨을 잃고 수천 명이 학살당했다. 1598년 앙리 4세는 낭트 칙령을 선포해 위그노의 종교적·정치적 자유를 인정하고 완전한 시민권을 허용했으나 낭트 칙령에도 불구하고 프랑스의 가톨릭 성직자들은 위그노의 권리를 박탈하고자 노력했다. 1685년 10월 루이 14세가 낭트 칙령을 철폐하자 프랑스에서는 여러 해에 걸쳐 25만 명 이상의 위그노가 영국, 프로이센, 네덜란드 또는 신대륙 아메리카로 피난길에 올랐다.

17 1772년 루이 15세는 자신의 애첩 뒤바리 백작부인에게 선물하기 위해 파리의 보석상에게 가장 좋은 다이아몬드 목걸이를 주문했다. 그런데 다이아몬드 등 재료를 수집하는 동안 갑자기 루이 15세가 천연두로 사망해버리자 그의 손자 루이 16세는 왕비 마리 앙투아네트와 관계가 그리 원만치 못했던 뒤바리 부인을 추방해버렸고 이로 인해 구입계약도 흐지부지되어버렸다. 목걸이를 떠안게 된 보석상 뵈이머는 이것을 마리 앙투아네트에게 팔려고 했지만 워낙 고가였기 때문에 마리가 구입하기를 꺼리자 왕비와 친하다고 소문난 라모트 백작부인에게 중재를 의뢰했는데, 엉뚱하게도 그녀는 이 목걸이를 가로챌 계획을 세웠다. 라모트 백작부인은 마리 앙투아네트와의 관계가 원만치 못해 전전긍긍하던 로앙 추기경에게 접근해 왕비가 고가의 다이아몬드 목걸이를 국왕 모르게 타인 명의로 구입하기를 원한다고 속여서 대리구매를 하도록 유도한 후 왕비에게 대신 전달하겠다며 중간에서 가로챘다. 다이아몬드 목걸이는 해체된 후 국외로 반출되어 판매되었고 사건의 전모는 수사와 재판을 통해 드러났다. 이 사건과 마리 앙투아네트는 무관하며 왕비는 결백하다는 진상이 밝혀졌음에도 파리 시민은 이를 믿지 않았고 왕비의 체면과 위신은 더욱 크게 손상되었다. 이 사건으로 인해 훗날 프랑스 혁명기에 성난 민심을 달래기 위한 희생양이 필요했던 혁명 정부는 왕비를 단두대로 처형하게 되는 원인이 되었다. 괴테는 목걸이 사건을 "프랑스 혁명의 서곡"이라고 단언했다. 그만큼 혁명 직전 프랑스 궁정생활의 부패를 잘 드러낸 상징적 사건이다(위키백과 참고).

왕비 마리 앙투아네트는 사치와 도발적 패션, 노름과 연극 등을 즐기면서 '적자赤字 부인'이라는 별명을 얻었는데, 성난 군중 사이에서 마리가 "빵이 없으면 케이크를 먹으면 된다"고 말했다는 거짓 루머까지 확산되면서 시민의 분노는 더욱 커져갔다.

1787년 프랑스에 90년 만의 한파가 닥쳐 식료품가격이 폭등하여 굶주린 국민이 분노하면서 폭동과 시위가 잇따르자 루이 16세는 160년 만에 고위성직자와 귀족으로 구성된 명사회名士會를 소집해 대책을 논의했다. 재무총감 칼론은 국가재정을 살리기 위해 인지세와 토지세 인상 등 세제 개혁을 제안하면서 많은 토지를 소유한 귀족이나 로마 가톨릭교회 성직자 같은 특권 계급에 대한 과세 필요성을 역설했다. 그러나 면세 혜택을 받는 특권층이던 명사회의 대다수는 이를 반대했고 오히려 정적들에 의해 칼론의 공금유용 등 비리가 폭로되자 루이 16세는 그를 해임하고 후임으로 툴루즈 대주교인 브리엔을 임명했다. 새로운 채권 발행, 곡물거래 자유화 등만 승인하고 명사회는 5월에 해산되었으며 결국 파산 직전에 이른 재정을 메우기 위해 평민에게 부과되는 세금은 점점 과중해졌다.

이 무렵 프랑스 사회는 절대왕정이 지배하던 앙시앵 레짐Ancien Régime, 구체제 하에서 18세기에 모든 선진국에서 나타난 일반적 특징처럼 자본가 계급이 부상하고 있었으며, 계몽주의사상과 미국 독립혁명의 영향으로 자유의식이 고취되어가고 있었다. 유럽 전역에서 발흥하던 부르주아는 사회적 대변혁을 원했다. 계몽사상가들은 사회계약설을 주장하고 제1계급(성직자), 제2계급(귀족), 제3계급(평민)으로 구분되던 불합리한 사회제도를 맹비난하면서 합리적인 사회제도의 출현을 선동했다. 제3계급 중에서도 의사, 변호사, 사업가 등 전문지식을 통해 부를 축적한 일명 부르주아 계층은 혈연과 교회의 권위를 앞세워 부와 권력을 향유하는 제1, 2계급을 제치고 사회의 주도층이 되기를 원했으며 이들은 천부

인권사상과 계몽주의사상을 강력하게 신봉하고 있었다.

진보적 중농주의자인 재무총감 튀르고는 상공업에 대한 국가의 과도한 간섭을 비판하면서 부르주아의 발전을 저지하는 영주와 국가의 통제를 없애기 위해 1776년 '6개 항의 포고령'을 왕실 고문회에 제출했다. 이것은 농민을 노예 수준으로 부리는 부역을 폐지하고, 공업에서의 길드제를 폐지하여 농업과 노동에 대한 자유를 보장하기 위한 것이며, 부르주아적 이해와 대립하는 봉건적 귀족과 그들에게 기생하던 특권 상인의 세력을 약화시키는 것이 불가피한 과제가 되었음을 보여주는 것이다.

1789년 5월 루이 16세는 베르사유 궁전에서 175년 만에 삼부회三部會를 소집했으며, 신분별 참석 인원수는 선례에 따라 3개 신분별로 동일한 인원수로 구성할 예정이었다. 그러나 제3신분은 지방의회에서처럼 평민대표의 인원이 2배가 되어야 한다고 요구했고, 결국 루이 16세는 이 요구를 허락해 성직자 290명, 귀족 270명, 평민 585명의 대표가 참석했다.

삼부회의의 표결방식은 신분별 의결 후 각 1표만 행사할 수 있었는데, 대부분의 경우 특권층인 귀족과 성직자가 기득권 수호를 위해 협력하기 때문에 표결 결과는 늘 2 대 1이 되어 제3신분인 평민에게 불리한 결론으로 귀결되었다. 귀족과 성직자 대표는 신분별로 1표를 행사하는 표결방식을, 평민 대표는 인원수에 따른 표결방식을 각각 지지함으로써 자신들이 속한 계급에 유리한 표결방식의 채택을 주장했다. 또한 다수를 차지하는 평민 계급은 면세 등 각종 특권 폐지와 부동산에 대한 중세적 권리 폐지 등의 개혁을 위해 합동 회의를 통한 토론을 요구하면서 삼부회는 결국 해결점을 찾지 못하고 첨예한 대립만 오가며 파행이 이어졌다.

평민 대표에는 학대받는 평민들을 위해 싸우는 유능한 변호사 로베스피에르Robespierre가 있었다. 그는 머릿수 표결방식이 채택되지 않자 자신들이 국민의 98%를 대표한다는 주장과 함께 별도로 '국민의회'를 결성하여 어떠한 세금도 자신들의 동의 없이 징수할 수 없다고 선언했다. 분노한 루이 16세가 국민의회의 해산을 명한 후 회의장을 폐쇄해버리자 국민의회 측은 테니스코트로 이동해 헌법이 제정될 때까지는 국민의회를 해산하지 않겠다고 서약하고 이에 대해 서약문을 작성했다. 유명한 '테니스코트 서약'이 이루어진 것이다. 국민의회에는 진보적 사고를 갖고 있던 로마 가톨릭 사제와 자유주의 귀족 47명도 합류했으며, 7월 9일에는 '제헌국민의회'라 칭하며 인민의 최고 입법기관으로서 프랑스 헌법 제정에 착수했다.

왕당파가 제헌국민의회를 무력탄압하기 위해 지방에서 군대를 결집해 파리 주변에 배치하고 있다는 소문이 퍼지자 국민의회는 민병대를 결성하고 파리 주변의 병기고를 습격해 2만 8천 정에 이르는 무기를 탈취했다. 또한 시민들은 전제정치의 상징이자 정치범에 대한 고문과 의문사의 소굴이던 바스티유 감옥에 화약 창고가 있다는 것을 알고 있었다. 7월 14일 아침, 파리 민중은 바스티유 감옥을 습격했으며 이 습격의 성공은 혁명의 도화선이 되었다. 혁명의 여파는 지방으로 확산되었고 지방 중소도시에서는 자치위원회와 국민방위대를 조직하고 정치범 수용소, 요새, 성들을 장악했다. 국왕이 임명한 지사나 군사령관들은 국민방위대에 저항하지 않았고 그들의 활동에 방임으로 일관했다. 국왕의 권위는 지방에서도 이미 존재하지 않았다.

장 폴 마라Jean-Paul Marat는 프랑스 혁명 발발 직후 〈인민의 벗L'Ami du Peuple〉이라는 신문을 발행하면서 반혁명 성향의 인사 이름을 신문에 게재하는 등 가장 급진적인 정책의 유력한 대변자로 떠올랐다. 그는 왕과 왕비를 타깃으로 선동적이고 격렬한 성격의 기사를 쏟아냈고, 때로는 루머를 확산시키기도 했으며, 완고하고 끈질긴 목소리로 민중의 신뢰를 얻어나갔다. 그는 상퀼로트sans-culotte[18]의 적극적인 지지를 받았으며, 곧 폭주하는 국민의회에서 유력한 인물이 되었다.

농민들도 총뿐만 아니라 낫, 쇠스랑 등 농기구를 들고 매우 폭력적이고 극단적인 형태로 혁명에 봉기했으며, 성을 약탈해 자신들을 얽매었던 문서를 불사르고 영주와 지주들을 공격했다. 국민의회는 민중과 농민의 급진적인 행동으로 인한 무질서를 조속히 해결하기 위해 8월 4일 농노제 폐지, 개인적 예속의 폐지, 소득에 비례한 세금납부 등을 기본내용으로 하는 봉건제 폐지를 선언했으며 8월 26일에는 주권재민, 사상의 자유, 법 앞의 평등, 재산 · 투표 · 과세의 평등, 소유권의 신성 등 새로운 사회질서의 원칙을 담은 '인권선언'[19]을 발표했다. 이후 재산 제한 선거제가 도입되어 일정액 이상 세금을 납부하는 평민 남성들도 선거권을 가지게 되었다.

프랑스 혁명 당시 노동자, 빈농, 인민 등의 프롤레타리아 계급들도 자신들의 의지에 따라 혁명에 참여했는데, 이들은 "자연으로 돌아가라"는 장 자크 루소의 직접민주주의 이념의 영향을 받아 모든 사람은 평등하며, 인간의 존엄성을 중시해야 한다는 열망으로 혁명에 가담했다. 계몽사상은 "왜 귀족들은 특권을 가진 사람들인가? 세상은 왜 그렇게 주어지는 것인가? 진보란 불가능한 것인가?" 하는 의문을 품게 만들었다.

루이 16세는 봉건제 폐지와 인권선언의 재가를 거부하면서 군대를 베르사유로 이동시켰고, 여기서 군대를 위한 호화로운 연회를 열던 중

---

18 sans은 'with-out'이라는 뜻으로 sans-culotte는 "퀼로트를 입지 않은 사람"이라는 의미다. 당시 귀족 남성들은 무릎까지 오는 반바지(퀼로트)를 입었는데, 이들은 발목까지 내려오는 긴바지를 입었기에 붙여진 이름이다.

19 프랑스 인권선언은 구체제의 모순에 대한 시민 계급의 자유 선언으로서 이 선언의 17개 조항은 1791년 제정된 프랑스 헌법의 전문이 되었으며, 이후 1793년 헌법('인권선언'으로 개명), 1795년 헌법('인간과 시민의 권리 및 의무에 관한 선언'으로 개명)의 전문으로 이어졌다.

군인들에 의해 혁명의 상징이라 할 수 있는 '삼색기'가 훼손당하는 사건이 발생했다. 이 소식을 접한 파리 시민은 다시 흥분했는데 특히 이번에는 빵값 폭등으로 화가 난 여자 시장 상인들이 전면에 나섰다. 7천여 명의 여인들이 파리 시청으로 모여들어 "빵을 달라"고 외치며 베르사유 궁전을 향해 행진하자 갑작스럽게 베르사유 궁전 앞에 몰려든 군중을 보고 당황한 루이 16세가 인권선언을 재가하면서 이들을 달랬으나 그날 밤 이슬을 맞으며 노숙한 여인들은 다음날 궁전에 난입해 국왕의 파리 귀환을 요구했고 국왕 일가는 군중과 함께 파리로 이동했다. 이후 국왕 일가는 파리 시민의 감시 속에 튀틀리궁에 거주하게 되었으며 국민의회도 파리로 이동했다. 시민군은 자유주의 귀족 라파예트를 총사령관에 임명했으며, 1790년 그의 제안에 따라 현재 프랑스 국기가 된 삼색기가 혁명의 깃발이 되었다.

프랑스 혁명의 타깃에는 봉건왕조 외에도 가톨릭교회가 있었다. 시민은 곳곳에서 앙시앵 레짐을 상징하는 가톨릭교회를 습격하고 성상을 파괴했다. 로마 가톨릭교회는 가톨릭 신자들을 내세워 반혁명 선동을 하면서 프랑스 혁명에 극렬 저항했으며, 다른 나라의 가톨릭 군주들에게 군대 파병을 요청하기도 했다. 그러나 국민의회는 성직자와 교회 재산에 대한 국유화를 추진하면서 교회개혁을 시작했다. 수도원을 해체하고 성직자 기본법을 제정해 성직자를 국가 공무원화하여 월급을 지급했으며, 이를 통해 사실상 교황을 대신하여 서임권을 행사하는 등 국가가 성직자를 관리하게 되었다.

혁명 발발로 귀족과 성직자 중 국외 망명자가 증가함에 따라 국왕이 의지할 국내 세력이 점차 약해지자 결국 루이 16세는 마리 앙투아네트의 친정인 오스트리아로 피신할 계획을 세우고 1791년 6월 20일 몰래 파리를 탈출했으나 오스트리아 국경 근처의 바렌에서 발각되어 탈출 5일 만에 군인들에 의해 파리로 이송되어 탕플탑에 유폐되었다. 이 사건으로 충격을 받은 프랑스 국민은 루이 16세가 마리의 모국인 오스트리아 등 외국 군대의 힘을 빌려 혁명을 되돌리려 한다고 의심하게 되었고, 의회는 프랑스인을 실망시킨 루이 16세의 왕권을 한때 중지시키기도 했다. 한편 망명 실패 소식을 접한 신성로마제국 황제 레오폴트 2세는 여동생 마리 앙투아네트의 신변안전과 부르봉 왕가의 왕권 복위를 돕고자 각국 군주들에게 프랑스의 상황을 알리고 협조를 구했으며, 프로이센과는 동맹을 맺고 필니츠 선언[20]을 통해 국민의회를 외교적으로 압박했다. 그러나 필니츠 선언은 파리 시민에게 루이 16세가 외국과 내통하고 있다는 심증을 더욱 굳히게 만들었으며, 이로 인해 국왕에 대한 실망과 배신감만 커지고 조금이나마 남아있던 충성심마저 사라져버리게 만드는 역효과만 초래했을 뿐만 아니라 프랑스 혁명전쟁(1792~1802)의 원인이 되기도 했다.

한편 외국의 군주들은 프랑스 혁명을 점차 불안한 시각으로 바라보고 있었으며, 오스트리아와 프로이센의 지배계급들은 자국의 혁명 지지파를 박해했다. 오스트리아와 프로이센 양국이 대프랑스동맹을 체결해 혁명정부를 압박하자, 혁명정부는 심각한 위협으로 받아들였고 대외 전쟁이 필요하다고 판단했다. 각 계파 간의 전쟁에 대한 계산은 달랐지만 모두 전쟁을 원했다. 푀양파는 전쟁에 승리할 경우 자코뱅파를 제어할 기회로 보았고, 지롱드파는 전쟁을 유럽의 인민을 해방시키기 위한 성전聖戰이라 생각했다. 루이 16세와 왕당파는 전쟁에서 프랑스가 패배하면 군주권이 부활할 수도 있을 것이라는 은밀한 희망에서 전쟁을 원했고, 지롱드파 내각은 혁명을 계속하기 위해 대외 전쟁에 동의했다. 1792년 4월 20일, 루이 16세의 제의에 따라 의회는 오스트리아에 대한 선전

---

20 프랑스 국왕의 문제는 유럽 전체 군주의 공통 관심사였으며, 프랑스 국왕을 완전하게 자유로운 상태로 만들기 위해 두 군주는 필요한 무력을 사용하여 즉시 조치를 취하겠다고 결의하는 내용이었으나 실제로는 수사적 위협에 불과했고 전쟁 의지나 준비는 없었다.

포고안을 열광적으로 통과시켰고, 7월 8일에는 프로이센에도 선전포고를 했다. 그러나 전쟁이 시작되자 프랑스군 장교 9천 명 중 약 6천 명이 망명해버렸고, 충원된 의용병들은 훈련과 경험이 부족했다. 결국 프랑스군은 5월에 각지에서 벌어진 전투에서 패배했다. 오스트리아와 첫 전투 중 자신들의 지휘관인 딜론 장군을 살해하는 하극상을 벌이는 등 사실상 프랑스 정규군은 와해 수준에 놓였다.

패전과 식량 부족, 인플레이션 때문에 파리의 민심은 극도로 흉흉해졌고 곳곳에서 소요가 발생했다. 이런 혼란 속에 도시에서는 상퀼로트가 등장해 붉은 모자와 긴 창을 들고 다니며 도발적으로 공포를 조장했다. 혁명을 급진적으로 이끌고 간 상퀼로트들은 주로 수공업자, 소상인, 장인, 근로자 출신의 빈곤층들로서 자본집중 반대, 직접민주주의를 통한 민중의 정치참여, 자유보다는 평등, 국왕의 거부권 폐지, 공화제 등을 요구했다. 이들의 급진적이고 과격한 행동으로 인해 상퀼로트는 '급진적인 혁명을 추구한 민중'을 지칭하는 말로 사용되기도 했다. 파리는 상퀼로트들이 주도하는 도시가 되었고, 이들에 의한 자치체가 형성되어 왕당파 신문들이 폐간되고, 징발 · 징집 · 공정가격제가 실시되었다. 감시위원회와 비상인민재판소가 설치되고 선서거부파 성직자들의 추방, 종교의식 금지, 이혼 허용 등의 법령들이 통과되었다.

의용군을 포함한 4만 7천의 프랑스군은 1792년 9월 발미에서 프로이센군을 상대로 승리를 거두었고, 11월에는 제마프 전투에서 승리를 거둔 후 벨기에를 점령하여 강제병합시키는 성과를 내기도 했다. 발미 전투에 의용병으로 참가한 많은 하층민 계급은 승리로 인해 정치적 발언권이 더욱 커졌고, 상퀼로트는 급진적인 정책을 제시한 자코뱅파를 옹호했으며, 혁명은 급진적으로 과격해져갔다. 마침내 혁명세력이 장악한 국민의회는 혁명 성과를 공고히 하기 위해 루이 16세를 혁명재판에 회부했으며, 국왕이 전쟁 때 프랑스 정부와 국민을 배신했다는 증거가 많이 제출되어 1793년 1월 14일 국민의회는 루이 16세의 사형을 의결했다. 1월 21일, 2만 명의 시민이 지켜보는 가운데 루이 16세는 파리의 혁명광장(현재 콩코드 광장)에서 기요틴guillotine[21]에 의해 처형되었다. 그리고 그해 10월 16일 마리 앙투아네트도 손이 뒤로 묶인 채 퇴비 수레에 태워져 시내를 순회한 후 기요틴에 의해 처형되었다.

프랑스 혁명 이후 프랑스가 과격하게 치달은 데는 로베스피에르와 장 폴 마라의 역할이 컸으며, 결국 그들도 비극적인 운명을 맞았다. 루이 16세를 기요틴으로 처형한 후 권력을 잡은 로베스피에르가 공포정치를 시행하면서 1년여 동안 파리에서만 30만 명이 체포되고 약 1만 5천 명이 처형당했다. 사람들은 다들 언제 로베스피에르가 자신을 죽일지 걱정했고, 마침내 그가 당통마저 개인비리혐의 등으로 사형에 처하자 혁명파 내부에서도 그를 경계하기 시작했다. 로베스피에르가 다시 여론의 지지를 얻을 목적으로 공안위원회와 국민공회에 출석해 자신은 사심 없이 일했음을 밝히고 국민의 공정한 판단을 호소하면서 반혁명파를 숙청하겠다고 말하자 그가 무차별 처형을 강행한다고 본 관용파와 반대로 우유부단하다고 본 급진파가 모두 그에게서 등을 돌리면서 결국 이것은 그의 마지막 연설이 되었다. 부르주아 층과 온건 푀양파 및 온건 혁명파가 주도하는 반로베스피에르파는 행동을 개시했고 로베스피에르를 구해줄 사람은 아무도 없었다. 그의 공포정치는 그에게서 민심을 떠나보냈으며, 결국 로베스피에르는 1794년 7월 27일 측근들에게 탄핵당한 후

---

21 프랑스 혁명 당시의 유명한 물리학자이자 제헌의회 의원인 조셉 1세 기요틴은 사형 방법에 있어서 참수형이나 교수형 대신 죄수가 덜 고통스러운 형벌이 필요하다고 생각했으며, 마침내 고통받지 않고 순식간에 죽을 수 있는 단두대라는 새로운 방법을 고안해냈다. 단두대(斷頭臺)는 말 그대로 머리를 자르는 커다란 작두인데, 이 기구의 고안자 이름을 따서 '기요틴'이라고 불렀다. 프랑스 혁명기의 공포정치로 인해 수만 명이 기요틴에 목을 맡겼는데, 지금 우리가 끔찍하게 생각하는 단두대가 그 당시에는 그나마 고통을 덜어주는 자비의 산물이었다.

체포되어 다음날 자신이 애용한 단두대에서 처형당했다.

루이 16세의 처형 이후 혁명이 너무 많은 피를 요구하자 파리 교외의 주민은 유혈을 끝낼 때가 되었다고 생각했고, 혁명이 점점 폭주하는 것은 〈인민의 벗〉을 발행하는 장 폴 마라 때문이라고 생각했으며, 마라는 공포와 증오의 대상이 되어갔다. 노르망디 출신의 지롱드당 지지자인 젊은 여성 샤를로트 코르데는 반역자의 명단이 있다며 마라에게 접근했고, 마라의 보호를 받고 싶다는 구실로 그의 방에 들어가도 좋다는 허락을 받아 욕조 안에 있던 그를 칼로 찔러 죽였다. 강경파가 득세하던 바로 그 순간에 마라는 극적인 죽임을 당함으로써 민중의 대의를 위한 순교자로 평가받았다. 마라의 사망 다음날 자코뱅당 지도부는 다비드 Jacques-Louis David에게 "마라를 우리에게 그대로 돌려달라"며 마라의 장례 행렬에 쓰일 그림을 주문했고, 유명한 그림 〈마라의 죽음〉이 그려졌다. 다비드는 "청렴하고 헌신적인 마라는 병환 중에도 욕조에서까지 국민을 위해 일했다"는 이미지를 만들어냈고, 마라의 죽음은 교묘하게 미화되었다. 이 그림으로 인해 마라는 상퀼로트들에게 예수와 동일시되는 현상까지 나타났으며, 사람들은 프랑스의 21개 소도시에 그의 이름을 붙였다. 샤를로트 코르데는 도망도 가지 않고 체포되어 사형을 언도받았으며, 사형이 집행되기 직전에 초상화를 그려달라고 요구한 후 의연하고 편안한 표정으로 "평화를 위해 마라를 죽였으며 공화국을 위해 순교한다"는 말을 남기고 죽음으로써 후일 영웅이 되었다. 후에 그녀의 소원대로 자기가 살해한 마라와 평판이 뒤바뀌며 프랑스 혁명의 주요 인물로 역사에 남았다.

프랑스 혁명으로 왕이 기요틴에 세워졌고, 왕이 죽는 순간 동시에 신이 죽었으며, 그리고 천년을 이어온 중세도 끝났다. 신의 죽음이란 인간이 만들어낸 최고가치의 상실을 의미하며, 종교 혹은 이상주의 등의 신앙이 상실된 상태를 가리키는 표현이다. 또한 신의 죽음이란 허무주의의 도래를 가리키는 표현이다. 최고가치의 상실과 허무주의의 출현은 “삶의 최고가치가 상실된 상태에서 개인은 어떻게 살아야 할 것인가?” 라는 질문을 낳는다.

19세기의 가장 위험한 철학자로 불리던 니체Friedrich Wilhelm Nietzsche는 그의 책 《즐거운 학문》에서 신의 죽음과 그에 따른 상실감을 아래와 같이 기술했다.

> 그대들은 밝은 아침에 등불을 켜고 시장으로 달려가
> 쉴 새 없이 이렇게 외치는 미치광이에 대해 들어본 적이 있는가?
> "나는 신을 찾는다! 나는 신을 찾는다!"
> “신은 어디에 있지?” 그는 부르짖었다.
> 나 너희에게 말하고 싶다!
> 우리가 신을 죽여버렸다, 너희와 내가!
> 우리 모두는 신을 죽인 자들이다!
> 그러나 우리는 어떻게 이러한 일을 해냈단 말인가?
> 어떻게 우리가 바닷물을 다 마셔버릴 수 있었단 말인가?
> 누가 우리에게 지평선 전체를 닦아버릴 수 있는 스펀지를 주었단 말인가?
> 지구가 해의 궤도에서 풀려났을 때 우리는 무엇을 하고 있었나?
> 지구는 어디로 움직이고 있나? 우리는 어디로 가고 있나?
> 모든 항성으로부터 멀어져가고 있나?
> 우리는 계속해서 추락하고 있는 것이 아닌가?
> 후진하고 있나? 측면으로 가고 있나? 직진하고 있나?
> 아니면 모든 방향으로 가고 있는 건가?
> 아직도 위쪽이 있고 아래쪽이 있나?
> 우리는 끝없는 허공을 방황하는 건가? 허공의 흐름을 느끼지는 못하면서?
> 더 추워지는 게 아닐까? 계속해서 저녁만 반복되는 게 아닌가?

신은 죽었다. 신은 죽어있다!

그리고 우리가 그를 죽여버렸다!

어떻게 우리는 스스로를 위로할 것인가? 살인자 중의 살인자인 우리는…

제2부

THE AUTUMN OF CAPITALISM

초기 자본주의 시대

제4장

자본의 축적을 가져온 대항해시대[1]

자본주의를 싹틔운 거대한 부와 돈, 그리고 상품은 어디에서 왔을까? 인클로저 운동 이후 토지로부터 추방된 농민들이 노동자계급이 되고 토지라는 생산수단을 소유한 농업경영자들이 자본가계급이 됨으로써 자본주의가 탄생했다고 설명하는 견해도 있지만, 그보다는 자본주의로의 이행에 필수적인 초기자본의 축적은 인클로저 운동이 일어나기 이전의 '대항해시대'부터 시작되었다고 보아야 할 것이다. 독일의 역사학파 경제학자인 베르너 좀바르트Werner Sombart[2]는 자본주의가 농촌이 아니라 도시에서, 농업이 아니라 상업에서, 건전하고 성실한 생산활동이 아니라 사치와 향락에 찬 소비활동에서 왔다고 분석했다.

엄청난 부와 돈, 그리고 상품이 온 곳을 찾기 위해서는 도시와 바다로 이어진 해외영토를 살펴봐야 한다. 기원전부터 중국 중원지방에서 아시아 초원과 이란고원을 지나 지중해에 이르는 무역로로 이용되었

---

1 이 장의 줄기는 KBS 명작다큐 4부작 〈바다의 제국〉을 참고했고, 세부 내용의 상당 부분은 주경철,《대항해 시대: 해상 팽창과 근대 세계의 형성》, 서울대학교출판부, 2008을 참고했다.

2 독일의 경제학자이자 사회학자. 1904년부터 베버와 함께 《사회과학 및 사회정책》을 편집했다. 경제이론과 역사의 종합을 꾀하여 마르크스의 영향 아래 경제체제의 개념을 확립했다. 10권의 대작《근대 자본주의(Der Moderne Kapitalismus)》를 저술했는데, 이 책에서 처음으로 '자본주의'라는 용어가 사용되었다.

던 실크로드는 13세기 몽골제국이 성립된 이후 페르시아만에서 지중해에 이르는 향신료로드와 하나로 통합되어 유라시아 대륙의 국제적 상업망이 형성되었다. 천년 가까이 이어져오던 비잔티움제국(동로마제국)이 1453년 오스만튀르크제국의 마흐메트 2세에 의해 멸망하고 이슬람국가였던 오스만제국이 과거 비잔티움제국의 대부분 지역을 차지하게 되면서 유럽과 아시아를 연결해주던 주요 통로가 막히게 되었다. 이로 인해 아시아에서의 향신료, 비단, 도자기 등의 수입에 심각한 영향을 받게 되면서 유럽인은 아시아로 향하는 새로운 바닷길 개척에 몰두하게 되었다.

15세기 이후 대항해시대가 열리자 지금껏 대륙을 갈라놓는 역할을 했던 바다는 어느덧 동서 문명이 서로 만나는 통로가 되었으나 바다를 통한 상호 교류는 곧 착취와 약탈, 지배와 종속으로 나타났으며 식민지배와 제국주의로 이어져 세계는 새로운 불평등 구조로 재편되었다. 《제국을 설계한 사람들》의 저자 폴 케네디에 의하면 유럽이 지배했던 전 세계의 지역은 1800년에는 35%였다가 1878년에는 67%가 되었고, 1914년에는 84%가 되었다고 한다.[3]

대항해시대에 유럽 선진국들이 부를 축적하고 번성하는 동안 아시아, 아프리카, 아메리카의 원주민들은 역사상 가장 슬프고 잔인한 시간을 보내야 했다.

대항해시대를 불러온 아시아의 검은 황금: 후추

음식을 오래 보존하는 것은 인류의 오랜 숙제였다. 육식을 주로 하는 유럽에서는 겨울이 오기 전에 사육하는 동물을 잡아 염장해야 했다.

---

3 《대항해 시대: 해상 팽창과 근대 세계의 형성》, p. 27.

하지만 염장된 고기는 시간이 지날수록 누린내가 심하게 나는데, 이 문제를 해결해준 게 바로 후추다. 후추는 방부제의 효능도 있어서 고기가 쉽게 변질되는 것을 막아주면서 누린내를 없애주고 맛도 훨씬 좋게 해주었기 때문에 한번 후추 뿌린 고기를 먹어본 유럽인은 그다음부터는 후추 없이는 고기를 먹지 못할 정도로 매혹적이었으며 후추는 유럽인에게 맛의 혁명을 불러일으켰다.

후추는 기원전 4세기경 아라비아 상인들에 의해 처음 유럽에 전해졌는데, 아라비아 상인들이 이집트의 알렉산드리아나 레바논의 베이루트에 후추를 가져다놓으면 우리에게 '베니스의 상인'으로 알려진 베네치아의 상인들이 전 유럽에 공급하는 역할을 했다. 베네치아는 13~15세기 동안 아시아와의 중개무역을 통해 부를 축적해 지중해 무역의 패권을 차지하고 있었고, 아라비아 상인들은 무역을 독점하기 위해 자신들이 후추를 어디서 구해오는지를 비밀에 부쳤다.

15세기에 오스만튀르크제국이 들어서면서 알렉산드리아와 베이루트 등 모든 통로를 장악하고 후추에 엄청난 세금을 부과하자 후추가격은 폭발적으로 올라 후추 한 줌 가격이 신발 장인의 1년 치 임금이나 농노 한 명의 가격과 같을 정도였고 소작료나 집세를 후추 몇 알로 지불하기도 했다. 같은 무게의 금보다 비싸기도 했던 후추는 '검은 황금'으로 불리면서 신분을 상징하는 사치품이 되어 왕실과 귀족들의 전유물이 되었다. 유럽의 왕실이나 귀족들은 자신의 부와 지위를 과시하기 위해 후추를 황금 항아리에 넣어 보관하면서 연회를 열면 후추를 쌓아놓고 자랑하기도 했다고 한다.[4]

후추가격이 천정부지로 치솟자 이슬람 세계가 지배하는 서아시아를 피해 후추 원산지 인도로 가는 바닷길을 개척하려는 시도가 계속되

---

4 유튜브 채널 '지식브런치' 〈후추는 세계를 어떻게 바꾸었나?〉 참고.

었는데, 이 일에 맨 처음 뛰어든 것은 포르투갈의 항해왕 엔리케 왕자였다. 그는 아프리카를 우회하는 바닷길을 찾기 위해 무려 100여 차례 넘게 탐험대를 대양으로 내보냈으며, 포르투갈 탐험대는 15세기 중에 평균적으로 1년에 1위도씩 아프리카 해안을 따라 남하해갔고, 그럴 때마다 인도로 가는 길의 중간에 놓인 아프리카는 속속 포르투갈의 식민지가 되어갔다.

그리고 마침내 1497년 바스코 다 가마Vasco da Gama가 포르투갈의 리스본 항구를 떠나 10개월에 걸친 항해 끝에 인도 남부에 위치한 향신료의 도시 캘리컷에 도착했을 때, 그는 그곳에서 후추가 100kg 단위로 판매되는 놀라운 광경을 목격했다. 3개월에 걸친 교섭 끝에 바스코 다 가마는 이듬해인 1498년 포르투갈로 후추를 실어오는 데 성공했으며, 그가 유럽으로 가져온 후추는 원산지 가격의 600배에 팔려나갔다. 이후 인도항로가 열리면서 과거 실크로드와 향신료로드의 무역을 독점하던 지중해 상권은 쇠퇴하고 대망의 대항해시대가 열리게 되었다.

15세기 아시아의 해상교역은 서쪽의 홍해부터 동쪽의 일본에 이르기까지 동서로 엄청난 길이로 이어져 있었으며 여기에는 페르시아 상인들, 아랍 상인들, 중국 상인들이 큰 비중을 차지했다. 이 시기 아시아의 바다는 원래 이방인 상인을 환영하는 지역 특성 때문에 대체로 자유로운 상업무대였으며, 항구도시들은 대부분 이방인 상인들의 진입과 활동을 막지 않았기 때문에 처음 인도항로를 개척해 아시아의 바다로 찾아온 유럽 상인들도 쉽게 현지 교역망에 참여할 수 있었다.

그러나 바스코 다 가마가 처음 인도항로를 개척한 이후 얼마 지나지 않아 아시아의 바다를 차지하려는 유럽의 욕망은 폭력적인 형태로 변했으며, 아시아의 바다는 포르투갈 등장 이후 그 성격이 완전히 달라졌다. 포르투갈은 후추무역을 독점하기 위해 교역보다는 전쟁을 선택했으며, 아랍연합을 상대로 전쟁을 시작했을 때 아랍의 전투선인 갤리선은 화살을 사용한 반면 오랜 기간 동안의 지중해 패권 다툼으로 총포 등 무기가 발달해있었던 포르투갈은 상선에조차 측면을 대포로 무장하고 있었다.

명나라의 정화 대선단[5]이 15세기 초 28년 동안 아시아의 바다를 누비고 다니다가 불현듯 7차 항해를 끝으로 항해를 중단하고 중국이 아시아의 바다에서 철수[6]한 이후 포르투갈은 손쉽게 바다에서의 패권을 차지할 수 있었다. 중국의 중앙정부가 바다에 대해 완전히 문을 닫은 이후에도 민간인에 의한 해상활동이 계속되었지만, 국가권력의 강력한 후원을 받는 유럽 상인들과는 뚜렷한 힘의 불균형을 나타냈다. 1603년 스페인 상인들과의 갈등으로 필리핀 북부의 루손섬에 거주하던 중국인 2만 5천 명 중 2만 4천 명이 살해되었고, 1639년에도 필리핀에 거주하는 중국인 약 2만 명이 학살되는 사건이 발생했을 때도 중국 정부는 별다른

---

5 정화는 명나라의 환관이자 장군으로서 정난의 변으로 명나라 제3대 황제 영락제가 즉위하는 데 큰 공을 세웠으며, 후에 영락제의 명으로 일곱 차례에 걸쳐 대선단을 이끌고 동남아시아에서 아프리카 케냐에 이르는 30여 개국을 순방하고 돌아왔다. 영락제가 명(明)의 세력과 황제의 위세를 세계에 과시하기 위해 정화에게 명한 그의 대항해는 유럽의 대항해시대보다 70년이나 앞선 항해로 기록된다. 《명사(明史)》에 따르면 전체 길이가 44장(약 137미터), 폭 18장(약 56미터)에 이르는 8천 톤급 대형 선박이 포함된 함선 62척과 작은 배 200여 척에 승무원 2만 7,800명이 탑승했고 하루 식량만 쌀 100가마가 필요했다고 기록되어 있다. 정화의 제1차 원정이 있은 지 90여 년 후 바스코 다 가마의 함대가 희망봉을 돌아 인도 항로를 발견했지만, 그의 함대는 120톤급 3척, 승무원 170명의 규모였고, 콜럼버스의 함대는 250톤급 3척, 승무원 88명의 규모였다고 하니 정화의 선단 규모가 얼마나 엄청난 규모였는지 짐작이 가능하다(Daum백과 〈중국사를 움직인 100인〉 편 참고).

6 명 태조 홍무제는 남경을 도읍으로 정했으나, 쿠데타로 집권한 영락제는 수도를 북경으로 옮겼는데 이것은 회통하, 청강포 등 대운하의 개통으로 대륙의 남과 북을 잇고 정치중심지인 북경이 경제중심지인 강남에서 안정적으로 물자를 제공받을 수 있었기에 가능했다. 그러나 북경은 북방의 변경에 더 가깝기 때문에 무엇보다 북경의 안보를 최우선시하도록 만들었으며, 이것이 정화 대선단이 바다에서 철수하도록 만든 결정적인 요인이 되었다. 결과적으로 유럽이 '대항해시대'를 열었던 15~18세기에 중국은 바다를 포기하는 대신 '대운하시대'를 열었다. 조영헌, 《대운하시대 1415~1784: 중국은 왜 해양진출을 주저했는가?》, 민음사, 2021 참고.

대책을 내놓지 않고 화교들을 사실상 방치했을 정도로 바다에 관심을 두지 않았다.

무력으로 인도양을 점령해 후추무역을 독점하게 되면서 포르투갈은 유럽의 변방에서 벗어나 세계적인 강대국으로 발전했다.

아메리카 대륙의 금과 은

포르투갈이 유럽-인도항로를 개척한 이후 유럽에서 승승장구하자 유럽의 여러 나라도 여기에 뛰어들었다. 1492년 8월 3일 콜럼버스가 산타마리아·핀타·니냐 3척의 배를 이끌고 아시아의 금과 향신료를 구하기 위해 대서양을 가로질러 남서쪽으로 항해를 시작했다. 인도로 향하던 콜럼버스 일행은 열악한 환경에 고전하면서 엉뚱하게도 지금의 도미니카와 아이티가 있는 이스파뇰라섬에 도착하고 말았다. 이 첫 번째 항해에서 두 척의 선박을 잃은 콜럼버스는 별다른 수확 없이 스페인으로 귀환하면서 수용인원의 한계로 39명의 선원을 남겨두는 대신 원주민 몇 명과 녹색 앵무새를 데리고 갔다. 그리고 이듬해인 1493년 9월 25일 콜럼버스는 17척의 배에 1,200명이 넘는 선원을 싣고 스페인 국왕의 환송을 받으며 카디스항을 출발해 2차 항해를 시작했다. 콜럼버스는 자신이 죽을 때까지 인도라고 생각한 그곳 서인도제도에 정착 식민지를 만들기 위해 수공업자, 농부뿐만 아니라 말, 소, 양 같은 가축과 밀, 채소와 과일 종자까지 싣고 갔다. 이는 포르투갈이 상대적으로 '상업' 지향적이었던 데 반해 스페인은 처음부터 '정복' 지향적이었음을 보여준다.

그러나 2차 출항으로 다시 이스파뇰라섬에 도착한 콜럼버스는 남겨두고 간 선원이 모두 죽임을 당해 있는 광경을 목격하게 되었고, 원주민들에게서 선원들이 금과 원주민 여인들을 탐하다가 다른 부족의 원주민들에게 살해당했다는 말을 전해 들었다. 이 때문이었을까? 콜럼버스가 원주민을 대하는 태도는 극도로 포악해졌으며 파괴적으로 돌변했다. 선원들은 주저하지 않고 살인과 약탈을 일삼았고 그들의 잔혹행위와 함께 전염병 피해가 겹쳐 이 시기 서인도제도의 주민들은 거의 절멸상태에 이르렀는데, 이는 스페인의 역사가이면서 아메리카에 파견된 선교사 라스 카사스Las Casas의 기록[7]이 생생하게 증언한다. 어느 정도 과장되었다는 평가가 있기는 하지만 그의 말에 따르면 이렇게 해서 죽은 사람의 수는 1,500만 명에 가깝다고 한다. 이 역사적 사실은 1914년 후데리아스Julian Juderias가 그의 책《흑색 전설과 역사적 진실》에서 처음 사용한 이후 '흑색 전설'로 불리는데, 스페인과 스페인인의 잔인하고 불관용적이며 광폭한 성향을 묘사한 것이다.

유럽인이 해외진출을 시도한 또 다른 중요한 동기 중 하나는 금과 은을 얻기 위한 것이었다. 아메리카 대륙에서 대규모로 금과 은이 유입되기 전에는 아프리카가 주요 공급처였으나 내륙지역의 전쟁 때문에 16세기로 넘어오는 즈음에 쇠락했다. 유럽인이 아메리카 대륙에 상륙한 이후에는 아메리카에서 대규모로 금을 유입하기 시작했는데, 그 지역 주민들이 천년 동안 생산해 축적한 금이 2~3년 만에 거의 다 유럽으로 유출되었다고 한다.

---

7 기독교인들은 말과 칼, 창을 사용해 학살을 시작했고 원주민들에 대해 이상할 정도의 잔혹성을 보였다. 마을을 공격하면서 어린이, 노인, 임산부 혹은 출산 중인 여인까지 한 명도 살려두지 않았다. 그들은 칼로 찌르거나 팔다리를 자르는 것에 그치지 않고 마치 도살장에서 양을 잡는 것처럼 갈가리 찢었다. 그들은 한칼에 사람을 벨 수 있는가, 머리를 단번에 자를 수 있는가, 혹은 칼이나 창을 한 번 휘둘러서 내장을 쏟아낼 수 있는가에 대해 내기를 걸었다. 어머니의 품안에 있는 아이를 낚아채서 바위에 집어던져 머리를 부딪치게 하거나 강물에 집어던지고는 웃음을 터뜨리며 이렇게 말했다. "악마의 자식들아, 그곳에서 펄펄 끓어라" 그들은 키 낮은 교수대를 만들어서 발이 겨우 땅에 닿을 정도의 높이로 사람을 매달아 놓았다. 구세주 예수와 열두 제자를 기념한다면서 13명을 이렇게 매단 다음 불타는 장작을 발치에 두어서 산채로 태웠다.《대항해 시대: 해상 팽창과 근대 세계의 형성》, p. 65.

1503년 이사벨라 여왕이 스페인령 아메리카 식민지 개척자들에게 인디언을 강제노동에 동원할 수 있도록 허용하는 '레파르티미엔토Repartimiento' 칙령을 발표한 이후 강제노역이 시행되면서 여성들이 사금 채취에 내몰리자 생활의 균형이 깨지면서 농업생산이 마비되었고, 원주민 사회의 붕괴를 가져왔다. 여기에 질병과 학대, 높은 자살률이 더해져 사망자는 늘고 출산율은 급감했으며, 그 결과 여러 섬에서 인구가 사라져가는 현상도 나타났다. 아메리카 대륙에서 유럽으로 가져온 수많은 정교한 예술작품들을 녹여서 금화나 은화를 주조하는 데 사용했으며, 오늘날 아메리카 문명의 유산들을 모아놓은 멕시코시티의 인류학 박물관에조차 과거의 찬란한 유물들이 많지만 그 가운데 금제품은 거의 없을 정도로 당시 금과 은의 약탈이 심했다. 한 사회의 멸망을 대가로 1503~1510년 사이에 19톤의 금이 스페인으로 보내졌으며, 서인도제도에서의 약탈을 마무리한 스페인 탐험가들은 곧 대륙 본토로 공격해 들어가 1521년 아스텍제국을 멸망시키고, 1531년에는 잉카제국을 멸망시켰다.

스페인은 서인도제도에서 금을 모두 소진시킨 다음 대륙 본토로 들어가 오늘날의 볼리비아와 멕시코에서 거대한 규모의 은광을 발견했으며, 특히 볼리비아의 '포토시은광'에서는 믿을 수 없을 정도의 노천광맥이 발견되었다. 인류 최대의 잭팟이라 일컬어지는 포토시은광은 스페인에 엄청난 부를 안겨주었는데, 1545년 발견된 이후 아메리카 대륙에서 1560~1810년 기간 중 생산된 은의 양은 13~15만 톤 내외로 추산된다.

이곳에서 생산된 은은 파나마를 거쳐 태평양을 건너 필리핀의 마닐라로 가서 중국의 비단, 도자기와 바꾸어 유럽으로 실어 날랐으며, 이 과정에서 중국에는 전 세계 은의 2/3 이상이 모여들게 되었다. 이는 당시 유럽에서의 금과 은의 교환 비율이 1 : 12 수준이었던 것과 달리 중국에서는 1 : 6~8 수준을 유지했기 때문이기도 했다. 또 한 갈래는 대서양을 건너 스페인으로 흘러들어 막대한 부를 창출하게 되었는데, 유럽에 갑자기 은이 넘쳐나게 되면서 화폐가치가 하락하고 물가가 폭등하는 현상이 일어나기도 했다.

포토시광산이 거의 소진되어갈 무렵 스페인 사람들은 수은을 촉매제로 사용해서 은 함유량이 비교적 낮은 광석에서도 은을 추출하는 새로운 방법을 발견했는데, 수은을 생산하는 과정과 수은을 촉매제로 은을 생산하는 과정에서 작업자들은 수은에 중독될 수밖에 없었고 혹독한 근로조건 속에서 무려 800만 명이나 되는 인디언이 희생되기도 했다.

1494년 콜럼버스를 비롯하여 15세기 말 탐험가들에 의해 발견된 땅들의 소유권을 둘러싸고 스페인과 포르투갈 간에 일어난 갈등을 해결하기 위해 '토르데시야스 조약'[8]이 체결되면서 브라질이 포르투갈의 식민지가 된 이후 브라질의 바이아와 미나스제라이스에서 엄청난 양의 금광이 발견되었고, 그 이전의 다른 모든 생산지의 산출량을 압도하는 어마어마한 양의 금이 채굴되었다. 금 채굴에는 아프리카 출신 흑인 노예들이 동원되었다. 아프리카 흑인 노예에 대해서는 뒤에서 다시 살펴보겠다.

설탕이 불러온 부의 빅뱅

사탕수수는 기원전 5천 년경부터 호주 북부에 위치한 뉴기니 사람들에 의해 경작되고 있었으며 오랜 세월이 흐르면서 아시아와 인도로

---

8 스페인과 포르투갈 간의 유럽 대륙 외 지역에 대한 영토 분쟁을 해결하기 위해 1494년 6월 7일 스페인의 토르데시야스에서 맺은 조약이다. 경계선은 카보베르데섬 서쪽 서경 46° 지점을 기준으로 남북 방향으로 그린 일직선이며, 이 경계선을 기준으로 동쪽으로는 모두 포르투갈이, 서쪽 지역은 스페인이 차지하기로 했다. 포르투갈은 이 조약으로 인해 인도산 후추를 독점할 수 있게 됐다는 점에서 유리했다. 또한 오늘날 남미 대륙에서 브라질만이 유일하게 포르투갈어를 공용어로 사용하게 된 것도 이 조약으로 인한 것이다.

전해졌다. 콜럼버스가 사탕수수를 아메리카로 가지고 간 이후 신대륙에는 끝도 없이 펼쳐진 사탕수수 플랜테이션이 만들어지게 되었다. 사탕수수 재배는 특히 많은 노동력을 필요로 했기 때문에 사탕수수 플랜테이션의 확대는 곧 흑인 노예의 증가를 의미했다.[9] 네덜란드가 1624년부터 30년 정도 브라질을 지배하던 기간 동안 사탕수수 재배기술을 익혀 재배지를 확대하면서 사탕수수는 브라질 경계를 넘어 중남미 여러 나라로 확산되었으며 그 이후 영국과 프랑스가 이 사업에 가세했다. 17세기 중엽은 아메리카 대륙에 사탕수수 생산과 노예무역의 확대가 동시에 일어난 중요한 전환점이었다.

영국은 카리브해에 사탕수수 플랜테이션을 건설하고 아프리카에서 납치한 흑인 노예의 노동으로 사탕수수를 재배했으며, 플랜테이션 내에는 최초의 근대적인 공장인 설탕공장이 가동되었다. 설탕공장에서는 숙련된 흑인 노예노동이 이루어졌는데, 노동의 강도가 얼마나 심했던지 노예들은 설탕공장을 '설탕지옥'으로 불렀다. 당시 아프리카에서

---

9 우리나라에서도 1903년부터 1905년까지 이어진 혹독한 가뭄과 흉년으로 극심한 생활고에 시달리던 7,291명의 노동자, 농민들이 일자리를 찾아 56회에 걸쳐 한인 이민선 갤릭(Gaelic)호에 실려 하와이의 사탕수수 플랜테이션으로 갔으며, 이들이 일제강점기 이후 귀국하지 않고 현지에 정착하면서 미국 내 초기 한인사회의 뿌리가 되었다. 한일 강제병합으로 모국을 잃어버린 하와이 한인들은 사탕수수 농장에서 강제노역에 가까운 고된 일을 하면서도 언젠가 맞이할 독립을 기다리며 중국과 한국의 독립운동단체에 전달되기를 기대하고 하와이국민회에 성금을 냈으며, 하와이 국민회 임원 박용만은 하와이에서 독립운동가를 양성하기 위한 소년병학교를 운영했다.
민족문제연구소의 〈백년전쟁〉에는 박용만의 도움으로 하와이로 이주한 이승만이 안정적인 성금이 들어오는 국민회를 총과 곡괭이, 야구 배트 등을 동원해 폭력적으로 장악한 이후 성금을 사적 용도로 탕진했으며, 문제를 제기하고 불신임안을 제출한 국민회 대의원들을 "폭동을 일으킬 수 있는 위험인물"이라며 경찰에 고발한 후 법정에 출석해 "판사님! 저들은 박용만 패당과 일당으로서 미국 영토 내에 한국 군대를 만들어 일본 군함 이즈모가 호놀룰루에 도착하면 공격하려 했습니다. 이것은 미국과 일본 사이의 평화를 방해하려는 것입니다"라고 절대 하지 말았어야 할 진술을 했다. 이 내용은 국내의 〈신한일보〉에 "통곡할 하와이 한인의 재판사건, 5천 명 동포가 모두 망신이로다"라는 제목으로 보도되기도 했다.

아메리카로 간 노예 중 약 96%가 카리브해 연안의 플랜테이션으로 보내졌고, 임금을 줄 필요가 없는 노예들에 의해 만들어진 설탕은 영국 상인들에게 엄청난 부를 안겨주었다.

영국 벨포드 가문의 카리브해 플랜테이션에는 2천 명이 넘는 노예가 일하고 있었을 정도로 플랜테이션 사업은 호황을 이루었고, 그 밖에 영국의 수많은 가문이 카리브해에 땅을 사서 고수익 플랜테이션사업에 투자해 거대한 부를 축적하게 되자 영국 사회 전체가 변화하기 시작했다. 귀족이나 지주계급이 아닌 상업으로 큰돈을 모은 신흥 부르주아가 등장한 것이다.

설탕 사업은 사탕수수 농장주, 제당업자, 설탕 판매업자들뿐만 아니라 럼 제조업자, 노예상인, 조선업자, 무기상 등 수많은 관련 산업의 호황을 가져왔으며 나아가 은행과 보험사 등 금융산업의 발달에도 큰 영향을 끼치면서 영국 사회 전체에 커다란 변화를 초래했다. 오늘날 영국의 전통 깊은 은행과 보험사들은 대부분 이 시기에 탄생한 것이다. 영국의 리버풀은 18세기에 세계 3대 제당공장 도시이자 노예무역 도시가 되었고 18세기의 설탕산업으로 조성된 자본을 기반으로 하는 농업 엔진은 산업혁명과 함께 19세기 산업화의 엔진에 불을 붙였다.

산업혁명을 이끈 면직공업

포르투갈 왕실은 후추를 비롯한 아시아 산물들을 들여와 판매는 유럽의 각국 대상인들에게 위임했기 때문에 다른 나라의 입장에서는 비용도 많이 들고 위험한 아시아 항해를 직접 할 필요가 없었으며 포르투갈은 약 100년 동안 아시아 교역을 독점할 수 있었다. 그러나 16세기 말 포르투갈 왕실이 유럽 내 후추판매를 일부 상인에게만 한정시키자 네덜란드를 비롯한 일부 국가의 상인들이 이 고수익 사업에서 배제되었고, 따라서 그들은 스스로 아시아항로를 개척하려고 시도했다. 1590년대 아시아 교역을 시도한 모험 회사들 간의 과잉경쟁으로 공멸할 위험성이 커지자 네덜란드 정부가 나서서 갈등을 해결하고 독점권을 가진 하나의 큰 연합 회사를 결성했는데, 그것이 바로 네덜란드 동인도회사Vereenigde Oostindische Compagnie, VOC다. VOC는 아시아 국가들과 조약체결, 전쟁 선포, 요새와 상관 건설, 군인 충원 등 국가가 할 수 있는 여러 기능을 대신할 수 있는 '국가 밖의 국가'가 되었다.

처음 VOC는 유치한 투자자금으로 출항 후 귀환하면 정산과정을 거쳐 이익금을 포함한 투자금을 배분한 후 해산하는 방식으로 운영했으나, 이후에는 이익금만 배분하고 원금은 돌려주지 않았으며 투자자가 투자원금을 회수하고 싶으면 주식시장에서 자신의 주식을 팔도록 했다. 회사 입장에서는 자본이 보존되어 회사가 해체되지 않고 항구적으로 존립할 수 있게 되었고, 이러한 투자방식에 따라 초기 투자자 중에는 대자본가뿐만 아니라 하인, 하녀, 과부, 직공 등 가난한 사람이 소액투자를 하기도 했다.

17세기 말에 이르러 후추의 과잉공급이 이루어지면서 일반 대중도 쉽게 사 먹을 수 있게 되었다. 정향(후추, 육두구와 함께 당시 인기를 모았던 향료)도 세계 수요의 2배를 넘길 정도로 과잉 공급되자 VOC의 수익성이 급감했으며, 네덜란드인은 수백만 그루의 어린 정향나무를 뽑아버리는 횡포를 부리기도 했다.

영국 동인도회사East India Company, EIC는 VOC보다 먼저 설립되었지만, 자본도 VOC의 1/10 규모에 불과했고 초기 활약은 VOC에 못 미쳤다. 그러나 EIC도 영속적인 회사방식과 일회성 모험사업의 중간 형태인 합본기업 방식으로 바꾸면서 성장해나가자 VOC와 갈등이 생기기 시작했다. 아시아에서 두 회사의 적대행위 중단의 필요성이 제기되고 심지어 두 회사의 합병안까지 거론되자 VOC 총독 쿤이 합병안을 확실히 거부하기 위해 1623년 '암본 학살사건'[10]을 일으켰는데, 이 사건으로 인도네시아에서 영국의 입지가 약해지면서 영국이 인도네시아를 떠나 인도로 이동하는 계기가 되었다. 17세기 중엽 크롬웰 시대에 EIC는 VOC와 마찬가지로 이윤만 배당으로 주고 원금을 남겨서 사업을 항시적으로 운영하는 체제로 변경한 이후 안정화되었고 근대적인 주식회사로 자리 잡게 되었다.

VOC의 압박으로 인도네시아 향신료 시장에서 밀려난 EIC가 인도로 방향을 돌린 것은 행운이 아닐 수 없었다. 이미 과잉공급에 따른 가격하락으로 후추 등 향신료 사업은 수익성이 떨어진 반면 캘리코 사업이 폭발적으로 성장하게 되기 때문이다. EIC는 뜻밖에도 인도에서 영국이 제국으로 나아가는 발판을 마련하게 된다.

면綿은 가벼우면서도 강한 직물로 염색이 쉽고 오래가며 세탁도 쉬워 그 어떤 직물보다 장점이 많다. 영국은 전통적인 양모와 모직의 나라로서 모직산업은 중세 이래 영국에서 가장 중요한 산업이었으며, 과거 영국의 부는 상당 부분 모직물에서 비롯된 것이다. 그러나 16세기 이후 유럽 여러 나라들이 앞다투어 세력을 바깥으로 확장했던 대항해시대 이후 곳곳에 식민지를 만들고 노예노동으로 얻은 부의 원천은 처음 향신

---

10 암본은 인도네시아 동남부의 향신료 군도로 알려진 말루쿠 군도에 있는 지역이다. 당시 네덜란드의 암본 식민정부가 일본인 10명, 영국인 10명, 포르투갈인 1명을 처형한 암본 학살사건의 원인은 영국 상인들이 섬을 차지하기 위해 일본 사무라이 용병들과 짜고 네덜란드인을 죽이려고 했기 때문이라는 네덜란드 측 주장과 네덜란드 측이 영국 상인을 축출하기 위해 무고한 사람들을 학살했다는 영국 측 주장이 맞서고 있었다. 그러나 당시 이 사건은 네덜란드인 지방총독 헤르만 반 스포일트가 영국 상인들이 자신들을 지원할 영국 함선이 도착하면 네덜란드 수비대를 무장해제시키려는 음모를 꾸미고 있음을 확인했으며, 혐의자로 추정되는 사람들을 체포했는데 이들은 고문을 받자 자신의 유죄를 인정하고 암본 법정에서도 혐의가 인정되어 1623년 2월 영국인 10명, 일본인 용병 10명, 포르투갈인 1명을 처형했다. 영국은 이 사건에 대해 '학살'이라는 명칭을 붙였다.

료에서 설탕으로 그리고 다시 면직물로 무게중심을 옮겨갔다.

기록에 따르면 인도는 기원전 300년경부터 면화를 재배해왔으며 고대 로마뿐만 아니라 중국, 아프리카까지 면직물을 수출해온 면화의 왕국이었다. 고대 로마 사람들은 면직물을 '바람으로 짠 직물'이라고 불렀다. 영국이 인도로 발길을 돌렸던 당시 인도는 면직물산업에 힘입어 예술과 경제력에서 뛰어난 무굴제국의 시대였다. 인도네시아에서 쫓겨난 영국 상인들은 향신료를 포기하는 대신 면직물을 수입하기로 방향을 전환했다.

비단이나 모직에 비해 상대적으로 저렴하고 품질은 우수한 인도산 캘리코[11]가 영국에 수입되자 폭발적인 인기를 얻으면서 영국인의 마음을 흔들었다. EIC가 수입한 면직물이 영국뿐만 아니라 유럽 전역으로 보급되기 시작하자 1719년 모직물공장의 직공 2천여 명이 폭도로 변해 런던 시내로 밀고와 캘리코를 입고 있는 사람들을 공격해 폭행하고, 캘리코를 입고 지나가는 여자의 옷을 벗기는 사람에게 포상금을 지급하는 등 사회문제가 일어나기도 했다. 오랜 전통을 가진 영국의 모직물산업 종사자들은 "면직물이 흑사병처럼 번져가고 있다"며 모직물산업을 보호하기 위해 의회를 압박해 인도산 면직물의 수입을 제한하는 〈캘리코 금지법〉을 제정하는 등 영국 사회의 갈등을 불러오기도 했으나 밀수입 등 다양한 경로로 밀려들어오는 캘리코를 막을 수는 없었다.

면화가 수입되는 동안 영국의 은이 계속 유출되었다. 그러나 플라시 전투[12]의 승리로 영국은 인도 식민화의 교두보를 확보하게 되었고,

---

11 인도의 캘리컷 지방에서 생산되는 고급 면직물을 말한다.

12 18세기 후반 인도의 일부 지역은 영국의 영향권 아래 놓이면서 많은 어려움을 겪게 되었는데, 특히 EIC는 벵골 지역에서 밀무역을 행하여 그 지역의 경제 질서를 어지럽혔다. 벵골 태수 웃다울라는 영국의 부당 행위에 항의하면서 영국인을 콜카타에서 추방했다. 그 결과 1757년 6월 콜카타 북서쪽에 위치한 플라시에서 영국군과 인도의 벵골이 군사적으로 충돌한 전투를 '플라시 전투'라고 한다.

벵골지방을 시작으로 인도에서 징세권을 확보한 후 그 세금으로 인도산 면직물을 사서 돈 한 푼 들이지 않고 영국으로 실어 나르기 시작했다.

한때 강력했던 무굴제국도 대외적으로 주변 국가들과의 전쟁 과정에서 힘의 균형이 깨지고 대내적으로는 힌두교와 이슬람교의 반목이 재연되면서 분열된 상황에서 인도 대륙을 넘보기 시작한 유럽 열강들을 감당하기에 힘이 부쳤다. 전통적으로 경쟁관계에 있던 영국과 프랑스 간의 주요 전장戰場은 유럽이 아니라 북아메리카와 인도를 둘러싼 패권 전쟁으로 확대되었는데, 양국 간의 '7년전쟁'에서 영국은 북미 대륙에서뿐만 아니라 인도, 아프리카 등 거의 모든 식민지에서 승리를 이끌어내면서 영국인이 '대영제국'이라 부르는 영광의 시대를 맞이하게 되었다. 경쟁자들을 모두 패퇴시킨 영국은 인도의 면직물 시장을 독점적으로 장악할 수 있게 되었다.

면직물 시장이 확대되자 영국은 면직물을 수입하던 방식에서 면화를 수입해 영국 내에서 면직물을 직접 생산하는 방식을 고민했다. 문제는 수공업 방식으로 수천 년간 이어져 내려온 면직물 제조 숙련공을 어떻게 조달하느냐는 것이었다. 그것도 아주 저렴한 임금으로.

산업혁명의 발상지인 맨체스터에는 석탄이 풍부했다. 영국은 석탄을 연료로 사용하는 증기기관을 이용한 대량생산체제를 갖추어 면직물의 초기생산을 독점했으며, 이 새로운 물건들은 세상을 변모시키고 영국경제가 1900년까지 급성장하는 발판이 되었다. 증기기관의 힘으로 작동되는 방직기가 발명되자 면직물에 대한 엄청난 생산력이 발휘되었으며, "영국의 빵은 랭커셔의 실에 달려 있다"는 말이 나올 정도로 랭커셔

플라시 전투는 클라이브가 이끄는 영국군과 프랑스군이 합세한 벵골 태수 군대와의 전투로, 처음에는 벵골 태수의 군대가 우세했으나 벵골의 부대장들이 영국에 매수되어 전세는 곧 영국 쪽으로 기울었다. 또한, 벵골 태수 자신도 배신한 부하에게 잡혀 처형당했다. 이로써 영국의 인도 전역에 대한 식민지화는 더욱 구체화되었다.

의 면방직이 영국을 제국으로 만들어 세계사의 중심에 등장시켰다. 마침내 1851년 영국은 런던의 하이드파크에서 세계 최초의 만국박람회를 개최해 자신의 기술을 자랑했다. 영국뿐만이 아니었다. 증기기관이 도입되자 전체 유럽의 경제는 폭발적으로 성장했으며 이후 모든 것이 변했다.

증기기관을 이용한 방직기로 생산된 영국의 면직물은 매우 저렴해서 오히려 면직물의 원산지였던 인도로 역수출하게 되었다. 1810년대에 이르러 영국은 인도에서 영국으로 수입되는 면화에 대해서는 72~100%의 관세를 부과한 반면 영국에서 인도로 수출되는 면직물에 대해서는 0~2.5% 수준의 미미한 관세를 부과하도록 강제했다. 그 결과 인도의 내수시장에서조차 영국의 면직물로 가득 차게 되었다. 게다가 영국은 식민지 인도의 직공들이 면직물을 생산하지 못하게 하려고 강제로 방직기를 부수고 면직공들의 엄지손가락을 절단하기도 했는데, 이로 인해 1830년에 이르러 인도의 면직물산업은 완전히 붕괴해버리고 말았다.

1942~1944년 사이에 있었던 벵골 대기근 3년 동안 200~300만 명에 이르는 사람이 굶어 죽었다. 인도 역사학자들은 당시 영국의 총리이던 처칠이 고의로 기근을 방치했다고 주장하기도 한다. 이러한 핍박 탓에 벵골 지역은 향후 인도 전역에서 정치의식과 민족적 자각이 가장 높은 반영反英 운동의 중심지가 되어갔다. 우리가 인도의 독립운동사를 접하면서 가장 먼저 보게 되는 것이 '인도의 위대한 영혼' 마하트마 간디가 물레를 돌리는 사진이다. 이 사진은 증기기관을 동력으로 사용해 대량생산하는 영국의 방직기에 비해 물레를 돌리고 있는 인도의 초라한 생산수준과 수천 년간 세계 면직물산업을 이끌었던 인도가 영국산 면직물의 불매운동을 하고 있는 아이러니한 현실을 보여주고 있다.

2022년 러시아의 우크라이나 침공 이후 미국과 EU 등 서방이 우크라이나를 군사적으로 지원하고 러시아에 대해서는 금융·경제 제재를 가하고 있지만, 인도는 러시아의 침략을 비난하지 않을뿐더러 보란 듯이 러시아산 원유를 저렴한 가격으로 계속 사들이고 있다. EU 등이 인도가 러시아 제재에 동참하지 않는 것을 비판하자 자이샨카르 인도 외무장관은 어떻게 산출했는지는 밝히지 않았지만 과거 200년간의 식민지배 기간 동안 인도가 유럽에 착취당한 돈이 현재가치로 45조 달러에 이른다고 발표했다. 이는 한화로 약 6경 원에 해당하는 금액이며, 인도 인구 13억 5,500만 명에게 1인당 약 4,300만 원씩 나누어줄 수 있는 돈이다.

2022년 9월 8일 엘리자베스 영국 여왕이 사망하자 사람들은 그녀가 제국주의시대의 그림자를 움켜쥐고 과거 영국의 식민지였던 국가의 민중에게 과거사에 대한 사죄를 한 적이 없다는 점을 지적했다. 또 인도의 한 지식인이 "엘리자베스 여왕의 죽음을 애도한다. 그러나 살아생전의 일생을 말하려면 빼먹는 것은 없어야 하지 않겠는가?"라고 한 말이 SNS를 통해 회자되기도 했다.

차와 아편이 만들어낸 새로운 세계질서

차는 약 5천 년 전 동양에서 음용하기 시작해 기원전부터 차마고도茶馬古道, Tea-Road를 통해 동양 내에서만 교역이 이루어지다가 대항해시대 이후 유럽으로 전해졌다. 중국의 비단, 도자기와 함께 차는 유럽인의 마음을 사로잡았으며 곧 유럽 귀족문화의 중심이 되었다. 18세기 초 영국인의 아침 식탁에는 우유와 맥주 대신 차가 올라갈 정도로 영국인의 일상을 바꾸었으며, 아주 저렴한 가격으로 지구의 동쪽 끝에서 가져온 차에 지구의 서쪽 끝에서 가져온 설탕을 넣어 마시는 영국의 차문화가 탄생했다.

17세기 커피가 유럽에 전해진 이후 유럽 각국에는 '커피하우스'가 생겨나 커피와 술을 판매하면서 정치활동, 사교와 문학의 장이 되었는데, 커피하우스는 계층 간의 차이를 문제 삼지는 않았으나 여자의 출입은 제한되었다. 그러다가 영국에 차가 유행하게 되면서 남녀를 모두 손님으로 받아들인 '티가든Tea Garden'이 생겨나게 되자 100년 가까이 영국의 사교문화를 이끌었던 커피하우스는 문을 닫고 티가든이 새로운 사교문화의 장으로 대체되었다. 1706년 개장한 티가든 '트와이닝스Twinings'는 지금까지도 세계적으로 유명한 차 제조사이자 브랜드로 남아있다.

1660~1760년의 백 년간 영국의 대중국 수입액은 차가 71%, 비단이 22%, 도자기가 7%로 알려질 만큼 차의 비중이 컸다. 청나라의 청화백자는 유럽산과 경쟁관계에 있었고, 비단은 유럽산·일본산과 경쟁관계에 있었지만, 유럽이 직접 생산하지 못하는 유일한 상품인 차는 중국에서 수입할 수밖에 없었다. 일찍부터 차의 가치를 알아본 중국은 차나무의 해외반출을 엄격히 통제했기 때문에 차를 얻으려면 중국으로 가야했다. 유럽에서는 생산할 수 없는 차를 얻기 위해 영국은 다시 동쪽으로 향했다.

1700년에서 1800년이 되는 동안 영국의 차 수입량은 200배 이상 늘어났다. 1792년 영국 정부는 교역항을 늘리고 13행[13]을 통한 무역독점을 풀어달라며 매카트니 사절단 800여 명을 중국에 보내 예를 다했지만, 매카트니가 삼궤구고三軌九叩를 거부[14]하면서 모든 것이 소용없어졌

---

13 광동십삼행(廣東十三行)은 1684년부터 1856년까지 청(淸)대 광동성(廣東省) 광주부(廣州府) 남서부의 주강(珠江)을 따라 발달한 무역지구로서 현재의 리완구(荔灣區) 부근을 말한다. 1757년부터 1842년까지 서구 국가들의 상업 유통이 이 지역에서 주로 이루어졌다.

14 청나라 관리들은 매카트니가 황제의 칙서나 하사품에 대해 허리를 굽히는 것만으로 예를 차리는 것을 건륭제에게 달려가 일러바쳤으나 건륭제는 넉살 좋게도 "오랑캐들은 우리의 예법에 대해 모르니 그들의 풍습을 따르게 하라"고 말했다. 그러나 매카트니가 천자 앞에 나아가서도 절을 하지 않겠다는 것이 분명해지자, 건륭제는 진노했다. 하지만 매카트니 입

다. 신대륙에서 가져온 설탕과 함께 차는 이제 기호품에서 필수품이 되어가면서 중국 차에 대한 수요가 급증하는데도 차 공급이 수요를 충족시키지 못하면서 가짜 차가 유통되는 등 영국의 심각한 사회문제가 되기도 했다. 그뿐만 아니라 대중국 무역적자가 눈덩이처럼 불어나면서 영국의 은도 계속 유출되고 있었다.

영국은 은 유출을 방지하면서도 차를 사올 방법을 고민하다가 양귀비를 생각해냈다. 영국은 영국령 인도의 벵골 지역에서 재배되는 양귀비로 아편을 제조해 아주 낮은 가격으로 중국에 공급하기 시작했다. 인도를 몹시 가혹하게 다스려 후에 영국인에게도 큰 비난을 받은 바 있는 워런 헤이스팅스Warren Hastings 인도총독은 "아편은 유해한 상품이므로 오직 해외무역을 위해 필요한 경우를 제외하고는 허용할 수 없으며 국내소비에 대해서는 정부의 주의 깊은 관리가 필요할 것"이라면서도 중국의 광저우에서만 수십만 명의 아편 중독자를 만들어냈다. 특히 개인이 아니라 영국 정부가 직접 나서서 저지른 일이라는 점에서 더욱 추악했다.

당시 중국의 아편 수입량 2,500톤은 8억 3천만 명이 동시에 흡입할 수 있는 양으로 당시 중국 인구가 약 8억 명이었다는 점에 비추어 실로 어마어마한 양이었으며, 당시 영국 상인들은 오늘날 중남미의 마약 카르텔이나 다름없었다. 도광제道光帝는 아편과의 전쟁을 선포하고 이미 후광湖廣, 지금의 후베이성湖北省과 후난성湖南省 지방에서 아편 밀수금지 조치들을 취하고 있었던 임칙서林則徐를 불러 19회에 걸친 독대를 가진 후 아편 밀수의 중심지였던 광둥성으로 파견했다. 광둥의 임지에 도착

장에서는 자신의 군주인 영국 국왕 앞에서도 오직 무릎 하나만을 꿇는데 아무리 청의 황제가 위대하다 하더라도 대영제국의 국왕이 친히 보낸 특사가 두 무릎을 세 번이나 꿇고 절을 아홉 번이나 할 수는 없는 일이었다. 매카트니는 유럽에서는 신에게 기도할 때나 두 무릎을 꿇는다며 끝까지 자신의 입장을 고집했다.

한 임칙서는 외국 상인들이 가지고 있는 아편을 전부 압수하여 바다에 던져 폐기하고, 다시는 아편을 수입하지 않겠다는 서약서를 제출하라고 압력을 가했다. 그리고 광둥에서 영국의 빅토리아 여왕에게 편지를 보내 "여왕이라면 이처럼 사람에게 해로운 물품을 수입하도록 허가하겠느냐?"며 영국 국민이 아편을 중국에 들여오지 못하도록 금지해달라고 요구했다.

그러나 임칙서의 아편 금지정책에 불만을 가진 영국 정부는 모욕을 당했다고 트집을 잡으며 중국 파병을 결정했고, 역사적으로 가장 비열한 전쟁으로 불리게 된 '아편전쟁'이 시작되었다. 영국 정부는 1839년 10월에 개전을 결정했고, 11월에는 중국 해군과 영국 함대 사이에 충돌이 일어났으며, 이듬해 영국 의회도 전쟁을 승인했다. 아편전쟁에서 영국은 압도적인 해군력으로 중국 연안 도시를 공격했으며, 그 결과 25만여 명의 청군이 2만여 명의 영국군에 패하고 말았다. 철제로 선체를 만들고 증기기관 엔진을 사용하는 영국의 함대에 비해 바람과 인력을 이용하는 중국의 전함은 속도, 기동력 및 화력에서 비교 대상이 아니었다.

아편전쟁에 패한 청 정부는 1842년 홍콩을 할양하고 광저우廣州 · 푸저우福州 · 샤먼厦門 · 닝보寧波 · 상하이上海의 5개 항구를 통상 항으로 개항하고, 영국에 은화 2,100만 위안의 배상금을 지불할 것, 영국의 수출입 화물 관세율은 중국과 영국이 공동으로 협의하여 결정할 것 등을 내용으로 하는 난징조약南京條約을 체결했다. 이후 중국은 서구 열강의 이권 쟁탈장이 되어버렸는데 청은 1844년 미국과 왕샤조약望厦條約, 프랑스와 황푸조약黃埔條約을 맺었으며, 이때부터 외국 열강들이 밀려들어와 중국을 반식민지 상태로 몰아갔다. 명나라가 해양보다 육지에 주력하기 위해 정화 대선단의 항해를 중단한 이래 중국이 발명한 화약과 조선 기술로 바다에서 영국에 처절한 패배를 맛보게 된 것이다.

그리고 1856년 시작한 제2차 아편전쟁(또는 애로호전쟁)으로 청나라는 영 · 프 연합군에게 광저우와 톈진을 점령당한 후 1858년 톈진에서 영국 · 프랑스 · 러시아 · 미국의 4개국과 톈진조약天津條約을 맺게 되었는데, 영국-프랑스군이 주도하는 불평등조약에 대해 청나라 정부는 조약에 대한 강도 높은 비난을 하며 조약의 비준을 거절했다. 이 때문에 영국-프랑스 연합군은 다시 톈진에 상륙해 베이징을 점령한 이후 러시아의 중재로 1860년 베이징조약北京條約이 체결되어 톈진의 개항과 외국 공사의 베이징 주재, 구룡반도(홍콩)의 영국 할양이 추가되었다.

지금까지 살펴본 아시아의 후추, 설탕, 면 그리고 차에 대한 주도권을 차례로 유럽 열강에 뺏기면서 한때 전 세계 GDP의 70% 가까이 생산하던 아시아는 역사의 변방으로 위축되었고 유럽이 세계사의 전면에 나서게 되었다. 유럽의 상인들은 막대한 자본을 축적함으로써 물질적으로 근대 자본주의를 향한 큰 발걸음을 내딛게 되었다.

노예무역

고대 이후 역사적으로 많은 사회에 노예가 존재했으나 근대에서의 노예제도는 과거와는 완전히 다른 성격의 것이었다. 유럽인이 300년이 넘는 기간 동안 아프리카 대륙으로부터 아메리카 대륙으로 지속해서 노예를 끌고 간 대서양 노예무역은 근대사 최대의 비극 중 하나이며, 인종주의에 근거해 천만 명 이상의 사람들을 죽음으로 내몰거나 죽음보다 더 큰 고통을 가한 폭력적인 것이었다. 근대 세계의 발전은 이러한 희생을 딛고 이루어진 것임을 기억해야 한다.

노예무역은 사탕수수 플랜테이션이나 광산채굴 등에 필요불가결한 노동력을 제공함으로써 근대 유럽의 성장과 자본축적에 중요한 역할을 했지만, 그 자체로는 수익성이 높은 사업이 아니었다. 1970년대 이후 진행된 18세기 네덜란드의 노예무역에 관한 실증적인 연구에 따르면 159회의 항해 동안 회당 평균 수익률은 5% 내외 수준이었던 것으로 보인다. 아프리카 노예무역에 참가했던 영국, 프랑스, 스페인, 네덜란드, 미국, 영국령 서인도제도, 덴마크, 포르투갈 등 여러 나라 중 포르투갈이 전체 노예송출의 46%를 차지했는데, 이는 포르투갈이 수익성 높은 아시아의 향신료 교역이나 아메리카의 사탕수수 재배, 귀금속 채광 등에 참여하지 못하고 배제되었기 때문이다. 즉 포르투갈은 유리한 사업영역에서 영국, 프랑스, 스페인 등에 밀리면서 노예무역이라는 저급한 사업부문으로 내몰렸으며 더 나아가 노예무역에 특화되었다. 노예를 수입하는 지역이 주로 스페인의 식민지임에도 스페인의 노예무역 비중이 포르투갈의 1/10 수준에 불과했던 것도 고수익 사업이 가능했던 스페인이 수익성 낮고 저급한 노예무역을 다른 국가에 위임했기 때문이다.

유럽인이 아메리카 식민사회를 건설하기 시작하면서 노동력 부족 문제에 봉착하자 처음에는 인디언을 노예화했다. 1503년 스페인 이사벨라 여왕의 레파르티미엔토 칙령 발표 이후 원주민 강제노동이 합법화되었으며 이들을 기독교로 개종시킨다는 명분으로 지극히 폭력적인 방법으로 노예화해나갔다. 인디언 마을을 습격해 사람들을 유럽인 거주 지역으로 데려오면 유럽에서 들어온 세균이나 전염병에 감염되어 사망하기 일쑤였다. 식민지의 플랜테이션이 넓어지면서 결국 인디언의 노동력만으로는 식민지 사회 경영이 어렵게 되자 추가적인 노동력 공급원이 필요하게 되었다.

인디언 노예로부터 아프리카 흑인 노예로 전환하는 과정에 유럽의 저소득층, 재소자, 도피 중인 범죄자 등을 서인도제도로 데려와 노예노동을 시켰던 '계약제 노예'가 있었으나 사용주들이 계약조건을 위배하거나 노동자들이 도주나 태업하는 등 문제가 잇따르자 고용주들로서는 비용도 많이 들고 골치 아픈 백인 노예보다는 흑인 노예를 선호하게 되었다. 흑인 노예는 신대륙에 만연한 말라리아 같은 질병에 잘 적응되어 있었을 뿐만 아니라 아메리카에는 원래 말과 소가 없어 인디언들이 목축에 서툴렀던 데 반해 아프리카 흑인 노예들은 이미 목축에 익숙해 있었던 것도 중요한 장점이었다.

우리는 아프리카로부터의 노예무역이 순전히 유럽인만에 의한 것이 아니라 아프리카 내부구조 속에서 출발한 것이라는 점을 알아야 한다. 유럽이나 아시아 등 다른 문명권에서는 대개 토지 소유가 우선적 요인이어서 토지정복 전쟁이 빈번했던 데 반해 아프리카에서는 토지보다 노동력이 사회구성의 근간이 되었기 때문에 아프리카에서의 전쟁은 노예획득이 목적이 되는 경우가 많았다. 유럽인이 아프리카 흑인 노예를 아메리카로 실어오기 훨씬 전부터 아프리카 내에서 노예의 소유와 판매가 성행했으며 전쟁, 범죄, 기근 등 여러 가지 이유로 노예가 된 사람들은 이집트 카이로의 노예시장으로 유입되어 거래되고 상당수가 다시 외국으로 수출되었다. 오스틴Austen의 연구에 따르면 7세기부터 19세기까지 사하라사막을 넘어 북쪽으로 강제 송출된 노예는 모두 940만 명으로 추산되며, 같은 기간 중 홍해를 건너 아라비아반도로 가거나 인도양을 건너 서남아시아 여러 지역으로 송출된 노예도 500만 명에 이르는데, 이는 아프리카 노예상인에 의해 신대륙으로 끌려간 대서양 노예무역의 수와 비슷하거나 더 많다.

중요하게 볼 점은 아프리카로 간 유럽의 노예상인들이 직접 노예사냥을 나서거나 흑인을 체포해서 노예로 삼은 것이 아니라 아프리카인에게 대금을 지불하고 흑인 노예를 사왔다는 점이다. 유럽인은 아프리카 해안지역에만 머물렀을 뿐 내륙 깊은 곳으로는 거의 진입하지 못했고 내륙지역으로부터의 노예공급에 의존할 수밖에 없었다. 따라서 이 무역은 아프리카인의 통제하에 있었으며 아프리카의 지배자들은 그들의 사업 파트너가 마음에 들지 않으면 언제든지 갈아치울 수 있었다. 유럽인에게뿐만 아니라 아프리카의 지배자들에게도 노예로 잡힌 흑인은 그냥 하나의 상품에 불과했다.

노예로 잡힌 사람들은 매일 40여 km씩 걸어서 아프리카 서해안까지 걸어서 이동했는데, 그 과정에서 죽는 노예들이 약 40%에 이르렀다고 한다. 해안에 도착한 노예들은 같은 배를 탈 나머지 노예들이 잡혀올 때까지 짐승우리 같은 수용시설에서 돼지, 염소와 함께 기거하면서 먹고 자고 대소변을 보아야 했기 때문에 썩은 냄새와 독기뿐만 아니라 시체 썩는 냄새까지 더해지는 곳에서 며칠 또는 몇 주씩 기다려야 했다. 게다가 노예수송선이 목적지에 도착하기까지는 50~80일 정도가 걸렸는데, 육로이동과 열악한 수용시설에서 대기 중에 쇠약해질 대로 쇠약해진 사람들이 최악의 상황에서 장기간 배를 타는 것은 극도로 고통스러운 일이었다. 노예들은 6명씩 긴 체인에 묶이고 다시 2명씩 족쇄를 찬 상태로 밀폐된 배 밑바닥 선체에서 하루 한 끼 제공되는 죽으로 연명하며 제대로 물도 마시지 못하고 멀미에 시달리면서 남의 용변 위에 누운 채로 항해해야 했다. 기록에 따르면 1737년 뢰스덴Leusden호의 선장은 폭풍우를 만나 배가 기울고 물이 차자 구명정이 부족하다는 이유로 갑판의 해치를 닫아버려 716명의 노예 중 갑판 사역을 하던 14명을 제외한 나머지 모두를 익사시켰다. 1783년 종Zong호 선장은 항해 중 물이 부족해지자 132명의 흑인을 바다로 던져 익사시켰다. 종호 선장이 보험회사가 손해를 보전해주어야 한다며 소송을 제기하자 법원은 놀랍게도 "말을 바다에 던진 것과 마찬가지 경우에 해당한다"며 흑인 1명당 30파운드씩 보상하라고 판결했다. 흑인 노예를 바다에 던진 행위가 살인 범죄라는 생각은 누구도 하지 않았다.

조사자에 따라 편차가 있기는 하지만, 신대륙으로 송출된 노예 수는 아프리카 해안에서 배를 타고 출발한 사람을 기준으로 약 1,100만 명이고 아메리카 대륙과 일부 대서양 지역에 도착한 흑인 수를 기준으로 약 950만 명이라는 게 정설이다. 노예들이 가장 많이 유입된 곳은 브라질인데, 그것은 이 지역에서 16세기 후반에 사탕수수 플랜테이션이 확대되었고 그 외에도 커피, 인디고, 담배, 면화 등의 재배에 노예노동이 많이 필요했기 때문이다. 또한 1690년 브라질 남동부의 미나스제라이스(영어로 General mines, 즉 '종합 광산'이라는 뜻)주에 대규모 금광이 발견된 것도 노예에 대한 수요가 커진 요인이 되었다.

브라질과 서인도제도에서는 17세기 후반에 이르러 노예 수입이 크게 확대되었고 노예제 플랜테이션이 완전히 자리 잡게 된 데 비해 북아메리카에서는 18세기에 이르러서야 담배, 인디고, 쌀, 면화 재배가 확대되면서 흑인 노예 수도 증가하게 되었다. 노예무역이 노동력 확보를 위한 것이었기 때문에 대서양 노예무역에서 여성보다는 남성이 더 많이 잡혀갔다. 이 때문에 아메리카 플랜테이션에서 흑인 노예의 출산율이 낮아지고 인구학적 재생산이 어려워지는 요인으로 작용했지만, 반대로 아프리카에서는 불행 중 다행으로 출산할 여성이 상대적으로 많아지면서 인구 궤멸을 완화시키는 요인으로 작용했다. 아프리카의 이러한 성비 불균형은 일부다처제를 성행시켰고, 결혼의 안정성을 약화시켰으며, 여자들의 신분이 낮아지게 하는 요인으로 작용했다. 기록에 의하면 "귀족이 여자노예를 부인으로 들인 다음 약간이라도 불쾌하게 하면 당장 팔아버리며, 이때 아이까지 딸려서 팔아버리는데 그 아이가 자기 아이인데도 전혀 상관하지 않았다"고 한다.

대서양 노예무역은 비록 그 자체로는 고수익 사업이 아니었을지라도 사탕수수 플랜테이션 사업이 높은 수익을 올리고 아메리카 대륙에서 발견된 금과 은을 채굴하여 유럽으로 가져오는 데 필요한 노동력을 제공함으로써 근대 유럽의 경제성장과 자본주의가 싹트는 데 필요한 자본의 축적을 가져오는 데 가장 큰 기여를 한 셈이다.

제5장

산업혁명과 자본주의의 탄생

영국은 중세 이래 발달한 모직물산업에 이어 다른 나라에 앞서 면직물 공업을 중심으로 한 공장제 수공업이 발달했으며 석탄과 철 같은 지하자원도 풍부했다. 인클로저 운동의 결과로 값싼 노동력이 넘쳐났고, 식민지에서 수탈한 자원으로 자본도 풍부하게 확보하고 있었다. 그뿐만 아니라 명예혁명 이후 성장한 구매능력을 갖춘 시민계층이 광범위한 소비시장을 형성했으며, 나라 밖에서는 세계 곳곳에 거느린 식민지들이 해외 소비시장 역할을 해주는 등 산업혁명이 이루어지기 위한 전제조건으로 자원과 자본, 노동력, 소비시장의 삼박자를 고루 갖추고 있었다.

산업혁명Industrial Revolution은 18세기 중반부터 19세기 초반까지 영국에서 시작된 생산기술의 혁신과 새로운 제조공정으로의 전환, 이로 인한 사회 및 경제구조에 나타난 큰 변화, 그리고 이에 영향을 받아 크게 변한 인류 문명의 총체를 일컫는다. 영국에서 시작된 혁명은 18~19세기에 걸쳐 유럽과 북미, 그리고 아시아로까지 확산되어 세계 근대화의 촉매가 되었다.

'혁명'이라는 명칭으로 갑작스럽게 어떤 기계나 기술의 발명이 생긴 것처럼 보일 수 있지만, 사실 산업혁명은 르네상스 이래 유럽의 전반적인 근대적 발전을 배경으로 정치적 · 경제적 · 사회적 조건이 서서히 누적되면서 어떤 임계점을 기점으로 급속도로 일어난 현상이다. 기술적인 차원에서 산업혁명은 철과 강이라는 새로운 소재의 활용, 석탄과 증기기관 같은 새로운 동력원의 발명, 방적기나 방직기 같은 새로운 기계의 발명, 공장제라는 새로운 노동 분업체계의 발전, 증기기관차나 증기선 같은 새로운 운송 및 통신수단의 발전 등 다양한 변화를 동반하면서 진행되었다. 발명된 기계와 기술혁신에 힘입어 소규모 수공업에 의존하던 생산방식이 대규모 공장제 생산방식으로 전환되어 이로 인해 엄청난 생산성 증대를 이루었고, 그 결과 자본주의체제를 성립시킨 산업상의 대변화를 불러왔다.

산업혁명은 인류에게 그야말로 '혁명적'인 변화를 가져왔다. 생산력이 비약적으로 발전하면서 과거와는 비교할 수 없는 엄청난 양의 값싸고 질 좋은 상품들이 생산되었으며, 소비 능력을 갖춘 시민계층의 생활수준은 크게 향상되었고, 가족과 친족을 중심으로 한 자급자족적 전통사회는 붕괴되어 농경사회는 산업사회로 옷을 갈아입었다. 동시에 중세의 신분적 계급사회가 무너진 이후 부르주아와 프롤레타리아라는 새로운 계급사회가 탄생했으며, 자신들의 투쟁으로 봉건사회를 무너뜨리고 '신분적 속박'에서 벗어난 프롤레타리아는 더 가혹한 '경제적 속박'에 구속되면서 역사상 가장 참담한 시기를 맞이하게 되었다.

산업혁명과 기술의 발달

일반적으로 산업혁명은 과학의 급속한 발전을 원동력으로 이루어졌다고 알려져 있으나 실제 산업혁명은 과학의 발전에 앞선 것이었다. 산업혁명 초기부터 과학이론이 산업기술에 직접 응용된 사례는 드물었고, 초기 산업혁명에 기여한 기술들은 전부 숙련공들의 시행착오와 경험의 산물이었으며, 오히려 근대과학은 산업혁명의 기술혁신 과정에서 나타난 발명품과 공학기술을 사후에 이론적으로 설명하고 완성시킨 것이다.

● 방적기 · 방직기

1733년 존 케이John Kay가 '나는 북flying shuttle'을 발명했는데 베틀의 북을 스프링을 이용해 자동화해서 기존 베틀에 비해 속도를 4배 가까이 향상시킨 것이다. 플라잉셔틀 개발로 인한 생산성 혁신은 엄청났으며 이전까지 양모, 실, 모직물 전부를 수출했던 영국은 오히려 실과 양모를 수입해서 재가공한 후 모직물만 수출하게 되었다.

실을 뽑아내는 방적 속도보다 천을 짜는 직조 속도가 빨라지게 되어 실이 부족해지자 이번에는 1767년 제임스 하그리브스James Hargreaves가 한 명의 노동자가 방적틀 하나에서 8개의 실을 자아낼 수 있는 다축방적기인 제니 방적기spinning Jenny를 발명했다. 이후 방적기와 직조기가 경쟁적으로 개량되면서 1768년 동력으로 수차를 이용하는 수력 방적기가 발명되었고, 새뮤얼 크럼프턴Samuel Crompton이 1779년 제니 방적기와 수력 방적기의 원리를 합친 뮬 방적기Mule를 발명한 데 이어 1785년 에드먼드 카트라이트Edmund Cartwright가 동력으로 천을 짜는 방직기인 역직기力織機를 발명했다. 1793년 조지아주에서 아르바이트로 기계수리 일을 하던 엘리 휘트니Eli Whitney가 면화에서 씨를 제거하는 조면기cotton gin를 발명했는데, 이 기계는 하루에 50명분의 작업량을 소화해냈으며, 후속 모델은 기능이 엄청나게 개량되어 1,000명분의 일을 해냈다.

● 증기기관

영국의 탄광은 갱도에 물이 고이는 문제로 석탄채굴에 어려움을 겪고 있었다. 1698년 토머스 세이버리Thomas Savery가 만든 증기기관은 탄광에서 펌프로 물을 뽑아내어 더 깊이 파고 들어갈 수 있게 함으로써 광산주들의 수익을 높여주었고, 1705년 토머스 뉴커먼Thomas Newcomen은 세이버리의 특허를 분석해 성능이 개선된 새로운 증기기관을 만들었다.

1769년 제임스 와트James Watt는 마침내 뉴커먼의 증기기관을 압도하는 새로운 기관을 발명하고 증기기관에 대한 첫 특허를 받아냈다. 와트 증기기관의 최대 특징은 왕복 운동에 그치던 이전의 증기기관과 달리 크랭크와 콘덴서, 실린더를 이용하여 회전운동을 가능하게 한 것이었다. 와트의 증기기관은 뉴커먼의 엔진보다 열효율도 4배가량 뛰어났으며 양수용으로 국한되던 증기기관의 용도를 무한대로 확장시켰다. 제임스 와트에게는 그에게 돈을 투자해 증기기관 개발을 독려한 매튜 볼턴Matthew Boulton이라는 동업자가 있었는데, 볼턴은 이 신기술의 효용과 가치를 와트보다 더 정확히 꿰뚫어보았다. 와트는 탄광이 아닌 곳에서 이 기계가 이용되리라고는 꿈에도 생각하지 못했지만, 볼턴은 광산업 외의 거의 모든 산업 분야에 이 기계가 이용될 것이라고 확신했다. 그의 예상대로 와트의 증기기관은 산업 전 분야에서 생산성 향상을 위한 핵심적인 요소로 작용했으며 세계 최초의 증기기관 제조기업 '볼턴앤와트Boulton & Watt'에서 생산한 증기기관은 방직공장, 제철소 등으로 팔려나갔고 기술 발달의 촉매가 되어 산업혁명을 크게 앞당겼다.

어느 모로 보나 돌파구가 마련된 해는 1806년이었다. 1780년대에 일어난 파격적인 산업 기술들이 충분히 성숙하면서 철강이 대량으로 보급되었고 철도와 철강 선박을 만들 만큼 강도가 높아졌다. 증기기관은 크기가 작아졌고, 철강 선박과 철도 기관차에 동력을 공급할 만큼 강력해졌다.

증기기관의 발달은 먼저 교통기술의 혁신을 불러왔다. 1807년 8월 미국인 로버트 풀턴Robert Fulton이 최초의 상업용 증기선 노스리버North River호를 건조해 뉴욕 허드슨강에 띄웠는데, 승객을 태우고 이틀

간 240km나 운항했다. 1819년 증기선은 대서양을 29일 만에 횡단했고, 1840년에는 영국과 미국을 오가는 증기선 정기항로가 개설되었다. 신항로를 개척하고, 인류의 역사를 바꾸고, 수많은 해전에 참전했던 범선은 증기선에 주도권을 넘겨주었다.

토목 및 기계 엔지니어인 조지 스티븐슨George Stephenson은 실용적인 증기 기관차를 만들어 보급하는 데 처음으로 성공한 인물이었다. 스티븐슨 이전에 증기 기관차를 만든 사람으로 미국의 발명가 존 피치(1794), 그리고 영국의 기술자 리처드 트레비식(1804) 등이 있었지만 이들의 발명은 널리 퍼지지 못했다. 1825년 스티븐슨이 제작한 증기 기관차 로코모션Locomotion이 500여 명의 승객과 많은 짐을 실은 화차 36량을 달고 연기를 뿜으며 스톡턴-달링턴 구간 14.4km를 달리는 모습은 모두의 경탄을 자아냈다. 그 후 1826년 스티븐슨은 리버풀에서 맨체스터까지 철도를 놓는 공사의 수석엔지니어에 임명되었으며, 1830년 스티븐슨이 발명한 증기 기관차가 리버풀과 맨체스터 사이를 운행한 이후 철도는 무서운 속도로 뻗어나갔으며 철도 시대의 개막을 알렸다. 기차는 날씨에도 크게 구애받지 않고 긴 거리를 달릴 수 있었기에 당시 사람들은 기차를 '철마Iron Horse'라는 애칭으로 불렀다.

● 제철공업

영국은 15~17세기에 이미 해상 강국으로서 이름을 떨치고 있었는데, 배를 만들기 위해 너무 많은 목재를 소모해서 16세기 즈음에는 브리튼섬의 산림이 대부분 소실되었으며 다른 나라에서 땔감으로 쓸 나무를 수입해와야 하는 지경에 이르렀다.

17세기 말 용광로에 사용했던 숯을 대신해서 코크스를 사용하기 시작했는데, 코크스는 숯에 비해 높은 온도로 오랫동안 연소했기 때문에 주철의 생산량을 급속도로 높일 수 있었다. 하지만 주철은 탄소 함량이 지나치게 높아 유연성이 떨어져 강철 혹은 연철을 생산하기 위해서는 주철을 다시 망치로 두드리는 과정이 필요했다. 그러나 1784년 헨리 코트Henry Cort는 '퍼들로'라고 불리는 일종의 반사로反射爐를 발명해 석탄을 연료로 선철을 연철로 전환하는 데 성공했으며, 녹은 철을 판 형태로 가공하는 압연 기술을 개발해 연철 생산량을 급격하게 증가시켰다.

특허를 얻은 헨리 코트의 두 가지 발명으로 영국의 철 생산량이 4배로 늘어나는 등 코크스와 새로운 제철기술은 영국의 철 생산량을 급격하게 증가시켜 이후 산업혁명의 전개에 필요한 막대한 철을 공급할 수 있었다. 특히 1779년에는 영국 세번강River Severn에 세계 최초의 철교가 건설됨으로써 영국 제철공업의 발전을 증명하는 이정표가 되었다.

● 화학물질

1746년 황산, 1791년 탄산나트륨을 대량 생산하는 방법이 발명되었는데 이 두 물질은 유리, 염료, 치약, 세제를 비롯하여 철강, 제지, 의약품, 비료에 이르기까지 전천후로 쓰이게 되었다. 비료의 발명으로 비옥한 농지에서의 생산성이 높아졌을 뿐만 아니라 척박한 땅에서도 경작지가 급격히 확장되었다. 비료와 개선된 운송수단 덕분에 더 많은 양의 식량을 생산해 더 먼 지역까지 운송할 수 있게 되어 농촌에서 도시로 노동력 이주를 도우면서 산업생산에 필요한 도시노동자의 공급이 촉진되었다.

1820년대에 발명된 저렴하고 강력한 시멘트는 파격적인 변화를 가져온 또 다른 화학물질이다. 시멘트는 고층빌딩, 교량, 대대적인 교통량을 감당할 수 있는 도로, 상하수도 시설 등의 건축을 가능하게 했다. 새로운 건축 기법이 등장하면서 기근과 더불어 질병의 온상이던 도시들은 더 이상 이런 고통에 시달리지 않게 되었으며, 도시의 규모는 폭발적으로 커졌다. 1825년 무렵 런던은 세계 최대 도시로 부상했다.

인클로저 운동(Enclosure movement)

유토피아Utopia는 영국의 사상가 토머스 모어가 1516년 그의 저작 《유토피아》에서 만들어낸 말이다. 그리스어의 ou(없다), topos(장소)를 조합한 말로서 '어디에도 없는 장소'라는 뜻이며, "현실에는 결코 존재하지 않는 이상적인 사회"를 일컫는 말이다.

《유토피아》에는 다음과 같은 구절이 나온다.

> "양이 사람을 잡아먹다니? 그런 해괴한 일이 도대체 어디에서 벌어지고 있단 말인가?"
> "바로 나으리의 나라 영국입지요. 영국에서는 지금 양이 사람을 잡아먹고 있답니다."[15]

토머스 모어가 살았던 16세기 초 영국의 가장 중요한 산업이었던 모직물산업이 융성해지자 원료인 양모가 부족해지면서 가격이 급등했고, 지주들은 농경지를 목초지로 바꾸어 대규모로 양을 기르기 시작했다. 농민들이 자유롭게 드나들던 땅에는 양을 가두기 위한 울타리가 둘러쳐졌는데, 이것을 '1차 인클로저 운동'이라고 부른다. 인클로저란 말 그대로 "토지의 둘레에 울타리를 친다"는 뜻이다. 농경지가 목초지로 바뀌면서 가장 심각한 피해를 입은 것은 바로 그 땅에서 대대로 농사지어 온 농민들이었다. 봉건사회에서는 법적인 토지 소유자와 별개로 농민들에게도 관습적인 경작권 또는 보유권이 인정되었기 때문에 농민들은 자기 마음대로 토지를 떠날 수도 없었지만, 반대로 영주나 지주라 하더라도 자기 땅에서 농사짓는 농민을 마음대로 내쫓지 못했다. 봉건사회는

---

15 《고전으로 읽는 자본주의》, p. 13.

열악한 생산력을 최대한 높이기 위해 농민들의 권리와 의무를 토지와 묶어둔 체제였으며, 이처럼 농민과 토지가 하나로 결속되어 있었다는 것이 봉건제가 천년 동안 안정적으로 유지될 수 있었던 주요 요인 중 하나였다. 그런데 인클로저 운동으로 농민이 필요 없게 되자 이 결속이 해체되면서 농민들은 수세기 동안 관습적으로 보장받던 권리를 부정당하고 토지에서 추방당하기 시작했다.

물론 토지에서의 추방은 다른 한편에서 보면 토지로부터의 해방이기도 했기 때문에 이제 농민들은 지주의 구속 없이 토지를 떠날 수 있게 되었다. 그 결과 부농의 고용은 줄어들고 농지로부터 추방당한 농민들은 무작정 도시로 흘러들었으나 도시의 공장들은 아직 그 많은 농민을 충분히 수용할 만큼 발전하지 못했기 때문에 도시의 부랑자 신세로 내몰릴 수밖에 없었다. 농민의 이농현상과 빈곤층으로의 몰락은 인클로저에 대한 격렬한 반감과 비난을 불러일으켰고, 영국 정부도 그것을 막기 위해 금지령을 내리기도 했지만 거의 실효를 거두지 못했다.

농경지가 목초지로 전환되어 곡물생산이 감소하면서 가격이 급등하자 18세기 중엽 경작지 면적을 확대하기 위해 소유개념이 모호한 공유지나 미개간지를 울타리로 둘러싸는 일이 대규모로 벌어지는 2차 인클로저(농업 인클로저) 운동이 시작되었다. 이때는 영국 정부도 인클로저 운동을 지원하는 법안들을 만들어 농업 자본가들에게 경작지를 늘리고 식량생산을 확대하는 방향으로 농장경영의 효율성을 지원했으며, 결과적으로 농업 생산량이 늘어나 인구증가, 특히 도시인구의 증가를 뒷받침했다.

토머스 모어의《유토피아》는 양을 키우기 위해 울타리를 치고 농민들을 추방하던 시기의 영국 사회를 비판한 것이다. 그는 소농들이 농지에서 쫓겨나는 현상을 "이런 식으로 해서 이 불쌍한 사람들, 남자들, 여자들, 남편들, 고아들, 과부들, 어린아이를 둔 부모들, 재산보다는 숫자가 더 많은 집안 식구들 등은 어디로 갈 것인지 알지 못한 채 그들의 고향 땅에서 떠나가야 했다"고 표현했다.

토머스 모어는 마르크스가 태어나기 300년 전에 이미 "사적 소유와 신분의 차별 없이 모든 사람이 똑같이 노동하고 똑같이 분배받는 공산주의 사회"를 상상했으며, "사유재산제도가 완전히 폐지되지 않는 한 재화의 공정한 분배는 있을 수 없으며 인류의 절대다수를 차지하는 선량한 사람들이 빈곤을 피할 수도 없다"는 것을 말하고 싶었던 것이다.[16] 《유토피아》에서는 6시간 노동제를 묘사했는데, 당시 영국에서는 인구의 절반이 넘는 사람들이 노동하지 않았기 때문에 누구나 똑같이 노동한다면 6시간으로도 충분하다고 생각했다.

우리에게 익숙한 《톰 소여의 모험》, 《허클베리 핀의 모험》의 저자인 마크 트웨인[마크 트웨인은 필명으로, 본명은 새뮤얼 랭혼 클레먼스(Samuel Langhorne Clemens)다]의 또 다른 소설 《왕자와 거지》에서 거지와 옷을 바꿔 입은 에드워드 6세 왕자가 경험한 런던의 거지소굴은 인클로저 운동으로 땅을 빼앗기고 부랑자가 될 수밖에 없었던 당시 영국 하층민의 비참한 현실을 묘사한 것이다.

14세기 중엽 이후 장원제가 붕괴되기 시작하고 수많은 사람이 거리로 내몰리게 되면서 구걸로 연명하는 사람들이 늘어나게 되었다. 16세기 이후 유럽에는 〈거지면허법〉이 있었다고 한다. 당시 유럽 사회는 기독교 문화권으로서 신을 좇지 않고 돈을 좇는 사람들을 죄악시하고 가난한 거지를 탐욕이 없는 순수한 영혼을 지닌 사람으로 인식하는 경향이 있었다. 부자들은 물질을 추구한 죄를 용서받고 천국에 가기 위해서는 자선을 베풀어야 한다고 생각했으며, 거지들도 동냥을 받으면 "신이 갚아줄 것입니다vergelt's Gott"라고 인사했다. 거지가 신에게로 가는 구원

16 《고전으로 읽는 자본주의》, p. 33.

의 매개체로 여겨지면서 노동 없이 쉽게 살아가는 수단이 되자 많은 사람이 거지 생활을 택했고, 거지 수가 유럽 인구의 20%에 이르게 되면서 심각한 사회문제로 대두되었다. 1478년 독일의 뉘른베르크시 당국이 농촌의 빈민 노동자, 고아 · 과부 · 장애인 등 최하위계층에게만 거지면허증을 부여하고 합법적인 거지만이 구걸할 수 있도록 제한했는데, 이 제도가 효과를 보면서 전 유럽으로 확대되었다.

1530년 잉글랜드의 헨리 8세는 거지면허증이 없거나 면허증을 위조하여 활동한 거지에게는 태형과 감금을, 두 번 체포되면 태형에 처하고 귀를 절반 자르며, 세 번 체포되면 사형에 처하도록 명을 내렸다. 1535년 프랑스 파리 고등법원은 거지면허증 없이 활동한 사람은 채찍질을 가하거나 도시에서 추방했으며, 파리 출신이 아닌 거지는 3일 내에 파리를 떠나도록 명령했고 위반하면 사형에 처하는 법령을 채택했다. 거지면허증 없이 구걸하는 거지를 체포해서 당국에 넘기고 보상금을 받아 먹고사는 거지 사냥꾼도 생겨났다. 영국 엘리자베스 여왕 시대에는 한 해 동안 이렇게 교수대에 오른 사람만 300~400명에 달했는데, 그럼에도 오히려 거지가 늘어나자 17세기에 들어서면서 유럽 나라들은 구걸을 전면 금지하고 거지면허증을 폐지했으며 기존의 거지들을 감금해 강제노역을 시켰다.

자본주의의 가장 기본적인 조건은 생산수단을 소유한 자본가계급과 봉건적 구속으로부터 자유로우며 노동력을 팔아 생계를 유지해야 하는 노동자계급의 존재다. 인클로저 운동은 영국에서 봉건제로부터 자본주의로의 역사적 전환을 알리는 전환점이 되었다. 농노 또는 농민과는 분리된 '토지'라는 생산수단을 소유하게 된 농업경영자들도 자본가계급에 합류했고, 인클로저 운동으로 번창한 영국의 모직물산업은 양모를 가공하여 유럽 각지에 수출해 막대한 수입을 올리면서 영국 자본주의를 성숙시켰다. 반면 농촌을 떠나 도시로 몰려왔으나 거지 생활도 마음대로 할 수 없게 된 농민들은 도시빈민이 되었고, 가진 것이 없었던 이들은 날품을 팔아 연명하는 임시 노동자가 될 수밖에 없었으며, 이들의 값싼 노동력은 영국 산업혁명의 확산에 날개를 달아주었다.

중세 말기 인클로저 운동으로 농민들이 도시로 쏟아져 들어오던 시기에 유럽에서 가혹하게 시행되었던 거지면허제도가 아이러니하게도 오늘날 복지국가 스웨덴에서도 시행되고 있다는 뉴스가 보도된 적 있다.[17]

산업혁명의 어두운 그림자

초기 산업혁명은 많은 문제점을 가지고 있었는데, 가장 심각했던 것은 가혹한 노동환경이었다. 기술의 발달로 기계가 노동력을 대체해가는 상황에서 당시 영아 사망률이 조금씩 줄어감에 따라 인구는 매년 급속히 증가하기 시작했고, 거기에 더해 인클로저 운동으로 농촌으로부터 수많은 인력이 도시로 몰려들면서 도시인구는 폭발적으로 증가했으며 그만큼 노동 공급도 늘어났다. 도시가 형성되면서 교통문제가 심각해졌

17 스웨덴은 2010년대에 접어들면서 동유럽 주민과 시리아 난민 등이 유입되면서 난민과 불법체류자들이 늘어났는데, 2013년부터는 이민자 수가 출생자 수를 웃돌게 되는 등 급격히 다문화사회로 진입하게 되었다. 이처럼 이민자가 급격히 늘면서 이민자 중에서 구걸하는 사람이 늘어나게 되자 스웨덴의 수도 스톡홀름 서쪽에 있는 소도시 에스킬스투나시는 2019년 8월 1일부터 구걸허가제를 시행했다. 시내에서 구걸하려면 누구든지 경찰서에 250크로나(약 3만 1천 원)를 내고 허가증을 받아야 하며 구걸 행위를 계속하려면 3개월마다 250크로나를 내고 허가증을 갱신해야 하는데, 만일 허가받지 않고 구걸하다가 단속에 걸리면 4천 크로나(약 50만 원)의 벌금을 내야 한다. 기본권을 침해하는 것이며 노숙자들을 제도적으로 착취한다는 비판에도 불구하고 에스킬스투나시는 구걸허가 조례를 통과시켰으며, 스웨덴의 최고행정법원도 남부 도시 벨림 시의회가 의결한 구걸금지법을 합법이라고 판단했다. 송광호 기자, "구걸하려면 면허증 있어야… 스웨덴 거지면허증 발급", 연합뉴스, 2019. 8. 27 참고.

고, 주택 부족은 빈민가를 양산했으며, 실업과 범죄가 만연했다. 도시는 석탄이 타는 연기로 매연에 찌들었고, 비위생적이고 악취가 넘쳐났으며, 사람이 북적대는 불결한 도시로 바뀌었지만, 정부는 대책 마련에 소극적이었다.

또한 시민혁명의 결과 왕과 귀족, 성직자와 평민 같은 신분제도가 철폐된 자리에 자본주의 등장 이후 부르주아와 프롤레타리아라는 새로운 신분 계층이 형성되었다. 농지를 떠나 도시로 흘러들어온 농민들과 대규모 기계생산과의 경쟁에 밀려 파산한 전통 수공업자들이 프롤레타리아 계급으로 전락했다. 수요에 비해 노동 공급이 늘어나자 부르주아들이 일방적으로 노동자를 손쉽게 착취할 수 있는 환경이 조성되면서 노동자는 열악한 노동환경에 노출될 수밖에 없었다.

저임금 노동력을 이용한 대량생산 체제에서 자본가들은 주체할 수 없는 풍요로움을 누리며 사치와 소비를 즐겼지만, 노동자의 삶은 극도로 비참했다. 기업가들은 노동자에게 장시간 노동을 강요했고, 여성과 어린아이들조차 휴식을 극히 제한받으면서 하루 14~16시간의 중노동에 시달렸다. 임금을 적게 주어도 된다는 이유로 5세 미만의 아이들까지 방직기 앞에 서야 했으며, 열악한 작업환경 때문에 병이 들거나 산업재해로 불구가 되어도 한 푼도 보상받지 못한 채 쫓겨나는 일도 다반사였다. 생산과정의 기계화는 분업체계를 초래했으며, 공장주는 노동자를 감시하면서 기계의 작업속도에 맞추어 일하도록 강제했다. 당시 영국 노동자의 평균 수명이 17세 미만이었다는 사실은 노동자의 삶이 얼마나 피폐하고 비인간적이었는지를 짐작하게 한다. 하층민의 투쟁과 희생으로 이루어낸 시민혁명 이후 민중에게는 신분 속박으로부터의 자유가 주어졌으나 봉건시대에 비해 2배에 이르는 시간의 중노동을 해야 했음에도 생활은 훨씬 비참한 상황에 놓이게 되었다.

아동은 성인에 비해 말을 잘 듣고 임금이 쌌다. 영국 의회 보고서에 따르면 '토머스 클라크'라는 일곱 살짜리 소년이 하루 14~16시간 동안 등에 채찍을 맞으며 일했다는 보고서도 있고, 심지에 세 살짜리 아동이 청소노동을 했다는 보고서도 있다. 진보성향의 잡지 〈라이언〉에는 "아이들은 꿀꿀이죽을 먹기 위해 여물통에서 돼지들과 함께 뒹굴었다. 그들은 발길질과 주먹질, 성폭력에 시달렸다. 고용주인 앨리스 리덤은 아이들의 귀를 못으로 뚫는 소름 끼치는 습관을 가졌다. 아이들은 겨울 추위 속에서도 거의 벌거벗은 상태로 지냈고, 십장의 가학증에 시달린 듯 모두 이가 부러져 있었다"라는 기사가 실렸다. '설마?'라고 생각될 만한 이러한 일들이 자발적인 사적 계약이라는 이름으로 만연했다.[18]

다음은 영국의 시인이자 화가였던 윌리엄 블레이크William Blake의 시 〈굴뚝 청소부The Chimney Sweeper〉(1797)의 첫 구절이다.

When my mother died I was very young
엄마가 돌아가셨을 때 저는 아주 어렸어요
And my father sold me While yet my tongue
그리고 아버지는 말도 잘 못하는 저를 팔아버렸어요
Could scarcely cry weep weep weep weep[19]
겨우 말할 수 있었을 때 "닦아요, 닦아요, 닦아요, 닦아요"라고 외쳤죠
So your chimneys I sweep, and in soot I sleep
그래서 저는 당신의 굴뚝을 쓸고 검댕 속에서 잠을 잔답니다

굴뚝은 산업사회를, 어린 청소부는 착취당하는 어린 노동자를 상징

---

18 민중의 소리 이완배 기자의 "경제의 속살", 월요경제학 〈3대 공상적 사회주의자 로버트 오언〉 편.

19 weep, weep, weep, weep은 '아이가 흐느껴 운다'는 의미와 '굴뚝을 닦는다'는 두 가지 의미를 지닌다.

한다. 좁은 굴뚝에 드나들기 쉽고 무엇보다 임금이 싸다는 이유로 말도 채 배우지 못한 어린아이들이 굴뚝 청소부로 내몰렸다. 하루 15시간 노동에 식사 시간이라야 고작 10분. 굴뚝에서 잠들어 질식하거나 타죽는 아이들도 많았다고 한다. 굴뚝 청소는 몸집이 작은 어린아이일수록 환영받았는데, 이는 탄광도 마찬가지였다. 몸집이 작은 아이들이 비좁은 갱도를 기어다니며 탄을 캤다. 당시 영국 사회에서 탄광의 고용 연령은 4세, 모직공장에서는 6세, 면직공장은 8세부터 가능했으며 아이들이 하루 12~18시간씩 일했다고 한다.

산업혁명이 진전될수록 임금이 하락해 가장 한 사람의 수입으로는 생계유지가 어려워지면서 온 가족이 노동현장에 나설 수밖에 없었으며, 아이들은 아동보호시설에 맡겨지게 되었다. 자본가들에게 아동보호시설은 풍부한 노동인력 공급지였다. 2005년 영화로 제작되어 국내에서 상영되기도 했던 영국 소설가 찰스 디킨스Charles Dickens의 소설 《올리버 트위스트Oliver Twist》(1838)에는 "자본은 구빈원에서 자란 아이를 선호했다. 못 먹었기 때문에 몸이 작아 굴뚝 청소에 안성맞춤이었기 때문이다. 부모가 없는 아이들은 산업현장에서 수없이 죽어 나갔다"는 구절이 등장한다.

영국 정부는 1802년 최초로 〈공장법〉을 제정해 아동의 노동시간을 12시간 이내로 규정했으며, 1819년 면공장에서 화재가 발생해 17명의 소녀가 숨진 '앳킨슨 사건'이 일어난 이후 개정된 〈공장법〉은 9세 이하 아동에 대한 고용금지와 16세 미만의 노동시간을 12시간 이내로 강화했으나 법을 지키지 않는 공장주에 대한 처벌은 거의 없었다. 왕립위원회가 나서서 아동노동에 대한 실태조사를 한 후 1833년 개정된 〈공장법〉으로 9세 이하의 아동노동 전면 금지(견직공장은 예외), 아동 고용 시 고용주의 나이 확인 의무화, 9~13세 아동노동을 하루 9시간 이내로 제한, 13~18세 아동노동은 하루 12시간 이내로 제한, 아동의 야간노동 금지, 아동에 대한 2시간 이상 의무교육 실시, 〈공장법〉 준수 여부를 감독할 감독관 임명 등 7개 항을 제정함으로써 진일보한 노동환경이 만들어지기도 했으나 일부에서는 감독관과 공장주의 밀접한 야합을 통해 위법 영역을 제도적으로 창출하게 했다는 비판을 받기도 했다.

산업혁명의 결과 방적 작업의 기계화로 대량생산이 가능해지면서 직물공장주들이 적은 임금의 비숙련공을 고용하면서 숙련공은 일자리를 잃었고, 노동자의 임금은 계속 하락한 반면 식료품 등의 물가는 계속 상승하면서 많은 노동자가 빈곤과 굶주림에 시달렸다. 영국 정부가 자본가와 결탁해 1799년 노동조합 결성을 금지하는 〈단결금지법Combination Act〉을 제정하면서 노동자는 노조 결성과 단체교섭권을 가질 수 없게 되었고, 임금협상을 위한 파업을 진행하지 못하게 되자 결국 직물 노동자들이 기계를 파괴하기 시작하면서 러다이트Luddite 운동이 시작되었다. '러다이트'라는 이름은 소년 시절에 2대의 방적기를 파괴한 것으로 알려진 네드 러드Ned Ludd에서 유래했다. 그가 실존인물인지 가공인물인지는 알 수 없으나 기계를 파괴하던 노동자들은 그를 로빈 후드에 비유하는 등 영웅으로 여겼으며, '러드들'은 보통 밤에 가면을 쓴 채 공장을 습격하고 불을 질렀다.

1811년 말경 영국 노팅엄 근처에서 시작된 러다이트 운동은 이듬해에 요크셔, 랭커셔, 더비셔, 레스터셔 등으로 확산되었다. 영국 정부는 자본가들의 편에 서서 주동자를 처형하는 등 탄압했지만, 이는 오히려 민중의 마음을 움직여 투쟁자금 모금 운동이 일어났으며 유명한 시인이던 바이런George Gordon Byron 등의 지식인들도 "폭동은 가난 때문에 생긴다"라며 노동자들을 편들었다. 결국 자본가들은 노동자의 단결투쟁에 굴복해 노동자들의 권리를 존중하지 않을 수 없었고, 투쟁에서 승리한 노동자들은 폭력투쟁으로는 한계가 있음을 깨닫고 의회민주주의 내에서의 투쟁으로 방향을 바꾸었다.

명예혁명 이후 귀족과 산업자본가에게만 제한적으로 선거권이 주어지게 되었는데, 이에 반발한 영국 노동자들이 1839년 보통선거 · 비밀선거 · 인구비례에 따른 평등한 선거구 설정, 매년의 의회선거, 의원 출마자의 재산자격제한 폐지, 의원 세비 지급 등 6개 항의 인민헌장을 내걸고 광범위한 참정권 확대 운동인 '차티스트 운동Chartist Movement'을 벌였다. 이 운동의 이름은 1838년 5월 런던의 급진주의자 윌리엄 러벳이 기초한 법안인 '인민헌장People's Charter'의 이름을 딴 것이다. 차티스트 운동은 단순한 투표권 쟁취 운동이 아니었다. 선거권을 쟁취함으로써 노동자들에게도 자원배분에 참여할 길을 열려는 것이 이 운동의 목표였다. 이 운동은 개혁의 시발점이 되었지만, 약 30년이 지난 1867년이 되어서야 마침내 노동자들은 선거에 참여할 권리를 얻게 되었다. 1918년에는 21세 이상의 모든 남성에게로 투표권이 확대되었으며, 그로부터 10년 후인 1928년에는 31세 이상의 여성들에게도 선거권이 허용되었다.

1847년에 이르러서야 노동계의 숙원이던 하루 10시간 노동을 규정한 〈공장법〉이 제정되었으며, 아동노동 완전 금지까지는 적어도 100년 이상의 세월이 걸렸다.[20]

호주로 간 장발장들[21]

16세기 후반 스페인이 남아메리카에서 유럽으로 감자를 전파한 후 18세기 들어 유럽 전체로 전파되면서 유럽은 감자재배로 기아에서 벗어나기 시작했고, 전염병이 퇴치되어 사망률이 줄어들면서 유럽의 인구는

---

20 권홍우 기자, "음울한 자본주의… 1833년 공장법", 〈서울경제신문〉, 2017. 8. 29 참고.

21 유튜브 채널 '지식브런치' 〈영국이 호주로 보낸 죄수들의 삶은 어땠을까?〉 참고.

크게 증가하기 시작했다. 런던의 인구는 산업혁명기 약 50년 동안 3배 가까이 늘어났으며, 공업도시인 리버풀과 맨체스터의 인구증가 속도는 더욱 가팔랐다. 이렇게 도시로 모여든 빈민이 값싼 노동력을 제공하면서 영국은 산업혁명을 성공적으로 이끌어갈 수 있었다. 산업혁명은 세계를 근대화로 이끈 대사건이었지만, 그로 인해 행복한 건 일부 자본가들뿐이었다. 그 시대에 살았던 프롤레타리아에게는 최악의 시기이기도 했으며, 인구의 대부분을 이루는 도시빈민의 삶은 비참했다. 노동시간은 늘어나도 임금은 터무니없이 적었지만, 일자리를 구하는 것조차 너무 힘들었다. 당연히 범죄가 급증하게 되었는데, 이들이 저지른 범죄의 대부분은 배고픔을 견디다 못해 감자와 빵 등을 훔치는 정도의 절도죄였다. 영국 도처에 장 발장Jean Valjean이 넘쳐났다.

강한 형벌이 범죄를 줄인다는 생각으로 범죄의 정도에 비해 형벌은 지나치게 가혹했으며 절도죄가 특히 엄격하게 다루어졌는데, 그것은 법이 철저히 가진 자의 재산을 보호하기 위해 존재했음을 보여준다. 그 당시에는 국가가 운영하는 교도소가 없거나 매우 부족했기 때문에 죄수를 수용할 곳이 없어서 가벼운 범죄에도 웬만하면 사형을 집행하기 일쑤였고 본보기를 보여준다면서 가벼운 죄에도 공개처형을 일삼았다.

이렇듯 산업혁명기는 정말 야만의 시대였다. 시간이 지나면서 영국 내에서도 이에 대한 비판이 커지자 사형보다는 좀 낮은 단계의 처벌방식을 만들 필요가 제기되었으며, 궁리 끝에 나온 것이 해외유배형이었다. 처음엔 신대륙 식민지의 노동력 부족을 메운다는 명분으로 약 6만 명의 죄수들을 미국으로 보냈다.

하지만 미국이 독립한 이후에는 더 이상 미국으로 죄수들을 보낼 수 없게 되자 계속 늘어나는 죄수들을 바다 위에 띄워놓은 퇴역 전함과 상선에 수용하기 시작했는데, 이것을 '헐크Hulk'라고 불렀다. 헐크는 런던은 물론 리버풀, 포츠머스 등 유명 항구와 강을 가득 메울 지경이 되었고, 열악한 수용환경으로 인해 장티푸스와 콜레라로 수많은 사람이 사망하기도 했다. 이를 지켜보던 런던의 중산층들은 또다시 전염병이 퍼질까 봐 두려움에 휩싸였고, 빨리 이 배들을 강에서 치우라는 여론이 확산되었다. 급기야 영국은 호주를 미국을 대체하는 유배지로 결정하고 1788년 11대로 구성된 첫 함대에 죄수 736명을 실어 호주의 시드니로 보냈다.

1차 죄수호송은 영국 정부가 직접 수행했지만 2차부터는 민간 기업에 맡겨졌는데, 민간수송선은 과거 흑인 노예를 실어 나르던 배를 이용해 죄수들을 수송했다. 죄수들은 흑인 노예들처럼 족쇄에 묶인 채 8개월이나 꼼짝도 하지 못하고 누워서 호주까지 가야 했는데, 대소변 역시 흑인 노예들처럼 누운 채로 해결해야 했으며 약 40%의 죄수들이 호주로 가는 배 안에서 사망했다. 이런 일이 계속되자 영국 정부는 생존한 죄수 숫자에 비례해 요금을 지불하기로 계약조건을 바꾸었는데, 그 덕에 죄수 생존율은 95%를 넘기게 되었다고 한다. 이렇게 영국이 호주로 보낸 죄수들의 숫자는 16만 5천 명에 달했으며 이런 역사적 배경으로 인해 호주는 보통 범죄자들이 세운 나라라고 알려져 있지만, 실제로 호주로 온 죄수들의 80% 이상이 굶주림을 견디다 못 해 먹을 것을 훔친 경미한 절도범이었으며 나머지는 러다이트 운동에 참여한 노동자들이나 차티스트 운동에 가담했던 정치범들도 있었고 죄인이 된 엄마를 따라온 아이들도 있었다.

이들의 형기는 짧으면 7년이었고 보통은 14년이었으며 개중에는 종신형도 있었는데, 형기 내내 도로와 다리 공사에 동원되거나 채석장이나 광산에서 혹독한 육체노동에 시달렸으며 나중에 자유이주민이 많아졌을 때는 그들의 농장에 배치되어 노예처럼 일해야 했다. 죄수들은 반항하면 가차 없이 채찍질을 당했는데, 채찍 끝에는 납이 달려 있어 몇 대만 맞아도 살갗이 찢어져나갔으며 규율위반이 심한 경우에는 교수형에 처해지기 일쑤였다. 호주로 간 죄수 중 여성은 15% 정도였는데, 성비 불균형은 또 다른 성범죄의 원인이 되기도 했으며 여성들은 수시로 강간당하거나 성노예처럼 팔려 다니기도 했다.

형기를 모두 채운 노예들은 자유증명서를 받고 자유시민이 되었지만, 이들은 대부분 영국으로 돌아가지 않고 호주에 남았다. 영국으로 갈 비싼 뱃삯도 없었고 영국으로 돌아간들 딱히 희망도 없었기 때문이기도 하지만, 영국 정부가 호주의 광대한 영토를 개발하기 위한 노동력을 확보하기 위해 자유시민이 된 죄수들에게 약간의 토지와 식량을 제공하면서 호주에 머물도록 유도했기 때문이다. 초기에 호주 총독들의 호주를 가장 살기 좋은 나라로 만들겠다는 포부도 한몫했다.

영국의 죄수 이송은 1868년이 되어서야 끝났는데, 금광이 발견되자 자발적인 이주민들이 몰려와 더 이상 죄수들의 노동력이 필요하지 않았고 그사이 영국 정부도 막대한 죄수운송료 부담을 덜기 위해 영국에 대규모 교도소를 지었기 때문이다. 영국은 약 100년에 걸쳐 미국과 호주로 죄수들을 내다 버리다시피 했지만, 영국의 범죄율은 그 후로도 오랫동안 낮아지지 않았으며 아이러니하게도 오늘날 범죄자들이 만든 호주가 세계에서 범죄율이 가장 낮은 나라 중의 하나가 되었다는 사실이다. 이 시기에 영국에서 이송되어온 죄수들의 후손이 현재 호주 인구의 약 20%를 차지한다.

자본주의의 파멸을 전망한 마르크스

고전경제학을 기반으로 한 자유로운 시장경제체제는 19세기를 거치면서 점차 자본주의의 모습을 갖추어나가고 있었지만, 자본가들의 화려한 번영과 달리 인구의 대다수를 차지하는 노동자들의 고통은 점점 더 커져만 갔다. 자본주의가 발전해갈수록 노동자들에 대한 착취가 심해지고 빈부격차가 커지면서 수많은 사람의 삶이 기계 부품처럼 전락해 가는 한편, 더 많은 이익을 얻기 위해 제국주의의 길을 걸으며 제3세계를 착취해나가던 격동의 시기는 인간에 대해 깊은 애정을 가진 한 위대한 경제학자를 탄생시켰다. 그는 영국의 공영방송 BBC의 설문조사에 따르면 지난 1천 년간 가장 위대한 철학자를 묻는 질문에서 1위(1999), 세계에서 가장 영향력 있는 철학자를 묻는 조사에서 1위(2008)로 조사된 칼 마르크스Karl Marx였다. 마르크스의 《자본론》은 지난 1천 년간 인류에게 가장 큰 영향을 끼친 책으로 선정(1999)되기도 했다.

1838년 베를린대학에 입학한 마르크스는 그 대학에 재직 중이던 헤겔Georg Wilhelm Friedrich Hegel의 변증법에 깊은 관심을 갖게 되었다. 변증법은 자연과 사회를 포함한 세상의 모든 것은 고정불변의 것이 아니라 정·반·합의 법칙으로 끊임없이 변화하고 발전한다는 철학이다. 그러나 그는 세상을 변화·발전시키는 주체가 세계 밖에 존재하는 절대정신이라는 헤겔의 주장에는 동의하지 않았으며, 오히려 포이어바흐가 주장하는 "물질이 세계를 구성하고 지배하며 이끌어간다"는 유물론을 받아들였다. 그리고 마침내 헤겔의 변증법에 포이어바흐의 유물론을 더해서 '유물론적 변증법'이라는 세상을 바라보는 자신만의 관점과 철학을 정립했다.[22]

급진적 반정부 신문인 〈라인신문〉의 편집자로 일했던 마르크스는 〈라인신문〉이 강제 폐간되자 1843년 파리로 망명을 가게 되었는데, 거기서 그의 인생에서 가장 중요한 두 가지, 즉 공산주의와 공산주의의 후원자였던 엥겔스Friedrich Engels를 만나게 되었다. 마르크스가 훌륭한 사상가라고 믿었던 엥겔스는 마르크스가 계속 글을 쓸 수 있기를 원했으며,

22 EBS 다큐프라임 〈자본주의 4부: 세상을 바꾼 위대한 철학들〉 참고.

《자본론》 1권이 출간될 때까지 후원을 멈추지 않았다. 마르크스는 파리에서 비참한 노동자들의 삶을 목격하고 노동운동에 관심을 갖게 되었고, 공산당조직과 만나면서 혁명적인 공산주의자가 되어갔다. 그는 엥겔스와 함께 계급 없는 세상을 만들겠다는 혁명을 준비했다.

벨기에의 청년헤겔주의 조직인 브뤼셀 공산주의자 연락위원회와 영국의 기독교 공산주의 단체인 정의자동맹이 1847년 6월에 합당해 '공산주의자동맹'을 설립했다. 공산당 활동을 하다가 벨기에 브뤼셀로 쫓겨간 마르크스와 엥겔스는 유럽에 혁명의 폭풍우가 몰아치던 1848년 공산주의자동맹의 행동강령을 밝히는 창당선언문, 즉 "하나의 유령이 유럽을 배회하고 있다. 공산주의라는 유령이…"로 시작해서 "프롤레타리아가 혁명에서 잃을 것은 쇠사슬뿐이요, 얻을 것은 세계 전체다. 만국의 노동자여 총단결하라!"로 끝나는 〈공산당선언〉을 발표했다.

사회주의자나 공산주의자를 꺼리던 유럽에서 계속되는 추방령으로 여기저기 떠돌던 마르크스는 1849년 영국으로 또다시 망명을 떠났으며, 그곳에서 궁핍한 생활에 시달리는 동안 여섯 아이 중 셋을 잃기도 했다. 얼마 후 마르크스는 유산을 받게 되었고, 다시 엥겔스로부터 후원을 받아 생활의 안정을 얻었으며, 드디어 《자본론》 집필을 시작했다. 그가 《자본론》을 쓴 이유는 자본주의의 모순을 철저하게 분석하고 그 문제점을 지적하기 위한 것이었다. 마르크스는 이 결론이 옳다는 것을 증명하고 자본주의와 그 붕괴에 대한 최초의 과학적인 분석을 내놓기 위해 방대한 저작을 집필하는 데 힘을 쏟게 된다. 그는 애덤 스미스의 《국부론》을 수백 번 읽고 가장 많이 인용했다. 드디어 1867년 마르크스가 15년 이상 바친 필생의 역작이자 '사회주의의 성전'이라고 불리게 된 《자본론》 제1권 〈자본의 생산과정〉을 완성시켰다.

마르크스는 산업혁명으로 기계 부품처럼 되어버린 노동자들의 삶을 보면서 가난한 노동자에 대한 진심 어린 연민과 그들을 비참한 현실에서 구원하고자 하는 열정으로 자본주의가 어떻게 노동자들의 삶을 파괴하는지 밝혀내고 싶어 했다. 《자본론》의 궁극적인 목적은 "왜 노동자는 쉬지 않고 일하는데도 항상 가난할까? 가만히 있는 자본가들은 왜 점점 더 부유해질까?"라는 의문을 밝히기 위한 것이다. 그리고 마침내 그는 이윤이 어디에서 나오는지 알아냄으로써 '착취하는 자본주의의 본질'을 이해하게 되었다.

〈자본의 생산과정〉은 자본이 어떻게 이윤을 남기는가에 대한 것이며, 맨 먼저 다룬 것은 '상품'이다. 상품은 인간이 노동을 통해 생산한 물건으로, 물건이 지니고 있는 쓰임새나 유용성을 뜻하는 '사용가치'와 시장에서 다른 물건과 교환될 수 있는 능력을 뜻하는 '교환가치'를 모두 갖춘 것이라고 정의했다. 애덤 스미스와 데이비드 리카도의 '노동가치설'을 이어받아 노동이 최고의 가치라고 정의하고, 모든 상품은 노동의 결과물이므로 상품의 가치는 그 상품을 생산하는 데 들어간 평균 노동시간으로 결정된다고 정의했다.

예를 들어 빵 하나에 들어가는 밀가루 1kg의 값을 1노동시간이라 하고, 1만 노동시간의 값을 치르고 구입한 빵 굽는 기계는 빵 1만 개를 만들면 수명이 다한다. 그리고 빵 하나를 만드는 데 1노동시간이 든다고 가정하면, 1kg짜리 빵 하나는 3노동시간의 값을 갖는다. 1노동시간을 화폐로 환산한 값이 1천 원이라고 하면 빵 하나는 3천 원이 된다. 노동자가 하루 10시간 일하면 모두 10노동시간에 해당하는 10kg의 밀가루가 소비되고 빵 굽는 기계는 10노동시간만큼 감가상각 되어 빵 10개의 가치는 30노동시간, 즉 3만 원이 된다. 그런데 자본가는 밀가루와 빵 굽는 기계에는 각각 1만 원씩 인정해서 지불하지만, 노동자에게는 10시간을 일하는데도 4천 원밖에 지불하지 않는다. 그리고 지불하지 않은 나머지 6천 원은 자본가의 주머니로 들어가는데, 마르크스는 이렇게 자본가에게 돌아가는 몫을 '잉여가치'라고 불렀다. 만일 어느 공장의 노동자가 100명이라고 하면 자본가가 얻게 되는 잉여가치는 60만 원이나 되는 것이다. 그런데도 노동자들은 자본가가 그만두라고 하면 실직자가 되기 때문에 문제 제기를 하지 못하고, 그걸 아는 자본가는 더 많은 이윤을 얻기 위해 노동자에게 더 낮은 임금으로 더 오랜 시간 동안 일하게 한다. 결국 노동자를 착취함으로써 자본가는 더 많은 부를 얻게 되는 것이다. 마르크스는 이렇게 노동시간의 연장으로 만들어진 가치를 '절대적 잉여가치'라고 정의했다.

자본가는 여기에 만족하지 못하고 더 적은 노동시간으로 더 많은 상품을 생산하여 노동생산성을 높이기 위해 성능이 더 좋은 기계를 들여왔고, 더 많은 이윤을 얻을 수 있게 되었다. 마르크스는 이렇게 생긴 이윤을 '특별잉여가치' 또는 '상대적 잉여가치'라고 정의했는데, 이것은 결국 필요노동시간(노동자가 자신의 노동력 가치와 동등한 가치를 생산하는 데 필요한 노동시간)을 줄이고 잉여노동시간을 늘림으로써 자본가에게 더 많은 잉여가치가 돌아가게 만드는 것이다.

마르크스는 자본은 계속 축적되면서 갈수록 소수의 손에 집중되는 움직일 수 없는 경향이 있으며, 그 과정에 아무런 제약이 없다는 것을 파악하고 자본주의가 파멸할 것이라고 내다봤다. 더 많은 이윤을 얻으려는 자본가의 이기심 때문에 기계가 계속 노동을 대신하면 실업자가 증가하고, 그러면 더 싼 임금을 받고서라도 일하려는 사람이 많아지기 때문에 임금은 더 낮아지게 된다. 이렇게 되면 상품은 쏟아져나오지만 팔리지는 않게 되니 결국 기업도, 자본가도 망하게 될 것이라고 주장했다. 마르크스가 자본주의의 파멸을 예언한 핵심 근거는 '무한 축적의 원리 principle of infinite accumulation'라고 불리는 것이다. 즉, 자본의 수익률이 끊임없이 감소하면서 자본축적의 엔진을 꺼뜨리고 자본가들 사이에 격렬한 투쟁을 부르거나, 국민소득 가운데 자본가의 몫이 무한히 증가해 시장에서 다수 대중의 구매력이 축소되어 유효수요의 부족으로 자본주의의 위기인 공황이 시작되고, 결국 참다못한 노동자들이 단결해 프롤레타리아 혁명을 일으켜 결국 자본주의는 최후를 맞는다는 것이다.

마르크스는 봉건제 이후 자본주의에서 공산주의로 이행할 것이라며 자본주의를 역사의 한 과정으로 보았다. 그의 경고는 프롤레타리아 혁명으로 자본주의가 무너지고 공산주의가 등장할 것이라는 구조를 설명해냈다.

마르크스는 경제학자이면서 동시에 역사철학자로서 계급 간의 갈등과 투쟁에 의해 역사가 발전해나간다고 보았으며, 억압받던 노동자들을 위해 공산주의 사회를 실현하고자 했던 혁명가였다. 유물론적 변증법으로 세상을 해석한 철학자였고, 자본주의를 과학적으로 분석한 경제학자였다. 그의 변증법적 유물사관에 의하면 인간사회의 역사는 계급투쟁의 역사이며 생산력의 발달은 필연적으로 현존 사회를 해소하고 새로운 사회, 즉 이제까지의 사회적 모순을 영구히 제거할 수 있는 사회가 건설될 것이라고 믿었다. 마르크스는 철학으로 세상을 바꾸려고 했으며 그의 사상은 레닌과 마오쩌둥을 비롯한 수많은 혁명가에게 큰 영감을 줌으로써 공산주의 국가의 탄생에 절대적인 영향을 미쳤다.

1883년 3월 14일 마르크스는 엥겔스가 지켜보는 가운데 자신이 가장 아끼던 의자에서 삶을 마감했다. 그의 사후 엥겔스는 마르크스의 유고를 모아 1885년 《자본론》 제2권 〈자본의 유통과정〉(1885)과 제3권 〈자본주의적 생산의 총 과정〉(1894)을 출간했으며, 《자본론》의 제4권에 해당하는 〈잉여가치 학설사〉는 1904년에 이르러 카를 카우츠키에 의해 출판되었다. 《자본론》은 사회주의의 성서로 불리며, 기독교의 성경책보다 더 많이 팔린 책이라는 명예를 얻기도 했다.

제6장

제국주의와 1, 2차 세계대전

프랑스 경제학자 세이Jean-Baptiste Say가 제시한 이래 고전경제학의 핵심이론이 되었던 '세이의 법칙Say's law, 販路說'은 "공급은 스스로 수요를 창출한다Supply creates its own demand"는 것이었다. 고전학파 경제이론에 의하면 경제 전체적으로 봤을 때 일단 상품의 공급이 이루어진 후 일시적으로 초과공급이 생기면 가격이 하락하게 되고 가격하락은 수요를 증가시킬 것이기 때문에 유효수요 부족에 따른 공급과잉은 발생하지 않으며 시장은 곧 안정된다는 것이다. 따라서 생산된 상품이 판매되지 않아서 기업들이 휴업하고 실업이 발생하는 사태는 이론상 있을 수 없고 노동시장은 항상 완전고용이 달성된다고 보았다.

세이가 살았던 18세기 말부터 19세기 초는 생산력이 부족해 공급이 충분하지 않았던 시대였기 때문에 세이의 법칙은 곧 시장의 법칙으로 인식되었으나 산업혁명의 결과 탄생한 공장과 분업시스템으로 생산력이 급속히 향상되면서 상황이 완전히 달라졌다. 이전에 초과공급을 경험하지 못했던 대부분의 공장은 생산한 모든 상품이 시장에서 팔릴 것이라는 막연한 신뢰를 기반으로 생산량 증가에 몰입했고, 시장에 생산물이 넘쳐났으며, 이는 결국 과잉생산으로 이어졌다. 특히 자본가들이 생산력 향상에 따른 이윤을 독점하고 노동자들은 가혹한 노동에 시달리면서도 겨우 생존에 필요한 수준의 소득을 지급받을 뿐 부를 재분배받지 못하는 불균형이 계속되면서 대다수의 시민은 쏟아져나오는 상품을 구입할 구매력을 갖지 못했고, 따라서 유효수요는 턱없이 부족했다.

자본주의가 발전할수록 기업 간의 경쟁은 치열해지고 기업의 이윤율이 낮아지게 되면서 기업은 더 낮은 가격의 원자재 구입과 더 낮은 수준의 임금노동자를 원했다. 이윤율을 확보하기 위해 기업을 병합해 시장을 독점하려는 거대기업이 등장하게 되었는데, 이 과정에서 몇몇 거대기업이 시장을 지배하는 독점자본주의가 나타나기도 했다. 이전에 경험해보지 못했던 공급과잉과 유효수요의 부족은 이제 막 발돋움하려는 자본주의에 위기를 불러오는 듯했으나 서구 열강들은 결국 이 문제를 해결하는 손쉬운 방법을 찾아낼 수 있었다.

제국주의와 식민지전쟁

국내시장에서 이윤을 창출하는 것이 점점 어려워지자 서구 열강은 자국의 산업발전을 위해 군사적으로 열세에 놓여있던 아시아, 아프리카, 중남미 지역을 식민지로 삼는 제국주의의 길로 나아갔으며, 식민지는 값싼 원료와 저임금노동의 공급처이면서 과잉 생산된 잉여생산물의 판매처로서 독점기업들이 가진 두 가지 문제를 한꺼번에 해결해줄 수 있는 대안이 되었다. 식민지를 확보한 독점기업들은 값싼 원재료와 노동력으로 상품의 생산원가를 낮추어 타 국가와의 경쟁력을 확보할 수 있게 되었고, 다시 이익을 내고 성장해나갈 수 있었으며, 열강들은 제국주의 팽창정책을 취할수록 더욱 강한 국가가 될 수 있었다.

고대에도 페르시아제국, 알렉산더제국, 로마제국이나 중세의 사라센제국과 신성로마제국 등 제국이 있었으며, 역사상 가장 오랫동안 가장 큰 제국을 유지해온 중국도 제국주의 활동에 기초를 두고 있었다고 할 수 있다. 산업혁명 이전에도 서구 열강에 해외시장은 중요했다. 그 당시 서구 열강에 해외시장은 유럽에서는 구할 수 없었던 고가의 사치품을 수입해 큰돈을 벌 기회의 땅이었으며, 유럽의 초기 식민지는 인도의 후추와 면화, 중국의 차와 도자기, 남아메리카의 은, 아프리카의 금과 상아 등 희귀한 자원과 노예 확보를 위한 것이었다.

산업혁명으로 기계를 이용한 대량생산이 가능해지고 산업자본주의가 발달하게 되자 이제 해외시장은 다른 차원에서 중요해지게 되었다. 자본주의가 발전하면서 식민지는 에너지 및 자원의 확보와 자본투자처로서 더욱 유용해졌으며, 이를 위해 유럽 열강은 식민지에 네덜란드와 영국의 동인도회사나 일본의 동양척식주식회사 등과 같은 척식회사拓植會社[23]를 설립하면서 제국주의 국가로 나아갔다. 19세기 중엽까지의 제국주의는 강력한 통치자, 즉 제왕이나 국왕의 개인적 권위가 다른 영토나 지역에 확장되어 지배권을 행사하게 되는 것을 의미했으나 이에 반해 19세기 후반과 20세기 초에 진행된 제국주의는 자국의 정치적 · 경제적 지배권을 다른 민족이나 영토로 확대시키려는 사상과 그러한 사상을 바탕으로 하는 국가의 정책으로서 "근대적 국민국가가 자국의 경계를 넘어 팽창하여 해외에 종속지역을 획득하고, 이들을 범세계적 제국으로 통합하려는 조직적 시도"였다는 점에서 그 이전과 뚜렷이 구분된다. 본격적인 제국주의는 산업혁명 이후 유럽 여러 나라가 앞다투어 식민지 쟁탈전에 뛰어든 18세기 무렵부터 나타났으며, 제국주의 전성기였던 제1차 세계대전 직전의 시기에 이르면 전 세계가 이른바 '열강'이라 불리던 제국주의 국가와 식민지로 양분될 지경에 이르렀다.

---

23 '척식'이란 국외의 영토나 미개척지를 개척하여 자국민을 이주시켜 정착하게 하는 것을 뜻한다.

제국주의시대에 접어들어 서구 열강들은 자신들의 국가가 세계적 강국이 되느냐, 아니면 열등 국가로 전락하느냐 하는 이분법적 사고에 사로잡혀 있었는데, 이는 19세기 후반의 배타적이고 공격적이며 보수적 성격을 띠게 된 민족주의의 영향이 컸으며 인종주의에 기반을 둔 차별적 시선이 식민지 침탈 과정에서 잔혹한 형태로 나타났다. 19세기 후반의 민족주의는 국가의 대외 팽창을 민족의 영광으로 인식하고 자기 민족의 영광을 달성하는 것을 지상과제로 여기면서 다른 민족이나 다른 나라와의 경쟁에서 승리해 그들보다 우위에 서는 것을 중요하게 생각했는데, 이로 인해 유럽 각국의 갈등도 고조되었다.

하지만 서구 열강은 서로 엇비슷한 경제력과 군사력을 가지고 있었기 때문에 쉽사리 전쟁으로 이어지지는 않았으며, 이 시기 유럽에서는 전쟁보다는 오히려 치열한 외교전이 펼쳐졌다. 서로 국경을 맞댄 나라를 침략하는 것은 자국의 희생을 무릅써야 했기 때문에 유럽 내에서의 전쟁은 가급적 회피하면서 해외에서 많은 식민지를 확보하는 것이 자국의 위상을 높이는 가장 효과적인 수단이라 판단했다. 제국주의적 침략 정책이 경제적 이득과 함께 민족의 자존심과 권위를 세워준다고 생각했으며, 여기에는 국민의 관심을 국내의 사회갈등에서 타국과의 식민지 경쟁으로 돌려 사회통합을 도모하는 데 이용하려는 정치적 의도도 작용했다. 이러한 배경에 따라 실제로 서구 열강의 팽창을 위해 군사적 충돌이 일어난 곳은 유럽의 바깥 지역이었다.

제국주의 국가들은 식민지정책의 정당성을 주장하기 위해 백인종이 유색인종보다 문화적·생물학적으로 우월하다는 믿음에 기초해 사회진화론[24]을 등장시켰는데, 이는 당시의 인종차별적 시선이 얼마나 보

---

24 사회진화론은 19세기 찰스 다윈이 발표한 생물진화론에 입각해 사회의 변화과정을 해석하려는 견해로 19세기부터 20세기까지 크게 유행했다. 사회진화론자들은 인간사회의 생활을 생존경쟁으로 보면서 그 투쟁은 적자생존에 의해 지배된다고 주장했다. 인구변동에 작용

편적이었는지를 보여주는 것이다. 사회진화론은 제국주의적 침략을 우열관계에 따른 필연적인 것으로 설명하려는 시도이며, 식민지에서 벌어지는 침략과 착취를 야만지역에 기독교와 유럽 문명을 전파하여 그 지역을 문명화시키려는 백인의 숭고한 의무이자 봉사라고 미화하는 억지 논리를 펴기도 했다.

1899년 2월, 미국이 스페인이 물러난 필리핀을 침략하자 《정글북》의 저작가인 키플링Rudyard Kipling은 이에 호응해 〈백인의 짐The White Man's Burden〉이라는 시를 발표했는데, 이 시에서 그는 "절반은 악마, 절반은 어린애 같은 식민지 주민들이 백인이 가져다주고자 하는 문명과 경제발전, 질병에 관한 정보의 가치를 몰라보고 그저 원망과 불평만 쏟아낸다"고 비판하면서 대영제국 국민인 자신의 인종적 편견과 우월감을 노골적으로 드러냈다. 그뿐만 아니라 "야만을 개화시키는 것이 힘들고 고되며 그들에게서 보답은커녕 원망과 비난을 받을지라도 고귀한 의무를 다하기 위해 힘써야 한다. … 백인은 그대가 개선시킨 자들의 비난과 그대가 보호해준 자들의 증오, 그대가 웃음을 보냈던 자들의 고함을 탓하지 말고 더 인내하고 노력해서 이 불쌍한 미개인들을 영원한 빛으로 인도해야 한다"면서 식민지정책이 식민지 민중을 위한 것인양 호도했다. 오늘날까지 혹독했던 식민지정책에 사과하지 않고 조선을 근대화시킨 공로가 있다고 주장하는 일본의 모습과도 일맥상통한다.

하는 자연선택 과정을 통해 우수한 경쟁자가 살아남고 인구의 질이 계속 향상된다고 믿었다. 이후 제국주의적 · 식민주의적 · 인종주의적 정책을 철학적으로 합리화하는 데 이용했으며, 나아가 파시즘 · 나치즘을 옹호하는 근거와 현대에 이르러 신자유주의의 경제적 약육강식 논리에 사용되기도 했다.

사회진화론적 인식은 1900년대 유길준, 윤치호, 박영효 등 한말 문명개화론자들에 의해 조선에서도 적극적으로 수용되었다. 특히 유길준은 《서유견문록》에서 인간사회의 미개 · 반개화 · 개화라는 3단계 발전론으로 압축되는 문명관을 제시하기도 했으나 사회진화론은 20세기 이후 생물학적 · 사회적 · 문화적 현상에 대한 지식이 증대되고 그 이론구조가 배격되면서 쇠퇴했다(Daum백과 〈사회진화론〉 참고).

19세기 후반부터 20세기 초까지 제국주의 열강들은 끝나지 않을 것 같은 번영을 누렸으며, 그 번영의 토대가 바로 드넓은 식민지였다. 열강들은 앞선 무기와 군사력을 동원해 본토 면적의 몇 배에서 몇십 배에 이르는 면적의 식민지를 두고 수탈을 이어나갔고, 빅토리아 여왕 시절의 영국은 '해가 지지 않는 나라'라고 불리는 대영제국 최전성기에 돌입했다. 이들의 번영은 결국 파괴적 결말을 맞이하게 되는데, 끊임없는 세력 확대는 제국주의 열강 사이의 경쟁과 갈등을 고조시켰고 각국이 서로 경쟁에서 패배하지 않기 위해 군사력 확장에 매진하면서 갈등의 골이 더욱 깊어지는 악순환에 빠지고 말았기 때문이다. 유럽에서 서구 열강 사이에 실제 침략이나 전쟁이 거의 일어나지 않았지만, 식민지 쟁탈전이 치열해지면서 각국 사이 갈등이 격화되었고 이같은 끝없는 경쟁은 결국 열강 간의 실제 충돌을 불러오게 되었는데, 그 비극적 사건이 바로 제1차 세계대전이다.

제1차 세계대전

1815년부터 1914년까지 한 세기 동안 유럽에서 전쟁이 거의 일어나지 않고 안정된 정세가 이어진 '벨 에포크La Belle Époque'[25] 덕분에 산업

---

25 프랑스어로 '아름다운 시절'이라는 뜻을 지닌 단어다. 팍스 브리태니카 시기인 1815년 나폴레옹전쟁 종결에서부터 1914년 제1차 세계대전 발발 이전 시기까지 전 유럽이 평화를 누리면서 경제와 문화가 급속하게 발전한 시기를 말하며, '백년 평화'라고 지칭하기도 한다. 하지만 이 시기는 당시 세계를 지배하던 극소수의 제국주의 열강들과 부르주아에게만 화려했던 시절이었을 뿐 중노동에 시달리면서도 제대로 된 보상을 지급받지 못했던 유럽 열강의 국내 노동자들과 식민지 국가들의 민중에게는 비인간적인 삶에서 벗어나지 못하고 전근대보다 더 참혹한 삶을 살았던 시절이었으며, 사회주의 운동의 원인이 되기도 했던 시대였다.

혁명이 본격적으로 시작되고 과학기술이 발전할 여건이 조성되었으며, 이로 인해 유럽의 생산력은 이전과는 비교할 수 없이 급성장할 수 있었고 식민지 쟁탈에 열을 올리는 동안 군사력도 충분히 강화되었다.

일찌감치 산업혁명을 성공시키고 국내 정치가 안정되어 있던 영국이 해군력 우위를 바탕으로 세계 각지에 식민지를 보유했고 프랑스도 여기에 가세한 데 반해 '엠스 전보 사건'[26]과 보불전쟁을 통해 새롭게 떠오른 신흥강국인 독일제국은 통일전쟁을 거치면서 영국, 프랑스에 비해 산업과 공업 발달이 늦어졌다. 이 때문에 뒤늦게 식민지 쟁탈전에 뛰어들 수밖에 없었는데, 이미 주요 식민지들을 대부분 영국, 프랑스 등 앞선 제국들이 다 차지한 상태였기 때문에 결국 독일은 영국과 프랑스의 식민지를 뺏는 것밖에는 식민지를 획득할 방법이 없었다. 결국 독일은 기존 식민제국인 영국, 프랑스와 대립할 수밖에 없었고, 이는 제1차 세계대전의 원인이 되었다. 범게르만주의로 탄생한 독일이 연이어 전쟁에서 승리하자 독일인은 강대국의 국력에 걸맞은 식민지를 바라게 되었으며, 현실적으로도 규모가 커진 자국 산업과 공장을 가동하기 위해 값싼 원자재와 노동력 그리고 과잉 생산된 상품을 판매할 시장이 필요해졌다.

19세기 말 남아프리카에서 영국과 보어인(남아프리카에 식민지 오렌지자유국을 세워 정착한 네덜란드인) 사이에 벌어진 보어전쟁[27] 당시 보어인의 배

---

26 이사벨 2세를 축출하고 들어선 스페인 혁명정부는 프로이센 빌헬름 1세의 친척 레오폴트 공에게 왕위를 제안하자 이 소식을 접한 프랑스는 자국 영토가 스페인과 독일에 둘러싸여 안보가 위태로워진다는 이유로 강력히 항의했고, 레오폴트 공은 스페인 왕위 계승을 거절했다. 그러나 비스마르크는 이를 프랑스와 전쟁을 벌일 기회로 활용하기 위해 자신에게 통보된 전보 내용을 왜곡해 언론에 보도함으로써 프로이센 국민의 분노를 자극했고 결국 보불전쟁(프로이센-프랑스 전쟁)으로 이어졌는데, 프랑스가 대패하여 나폴레옹 3세는 폐위당하고 프로이센은 통일 독일제국을 수립했다.

27 첫 번째 보어전쟁은 1880년 영국과 보어인이 다이아몬드가 발견된 킴벌리 지역을 놓고 마찰을 빚으면서 시작되어 1년간 계속되었다. 두 번째는 1886년 트란스발에서 금광이 발견되고 영국 군대가 해상을 봉쇄하자 1899년 보어군과 트란스발이 연합해 영국을 상대로 전

후에 독일제국이 있었고, 프랑스와는 두 차례에 걸친 모로코 위기[28]로 제1차 세계대전 이전부터 독일제국과 영국·프랑스의 대립은 위험수위에 달해 있던 상황에서 빌헬름 2세의 독일이 영국과 프랑스의 경고를 무시하고 해군 증강계획을 추진하자 영국·프랑스와 독일의 적대관계가 굳어지면서 세계대전의 흐름을 결정지었다.

점점 심화되는 민족주의로 불안정했던 오스트리아-헝가리 제국이 보스니아를 합병하고 러시아가 독일제국의 압력에 굴복하자 세르비아 왕국은 오스트리아-헝가리 제국에 극렬한 적대감을 품게 되었고, 그 적대감은 사라예보 사건[29]으로 마침내 절정에 이르게 되었으며, 결국 이

쟁을 벌였다. 1902년까지 이어진 전쟁의 결과 보어인과 아프리카인의 농장들이 파괴당하고 보어 주민들은 강제수용소에 격리되었다. 2만 명이 넘는 사람들이 가혹한 처우로 비위생적인 수용소에서 죽어가는 등 보어인 여자들과 아이들이 겪은 비참한 생활은 전 세계의 분노를 샀으며, 영국 내에서도 반전운동이 고조되면서 보어인의 생활부흥을 위해 보조금을 내주어야 했다. 전쟁은 보어 연합군의 패배로 끝났고, 트란스발은 영국 왕실의 식민지가 되었다.

28 1904년 프랑스는 스페인과 비밀조약을 체결해 모로코를 분할하기로 했으며, 모로코에서 자유로운 권리를 보장받는 대가로 영국의 이집트 진출을 반대하지 않기로 했다. 그러나 독일은 모로코의 문호개방을 주장하면서 1905년 3월 31일 탕헤르를 방문해 모로코의 독립과 주권국가임을 선포했는데, 이로 인해 발생한 국제적 위기상황을 '제1차 모로코 위기'라 한다. 제2차 모로코 위기는 모로코에서 지역주민들이 반란을 일으키자 1911년 7월 1일 독일이 모로코의 아가디르항에 전함 '판터호'를 파견하면서 발생했다. 독일은 자국의 이익을 보호하기 위해서라고 했으나 사실은 프랑스를 위협하기 위한 행동이었다.

29 오스트리아-헝가리 제국이 1878년 튀르크를 축출하고 1908년 보스니아와 헤르체고비나를 공식적으로 합병하자 세르비아계 보스니아인으로 '청년보스니아'라는 민족주의 조직에 속한 18세의 대학생 가브릴로 프린치프는 보스니아가 오스트리아-헝가리 제국으로부터 독립해 독립국인 세르비아와 합치기를 바라는 일명 '남슬라브 운동'을 지지했다. 그는 오스트리아 황태자가 군대를 사열하기 위해 보스니아 헤르체고비나의 수도 사라예보를 방문할 것이라는 소식을 듣고 3명의 운동가와 암살계획을 세운 후 1914년 6월 28일 헤르체고비나의 수도인 사라예보에서 앞선 폭탄테러를 피해 이동하던 차량을 향해 총을 발사해 황태자 부부를 암살했다. 사건 직후 오스트리아 내에서 사람들의 반응은 차가울 정도로 무관심했고 빈의 군중은 아무 일도 없었던 것처럼 일상을 보냈으나 오스트리아 정부는 세르비아 주민들에 대한 폭력을 부추겼고, 그 결과 반세르비아 폭동이 일어났으며 결국 전쟁의 명분으로 이용되고 말았다.

사건은 제1차 세계대전 발발에 방아쇠 역할을 했다.

오스트리아가 세르비아에 선전포고를 하면서 시작된 제1차 세계대전은 전 세계 경제를 대영제국, 프랑스, 러시아제국의 삼국협상을 기반으로 한 협상국과 독일제국과 오스트리아-헝가리 제국이 있는 동맹국의 두 편으로 나누는 거대한 강대국들 동맹끼리의 충돌이었다. 이러한 동맹은 재조직되었고 더 많은 국가가 전쟁에 참여하도록 압력을 가하면서 확장되었는데 마침내 이탈리아 왕국, 일본제국, 미국이 연합국에 가입했으며 오스만제국, 불가리아 왕국이 동맹국에 가담했다.

1914년 7월 28일부터 1918년 11월 11일까지 4년 넘게 이어졌으며 독일의 항복으로 끝이 났다. 기술의 진보로 인해 전차와 화학무기가 개발되어 희생자를 키웠으며 제1차 세계대전 기간 중의 참혹했던 서부전선의 참호전은 후일까지 회자되고 수많은 영화로 제작되기도 했다. 이 전쟁에 유럽인 6천만 명을 포함한 군인 7천만 명이 전쟁에 가담했고 병사 900만 명 이상이 사망했다.

결국 동맹국이 연합국에 패했고 독일은 베르사유 조약, 오스만제국은 세브르 조약, 오스트리아는 생제르맹 조약, 헝가리는 트리아농 조약, 불가리아는 뇌이 조약을 맺으면서 오스만제국과 오스트리아-헝가리 제국은 해체되고 많은 영토와 인구를 잃었으며, 이로 인해 발칸반도와 중동 지방에 많은 신생 독립국들이 생겨났다.

특히 독일의 경우 모든 해외 식민지 역시 포기해야 했으며 산둥반도에서 독일의 권익은 중국이 회복을 주장했음에도 일본의 주장에 따라 일본에 할양되었다. 본토는 알자스와 로렌을 프랑스에 넘겨주고 폴란드 지역을 독립시킬 정도로 적잖은 영토를 잃었다. 또한 장기간의 전쟁 수행과 전쟁배상금 지급을 위한 통화팽창으로 인해 하이퍼인플레이션이 발생했고, 실업자가 속출했다. 더욱이 케인즈가 예언했듯이 베르사유 조약으로 인한 과다한 전쟁배상금은 제2차 세계대전의 원인이 되고 말았다.

러시아 혁명[30]

러시아제국은 19세기 후반 산업화가 본격적으로 진행되어 제조업이 빠르게 성장했고, 20세기 초 모스크바에서 블라디보스토크까지 9,198km에 이르는 시베리아횡단철도가 개통됨에 따라 실로 광대한 지역을 개발할 수 있는 길을 열었다. 그러나 노동자들의 삶은 과거 농노시대보다 더욱 비참해졌으며, 지식인들과 학생들이 전개한 자유주의 운동은 격동하는 시대에 자신의 제국이 변화되는 것을 두려워했던 차르Tzar 니콜라이 2세에 의해 가로막히고 있었다.

1905년 1월 22일(러시아력 1월 9일, 일요일) 러시아 정교회의 젊은 사제 가폰Georgii Gapon 신부가 차르의 초상화를 들고 이끄는 가운데 20만 명이 넘는 노동자와 그 가족들이 상트페테르부르크[31]의 겨울궁전으로 모여들었다. 가폰은 노동자들이 고용주와 싸우면서도 차르를 찬양하는 노래를 부르게 한 친정부 운동가였으며, 당시 민중은 차르의 실체를 보지 못하고 자신들의 '자비로운 아버지'로 믿고 있었다. 가폰은 자비로운 아버지 차르에게 굶주림을 달랠 빵을 달라며, 노동시간을 줄이고 임금을 올려달라고 기도했고, 시민들은 차르의 초상화를 보며 가슴에 십자가를 그었다. 그러나 겨울궁전 광장에서 시민을 기다린 것은 차르가 아니라 무장병력이었으며, 차르는 시민의 요구에 무력진압으로 답했다. 시위대를 상대로 차르의 군대가 발포했고, 기마대는 달아나는 군중을 추격해 학살했다. 이날 하루에만 500명 넘는 사망자를 포함해 3천 명 이상의 사상

---

30 이 절의 후반부는 유시민 작가의 《거꾸로 읽는 세계사》, 돌베개, 2021 중 〈러시아혁명: 아름다운 이상의 무모한 폭주〉 편을 참고했음.

31 본래 이름은 페테르부르크였으며, 1914~1924년 동안 '페트로그라드'로 불리기도 했다. 1924년 1월 21일 블라디미르 레닌이 죽자 그를 기념하여 '레닌그라드'(1924~1991)로 불렀고, 소련이 해체된 후 러시아 정부가 페테르부르크로 이름을 되돌렸다.

자가 나온 '피의 일요일' 사건이 발생한 것이다.

이 사건을 계기로 차르에 대한 환상이 깨어지고 러시아제국에 대한 불만이 폭발했다. 가폰 신부는 영국으로 달아나면서 차르에게 저주 담긴 편지를 남겼다. "노동자와 가족의 순결한 피는 영혼의 파괴자인 그대와 민중 사이에 영원히 놓여 있을 것이다. 흘러야 할 그 모든 피가 살인자인 당신과 당신의 가족에게 흘러 떨어지리라." 니콜라이 2세는 마음의 고통을 일기에 적었다. "슬픈 날이다. 질서가 파괴되는 중대한 사태가 일어나 군대가 총을 쏘아야 했다. 주님, 이 얼마나 슬프고 가슴 아픈 일입니까?" 이처럼 민중과 차르의 인식 차이는 극명했다.

니콜라이 2세는 국내 위기를 밖의 문제로 희석시키려는 목적으로 베조브라조프Bezobrazov, A. M.를 비롯한 강경파를 앞세워 만주뿐만 아니라 압록강 유역까지 군대를 이동시킨 뒤 압록강 삼림 채벌권 실행을 명목으로 용암포(평안북도 용천군 압록강 하구에 있는 포구)를 군사기지화함으로써 조선에 대해서까지 야욕을 노골화했다. 우리나라에서도 을미사변 이후 4개월 만에 아관파천俄館播遷을 성공시켜 친러정권이 수립되기도 했다. 그러나 1904년 2월 일본제국이 러시아제국이 점유하고 있던 청나라의 뤼순항(여순항)을 기습 공격함으로써 러일전쟁이 발발했고 1905년 5월 27일, 24시간 동안 계속된 치열한 공방전 끝에 일본 해군과 맞섰던 러시아의 발트함대가 전멸하고 사령관 로제스트벤스키Rozhestvensky, Z. P. 제독이 포로로 잡히면서 모두의 예상을 깨고 일본의 승리로 끝나게 되자 차르의 위신은 땅에 떨어졌다.

1906년 한 해 동안 100만 명이 파업에 참여했고, 2,600건의 농민반란이 일어났다. 이에 러시아제국 정부는 불만을 잠재우기 위해 '두마(입법회의)'를 설치하는 등 개혁을 추진했으나 1906년 실시한 두마 선거에서 전제정치에 반대하는 정당들이 압승하자 니콜라이 2세는 두마의 권한을 대폭 축소하고 표트르 스톨리핀Pyotr Stolypin을 내각 수상에 임명했다. 스톨리핀은 정부와 황실에 빌붙어 부정부패를 저지른 자들을 대대적으로 처벌했는데, 5년 동안 4천여 명을 교수대로 보내고 수만 명을 유배지로 쫓아내는 등 부패척결을 위한 개혁을 추진했다. 그러나 안타깝게도 스톨리핀은 1911년 9월 차르와 함께 오페라를 관람하던 중 대학생 테러리스트의 총탄을 맞고 며칠 후 사망함으로써 러시아의 평온은 다시 흔들리게 되었다. 다시 몇 년간 노동자 · 농민의 파업과 폭동이 이어지는 사이에 1914년 사라예보 사건이 터졌고, 니콜라이 2세는 러시아를 전쟁의 폭풍우 속으로 밀어 넣었다.

처음에 민중은 애국심에 불타서 무려 1,500만 명이나 전선에 나가겠다고 지원했으나 무능한 군 지휘부에 병사들은 오합지졸이었다. 독일에 연전연패해 첫해에만 전사자 15만 명과 부상자 70만 명이 나왔고, 90만 명이 포로로 잡혔다. 독일군에게 서부 공업지대를 빼앗기자 물자 부족 사태가 전국을 덮치고 물가는 천정부지로 치솟았다. 전쟁으로 노동력이 부족해졌으며 민중의 복지에 써야 할 국가예산이 전쟁에 사용되면서 민중의 생활은 궁핍해졌고 하루하루 먹을 빵과 우유조차 구하기 어려워졌다.

니콜라이 2세는 독일 출신 알렉산드라 황후에게 휘둘려 전쟁 기간 중 국정을 황후에게 맡기다시피 했는데, 황후를 등에 업은 라스푸틴[32]에 의해 국정도 파탄지경에 이르렀다.

---

32 라스푸틴(Grigory E. Rasputin, 1872~1916)은 러시아의 요승으로 농민 출신이었으나 1911년 혈우병으로 고생하던 황태자의 지병을 치료해 황실의 신임을 얻으면서 니콜라이 2세의 부인 알렉산드라 황후의 전폭적인 지지를 받은 인물이다. 그는 궁전 안팎에서 성추행, 성폭행, 공연음란 등 온갖 기행을 저질렀으며 황후와 동침한다는 소문까지 나돌았다. 황후에게 자신을 '죄 없이 박해받는 예언자'로 믿게 한 후 황후를 움직여 내각 인사와 군사작전에도 개입해 장관과 총사령관을 해임하게도 하고 전선에 나간 니콜라이 2세가 작전계획을 수정하게 만들기도 했다. 라스푸틴이 위험인물로 지목당해 수도에서 쫓겨났다가 스톨리핀이 죽은 뒤 궁전으로 돌아오자 황후는 더욱 병적으로 매달렸다.

제1차 세계대전이 장기화됨에 따라 러시아제국 민중의 생활은 더욱 어려워졌다. 당시 페트로그라드에는 밀가루 반입량이 절반으로 줄어들어 빵과 우유를 배급받으려는 민중은 새벽부터 밤까지 칼바람을 맞으며 줄을 서야 했는데, 1917년 3월 7일 배급소의 빵이 떨어져 빈손으로 돌아가게 된 여성들이 식료품점을 터는 작은 소동이 일어났다. 우연하게도 다음날인 3월 8일은 세계 여성의 날이었고, 페트로그라드 여성들은 이날 빵과 우유를 요구하는 집회를 열었으며, 페트로그라드 노동자 40만 명 가운데 절반이 파업에 참여했다. 그들은 붉은 깃발을 흔들며 차르를 비난하면서 얼어붙은 네바강을 건너 도심으로 진입했다.

해가 진 뒤 비밀경찰이 시위주동자를 잡아들였지만 파업과 시위가 3월 11일 아침까지 계속되자 장교들이 발포명령을 내렸다. 그러나 병사들은 그 명령을 거부하고 총구를 거꾸로 돌렸고, 병사와 노동자들은 혁명군으로 변신했으며 겨울궁전 꼭대기에는 붉은 깃발이 올랐다. 니콜라이 2세는 동생 미카엘에게 제위를 물려준다는 성명을 발표했으나 혁명군은 차르와 가족을 시골마을에 구금했다. '2월 혁명'이 일어났고, 이로써 제정체제가 붕괴되었다.

블라디미르 레닌은 1914년 8월 7일 오스트리아 경찰에 체포되었다. 그러나 오스트리아 사회민주당 창립자 빅토어 아들러Victor Adler는 "레닌을 풀어주라. 그는 러시아의 패전을 원한다. 차르 정부와 싸울 것이며 우리의 국익에 도움이 된다"며 내무장관을 설득했다. 그렇게 풀려난 레닌은 스위스로 도망쳐 숨어 지내면서 1916년 《제국주의: 자본주의 최고의 단계》를 썼다. 이 책의 요지는 "자본주의는 높은 발전단계에서 제국주의가 된다. 제국주의는 금융자본과 산업자본이 융합한 독점단계의 자본주의로 식민지 없이는 존속할 수 없는 기생적 체제다. 세계를 이미 분할 점령했기 때문에 식민지를 재분할하려면 전쟁을 벌일 수밖에 없다. 제국주의는 본국의 프롤레타리아 상층을 매수하고 포섭해 혁명을 예방하려 한다"는 것이다.

독일 정부는 레닌이 적국 러시아를 완전한 혼란에 빠뜨려주기를 기대하면서 30여 명의 혁명가와 함께 자국 영토를 남에서 북으로 가로질러 가도록 '봉인열차 객실'을 제공했고, 1917년 4월 16일 밤 레닌은 페트로그라드로 돌아왔다. 붉은 깃발이 나부끼는 핀란드역 광장에는 군악대가 프랑스대혁명의 노래를 연주하고 군인들이 환호성을 지르는 가운데 그는 짧은 연설을 했으며, 연설의 말미는 "사회주의 혁명을 위해 싸워야 합니다. 프롤레타리아가 완전한 승리를 거둘 때까지 싸워야 합니다. 세계 사회주의 혁명 만세!"로 끝맺었다.

다음날 레닌은 "자본주의의 타도 없이 종전은 불가능하다" 등 10개 항에 걸친 '4월 테제April Theses'를 발표했는데, 4월 테제는 곧 소비에트 Soviet(러시아어로 '평의회'라는 뜻이며, 연방, 공화국, 지방, 시, 지구, 촌락 수준에서 입법과 행정 기능을 수행한다)의 지침이 되어 "임시 정부 타도! 모든 권력은 소비에트로!"라는 구호를 내걸고 소비에트가 지주의 재산과 땅을 몰수하고 모든 생산시설을 장악해야 한다고 주장했으며, 러시아사회민주노동당의 이름을 공산당으로 바꾸자는 제안도 덧붙였다.

독일군을 상대로 '6월 대공세'를 펴다가 참패한 임시정부는 볼셰비키(레닌이 인솔한 러시아사회민주노동당의 분파. 혁명을 통해 소비에트 정부를 수립했다)가 독일 정부의 활동자금을 받은 사실을 폭로하고 레닌이 독일 첩자라는 소문을 퍼뜨리며 반격하자 볼셰비키는 지하로 숨었고 레닌은 핀란드로 달아났다. 그때 트로츠키Leon Trotsky가 다시 나타나 전쟁 중단과 소비에트의 권력 장악에 찬성하는 연설을 했으나 임시정부에 의해 체포되었다. 열악한 환경에서 독일군과 싸워야 했던 병사들 사이에서 볼셰비키의 인기가 급등했으며, 10월의 소비에트 전국대의원을 뽑는 선거에서 노동자들도 볼셰비키에 몰표를 던졌다. 임시정부 최고사령관 라브르 코르닐로프가 전선의 군대를 끌고 와서 쿠데타를 일으키자 임시정부 수반

케렌스키가 급히 트로츠키를 풀어주었다. 트로츠키는 철도노동자를 움직여 열차를 세워 쿠데타군의 수도 진입을 막고 페트로그라드 소비에트 의장이 되어 군사혁명위원회를 설치하고 군대를 창설했다.

볼셰비키가 군대를 보유한 거대한 세력으로 거듭난 10월, 레닌이 페트로그라드에 잠입해 볼셰비키를 불러 모아 11월 7일(러시아력 10월 25일) 새벽 붉은 군대와 페트로그라드 수비대가 수도를 장악했다. 제2차 노동자·병사 소비에트 전국대회는 혁명의 승리를 선포했고 레닌은 '노동자·농민의 정부' 인민위원장이 되었다. 이 사건을 '10월 혁명' 또는 '볼셰비키 혁명'이라고 부른다.

볼셰비키 혁명 이후 황제를 지지하는 백군과 혁명을 지지하는 적군 사이의 내전이 계속되었는데 영국, 프랑스, 미국, 일본 등의 제국주의 국가들은 '러시아의 불온한 혁명'을 목 조르기 위해 백군에게 무기와 병력을 제공했지만 효과는 없었다. 레닌은 1918년 1월 제3차 소비에트 전국대회를 소집해 '자유로운 민족들의 연합에 기초를 둔 노동자·병사·농민 소비에트공화국' 수립을 선포하고 '노동자와 농민의 붉은 군대'를 창설했다. 이로써 최초의 사회주의 국가 소련(소비에트사회주의공화국연방)이 탄생했다.

전쟁을 벌이던 연합국과 동맹국 진영 모두 소비에트 정부를 적으로 간주했으나 총사령관 트로츠키가 3만여 명의 제정러시아 장교를 받아들인 500만의 붉은 군대로 1920년 가을까지 반혁명 연합군을 완전히 제압했다. 볼셰비키 혁명은 러시아뿐 아니라 세계 전체를 바꾸었다. 레닌이 이끄는 볼셰비키는 국가 간의 전쟁을 초국가적인 계급전쟁으로 전환시키는 데 힘써야 한다고 역설했으며, 이에 따라 1919년 레닌의 주도 아래 소련 공산당과 독일 사회민주당 좌파를 중심으로 모스크바에서 프롤레타리아 독재를 통한 사회주의 국가 건설을 목표로 '코민테른(제3인터내셔널)'을 창립했다.

각국의 공산주의 운동과 혁명 투쟁의 경험을 국제적으로 총괄하면서 국제 공산주의 운동을 지도하던 코민테른은 1943년 해산되었으나 소련은 민족자결, 반제국주의, 식민지해방을 내세워 중국 · 인도 · 조선 · 베트남 등 식민지 종속국의 민족해방투쟁을 북돋웠으며, 동유럽을 사회주의체제로 편입하고 아시아 · 아프리카 · 라틴아메리카에 소련 모델을 전파했다. 사회주의 중국과 함께 50년 냉전체제를 형성하고 세계최강 미국과 군사력 대결을 벌였으나 마르크스가 설계하고 레닌이 꿈꾸었던 프롤레타리아의 해방을 가져오는 데는 실패했다.

제2차 세계대전

1918년 여름 미국이 제1차 세계대전에 참전하면서 전쟁의 판도가 연합국으로 기울었고, 그해 10월 전쟁이 막바지에 이르자 독일은 연합국에 휴전협상을 요구하면서 미국의 윌슨 대통령이 제안한 평화원칙 14개 조항[33]을 받아들이겠다고 선언했다. 연합국 대표들은 제1차 세계대전 기

---

33 윌슨의 14개 조항 중 다섯 번째는 식민지의 주권문제를 결정할 때는 관련 식민지 주민의 이해가 식민지에 수립될 해당 정부의 요구와 동등하게 취급되어야 한다는 '민족자결주의'가 포함되어 있었다. 윌슨의 친구이자 후원자였던 특사 찰스 크레인이 중국 상하이에 와서 "파리강화회의에서는 민족자결의 원칙에 따라 식민지의 많은 문제를 해결하려고 한다"는 요지의 강연을 했다. 마침 그 자리에 있던 몽양 여운형 선생이 중국인 친구 왕정연의 주선으로 찰스 크레인과 개인면담을 하면서 파리강화회의에 조선의 특사를 파견하는 데 대한 의견을 구하자 크레인은 "특사를 파견해도 약소국인 한국이 외교적 활동으로 목적을 이루기는 어려우니 세계인이 주목할 만한 거사를 일으키는 게 도움이 될 것"이라고 조언했다. 몽양 선생은 파리강화회의가 독립운동의 기회가 될 것이라는 큰 기대를 하고 이광수를 동경에 파견해 독립선언서 초안을 작성하게 하여 2.8독립선언에 영향을 주었고, 신한청년단을 조직해 3.1운동을 기획 추진했으며, 이는 그해 4월 1일 상해 임시정부 수립으로 이어졌다. 몽양은 김규식을 신한청년단 대표로 파리강화회의에 파견했으며, 김규식은 대한민국 임시정부 명의로 탄원서를 제출하고 〈한국민족의 주장〉, 〈한국의 독립과 평화〉 등의 인쇄물을 출간해 각국 대표들에게 일제의 침략상과 한민족의 독립에 대한 당위성을 널리 홍보

간 중 연합국이 입은 피해에 대한 총체적인 보상을 요구했다. 제1차 세계대전이 끝나고 약 7개월 뒤인 1919년 6월 28일 파리 근교의 베르사유 궁전 '거울의 방'에 모인 프랑스의 조르주 클레망소 수상, 영국의 로이드 조지 수상, 이탈리아의 비토리오 에마누엘레 오를란도 수상 그리고 미국의 우드로 윌슨 대통령 등 4개국 지도자들은 총 440개 조항으로 이루어진 평화조약에 서명했는데, 이것이 베르사유 조약Treaty of Versailles이다.

평화조약은 전쟁에서 가장 큰 피해를 입은 프랑스가 주도했으며, 조약 장소로 베르사유 궁전 거울의 방을 선택한 것은 40년 전 보불전쟁에서 패배한 프랑스가 독일에 굴욕적인 강화조약에 서명하고 독일의 빌헬름 1세 황제가 대관식을 열었던 장소이기 때문이며, 프랑스는 그때의 치욕을 만회하기 위한 기회로 삼고 싶었다. 막상 파리에 도착한 독일대표단은 강화조약안을 협상하는 게 아니라 강요당하는 데 불과하다는 사실을 알고 굴욕을 느끼고 크게 분개했지만 거부할 수는 없었다.

평화조약 제231조는 "모든 전쟁책임은 독일과 그 동맹국에 있다"고 명시했으며, 그 결과 승전국들의 패전국들에 대한 전쟁배상금 요구와 국경의 재설정, 식민지 처분 등이 정당화되었다. 또한 독일의 군사적 재건을 저지하기 위해 모든 포와 항공기, 전차, 군함을 연합국에 양도해야 했고 전차와 항공기의 개발과 보유가 금지되었으며 군대는 10만 명으로 제한되었다. 그리고 연합국은 독일이 1,320억 금화 마르크(약 330억

했다. 그러나 파리강화회의는 승전국들끼리의 잔치에 불과했으며, 인도와 인도차이나반도를 식민지로 가지고 있던 영국과 프랑스 그리고 미국 등은 아무도 조선인의 호소에 귀 기울이지 않았다. 3.1운동 한 달이 더 지난 4월 초 상해에서 온 편지를 받고서야 고국에서 3.1운동이 일어났다는 소식을 전해 듣고 가슴 벅차했던 김규식은 "여기 있는 누가 섬나라로만 알던 조선을 걱정이나 하겠느냐. 일본의 속박 아래 떨고 있는 2천만 영혼의 간청에도 모른 척하며 정의를 사랑한다고 말하는 프랑스에 경악한다"는 연설을 남기고 귀국길에 올랐다. 이 시기에 파리에서 활동하던 베트남의 호찌민은 김규식의 활동에 큰 감명을 받았으며, 파리 경찰의 호찌민 사찰보고서에는 "호찌민은 한국인이 하는 모든 일을 자신의 근거로 삼고 있다. 그는 일제에 저항하는 한국인의 계획을 거의 똑같이 따르고 있다"고 기록되어 있다.

달러)에 달하는 전쟁배상금을 66년간 매년 20억 마르크씩 상환하도록 강요했다.

상상을 초월할 정도로 가혹한 베르사유 조약의 징벌적 보상내용이 공개되자 격렬한 비난에 직면했는데, 독일 국민은 분노와 적개심을 표출했고, 연합국들은 가혹하다는 측과 너무 관대하다는 측으로 나뉘었다. 그중 베르사유 조약을 가장 강력히 성토한 것은 영국의 경제학자 케인즈John Maynard Keynes였다. 그는 케임브리지대학의 강사였으며, 전시에는 재무관리로 일했고, 재무부 관리의 자격으로 영국대표단의 일원으로 강화회의에 참석함으로써 조약에 대해 곧바로 통렬한 비판을 가할 수 있는 위치에 있었다.

회의를 주도하는 대부분 인사가 주로 정치적 문제에 관심을 보인 반면, 케인즈는 유럽의 안정에 필요한 경제적 측면에서 날카로운 통찰력을 보여주었다. 그는 1871년 보불전쟁 후 독일이 프랑스에 부과한 배상금이 양국 모두에 막대한 손해를 끼쳤으며, 그 뒤 전 세계에 불어닥친 1870년대 대규모 경기후퇴의 주요 원인이 되었다고 주장하면서 "베르사유 조약에서 독일에 배상금을 부과하지 말았어야 하며, 부과한다고 해도 독일이 감당할 수 있는 범위 내여야 한다"고 주장했다. 케인즈는 '유럽 회복을 위한 거대한 계획'이라는 제목의 제안을 하면서 윌슨이 미국의 자원을 활용해 방대한 신용대출 프로그램을 시행하고, 미국의 식량공급 능력과 경제력을 이용해 유럽의 재건을 돕기를 바랐다. 그리고 영국이 먼저 관대한 조치를 하게 되면 미국도 그에 따를 것이며, 영국은 유럽국가들로부터 서류상 변제를 받지만 미국 차관은 현금으로 지급해야 했기 때문에 채무의 상호 전체적인 면제는 영국의 이익이 될 것이라고 주장했다.

그러나 당시 모든 승전국은 전시채무 문제를 독일로부터 뜯어내는 배상금으로 해결하려는 생각을 갖고 있었다. 국제연맹 구상에 사로잡혀 유럽의 경제부흥 따위에는 관심이 없었던 윌슨은 케인즈의 견해를 받아들여 미국과 교섭에 나선 영국 재무장관 로이드 조지David Lloyd George의 호소를 일축했으며, 미국 재무부도 이러한 제안을 무시했다. 연합국들은 미국에 막대한 채무를 짊어지고 있었는데, 미국이 전쟁 특수로 많은 돈을 벌었으니 탕감해주어야 한다고 주장했지만 윌슨 대통령은 채무를 탕감해주면 그 부담은 고스란히 미국 국민이 부담해야 한다는 논리로 거부했다.

베르사유 조약 안案의 배상 관련 조약 규정들을 접한 케인즈는 경악할 수밖에 없었다. 그는 "이 빌어먹을 조약이 경제적 파국을 가져올 것이고, 또 다른 세계대전을 불러올 것"이라고 예견했으며, 이러한 케인즈의 예측은 1929년 대공황과 제2차 세계대전으로 현실화되었다.

알로이스 히틀러는 두 번 사별한 뒤 스물네 살 연하인 클라라와 결혼해 여섯 아이를 낳았으나 모두 유아기에 죽고 넷째 아들과 막내딸만 살아남았는데, 그 아들이 바로 아돌프 히틀러Adolf Hitler였다. 그림에 재능이 있었던 그는 처절한 가난과 고독을 느끼면서도 예술에 대한 열정을 키웠으며, 부르주아에 대한 반감을 갖고 있었으면서도 노동조합과 마르크시즘을 경멸했고, 독일민족주의와 반유대주의에 대한 신념을 품고 있었다. 제1차 세계대전이 터지자 독일제국의 군대에 들어간 히틀러는 용감하게 전투에 뛰어들었고 두 번이나 훈장을 받았다. 히틀러는 병영에서 안정감을 느끼고 전우애를 경험하면서 군대의 조직과 운영방식을 최상의 사회적 규칙이라고 생각했다.[34]

1918년 11월 병사들과 노동자들이 주축이 된 독일혁명이 일어났다. 황제 빌헬름 2세는 네덜란드로 망명하고 프리드리히 에베르트를 수

---

34 이 절의 후반부 히틀러에 대한 내용은《거꾸로 읽는 세계사》중〈히틀러: 모든 악의 연대〉편을 참고했음.

반으로 하는 공화국이 출범했으나 그는 베르사유체제를 굴욕으로 여기는 국민으로부터 조약체결 당사자로 비난받았고 급진주의자들의 봉기에도 대처해야 하는 등 앞날이 순탄하지 못했다.

1919년 1월 베르사유 조약에 반대하는 바이에른의 민족주의자들이 '독일노동자당'을 창립했는데, 사실상 이름만 정당이었을 뿐 극우단체에 불과한 작은 정당이었지만 바이에른 군부가 이 정당을 지지했다. 군부가 정치동향을 살피기 위해 히틀러 상병을 독일노동자당에 파견했는데, 오히려 히틀러는 병영을 나와 정치에 뛰어들었다. 뛰어난 연설 솜씨를 발휘한 히틀러는 얼마 지나지 않아 당의 주도권을 장악했으며, 1921년 당명을 '민족사회주의독일노동자당Nationalsozialistische Deutsche Arbeiterpartei[약칭 나치(Nazi) 또는 나치스(Nazis)]'으로 바꾸었다. 히틀러가 위대한 도이치민족의 단결, 적국의 위협 제거, 정신노동과 육체노동의 조화, 국민군 창설, 사회보장제도 확충, 행복한 민족공동체 건설 등을 외치자 제국의 부활을 꿈꾸는 왕정복고파, 복수심에 불타는 군부, 사회주의 혁명을 두려워한 자본가와 중산층, 소외되고 울분에 찬 노동자들이 나치당을 지지했다.

1923년 11월 8일 히틀러는 바이에른 주지사가 왕정복고 연설회를 하는 뮌헨의 비어홀에 무장돌격대를 끌고 나타나 총격을 가하면서 '국민혁명'과 '혁명정부 수립'을 선포하자 경찰이 나치당원 열아홉 명을 사살하고 히틀러를 체포했다. 폭동 주모자 히틀러는 5년 형을 선고받았지만 열 달 만에 풀려났고, 이 사건으로 히틀러는 정치적으로 성공 기회를 맞았다. 수감생활 중 히틀러는 〈거짓, 어리석음 그리고 비겁함에 대한 4년 반의 투쟁〉이라는 제목의 선언문을 썼는데, 이것이 나중에 우리가 알고 있는 《나의 투쟁》으로 출판되어 1945년까지 독일에서만 1천만 권 이상 팔려나갔다.

히틀러는 1925년 2월 나치당을 재건하고 친위대(SS)를 창설했으며 절대적으로 충성하는 참모들을 모았는데, 하이델베르크대학 박사로 연극계에서 활동하다가 나치당의 선전 책임자가 된 요제프 괴벨스Joseph Goebbels는 미디어를 조작해 '히틀러 신화'를 창조했다. 인종주의 · 군국주의 · 제국주의 · 반유대주의 · 가부장주의 등 모든 낡고 악한 이념의 연대가 그에게 무한권력을 안겨주었다.

베르사유 조약에 따라 승전국들이 1,320억 마르크의 전쟁배상금을 확정하자 독일은 해마다 국내 총생산의 10%에 해당하는 배상금을 지불해야 했다. 자금 마련을 위해 독일 정부는 국채를 발행했고 이를 제국은행이 인수했다. 시중 통화량이 급증하자 하이퍼인플레이션이 독일 사회를 덮쳤고, 1923년 10월에 이르러 독일 마르크의 가치는 전쟁 전의 60억분의 1로 폭락했으며 전국에서 폭동이 일어났다. 미국 정부는 뒤늦게 독일경제의 파탄을 방치하면 사회주의 혁명이 일어날 위험이 있고, 독일 경제를 부흥시키는 쪽이 영국과 미국의 경제에도 도움이 된다고 판단해 1924년이 되어서야 전쟁배상금을 탕감해주고 규제를 완화해주었다. 그 후 하이퍼인플레이션은 진정세를 보이기 시작했으며 독일 정부가 화폐개혁으로 인플레이션을 진정시키자 경제는 한동안 회복세를 보이는 듯했으나 1929년 대공황이 발생하면서 상황이 다시 악화되었다.

생필품은 부족했으며 임금이 삭감되고 실업자가 600만 명을 넘어서자 농민과 도시 중산층은 중도우파정당에서 나치당으로 지지를 옮겼고, 공산당이 약진하자 불안을 느낀 금융계와 자본가, 지주, 왕당파, 보수주의자도 나치당으로 결집했다. 1932년 4월의 대통령 선거에서 제1차 세계대전의 영웅 힌덴부르크Paul von Hindenburg가 나치당의 아돌프 히틀러를 힘겹게 누르고 당선되었지만, 7월 총선에서 나치당이 전체 득표의 37.4%와 230석의 의석을 차지해 제1당으로 부상했다. 1933년 1월 말 힌덴부르크 대통령은 히틀러를 여러 보수정당과 나치당의 연립정부를 이끌 총리로 지명하면서 바야흐로 히틀러 집권 시대가 열리게 되었다.

히틀러는 의회를 해산하고 총선을 다시 치르자고 주장했고, 힌덴부르크는 이를 받아들였다. 그런데 총선 일주일 전 국회의사당에 불이 나자 경찰이 조사를 시작하기도 전에 나치당은 국제공산당조직의 방화라고 단정하고 국가적 비상사태에 대처하기 위해 필요하다며 헌법의 기본권조항을 무효화하는 〈전권위임법〉을 국회에 제출하고 총리의 권한으로 의석의 17%를 보유한 공산당의 국회 출입을 봉쇄했다. 공산주의 혁명이 임박했다면서 공포마케팅을 펼친 나치당은 3월 5일 총선에서 43%로 압도적 제1당이 되었고, 우호적인 군소정당과 가톨릭주의를 표방한 중앙당을 끌어들여 2/3 동의가 필요한 〈전권위임법〉을 통과시켰다.

히틀러는 총리로 임명된 지 불과 한 달 만에 바이마르공화국을 무너뜨렸고, 민주정당에 대한 대중의 불신과 경제상황에 대한 절망을 틈타 '새로운 민족공동체에 대한 망상'을 퍼뜨리는 데 성공했다. 또한 돌격대와 비밀경찰을 동원해 주요 정치인과 당원들을 납치 · 구금 · 암살했으며, 〈전권위임법〉 의결에 협력했던 중앙당을 포함해 모든 정당을 해산하고 나치당을 유일 정당으로 만들었다. 독일 국민 전체를 돌격대, 친위대, 나치자동차운전사단, 히틀러소년단, 나치여성단, 나치학생연맹, 나치의사동맹, 나치교사동맹, 나치공무원동맹, 나치노동전선 등의 하위조직에 배치해 친위대가 감시하는 전체주의를 완성했다.

히틀러는 힌덴부르크 대통령이 사망하자 국민투표를 실시해 '총리 겸 총통'이 되었다. 베르사유 조약 타도와 게르만 민족주의를 내세운 나치 독일의 히틀러는 탁월한 선전 · 선동으로 대중을 휘어잡으며 군비증강과 대외침략 준비를 서둘렀다. 한편, 노동조합을 해체하고 단체교섭 권한을 '나치노동평의회'라는 관제단체에 넘겨 임금을 억눌러 자본가들의 지지를 받았으며, 미국의 뉴딜정책과 같이 재정지출과 공공투자를 늘려 총수요를 확대해 고용을 창출했다. 토목건설에 중장비 대신 인력을 쓰게 하고, 군대와 경찰을 대폭 증원했으며, 미혼여성에게 자금을 대출해주어 혼인을 장려하고 직장의 기혼여성을 가정으로 돌려보냈다. 그렇게 해서 만든 모든 일자리를 '게르만 남성'에게 주었고, 실업이 줄어들자 노동자와 빈곤층이 환호했다. 케인즈의 이론에 따라 정부의 재정지출을 늘려 유효수효를 증대시켰고, 유효수요가 증대하자 국민소득도 늘어나면서 독일에서는 대공황의 어둠이 사라졌다.

히틀러는 군수산업 투자를 급속히 늘려 재무장을 시작하고 베르사유 조약을 파기했다. 베르사유 조약은 내용만 본다면 분명히 매우 가혹했으나 설령 독일이 이를 지키지 않는다 해도 연합국으로서는 제재수단이 없었다. 히틀러가 재무장을 선언했을 때 영국과 프랑스는 베르사유 조약을 강제하는 대신 유화정책을 고수하며 히틀러의 비위 맞추기에만 급급했을 만큼 베르사유 조약은 사실상 무력했다.

히틀러가 1938년 3월 오스트리아를 합병해 도이치민족주의와 게르만족의 세계지배를 선포하고 이듬해까지 체코와 리투아니아 그리고 폴란드를 침략하면서 유럽에는 다시 전쟁의 그림자가 드리워졌다. 독일이 소련 공산주의의 확장을 막는 방패막이가 될 것이라고 기대한 영국과 프랑스는 1938년 9월 뮌헨협정을 통해 독일의 일련의 침략행위를 용인하기로 했으며, 독일은 1940년 4월부터 6월 사이에 덴마크 · 노르웨이 · 네덜란드 · 벨기에 · 룩셈부르크를 점령했다. 독-소 불가침조약을 맺은 소련은 이때를 틈타 폴란드와 핀란드 영토의 일부를 빼앗고 에스토니아 · 라트비아 · 리투아니아 등 발트3국을 차지했다. 1940년 9월 독일은 이탈리아 · 일본과 3국동맹을 맺어 추축국Axis Powers 진영을 형성하고 헝가리 · 슬로바키아 · 루마니아 · 불가리아 등을 끌어들였다. 전쟁은 유럽을 벗어나 식민지가 있는 아프리카 북부와 동부를 넘어 중동지역으로 확산했으며, 일본이 프랑스령 인도차이나를 공격하자 인도양과 태평양에도 전쟁의 포성이 울렸다.

1941년 6월 독일이 독-소 동맹을 파기하고 소련을 침공하자 소련은 영국과 동맹을 맺고 독일과 공방전을 벌였으며, 독일이 프랑스에 세운 괴뢰정부가 인도차이나를 일본에 넘겨주자 미국은 일본 자산을 동결하고 석유 수출을 중단했다. 12월 7일 일본 공군이 선전포고도 없이 하와이의 진주만을 공습했고, 뒤이어 독일과 이탈리아가 미국에 전쟁을 선포했다. 1942년 봄까지는 추축국이 우세했으나 연합국은 러시아 전선과 태평양, 대서양에서 전세를 뒤집고 1943년 9월 이탈리아의 항복을 받아냈으며, 1944년 6월 노르망디 상륙작전으로 유럽 서부전선을 장악하고 파리를 탈환했다. 미국과 영국 공군이 독일 상공에서 모든 도시의 기차역 · 철로 · 군사시설 · 군수공장을 파괴했으며, 미군은 필리핀에서 일본군에게 결정적인 패배를 안겼다.

연합군이 베를린 외곽에 진입한 1945년 4월 28일 히틀러는 괴벨스를 증인으로 세워 에바 브라운과 혼인했으며, 이틀 후 총성을 듣고 보좌관이 달려갔을 때 브라운은 청산가리 앰플을 물고 죽어있었고, 히틀러는 오른쪽 눈과 귀 사이로 총알구멍이 난 채 바닥에 피가 흥건한 상태였다. 보좌관 마르틴 보어만은 히틀러와 브라운의 시신에 휘발유를 붓고 불을 질렀다. 괴벨스는 집에 돌아가 아이들의 입에 청산가리를 넣고 권총으로 아내와 자신을 쏘았다.[35]

미군은 8월 6일 히로시마에, 8월 9일 나가사키에 원자폭탄을 투하했으며 일본은 8월 15일 항복했다. 제2차 세계대전 기간 중 군인 2천만 명과 민간인 6천만 명 이상이 목숨을 잃었다.

---

35 《거꾸로 읽는 세계사》를 참고했으며, 책에는 히틀러와 괴벨스의 마지막 행적에 대해 요아힘 페스트, 안인희 옮김, 《히틀러 최후의 14일》, 교양인, 2005를 참고로 기술했다고 주석이 달려있다.

왜 유대인은 홀로코스트의 대상이 되었나?

처음에 중세의 기독교 지도자들은 이렇게 말했다.
"너희들이 유대인인 이상 우리와 함께 살 권리가 없다."
그다음에 세속 세계 지도자들은 선언했다.
"너희들은 우리와 함께 살 권리가 없다."
마지막으로 독일 나치는 다음과 같이 주장했다.
"너희들은 살 권리가 없다."[36]

히틀러는 유럽에 거주하는 유대인의 절반에 이르는 약 600만 명을 죽였다. 예루살렘의 홀로코스트Holocaust 역사박물관은 지금까지 300만 명이 넘는 희생자의 신원을 확인했다.

성서에 따르면 유대 민족은 고대 가나안의 족장이던 아브라함에게서 유래되었으며, 이들은 요셉 대에 이르러 이집트로 이주해 노예민족이 되었다가 출애굽을 거쳐 다시 가나안에 정착해 이스라엘 왕국을 세웠다. 유다 지역은 이후 바빌로니아, 페르시아 등의 지배를 받다가 로마제국의 영토에 들어갔다.

이산과 박해로 점철된 유대인의 역사만큼이나 반유대주의도 뿌리가 깊다. 유대인의 집단 이주는 고대의 이스라엘 왕국과 유대 왕국이 멸망하면서 시작되었고, 로마제국 치하에서 벌어진 독립전쟁이 실패로 끝나면서 디아스포라diaspora, 離散가 가속화되어 19세기 오스만제국 치하의 팔레스타인에 남은 유대인 인구는 고작 2만여 명에 지나지 않았다. 팔레스타인 밖으로 나간 유대인은 이민족의 영토 안에서 유대교를 공통분모

36 노영민(전 대통령 비서실장), 《현대사의 비극들》, 장백, 2011년 초판, p. 163 〈홀로코스트〉 참고.

로 하는 정신적 결속과 특유의 상업적 기질을 발휘한 경제적 성공에 힘입어 자신들만의 공동체를 형성해나갔다. 처음 지중해 일대의 유럽 남부와 아프리카 북부, 서아시아 지역에 정착했던 유대인의 디아스포라 공동체는 점차 유럽 각지로 퍼져나갔다. 이런 와중에도 유대인은 팔레스타인에 대한 염원을 잊지 않고 예루살렘을 자신들의 정신적 지주로 삼았다.

팔레스타인 밖에서의 유대인 공동체의 결속은 반대로 해당 지역에서 반유대인 풍조가 생겨나는 근원이 되기도 했으며, 유대인의 선민의식選民意識에 바탕한 민족적 배타성과 경제적 번영에 따른 영향력 확대는 많은 지역에서 유대인에 대한 반감과 혐오를 유발했다. 배타적이고 고립적인 디아스포라 공동체의 존재는 유럽과 중근동中近東 지역에서 2천 년간 이어진 여러 형태의 비이성적인 반유대주의와 깊은 연관이 있었다. 십자군전쟁 이후 기독교인들로부터 이교도로 취급받으며 박해의 대상이 되기 시작했고, 메시아 예수의 존재를 부정하는 태도로 유럽인의 반감을 부추겼다. 유대인은 기독교도들이 기피하는 고리대금업이나 세리로 종사하면서 생존을 도모했는데, 그들의 직업은 유럽인의 혐오를 가중시켰다.

1492년 스페인의 통치자는 '알함브라 칙령'을 선포해 4개월 이내에 모든 유대인에게 스페인을 떠나도록 명령하는 바람에 13~80만 명의 유대인이 포르투갈이나 북아프리카로 떠나야 했으며, 19세기 말부터 20세기 초 제정러시아와 동유럽에서는 '포그롬Pogrom, 대박해'이라는 유대인에 대한 조직적인 탄압과 학살이 일어나 약 7만 명의 희생자가 발생하고 수십만 명이 러시아 밖으로 이주한 일도 있었다. 포그롬으로 수십만의 유대인이 러시아를 떠날 때 유대인 일각에서는 성서에서 약속한 시온Zion 땅으로 돌아가자는 시오니즘Zionism 운동이 펼쳐졌으며, 이 운동의 결과로 농민과 기술자를 중심으로 한 소수의 유대인이 처음으로 팔레스타인으로 이주했다. 헝가리 출신의 오스트리아 유대인 작가 헤르츨T. Herzl은 《유대인 국가》와 《오래된 새로운 땅》을 집필해 시오니즘을 보급했다.

1917년 11월 영국의 외무장관 밸푸어A. J. Balfour가 영국이 관할하던 팔레스타인 안에 유대민족 국가가 건설되는 것을 지지하겠다고 약속하는 이른바 '밸푸어선언'을 했다는 것이 국제금융계의 큰손으로서 시오니즘 운동을 재정적으로 후원하던 유대인 거부 로스차일드M. A. Rothschild에게 보낸 서한을 통해 밝혀졌다. 그러나 문제는 이미 팔레스타인 땅에 2천 년 전부터 뿌리내리고 살아온 아랍인이 존재한다는 사실이다. 팔레스타인 내에 유대인 인구가 1933년 23만 8천 명까지 급증하자 팔레스타인이 유대인 국가가 되는 것을 우려한 아랍인이 강력 반발하면서 새로운 분쟁이 일어나는 가운데 독일이 저지른 홀로코스트는 유대인의 팔레스타인 이주를 더욱 촉진시켰다.

1882년 드레스덴에서 최초의 국제 반유대회의가 열리는 등 제1차 세계대전 이전부터 이미 독일과 오스트리아에서는 반유대주의 정치운동이 싹트고 있었다. 그렇지만 유럽에서 가장 관용적인 나라인 프랑스에서조차 19세기 말 일어난 드레퓌스Dreyfus 사건이 보여주듯 그 정도의 반유대 감정은 유럽에서 흔한 것이었다.

그러나 히틀러와 나치당의 반유대주의는 당시 유럽에 널리 퍼져있던 막연한 반감과는 차원이 다른 것이었다. 히틀러는 교활한 유대인이 공산주의를 유포하고 자본주의를 조종해 전 세계를 장악하려 한다고 믿었고, 나치당은 "독일과 세계가 겪는 모든 고통의 원인은 유대인"이라고 선동하는 등 베르사유체제 아래서 희생양을 찾고 있던 독일인의 호응을 얻어 정치적 성공을 이루어냈다. 나치당이 집권하자 히틀러는 뉘른베르크Nuremberg법을 통과시켜 "유대인의 독일 시민권을 박탈하고 그들을 국가의 종속물로 명명했으며, 유대인과 독일 시민 또는 독일계 혈통 간의 결혼과 성관계를 금지"했다. 또한 부속법령에서 "적어도 조부모 중 한 사람이 유대인이면 유대인이라고 규정한 뒤, 유대인은 제국의 시민이 될 수 없으며 투표권을 행사할 수 없고 공직에 몸담을 수도 없다"고 명백히 밝혔다. 그 후 제2차 세계대전 발발 초기까지 유대인 소유 재산의 강제매각과 유대인 격리구역인 '게토Ghetto(소수 인종이나 소수 민족, 또는 소수 종교집단이 거주하는 도시 안의 한 구역)' 설치 등의 조치가 이루어졌다. 게토는 강제수용소로 끌고 가기 전의 임시 거주시설로 활용되었다.

히틀러가 유대인을 희생양으로 삼은 배경에는 민족적 이질성 외에도 유대인이 독일 인구의 5% 미만에 불과하면서도 국가경제의 85%를 장악하고 있었다는 사실도 중요한 요인이 되었다. 베르사유 조약과 공황기를 거치면서 국가경제가 피폐화된 상황에서 다시 전쟁 준비를 하기 위해서는 무엇보다 유대인이 가진 재산을 몰수할 필요가 컸기 때문이다.

1940년 4월 나치의 첫 번째 수용소이자 홀로코스트의 대명사가 된 아우슈비츠Auschwitz 수용소가 폴란드 남부의 오슈비엥침에 세워져 가동되었는데, 아우슈비츠는 1941년 히틀러의 명령으로 대량학살시설로 확대되어 이곳에서만 150만 명 이상의 유대인이 살해되었다. 이후 체계적인 유대인 학살을 목적으로 '학살수용소'가 세워지기 시작했고, 그곳에서는 독가스를 사용해 300만 명의 유대인을 학살했다. 1944년 독일의 패전이 임박해지자 독일군이 학살수용소를 파괴하고 수감자들을 이송하는 '죽음의 행진'이 시작되었는데, 이 과정에서 수많은 사람이 기아·구타·질병·추위로 사망했다. 이들 중 종전 때까지 살아남은 사람의 수는 약 6만 명에 불과했으며, 그중 1만 명이 4주 안에 질병 등의 후유증으로 또 사망했다.

제2차 세계대전 직전 유럽의 유대인 인구는 약 850만 명으로 추정되는데, 이 중에서 510~630만 명에 이르는 유대인이 나치독일에 의해 절명했다. 짐승을 통째로 구워 신에게 바치는 전번제全燔祭를 뜻하는 홀로코스트의 사전적 의미에 걸맞게 유럽 거주 유대인 전체를 통째로 죽음의 신전에 바친 셈이었다. 나치의 이동 학살부대 '아인자츠그루펜 Einsatzgruppen'은 4개 대대 규모의 비교적 소규모 부대였고, 비록 명령과 협박에 의한 것이었다 해도 100만 명 이상의 유대인을 학살하는 기록을 남겼으며, 많은 점령지의 주민들이 별다른 죄의식 없이 자발적으로 협조했다. 그만큼 유대인에 대한 반감과 편견이 유럽 전역에 뿌리 깊고 광범위하게 퍼져있었다는 방증이다. 나치의 손에 희생된 것은 유대인뿐이 아니었다. 전쟁포로는 논외로 치더라도 5~20만 명의 장애인, 2만 명의 공산주의자와 사회민주주의자들, 7천 명의 동성애자, 1,200명의 여호와의 증인 신도, 그리고 숫자 미상의 집시들도 함께 살해되었다.[37]

홀로코스트는 서구인 사이에서 다양한 방식으로 추모와 반성의 대상이 되지만, 유럽인이 서구 밖에서 유색인종에게 저지른 범죄에 대한 성찰은 외면되고 있다. 서인도제도 마르티니크Martinique섬의 사상가 에메 세제르Aime Cesaire가 한 말을 되돌아보자.

> "참 사람답고 기독교정신이 넘치는 유럽 부르주아들이 히틀러를 용서하지 못하는 것은 인간에 대한 범죄를 저질러서도, 인간을 한없이 비천하게 해서도 아니다. 히틀러가 '백인'을 능멸했기 때문이다. 알제리의 아랍계 사람들에게나, 인도의 쿨리Coolie, 날품팔이 노동자들에게나, 아프리카의 흑인들에게나 써온 식민주의 정책을 감히 유럽에 썼기 때문이다."

---

37 《현대사의 비극들》, 〈홀로코스트〉 편, pp. 170-176.

THE AUTUMN OF CAPITALISM

제3부

근대 자본주의 시대

제7장

케인즈 경제학의 시대

미국은 제1차 세계대전(1914~1918) 기간 중 세계 각지에 무기 등 군수물자를 수출해 막대한 부를 축적하면서 중립적 입장을 표명하고 있었으나 전쟁이 끝나갈 무렵 독일 외무장관 아서 치머만Arthur Zimmermann이 멕시코 주재 독일대사에게 보낸 암호 전문에서 "멕시코가 미국을 공격할 경우 멕시코가 1848년 미국에 빼앗긴 모든 영토[1]를 되찾을 수 있도록 해주겠다"라는 일명 '치머만 전보 사건'의 내용이 공개되면서 미국은 독일을 패배시키기 위해 참전을 결심하게 되었고, 곧이은 종전 후 승전국의 지위를 얻게 되었다.

전후 막대한 전쟁배상금을 짊어진 독일이 최악의 경제난에 허덕이고 아시아, 아프리카, 라틴아메리카의 식민지 종속국 민중은 제국주의 지배에서 벗어나려고 몸부림치는 동안 전쟁으로 피폐화된 유럽과 달리

---

1 멕시코가 스페인으로부터 독립하기 1년 전인 1820년 미국인 이민자들은 텍사스에 들어와 정착촌을 건설했다. 멕시코가 중앙정치의 혼란을 겪는 동안 미국인이 텍사스 인구의 90%에 이를 정도로 이주민이 늘어났다. 미국이 1845년 텍사스를 합병해 미국의 28번째 주인 텍사스주로 만들자 종주국이라고 생각한 멕시코는 이를 인정하지 않았고, 결국 이듬해인 1846년 미국-멕시코전쟁이 시작되었다. 1846~1848년 기간 동안 계속된 전쟁의 결과 멕시코는 텍사스는 물론 캘리포니아, 네바다, 유타, 애리조나, 뉴멕시코와 콜로라도주 일부까지 미국에 빼앗기게 되었다.

미국은 전쟁터로부터 멀리 떨어져 있어 전쟁으로 인한 피해를 거의 입지 않았고 전쟁 기간뿐만 아니라 종전 이후 한동안 이어진 군수산업 특수 등에 힘입어 미국경제는 번영의 시대로 접어들었다. 세계경제의 주도권을 거머쥔 미국 사회는 전례 없는 번영을 누렸으며 라디오, 자동차, 전기 등의 신기술 보급은 미국인에게 경기 전망에 대한 장밋빛 기대를 심어주기에 충분했다. 신문과 잡지 산업이 번창하고 라디오가 새로운 미디어로 등장했으며, 자동차가 중산층 가정의 필수품이 되었고, 대도시 중심에 고층빌딩 숲이 생기고 플로리다를 비롯한 시골지역에 전원주택 붐이 일었다. 각종 프로스포츠와 미인대회는 미국인을 열광시키고 들뜨게 했다.

1929년 대공황

1923년부터 대공황이 발생하기 직전 5~6년간 미국의 산업생산은 2배 이상으로 늘었고 GDP는 약 40%가 증가할 정도로 전례 없는 호황이 계속되었다. 미국의 기업들은 유럽의 전후 복구사업에 투자해 큰 수익을 얻었고, 유럽 선진국의 경제도 점차 호황 상태로 접어들었다. 기업의 이윤이 커지자 주가가 오르고 배당금은 늘어났으며, 사람들은 은행에서 돈을 빌려 주식에 투자했다. 개인투자뿐만 아니라 상호출자로 복잡하게 결합한 거대기업도 탄생했다. 1929년 8월부터 실물경기가 악화되었음에도 주식투기가 계속되면서 주식가격이 천정부지로 치솟고 주식시장은 거품처럼 부풀어 올랐다.

이처럼 낙관적인 미래에 대한 기대는 더 많은 사람을 주식시장으로 이끌어 1921~1929년간 주가가 4배 이상 상승했다. 주식시장이 점점 투기의 장으로 변모하기 시작한 것은 연방준비제도의 통화량 확대에도 원인이 있었는데, 당시 연준은 국채매입 등을 통해 1921~1929년간 총통화량을 61.8%까지 늘려 유동성을 폭발적으로 증가시켰다. 이러한 풍부한 유동성은 해외 대부에까지 이어져 제1차 세계대전 이후 피해보상 및 전후 복구를 위한 자금 수요가 높았던 독일 등에 투자되었다.

그러나 1929년 10월 24일 '검은 목요일'과 10월 29일 '검은 화요일'이 지난 이후 모든 것이 달라졌다. 1928년 200 수준이었던 미국의 다우지수는 1929년 9월 381.17을 찍었으나 이후 한 달 만에 다시 200까지 내려온 후 1932년 여름 41.22까지 하락했다. 증시붕괴가 계속된 1932년까지 미국 GDP의 60%와 주식시장의 90%가 증발했고, 농업인구를 제외한 나머지 미국 국민의 1/3이 일자리를 잃게 되었다.

주가폭락의 파도는 태평양과 대서양을 건너 런던, 베를린, 도쿄의 증권거래소를 집어삼키고 세계 모든 도시와 산업이 곤두박질쳤다. 아시아에서 일본의 공장들이 원자재 부족으로 문을 닫기 시작했고, 유럽인

그림 1. 대공황기 미국 다우지수

출처: "최근 주가상승? 1929년 대공황 보면 이듬해 주가 반등했다 폭락세로 돌아서", 〈조선비즈〉, 2009. 4. 18.

은 은행의 파산을 염려해 자신의 계좌에서 돈을 빼기 위해 안간힘을 쓰면서 혼란에 휩싸였으며, 독일도 45%가량 실업자가 되었다. 자본주의 시장경제는 19세기부터 여러 차례 불황기를 거쳐왔지만, 그 이전과는 완전히 다른 상황이었다. 이른바 대공황大恐慌, Great Depression이 시작된 것이다.

주가하락으로 촉발된 은행의 위기는 공황을 심화시키는 데 기여했다. 실물 부문의 불황이 기업영업을 위축시켜 은행의 부실채권이 늘어났고, 예금인출 쇄도와 은행의 자본잠식으로 인해 1929~1933년간 미국 은행의 1/3에 이르는 9천 개 이상의 은행이 파산했다. 일부 은행의 파산을 지켜본 다른 은행들이 예금 대비 지불준비금 비율을 상승시켰으며, 법정 최저 지불준비금 이상으로 지불준비금을 증가시키면서 통화승수가 하락하고 통화량이 축소되었다. 이러한 통화량의 감소는 디플레이션을 야기해 대공황을 심화시켰다.

대공황의 원인에 대해서는 명확히 규명하기 어려우나 지출가설과 통화가설이 대립하고 있다. 먼저 '지출가설'에 따르면 전쟁 기간 중 유럽에 군수물자를 수출하기 위해 막대한 설비와 인력을 고용해 공장을 가동했지만, 전쟁이 끝나자 이 무기들과 군수물자들을 팔 곳이 줄어들면서 1920년대 말 미국경제가 심각한 과잉설비상태에 빠지게 되었고, 공장에 고용되었던 노동자들은 순식간에 실업자가 되었으며, 수익성 있는 투자 기회가 소진되었기 때문이라고 주장한다. 거기에 더해 실업의 증가와 소득불평등이 유효수요 부족을 초래했고, 검은 목요일 이후 주식폭락으로 인한 부의 감소가 소비를 줄이고 이것이 다시 투자를 감소시키는 악순환이 반복되었다는 견해다.

한편 통화주의자들은 연준이 뉴욕 증시의 과열을 진정시키기 위해 1928년 초부터 통화공급을 25%나 감소시키는 등 긴축통화정책을 실시하고 주식투기를 진정시키기 위해 고금리정책을 실시한 것이 영향을 미쳤다고 주장한다. 통화정책과 관련해 연준이 1929년 주식시장의 위기에 대해 통화긴축으로 대응하고, 1930~1933년의 은행 위기에 직면해서는 공개시장 개입으로 통화량을 늘려야 함에도 이를 방치한 것이 원인이라는 것이다.

당시 제1차 세계대전을 치르면서 유럽의 국가들은 미국에 막대한 채무를 지고 있었는데, 미국의 경제가 나빠지면서 미국의 채권자들이 채권을 회수하게 되자 갑자기 채무상환 요구를 받게 된 다른 유럽 국가들이 여기에 영향을 받게 되면서 대공황의 여파는 전 세계로 확산되었다.

대공황 이후의 경기침체는 제2차 세계대전(1939~1945) 직전까지 계속되었고, 세계인에게 고전적 자유주의에 대한 반성과 수정이 필요하다는 생각을 하게 만들었다. 대공황은 1933년 루스벨트 대통령이 취임하면서 시행한 뉴딜정책으로 유효수요가 창출되면서 미국경제는 회복추세로 반전하기 시작했다. 루스벨트는 정부의 간섭을 통해 투기를 억제하는 정책을 채택하고 은행과 투신업무를 엄격히 분리했으며 작전세력과 내부자 거래, 시세조종을 불법화하는 〈증권거래법〉을 제정하고, 증권감독기관도 만들어 현대사회의 증권시장 시스템의 모습을 갖추기 시작했다.

이데올로기 대립이 한창이던 시대에 발생한 세계 대공황은 마르크스주의자들에게 자본주의 경제의 마차가 멈추고 역사에 종언을 고하는 신호로 인식되었다. 한편 세계 대공황으로 인해 아이러니하게도 다시금 전체주의가 대두되어 아돌프 히틀러의 나치 정권이 집권하면서 제2차 세계대전이 일어나는 데 상당한 영향을 끼치기도 했다.

자본주의를 되살린 케인즈 혁명

1929년 10월 검은 목요일로부터 시작된 세계 대공황이 거의 모든 자본주의 국가들을 경기침체와 대량실업의 혼란 속으로 빠뜨리고, 그 누구도 대공황의 원인분석과 회생 방안에 대한 해답을 내놓지 못하고 있을 때 영국의 경제학자 케인즈가 《일반이론(원제: 고용·이자 및 화폐에 관한 일반이론)》을 출간했다. 케인즈는 1929년 대공황을 경험하면서 기존과는 완전히 다른 새로운 경제학이 필요하다고 느꼈으며, 이 책에서 소비와 투자로 이루어지는 유효수요의 크기에 따라 경제활동의 수준이 정해진다는 이른바 '유효수요이론'을 제시하면서 대공황을 극복하기 위해서는 정부의 과감한 개입으로 유효수요를 늘려야 한다고 주장했다.

당시 고전경제학파는 "공급은 스스로 수요를 창출한다"는 '세이의 법칙'을 믿고 시장을 통한 가격기구의 작동, 즉 보이지 않는 손의 효능을 신뢰했으며 경제는 항상 완전고용 상태라고 생각했다. 그러나 케인즈는 이 책에서 당시 주류경제학의 결론과 현실 사이의 불일치를 비판하고 실업을 설명하는 이론적 틀을 제시하면서 노동의 완전고용을 이루기 위한 정책을 제시했다. 그는 시장은 불완전하기 때문에 공급과 수요 간의 괴리가 있을 것으로 생각하고 정부가 시장에 적극 개입해서 시장의 불균형 문제를 해소해야만 경제가 건강한 상태로 회복할 수 있다고 확신하고, "완전고용은 자동적으로 이루어지는 것이 아니라 정책적으로 실현시켜야 한다"고 주장했다.

케인즈는 실업이 일시적인 현상이 아니라 장기간 지속되는 현상임을 증명하기 위해 책에서 유효수요의 원리와 그에 근거한 정부에 의한 공공투자의 유효성을 설파하고 이론의 틀을 크게 소비성향, 자본의 한계효율, 유동성선호로 구성하여 기존의 고전학파 경제학 체계를 뒤집으면서 케인즈 경제학체계를 수립했는데, 이는 나중에 '케인즈 혁명'이라 불리게 되었다.

좀 복잡하지만, 케인즈 경제학의 요지를 살펴보기로 하자.[2]

케인즈는 산출량 증가에 따른 소득 증가액이 모두 상품구매로 이어지지 않을 확률이 높다고 전제하고 생산비용 증가분이 상품판매를 통해 모두 상쇄되지 않으면 생산자는 산출량과 노동고용을 이전보다 감소시킬 것이라고 보았다. 생산비용의 증가분이 상품판매액 증가분과 일치하지 않는다는 것은 투자와 저축이 일치하지 않음을 뜻한다. 따라서 케인즈에 따르면 투자와 저축의 불일치는 산출량과 고용량의 변화를 가져오게 된다.

고전경제학에서는 노동의 고용량을 결정하는 것은 노동수요와 노동공급의 관계이고, 투자와 저축이 불일치할 경우 두 양을 일치시키는 것은 이자율이라고 보았다. 그러나 케인즈는 투자와 저축을 일치시키는 기능은 노동고용량에 주어지며 이자율은 그런 기능을 수행하지 않는다고 보았다. 이자율은 유동성선호에 의해 결정되며, 유동성선호는 화폐에 대한 수요를 결정하는 요소다. 이자율은 화폐시장에서 화폐공급과 화폐수요를 일치시킴으로써 결정된다.

우선 민간부문의 유동성선호로 결정되는 화폐수요와 통화당국이 결정하는 화폐공급의 결과로 이자율이 결정되고, 그 후 이자율과 자본의 한계효율 사이의 비교를 통해 경제 전체의 투자지출이 결정된다. 이렇게 결정된 투자지출과 소비성향에 따른 소비지출은 경제 전체의 유효수요를 결정하고 이에 따라 산출과 고용량이 결정된다. 이렇게 결정되는 고용량이 항상 완전고용량과 일치하지는 않는다. 완전고용을 달성하기 위해서는 소비지출과 투자지출을 합한 유효수요의 크기가 완전고용수준에서 발생하는 생산비용을 만회할 정도로 충분히 커야 한다. 유효

2 위키백과의 〈고용, 이자 및 화폐의 일반이론〉 참고.

수요의 크기가 충분히 크지 않은 주된 이유는 민간부문에서 자율적으로 결정되는 투자지출의 규모가 충분하지 않기 때문이다.

바로 여기에 정부의 역할이 있다. 민간부문의 투자를 결정하는 주요소가 미래 경제상황에 대한 기대이므로 정부는 투자자들이 미래 경제상황에 대해 자신감을 갖고 투자할 수 있도록 여건을 조성해야 할 것이다. 이런 정책으로도 충분한 투자가 시행되지 않는다면 정부가 직접 투자지출을 해야 하며, 이것이 정부의 재정정책이다.

케인즈 경제학은 그 후 '거시경제학'이라는 새로운 학문 분야로 발전했다. '미시경제학'이 소비자·기업·산업 부문 등 개별경제주체의 경제행위를 분석하고 그들 사이에 이루어지는 총생산 및 소득의 분배를 연구하는 데 대해 '거시경제학'은 경제주체들의 상호작용 결과로 나타나는 한 나라 전체의 재화와 용역의 총생산량과 총소득, 생산요소의 고용수준, 전반적인 물가동향 및 정부의 정책 등을 분석한다.

케인즈의 유효수요이론은 프랭클린 루스벨트 대통령이 주도한 뉴딜정책의 이론적 기반이 되었으며, 이로 인해 '수정자본주의'라는 새로운 자본주의 시대가 열리게 되었다. 오늘날 케인즈의 《일반이론》은 애덤 스미스의 《국부론》, 마르크스의 《자본론》과 함께 경제학의 3대 바이블로 꼽히고 있으며, 유효수요의 중요성을 강조한 케인즈의 경제이론은 1980년대 중반까지 여러 자본주의 국가 경제정책의 기본개념으로 자리잡게 되었다.

뉴딜정책

1920년 제임스 콕스 민주당 대통령 후보의 러닝메이트로 부통령에 출마했다가 낙선한 프랭클린 D. 루스벨트(FDR)는 이듬해인 1921년 8월 캐나다 캄포벨로의 별장에서 휴식을 취하던 중 찬물에 빠져 소아마비 진단을 받고 반신불수가 되었다. 참을 수 없는 통증에 시달리며 몇 년간 뼈를 깎는 재활훈련 끝에 부축 없이 겨우 걸을 수 있는 정도가 되자 다시 정계로 복귀했다. 1928년 뉴욕주지사에 당선되었고, 1930년 큰 표 차이로 재선되었다. 1932년 대선에 도전해 당시 대공황의 원흉으로 지탄받던 현직 대통령 허버트 후버Herbert Clark Hoover를 압도적으로 누르고 대통령에 당선되었다. 1933년 2월 취임을 앞두고 시카고 마피아의 사주를 받은 장가라Giuseppe Zangara로부터 암살 위기를 겪기도 했다. 장가라의 총알은 루스벨트를 빗겨가 그 옆에 있던 시카고 시장 앤턴 서맥의 가슴에 맞았고, 결국 시장은 병원에서 사망했다.[3]

대선에 출마한 루스벨트는 곧장 대선의 최대 이슈인 대공황 극복정책을 수립하기 위해 '브레인트러스트Brain Trust'라 불리는 각계의 전문가로 구성된 정책자문단을 만드는 한편, 대외적으로는 기회와 부의 불균형, 경제적 불황으로부터 국민을 구제하겠다는 일명 '잊혀진 사람들을 위한 뉴딜'을 약속했다. 당선된 루스벨트는 임기가 시작되자마자 브레인트러스트에서 구상된 정책들을 내놓게 되는데, 이것이 뉴딜정책의 시작이다.

뉴딜정책은 2단계에 걸쳐 시행되었는데, 1차 뉴딜(1933~1935)은 경제의 전반적인 단기 회복에 초점을 맞춘 것이었다.

대공황 이후 전임 후버 대통령도 정부의 재정지원 등 대책을 강구하고 있었으나 루스벨트는 정부의 역할이 훨씬 더 확대된 대대적인 회생계획을 염두에 두고 있었다. 이윽고 1933년 3월 백악관에 발을 들인

---

3 나무위키에는 이 사건의 목표가 애초에 루스벨트가 아닌 서맥일 수도 있다는 설이 기술되어 있다. 서맥 시장의 전횡에 화가 난 시카고 마피아들이 장가라를 미끼로 하여 루스벨트를 암살할 것처럼 액션을 취하면서 실제로는 다른 사람을 시켜 서맥을 죽였다는 것이다. 그 증거로 당시 장가라의 총과 서맥이 맞은 총탄 구경이 각각 다르다는 것이 내세워지기도 한다.

루스벨트는 임기가 시작되자마자 '첫 100일'이라 불리는 기간 동안 미국을 회생시키기 위한 법안들을 의회의 적극적인 협조에 힘입어 통과시키기 시작했다. 그중 가장 먼저 통과된 것이 공황 상태로부터 은행을 구출해 은행의 업무를 정상화하기 위해 연방정부의 대폭적인 지원을 내용으로 하는 〈긴급은행법〉이며, 이와 함께 금본위제 중단을 통해 금의 유출을 막고 통화 안정과 유동성을 확보하는 한편 금융시장 안정을 위한 제동장치를 마련하는 〈증권법〉을 통과시켰다.

한편, 과잉생산으로 나락에 빠져있던 주요 농산물 가격에 대한 생산통제로 가격안정을 노림과 동시에 직접적인 농업원조의 길을 여는 〈농업조정법〉을 제정하고, 농업이 주요 산업인 동남부의 테네시강에 다목적댐과 발전소 건설 사업을 일으켜 일자리 창출과 전력 공급이 핵심이 되는 테네시강 유역 개발공사Tennessee Valley Authority를 설립했다.[4] 당시 전기조차 들어와 있지 않은 지역이 수두룩하고 여전히 전근대적인 농경사회를 벗어나지 못한 동남부 지역에 전기를 들이고 농업의 현대화를 꾀하는 등 당시로서는 획기적인 정책이었다.

루스벨트는 첫 100일 말미에 〈전국산업부흥법〉을 통과시켜 2개의 기구를 설립했는데 '공공공사관리국'은 연방정부 주도로 댐이나 다리 등 거대 공사를 일으켜 실업률을 떨어뜨리는 등 경제 활성화에 목적을 둔 것이며, '전국부흥청'은 시장의 공정성, 노동자의 단결권과 단체교

---

4 루스벨트의 전임인 허버트 후버 대통령은 대공황을 타개하기 위해 콜로라도강 유역의 볼더댐(Boulder Dam) 건설공사에 착공했다. 1947년 '후버댐'으로 명칭을 변경한 이 댐은 대공황 시절 가장 성공적인 토목공사로 꼽힌다. 후버댐 건설로 인공호수 미드(Mead)호가 생겼고, 보통 로키산맥의 만년설이 봄에 한꺼번에 녹아서 강으로 쏟아지는 것을 이 댐에 모아둔 후 캘리포니아, 네바다, 애리조나주 등 미국 남서부를 먹여살리고 있다. 댐 건설 기간 중 노동자들이 주말에 가까운 라스베이거스로 가서 휴식을 취하고 돌아온 것이 오늘날 라스베이거스 탄생의 배경이라는 말이 있을 정도다. 2008~2010년 미국의 히스토리 채널에서 방영한 다큐멘터리 〈인류 이후의 생태계(Life after People)〉는 인류가 갑자기 멸종할 경우 피라미드와 함께 최소한 10만 년 이상 지구상에 남아있을 건조물이라고 방송했다.

섭권을 보장하여 노동자의 권리보호를 관리하기 위한 것이었다. 하지만 초기 뉴딜은 한편으로 정치적 비판의 대상이 되기도 한 반면, 다른 한편에서는 뉴딜정책이 추구하는 것보다 훨씬 더 큰 연방정부의 역할을 주장하는 등 다양한 곳으로부터 도전을 받게 되었고, 브레인트러스트도 내부적으로 의견 불일치가 심각해지기도 했다. 정책의 효과 또한 바닥을 치던 경제를 회복세로 돌리는 데는 성공했으나 여전히 실업률은 크게 나아질 기미를 보이지 않았다. 그 와중에 연방법원이 여러 뉴딜정책들 관련 재판에서 연방정부의 개입에 위헌 판결을 하면서 〈전국산업부흥법〉, 〈농업조정법〉 등 1차 뉴딜의 핵심 정책들이 무산되어 루스벨트는 정치적 지지를 잃을 위기상황에 처하게 되었다.

1935년 루스벨트는 앞서 실패한 정책들의 골자들을 이어받은 새로운 2차 뉴딜(1935~1938)정책들을 내놓는 한편, 더욱더 진보적이고 과감한 뉴딜정책을 밀어붙이기 시작했다. 앞서 연방긴급구제국이 별 효과를 내지 못하자 해리 홉킨스는 아예 뉴딜정책에서 가장 규모가 크고 가장 광범위한 실업구제사업으로 '공공사업진흥국' 설립을 제안했다. 이는 지방 정부들과의 연계를 통해 병원, 다리, 공원 등의 시설 공사에 투입될 비숙련직 일자리들을 창출하고, 여기에 더 나아가 음악, 미술, 연극 등 예술산업에도 손을 뻗쳐 수많은 예술가를 지원하는 등 약 330만 개의 일자리를 창출했다. 여성들이 일자리를 제공받아 경제활동에 참여하고, 일부 흑인 예술가들이 정부지원을 받아 예술계에 족적을 남기기도 하는 등 사회적 영향이 컸던 정책이었다.

그 외에도 1차 뉴딜의 〈전국산업부흥법〉을 계승해 단결권 · 단체교섭권 등 노동자 권리증진을 위한 〈전국노동관계법〉을 발의하는 한편, 〈사회보장법Social Security Act〉을 통해 국민에게 연금 등 전반적인 사회안전망을 제공하는 복지시스템을 구축했다. 또한 이러한 정책들을 지원하기 위해 소위 부자 증세 혹은 부유세로 불릴 만한 세제개혁을 도입해 첫

임기 때 이미 63%까지 올린 소득세율 상한을 79%까지 끌어올렸다.[5]

루스벨트는 개혁정책에 대한 사법부의 반대를 무마하기 위해 1937년 의회에서 대통령이 연방판사 인사권을 가질 수 있게 하는 법안을 발의하기도 했으나 부결되었다. 그러나 연방법원도 과거 위헌 판결을 받은 바 있는 최저임금제 관련 소송을 합헌으로 입장을 바꾼 것을 시작으로 친뉴딜로 입장을 변경하여 뉴딜정책에 대한 법적 정당성을 부여하기 시작했다.

루스벨트는 미국 역사상 유례없이 과감했던 대규모 정책들을 시행함으로써 대공황이라는 사태로 걷잡을 수 없이 무너지던 미국경제를 붙잡아 회복세로 돌리는 데 성공했으며, 실업률은 줄고 국민소득은 올라가는 등 경제 상황이 빠르게 호전되었고, 이러한 호경기에 힘입어 1936년 대선에서 압승하며 재선에 성공했다. 뉴딜정책은 흔히 회자되는 경제적 측면 외에도 정치·사회 전반에 걸쳐 장기적인 영향을 남겼고, 결과론적으로 미국이 대공황을 극복하고 명실상부한 초강대국으로 오늘날까지 이르게 한 토대를 마련해주었다.

뉴딜정책이 시행되었던 시기는 존 메이너드 케인즈가 부상했던 시기와 겹쳐 케인즈주의의 영향으로 나온 정책이라는 이야기도 있지만, 사실 케인즈주의에 입각해 시작한 것이라기보다는 별개로 출발한 정책이다. 다만, 케인즈의 유효수요이론과 루스벨트의 뉴딜정책이 인프라 확충, 경기부양, 노동법, 반독점, 사회보장제도 등 상당수 부합하는 측면은 있다. 또한 정책의 집행과정에서 케인즈가 자문해주기도 했고, 정책을 추진하는 관료들 가운데서도 케인지언들이 많이 있었음을 감안하면

5 하지만 소득세 79%가 적용되었던 소득 기준은 연수입 500만 달러로서 1930년대 당시로서는 비현실적인 기준이었으며 슬로건적인 효과를 노린 것에 불과했다. 당시 이 기준에 부합하는 개인은 록펠러 1명뿐이었으며 1936년의 사내유보금 과세 등 추가 세제의 도입을 통해 비로소 재원 확충이 가능했다.

케인즈주의가 꽤 큰 영향을 미쳤다고는 할 수 있겠다.

일찍이 마르크스는 자본주의 최후의 단계에는 공황이 시작되고 참다못한 노동자들이 프롤레타리아 혁명을 일으킬 것이라고 예언한 바 있다. 뉴딜정책이 갖는 가장 중요한 의미 중 하나는 미국이 자본주의 경제를 포기하지 않고 국가의 개입으로 자체 치유할 수 있다는 가능성을 보여준 정책이었다는 것이다. 대공황이라는 초유의 사태를 맞아 미국 사회도 다른 국가들처럼 파시즘이나 볼셰비즘 같은 극단적인 방향으로 치닫게 될 수도 있었지만, 국민에게 대공황을 극복할 수 있다는 자신감을 불어넣어 사회 내 극단주의자들의 성장을 억제하고 큰 틀에서 기존 자본주의체제를 지켜낼 수 있게 하는 큰 힘이 되었다는 것이다.

다만 이러한 정부개입 정책이 모두에게 환영받았던 것은 아니다. 특히 보수주의자들은 노조결성, 트러스트 해체 등 당시로서는 급진적인 정책들이 기업들을 억압하고 시장의 자유성을 침해하는 사회주의적 정책이라고 비난했으며, 진보진영에서는 반대로 정책이 너무 보수적이어서 대공황의 주범인 금융계를 정부가 여전히 자유롭게 놔뒀고, 가난한 대중의 요구를 만족시키기에는 시장 구조, 세제 등에 대한 개혁이 부족하다고 비판했다. 그리고 대중의 인식과 달리 뉴딜이 시장의 자유를 침해하고 자연스러운 경기회복을 막아서 일시적인 경제 불황을 장기적인 대공황으로 악화시킨 주범이라고 평가하는 일부의 시각도 존재한다.

실제로 뉴딜정책 역시 1937년 발생한 2차 공황에 휩쓸리면서 끝 모를 수렁으로 빠지게 되었고, 뉴딜정책의 핵심인 적자재정의 근본적인 한계가 여실히 드러나면서 정책의 지속성에 큰 타격을 입었다. 특히 뉴딜정책 막바지였던 1939년 미국의 실업률은 17.2%, 실업자는 948만 명으로 후버 정부 마지막 해의 실업률 16.3%, 실업자 802만 명보다 오히려 악화되기도 했다. 그 때문에 자유주의적 경제학자들은 루스벨트가 떠들썩하게 내세운 공공부문의 일자리는 민간부문의 일자리 파괴로 상쇄됐으며, 때마침 기적적으로 터진 제2차 세계대전이 아니었으면 미국 경제는 적자재정과 인플레이션의 딜레마에서 허우적거리고 있었을 것이라고 평가하기도 한다.

그들의 말대로 대공황에서 촉발된 실업문제를 해결한 것은 뉴딜이 아니라 수천만에 달하는 제2차 세계대전의 전시 인력수요였던 것은 사실이다. 그뿐만 아니라 사실 통상적으로 사람들이 생각하는 것과 다르게 뉴딜정책은 노동자들을 위한 정책이라기보다는 망해가는 기업들을 구제하는 정책에 더 가까웠다. 이런 관점에서 보면 역사적으로 뉴딜정책은 대공황 때 사라졌어야 할 기업들을 제2차 세계대전이 발발할 때까지 살려놓음으로써 미국이 전쟁특수를 통해 재도약할 수 있는 발판 역할까지도 톡톡히 해줬다고 볼 수 있다. 그래서 단순히 실업률을 잡지 못했다는 이유만으로 뉴딜정책을 폄하하는 것은 잘못이다. 결국 미국은 제2차 세계대전을 통해 세계 초강대국으로 발돋움하게 했고, 전후의 번영을 누리게 되는 발판도 마련했다. 결과적으로 따지고 보면 뉴딜정책은 '사회주의 정책'이라는 일부의 편협한 시각과 달리 진정으로 자본주의를 수호하고 나아가 1950~1973년 동안 자본주의의 황금기를 가능하게 한 정책이었다.

보수주의자들의 주장대로 뉴딜정책이 없었어도 시장은 언젠가 균형이 맞춰지고 정상으로 돌아오기는 했겠지만, 균형을 찾는 과정에서 노동자들만이 아니라 엄청난 기업들이 부도 행렬에 내몰렸을 것이며 금융기관의 파산과 또다시 실업증가로 이어지는 악순환으로 더 깊은 수렁에 빠져 각 경제주체가 엄청난 고통을 피할 길이 없었을 것이라는 점은 분명하다.

포디즘과 〈모던 타임즈〉

'존 달린저'라는 소년이 헨리 포드Henry Ford와 토론하던 중 소년은 평소부터 존경해오던 포드 할아버지가 교육제도에 대해 상당히 편협한 시각을 가지고 있다고 생각하게 되었다. 존 달린저가 포드에게 "할아버지, 이젠 세상이 달라졌어요. 지금은 '현대Modern'란 말이에요"라고 쏘아붙이자 그 말을 들은 포드가 자애롭게 웃으며 대답했다. "얘야, 그 현대를 발명한 게 바로 나란다."[6]

자동차회사를 운영했던 포드는 1907년 우연히 방문했던 한 도축장에서 고깃덩어리가 천장에 매달린 채 모노레일을 통해 인부들에게 이동하는 덕분에 인부들은 제자리에 가만히 서서 고기를 자르는 장면을 목격하고 움직이는 자동차 조립라인에 대한 아이디어를 떠올렸다고 한다. 그 후 포드는 노동 과정을 세분화하고 부품을 규격화해 컨베이어 조립라인을 탄생시켰으며, 이를 통해 생산성을 획기적으로 높일 수 있었다. 그리고 자동차의 단가를 낮추었는데, 1908년 한 해 동안 1만 607대의 모델 T 자동차를 생산하고 이를 대당 850달러에 판매한 포드자동차는 컨베이어 조립라인을 작동시키기 시작한 이후 1916년에는 73만 41대의 자동차를 생산하여 대당 360달러에 판매할 수 있었다.

포드에 앞서 1911년 미국의 테일러F. W. Taylor는 〈과학적 관리의 원칙〉이라는 제목의 논문에서 중앙집권화한 작업지시와 스톱워치에 의한 시간연구 등을 하나로 결합해 사업장 근로자의 능률증진을 위한 방안을 제시하고 이를 공장주들에게 전파하려고 노력했는데, 이는 후일 '테일러리즘'으로 불리게 되었다. 그 후 테일러의 제안을 더욱 발전시킨 포

6 나무위키의 〈헨리 포드〉에 기록된 이야기다. 존 달린저는 헨리 포드와 에반젤린 코트 사이에서 태어난 사생아였는데, 이 대화를 나눌 당시 존 달린저는 자신이 헨리 포드의 사생아라는 사실을 모르고 있었다고 한다.

드의 시도는 조립라인 및 연속공정 기술을 통해 표준화된 제품의 대량 생산을 가능하게 했으며, 헨리 포드가 일궈낸 혁신은 동일한 생산공정을 반복하는 '표준화', 각자 자신이 맡은 부분만 담당하는 '분업화', 그리고 자신의 일을 완벽하게 해내는 '전문화'로 요약된다. 컨베이어시스템으로 생산성이 높아지면서 당시 미국의 평균 비숙련 노동자 임금이 일주일에 11달러였던 시대에 포드자동차는 하루 8시간 노동의 일당으로 5달러를 지급했다. 이렇게 높은 임금을 책정한 배경 중 하나는 포드사에서 일하는 노동자들이 자동차를 구매할 수 있도록 하기 위해서였다.

헨리 포드의 이름에서 유래한 소품종 대량생산 체계인 포디즘Fordism은 높은 생산성과 고임금에 기초한 대량생산 · 대량소비의 경제 · 사회 · 문화 시스템을 통칭하는 용어로 "생산성 향상 → 실질임금 상승 → 임금노동자의 소비수요 증대 → 생산투자의 증대 → 생산성 향상"이라는 선순환을 가능하게 했으며, 조절학파[7] 경제학자들은 포디즘을 "표준화된 제품의 대량생산과 대량소비의 축적체계"를 지칭하는 용어로 사용한다. 포디즘의 생산성 향상 효과가 알려지면서 소련의 레닌과 스탈린조차 미국에서 전문가들을 초빙해 포디즘의 경영방식을 적극적으로 도입하고 공업발전에 활용했다고 전해진다.

자동차산업은 철강, 고무, 석유, 도로 건설 등 수많은 연관 산업을 발달시켰고, 포디즘은 곧 다른 회사뿐 아니라 다른 산업으로까지 전파되어 미국이 세계 경제의 패권을 쥐게 된 원동력이 되었으며 제2차 세계대전 이후부터 1960년대까지 선진국 자본주의 경제의 고도성장은 이런 포디즘의 작동 아래 이루어졌다고 봐야 할 정도였다.

다른 한편에서는 포디즘에 대해 다양한 비판이 제기되어왔는데, 그

---

7 자본과 노동관계의 재생산이 역사적으로 어떻게 실현되고 조절되어왔으며, 자본주의의 붕괴를 어떻게 저지해왔는지를 이해하려는 경제학파

중 하나가 포디즘이 노동을 단순 반복적인 것으로 분화시켜 노동자들을 기계에 종속시킴으로써 노동 속에서 성취감과 자존감을 찾기 힘들게 만들었다는 점이다. 테일러리즘과 포디즘은 작업의 과학화를 통해 생산성 향상을 이룩하고, 고임금과 낮은 노무비용을 실현해 근로자와 사용자 모두의 번영을 추구하는 것이었으나 실제 현장의 근로자가 겪는 노동환경은 완전히 다른 방향으로 진행되었다. 시간적 낭비요소가 감소하고 근로자의 숙련에 의한 작업능률을 향상시켜 노동생산성은 증가했으나 노동 강도가 강화되고 자율시간이 감소했다. 근로자들은 자신이 하는 작업이 무엇을 위한 것인지도 모른 채 큰 기계의 한 부속이 되고 말았다. 결과적으로는 오늘날 대부분의 공장노동자들은 포드가 계승 발전시킨 자동화된 공장에서 테일러의 철학이 구현된 단순 반복 작업을 수행하고 있다. 이러한 공정은 업무 스트레스와 근골격계 질환을 양산하는 등 다양한 산업보건 문제를 유발하기도 했다.

찰리 채플린이 제작 · 각본 · 감독 · 주연 · 음악을 직접 맡았던 1936년 유나이티드 아티스트의 흑백영화 〈모던 타임즈Modern Times〉에서는 컨베이어벨트 앞에서 반복적으로 나사를 조이는 일을 하던 리틀 트램프(채플린 배역)가 기계 안으로 딸려 들어가면서도 주어진 작업에 충실하려고 애쓰는 장면, 그리고 너무 충실한 나머지 쉬는 시간에도 자기도 모르게 나사를 조이는 동작을 반복하는 장면이 나온다. 그렇게 나사를 돌리고 또 돌리던 리틀 트램프는 점심시간을 줄이려고 노동자들이 일하면서 동시에 식사를 할 수 있는 자동 급식기계의 시험대상으로 이용되면서(관객에게는 웃음을 주지만…) 미쳐버리는 노동자로 등장한다.

후에 '포디즘'이라는 경영학 용어로 자리 잡은 이 시스템은 대량소비시대의 총아가 되었지만, 곧 에너지 · 자원의 고갈과 생활폐기물을 양산하게 되었고, 결국 자본주의가 가져온 에너지 및 생태환경 위기의 가장 큰 요인 중의 하나가 되었다는 지적도 있다. 그러나 1970년대부터 경제성장이 둔화되면서 소득불평등이 커지고 노사갈등이 빈번하게 발생하자 생산 과정에서 노동자의 역할을 높이거나 다품종 소량생산을 시도하는 등 포디즘과는 다른 경영 기법들이 도입되었고, 이들을 총칭하여 '포스트-포디즘post-Fordism'이라고 한다.

제8장

누가 케인즈를 죽였나?

1990년대 초 서점에 들렀다가 《누가 케인즈를 죽였나?》라는 다소 자극적인 제목의 책을 발견하고 서점 통로에 선 채로 1시간가량 뒤적이다 온 기억이 있다. 1980년대에 대학을 다니면서 내내 케인즈 경제학을 주류경제학으로 공부했던(사실 우리나라의 1980년대는 시절이 하 수상하여 제대로 공부했다고 할 수도 없지만…) 나로서는 생소한 제목이 오랫동안 기억에 남았는데, 이 글을 쓰면서 출판된 지 30년이나 지난 색 바랜 중고책을 출판 정가의 4배 이상을 지불하고 어렵게 구입할 수 있었다.

이 책은 조지아공과대학 경제학부 칼 비븐W. Carl Biven 교수가 쓰고 농림부 장관과 성균관대학교 총장을 역임한 당시 한양대학교 박동묘 교수가 번역해 1991년 출판한 책이었다. 1970년대 중반까지 황금기를 구가했던 자본주의의체제의 이론적 기반이 되었던 케인즈 경제학은 통화량 팽창과 1, 2차 석유파동이 초래한 스태그플래이션으로 1980년대에 접어들면서 한계에 부딪히게 된다. 이후 약 30년간 신자유주의 경제학에 자리를 내어주었던 케인즈 경제학은 2000년대 이후 신자유주의가 초래한 불평등이 심각한 사회문제로 대두되면서 다시 주목받고 있다. 이 장에서는 어쩌면 마르크스의 예견대로 붕괴될 수도 있었던 자본주의를 위기에서 구한 케인즈 경제학을 무너뜨린 것이 무엇인지 살펴보기로 한다.

1960년대 미국의 통화팽창

경제사학적으로 서구 역사학자들은 한국전쟁 발발부터 베트남전쟁을 종식시킨 파리평화조약까지 1950~1973년 동안을 '자본주의의 황금기'라고 부른다. 두 번의 전쟁 기간 동안 막대한 전쟁물자가 소비되면서 전쟁으로 잿더미가 된 전쟁 당사국을 제외한 미국, 일본, 유럽 등 자본주의를 대표하던 3개 지역에는 엄청난 전쟁특수가 발생했으며, 냉전의 첨예한 체제 대치와 핵전쟁의 위협이 도사리고 있었음에도 역설적이게도 인류 역사상 가장 풍요로운 시기였다고 학자들은 평가한다. 우주개발 경쟁의 결과 인간을 처음으로 달에 보내는 성과도 있었던 시기였다.

그러나 한편으로 1960년대 미국은 문화적으로나 정신적으로, 그리고 정치적으로 혼돈의 시대였다. 흑인의 인권운동이 계속되었고, 베트남전쟁이 심화된 만큼 반전운동도 늘어났다. 미국이 세계 속의 경찰국가를 자임해 베트남전쟁을 치르는 동안 미국의 도심은 황폐화되었고, 자본주의의 황금기였던 시절에 역설적이게도 빈민의 숫자는 늘어만 갔다. 곳곳에서 폭동과 소요가 일어났고, 미국인은 심각한 무사안일주의에 빠지고 있었다.

1961년 취임한 미국의 제35대 대통령 존 F. 케네디는 국민이 갖는 미국의 가치에 대한 회의와 미래에 대한 불안을 간파하고 있었고 취임사에서 뉴 프런티어New Frontier 정신을 강조했다. 케네디는 취임사에서 "국민 여러분, 여러분의 나라가 여러분을 위해 무엇을 해줄 수 있는지 묻지 말고, 여러분이 나라를 위해 할 수 있는 일이 무엇인지 물어봐주십시오"라는 아직도 회자되는 연설을 남겼으며, 뉴 프런티어 정책 중 하나로 '평화봉사단Peace Corps'을 창설했다. 봉사의 대상은 빈곤에 허덕이는 제3세계 국민이었지만 케네디의 의도는 미국의 젊은이들에게 국가와 세계를 위해 뭔가 할 일을 제공하는 것이었으며, 평화봉사단은 개발도상국에 교육 · 농업 · 보건 · 무역 · 기술 · 지역사회개발 분야의 전문 인력 수천 명을 보내 제3세계의 자립을 지원했다.

케네디의 뉴 프런티어 정책은 정부 주도의 재정확대정책이 수반되었으며 달러가 필요한 정책이었으나 미국의 달러 발행권은 미국 연방준비제도Federal Reserve System, FED[8]에 있었고, 당시 FED는 브레튼우즈 협정에 따라 금 1온스당 35달러 한도 내에서만 달러를 발행했다. 세수보다 더 많이 지출하는 적자재정의 경우 정부는 FED에 의존해 달러를 얻을 수밖에 없었기 때문에 정부가 지출을 늘리려고 해도 FED가 국채를 사주지 않으면 필요한 달러를 얻을 수 없었다.

급기야 케네디 대통령은 민간 중앙은행 FED의 '은행권' 발행에 의존하지 않고 정부가 보유한 은을 담보로 은 증서를 발행해 화폐로 사용하는 구상을 했으며, 1963년 6월 4일 정부가 직접 '정부권' 화폐를 발행할 수 있도록 하는 대통령령 11110호에 서명했다. 달러 은행권은 금본위제로 작동하고 정부권은 은본위제로 작동하도록 한 것인데, 은의 경우 매장량이 금보다 훨씬 많기 때문에 은을 담보로 화폐를 찍어내는 은본위제로 정부권을 발행할 경우 화폐를 금본위제보다 더 많이 찍어낼 수 있었다. 케네디는 정부권을 발행해 민간금융자본이 은행권의 형태로 가지고 있는 화폐발행권을 약화시키고 화폐발행권을 정부로 가져오려는 원대한 구상을 했으나 대통령령 11110호에 서명한 지 5개월이 지난 1963년 11월 22일 암살범 오스왈드의 총에 맞아 살해되면서 그의 구상은 실현되지 못했다.[9]

---

8 FED 설립 당시 대주주는 석유왕 록펠러의 뉴욕내셔널시티은행, JP모건의 퍼스트내셔널은행, 그리고 유대인 금융자본가인 로스차일드 가문의 하노버은행과 체이스은행으로 구성되어 있었다.

9 케네디 암살의 진상을 규명하기 위한 정부의 공식조사기관인 미국의 14대 대법원장 얼 워런(Earl Warren)이 주도하는 '워런위원회'는 10개월의 조사 끝에 오스왈드의 단독범행으로 최종결론을 내렸다. 오스왈드는 체포된 후 48시간도 지나지 않아 댈러스 경찰서 지하에서

케네디 대통령이 사망한 직후 린든 존슨Lyndon Baines Johnson 부통령이 대통령 전용기 안에서 취임선서를 하고 대통령에 취임했으며, 그는 "미국경제의 번영을 유지하고 대다수의 미국 국민이 누리고 있는 기회를 더욱 확대시켜 전 국민을 빈곤에서 해방시키고, 모든 사람의 생활의 질을 향상시킬 것" 등이 포함된 '위대한 사회Great Socity'라는 복지실현 계획을 발표하면서 1964년 가을 재선되었다.

사실상 루스벨트의 뉴딜정책을 계승한 케네디의 '뉴 프런티어'와 린든 존슨의 '위대한 사회' 정책은 정부가 재정지출을 확대해 통화량을 늘리면 수요가 늘어나고, 수요가 늘어나면 물가가 높아지면서 기업의 생산이 늘어나게 되어 고용이 증가하고 다시 근로소득이 증가해 유효수요로 연결된다는 케인즈의 거시경제학에 기반을 둔 재정지출 확대정책이었다. 정부지출을 통해 유효수요를 창출하면 경제는 성장하고 실업은 줄어든다는 것이 핵심이다. 이를 위해 미국 정부는 국채를 발행해 FED가 발행하는 달러를 빌려 지출을 충당하면서 1960년대 총통화량 M2는 2배 이상 늘어나게 되었으며 인플레이션 압력을 가중시켰다.

여기에 더해 린든 존슨은 1965년 베트남전쟁에 참전을 결정했으며 미국의 참전으로 전쟁비용이 크게 늘어나자 예산 적자는 눈덩이처럼 커지게 되었다.

이감 중 유대인 잭 루비의 총을 맞고 복부 관통상으로 사망했다. 그 후 불과 3년 만에 18명의 결정적인 증인 중 6명이 총에 맞아 죽고, 3명은 자동차 사고로 사망했으며, 2명은 자살, 1명은 목이 잘리고, 1명은 목이 졸려 죽고, 5명은 자연사했다. 아직도 케네디 암살의 진실은 미스터리로 남아 있으며 많은 사람들은 그 배후로 국제금융자본을 지목하고 있다. 화폐발행권이라는 절대권력을 가져오려는 케네디의 구상을 좌초시키기 위해 케네디를 암살했다는 시나리오로 음모론으로 평가되기도 한다. 사람들은 사실상 FED의 대주주인 민간은행들을 소유하고 있는 록펠러, 로스차일드, JP모건 가문 등을 '그림자정부(Deep State)'라고 부르기도 한다.

베트남전쟁

프랑스는 코친차이나를 할양받은 이후 차츰 식민지를 확대하여 1887년 베트남과 캄보디아, 라오스를 병합해 프랑스령 인도차이나를 만들었으나 제2차 세계대전이 일어나자 자국을 방어하기 위해 프랑스령 인도차이나에 있던 군대를 송환했고 이 공백기를 틈타 일본군이 베트남을 점령했다. 그 후 1945년 9월 2일 일본이 항복문서에 조인한 날에 맞추어 호찌민은 베트남민주공화국을 세우고 독립을 선언했다.

한편 제2차 세계대전 종전 직후 대부분의 식민 국가들이 독립했으나 프랑스는 베트남의 독립을 인정하지 않고 응우옌 왕조의 마지막 황제 바오 다이를 내세워 베트남국을 세웠으며 결국 호찌민의 베트남민주공화국과 프랑스 사이에 '제1차 인도차이나전쟁(베트남 독립전쟁)'이 일어났다. 북쪽은 호찌민의 북베트남이 차지하고, 남쪽은 프랑스가 장악한 상태로 8년 동안 계속된 전쟁은 1954년 5월 7일 디엔비엔푸 전투에서 프랑스가 궤멸적인 패배를 맞으면서 종결되었다.

1954년 4월 26일부터 7월 21일까지 열린 제네바 협정의 결과 베트남은 프랑스로부터 독립하게 되었다. 평화협정 준수를 감시하기 위해 국제조정위원회가 조직되었으나 전쟁에서 프랑스를 지원했던 미국은 프랑스가 물러난 뒤 공산화된 중국을 견제할 전략적 요충지로 베트남을 바라보았고, 도미노 이론을 내세워 베트남에 반공정부가 세워져야 한다는 입장을 고수했다. 냉전 시대에 미국은 소련과의 대립 속에서 공산세력의 확산을 저지하기 위한 방어선으로 한반도 문제와 베트남 문제를 파악하고 있었다.

바오 다이의 베트남국은 이미 국정 운영능력을 상실하고 민심 이반이 극에 달해 있었기 때문에 1955년 1월 미국은 군사고문단을 파견하면서 새로운 정권이 필요하다고 판단하고 응오딘 지엠[10]을 지지하기 시작했으나 바오 다이는 왕위를 내줄 생각이 없었고 미국과 갈등을 빚기 시작했다.

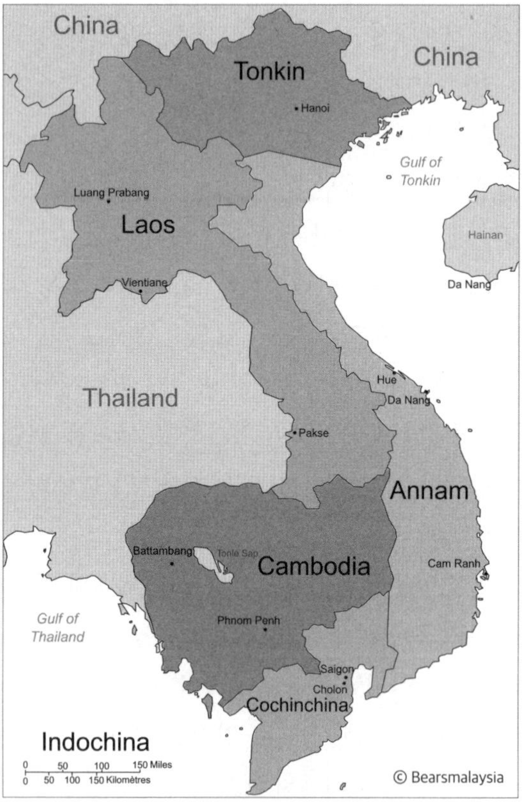

그림 2. 프랑스령 인도차이나

출처: Daum백과 〈인도차이나〉

10 프랑스 식민지 시절 25세의 나이에 프랑스 식민지방군 대장을 역임하고 300여 개 마을을 관리하는 고위관료를 지낸 바 있어 베트남에서는 민족반역자로 분류된다. 1945년 호찌민의 공산군에 체포되었으며 호찌민으로부터 북베트남의 사회주의 정부에 참여해달라는 요청을 받았으나 거절하고 출국해 미국, 프랑스, 벨기에 등지에서 망명 생활을 했다. 1954년 6월 귀국해 미국의 지원으로 베트남국 수상을 지내다가 쿠데타를 일으켜 공화정을 선언하

1955년 6월 6일 북베트남의 호찌민 정부는 제네바 협정의 규정에 따라 베트남 통일정부 구성을 위한 선거를 실시하기 위해 협의를 촉구했으나 남베트남에 대한 경제원조를 무기로 사실상 남베트남의 권력을 장악하고 있던 미국의 국무장관 덜레스는 이를 거부했고, 결국 미국은 1955년 10월 23일 남베트남 지역만의 국민투표를 실시했다. 이는 해방 이후 우리나라에서 민족민주세력의 반대에도 불구하고 미국이 남한지역에 반공정부를 세우기 위해 이승만을 앞세워 1948년 5월 10일 남한 단독선거를 실시함으로써 남북분단을 고착화시킨 것과 같은 맥락이었다.

바오 다이의 베트남국에 염증을 느끼던 남베트남 사람들은 왕국의 폐지와 공화국의 수립을 묻는 국민투표를 환영했으며, 선거 결과에 따라 10월 26일 바오 다이가 폐위되고 응오딘 지엠을 대통령으로 하는 베트남공화국이 수립되었다. 남베트남인들은 새로운 정부를 지지하고 기대했으나 얼마 지나지 않아 지엠 정권의 부패와 실정에 실망하게 되면서 반정부 시위가 잇따르게 되었다. 베트남인은 응오딘 지엠 정권을 미국의 괴뢰정권으로 인식했고, 원조에 의존하는 남베트남의 경제는 정부의 부패로 인해 제대로 작동하지 않았다. 이러한 사정은 농민들이 일명 '베트콩'으로 불리던 '남베트남 민족해방전선'을 지지하는 요인이 되었고, 남베트남에서는 크고 작은 시위와 무장봉기가 끊이지 않았다.

한편, 호찌민이 이끄는 '베트남민주공화국(북베트남)'의 공산주의 정치에 불안을 느낀 북부지역의 로마 가톨릭 신자 약 80~100만 명이 남부로 이주해왔고,[11] 가톨릭 신자였던 응오딘 지엠은 이들에 대해 편향적인

고, 1956년 국민투표로 공화국을 선포하고 대통령이 되었다. 그러나 독재와 측근 인사들의 부패 등으로 민심을 잃고, 여러 번의 군부 쿠데타를 겪었다. 이승만 초대 대통령이 그랬던 것처럼 지엠 역시 철저한 반공주의자였으며, 그것이 미국의 지원을 받아 정권을 차지하게 되는 배경이 되기도 했다.

11 우리나라도 1945년 8월 이후 약 500만 명의 북한지역 거주민이 분단과 전쟁으로 남으로 내려왔다. 이들은 주로 토지개혁과 종교적 억압, 그리고 정치와 사상 탄압을 이유로 월남했

종교정책을 취함으로써 불교계와 극심한 갈등을 겪기도 했다.

베트남전쟁Vietnam War은 제1차 인도차이나전쟁 이후 분단되었던 베트남에서 1955년부터 1975년 사이에 벌어진 전쟁으로, 분단된 남북 베트남 사이의 내전임과 동시에 냉전 시대에 자본주의 진영과 공산주의 진영이 대립한 대리전쟁 양상을 띠었다. 이 전쟁은 베트남공화국의 응오딘 지엠 정권에 반대하는 반군단체인 남베트남민족해방전선의 봉기로 발발했는데, 북베트남은 미국이 원하는 분단고착을 인정하지 않았으며 남베트남민족해방전선의 무장봉기를 지원했다.

남베트남 내의 민족해방전선을 지원하는 세력이 북베트남이라고 간주한 미국은 남베트남이 자력으로 국가를 유지할 수 없을 것이라고 판단되자 전쟁에 개입할 명분을 만들기 위해 1964년 8월 북베트남이 미 군함을 향해 어뢰 공격을 했다는 내용의 일명 '통킹만 사건'을 조작해 미 의회에 보고했다. 이어 8월 7일 마침내 의회에서는 존슨 대통령에게 전쟁에 대한 모든 권한을 위임하는 이른바 '통킹만 결의안'을 통과시킴으로써 사실상의 북베트남에 대한 선전포고를 했으며, 이후 미국의 공개적인 군사개입이 시작되었다. 마침내 남북 베트남 사이의 내전이었던 베트남전쟁은 미국 등 외국 군대가 개입하는 국제전으로 비화하게 된 것이다.

통킹만 사건은 미국의 존슨 행정부가 북베트남이 1946년 8월 2일과 4일 통킹만에 있던 미 군함 USS 매독스Maddox호에 어뢰 공격을 했다고 발표하고 이를 빌미로 베트남에 대한 즉각적이고 전면적인 보복공격을 지시함으로써 미국의 전폭기들이 북베트남 연해의 어뢰정 기지와 원유 저장고를 폭격한 사건이다. 그러나 1971년 6월 〈뉴욕타임스〉는 "통

으며 일제강점기에 친일 경력이 문제가 되어 내려온 사람들도 많았다. 남한으로 내려온 이북 사람들은 대부분 북한 정권에 부정적인 반공주의자들이 되었으며, 이는 다분히 보복심에 기초한 것이었다.

킹만 사건의 두 번째 교전은 미국이 북베트남 개입을 정당화하기 위해 조작된 것"이라고 보도했다. 기사를 쓴 실 니항 기자는 7천 쪽에 이르는 비밀문서인 〈펜타곤 페이퍼Pentagon Papers〉를 입수해 분석한 결과 통킹만 사건의 두 번째 교전은 사실이 아니라는 걸 밝혀냈다. 이어 한나 아렌트Hannah Arendt가 〈공화국의 위기: 정치에 있어서 거짓말Crises of the Republic: Lying in Politics〉을 통해 존슨 대통령이 통킹만 사건 직후 대국민 성명을 발표할 때 그 자신은 물론 맥나마라Robert McNamara 국방장관도 북베트남의 공격을 확신하지 못했다는 사실을 폭로했다.

이후 10년 넘게 계속된 이 전쟁은 제공권을 장악한 압도적 군사력의 미군이 폭격과 공습, 수색과 섬멸작전 과정에서 네이팜탄 같은 대량살상무기를 투하하고 고엽제 등 화학무기를 사용해 무차별적으로 민간인을 희생시킴으로써 미국 내에서 반전운동을 촉발시켰을 뿐만 아니라 미국의 국제적 군사개입에 대한 정당성에 큰 타격을 입혔다.

미군 병력이 가장 많이 파병되었던 1968년에는 54만 3천 명의 병사가 주둔하는 등 300만 명 이상의 미국인이 베트남전쟁에 참여했고, 그중 150만 명이 직접 전투를 치렀다. 베트남전쟁으로 5만 8,220명의 미군이 전사했고, 15만 명 이상이 부상을 입었으며, 그 가운데 2만 1천 명은 장애를 갖게 되었다. 베트남전쟁에 참전한 병사들 가운데 83만 명은 외상 후 스트레스 장애로 고통을 받았다. 12만 5천여 명이 징병을 거부해 캐나다로 탈주했고, 탈영병도 5만여 명에 달했다. 1977년 미국 대통령 지미 카터는 베트남전쟁 기간 중 병역을 기피한 모든 사람을 조건 없이 사면했다.

주베트남대사이자 미군의 군사개입 입안자 가운데 1명이던 맥스웰 테일러는 전쟁 후 "우선, 우리는 우리 스스로를 몰랐다. 우리는 또 하나의 한국전쟁을 벌이러 간다고 생각했지만, 베트남은 완전히 다른 나라였다. 두 번째로 우리는 동맹인 남베트남을 몰랐다. 그리고 우리는 북베트남에 대해서도 아는 게 없었다. 호찌민이 누구인지 제대로 아는 사람은 아무도 없었다. 따라서 우리는 적에 대해 그리고 우리의 동맹과 우리 스스로에 대해 알 때까지 이런 더러운 전쟁에 끼지 말았어야 했다. 그건 너무나 위험한 일이었다"고 기록했다. 그러나 이 전쟁은 무엇보다 베트남 국민을 끝나지 않는 전쟁의 고통 속으로 몰아넣었다.

우리나라도 8년간 최대 5만 명, 누계 31만 2,853명의 병력을 미국의 용병으로 베트남에 파견해 미국 다음으로 베트남전쟁에 깊이 개입했다. 파병군인 중 5,099명의 전사자와 1만 1,232명의 부상자를 기록했으며, 약 16만 명에 이르는 고엽제 피해자를 낳았다. 그 대가로 대한민국 정부는 미국으로부터 경제원조자금을 지원받았고, 그중 일부는 경부고속도로 건설비용으로 충당되었다.

한편, 베트남 서쪽의 라오스와 캄보디아의 접경인 산맥 정글지대에는 밀림 속에 총길이 2만 km에 이르는 호찌민 군대의 이동보급로인 일명 '호찌민 루트'가 있었다. 인접한 캄보디아에는 미국의 지원을 받은 론 놀Lon Nol이 쿠데타로 반미 성향의 시아누크 국왕을 전복시키고 권력을 장악했는데, 이 시기 폴 포트Pol Pot가 론 놀을 피해 캄보디아 동부 산악지대에 숨어있었다. 미군은 캄보디아 국경 안을 지나는 호찌민 루트를 따라 움직이는 월맹군과 베트콩을 겨냥해 대규모 네이팜탄 공습을 퍼부었는데, 그 과정에서 수많은 캄보디아인이 목숨을 잃고 생활의 터전을 빼앗겼다. 닉슨이 캄보디아 TV에 나와 "이것은 캄보디아 침공이 아니다. 미국은 월맹이 점령한 지역만 공격한다. 우리는 점령이 목적이 아니다. 월맹군을 몰아내면 미군은 철수할 것이다"라고 연설했으나 캄보디아인의 반미감정과 친미 정권 론 놀에 대한 분노와 적개심을 막을 수 없었다. 그들은 반군세력 '크메르루주Khmers Rouges' 지지자로 바뀌었으며, 자녀들을 기꺼이 크메르루주군에 보냈고, 이것이 5년에 걸친 론 놀 친미 정권 대 크메르루주군 간의 캄보디아 내전의 시작이었다. 내전에서는 폴 포트의 크메르루주군이 승리했으며 결국 700만 캄보디아 인구 중 200만 명 이상이 학살당하는 킬링필드Killing Field로 이어졌다.

1965년부터 1975년까지 계속된 베트남전쟁에서 미국은 111억 달러(현재가치로 환산하면 약 1조 달러)를 전쟁 비용으로 사용했고, 이를 충당하기 위해 천문학적인 달러를 찍어냈다. 1960년대 확대재정정책으로 달러의 안정성이 위협받고 있던 상황에서 베트남전쟁 비용은 미국 정부의 재정 악화에 쐐기를 박았다. 달러를 너무 많이 찍어내서 금으로 교환이 불가능한 상태에 이르자 1971년 8월 15일 닉슨 행정부는 달러의 금태환을 정지시키고 브레튼우즈체제를 해체하기에 이르렀다.

브레튼우즈체제의 해체

19세기 후반부터 제1차 세계대전까지의 기간은 금본위제가 국제무역거래를 지배해왔다. 금본위제 참가국은 자국의 통화가치를 공통가치척도인 금으로 결정해야 했기 때문에 통화 상호 간의 교환비율도 자동으로 결정될 수 있었다. 그러나 제1차 세계대전으로 막대한 통화량이 필요해지자 각국은 금태환을 일시 정지하지 않을 수 없었으며, 이로 인한 통화증발은 실물과 통화량을 연동시키던 금본위제를 무력화시켰다. 1920년대 제1차 세계대전 종전 후 복구 과정에서 금본위제로 복귀하려던 시도는 1929년 세계 대공황 발발로 19세기부터 세계의 기축통화 역할을 했던 영국 파운드화 중심의 금본위제를 결정적으로 붕괴시켜버렸다.

제2차 세계대전 전까지 '세계의 돈'은 산업혁명의 견인차 노릇을 수행한 영국의 화폐 '파운드'였다. 그러나 제2차 세계대전으로 영국 경제는 기울기 시작했으며, 유럽 여러 나라가 피폐해진 사이에 뉴딜정책의 성공으로 경기회복에 성공한 미국은 엄청난 양의 군수물자를 생산하여 수출해 전 세계 금의 70% 이상을 끌어모으면서 압도적인 경제력을 갖게 되었다. 제2차 세계대전에서 연합국의 승리가 확실해지자, 미국은 전후 세계의 금융질서를 세우기 위한 회의를 개최했다. 전쟁에서의 승리를 발판으로 본격적으로 세계경제의 중심에 서게 된 미국은 영국으로부터 세계경제의 패권을 빼앗는 한편 세계 각국을 아우르면서 국제경제 질서를 주도적으로 확립하려는 모습을 보였다.

'브레튼우즈체제Bretton Woods System'는 제2차 세계대전 종전 직전인 1944년 통화가치 안정, 무역 진흥, 개발도상국 지원을 목적으로 미국 뉴햄프셔주 브레튼우즈에서 44개국이 참가한 연합국 통화금융회의에서 국제적인 통화제도협정에 따라 구축된 국제통화체제를 말한다. 이 회의가 열릴 때 독일, 이탈리아, 일본은 패전국이라는 이유로 제도창설작업에 참여할 수 없었으며 프랑스는 이 회의 개최 중에 점령당해 있어 겨우 망명정부가 참여했으나 그 역할 또한 대수롭지 않았기 때문에 사실상 영국과 미국이 주도한 회의였다.[12] 이 회의에서 새 통화제도에 대한 논쟁이 있었으며 영국 대표로 참석한 존 메이너드 케인즈는 특정한 국가의 통화가 아닌 '방코르Bancor'라는 국제통화를 발행할 권한을 가진 세계은행을 창설할 것을 주장했으나 미국 대표인 해리 덱스터 화이트Harry Dexter White는 패권국이 된 미국의 USD를 통용할 것을 주장했다. 최종적으로 미국의 안에 따라 채택된 브레튼우즈체제의 가장 핵심적인 내용은 "미국 달러화를 기축통화로 하는 금환본위제도를 실시하기 위해 금 1온스를 미화 35달러로 고정시키고 그 외 다른 나라의 통화는 달러에 고정환율을 유지한다"는 것이었다.

압도적인 금 보유를 배경으로 한 미국 달러는 절대적 우위를 차지했고, 미국 달러만 금과 일정한 비율로 교환될 수 있으며 각국 통화가치

---

12 W. 칼비븐, 박동묘 옮김, 《누가 케인즈를 죽였나?》, 교문사, p. 200.

는 미국 달러와 비율을 정하는 통화체제를 만든 것이다. 이로써 미 달러는 국제경제상 확고한 지위를 차지하는 한편, 금에 버금가는 지위를 인정받게 되었다. 브레튼우즈 협정은 고정환율제로서 1% 범위 내에서 조정이 가능할 뿐 자동조절 메커니즘이 없었기 때문에 특정 국가의 외화 준비가 고갈되는 위험이 예상되었다. 이러한 위기극복을 위해 각국에 필요한 외화를 공급하는 국제통화기금IMF을 창설하되 회원국은 특별인출권을 통해 담보 없이 외화인출이 가능하도록 하고, 전후 부흥과 후진국 개발을 위해 국제부흥개발은행IBRD을 창설하기로 합의했다.

브레튼우즈체제는 제2차 세계대전 이후의 기록적인 고도성장기인 이른바 '자본주의의 황금시대'에 힘입어 약 25년 동안 성공적으로 환율 조절기능을 수행했다. 그러나 1950~1960년대 서독과 일본이 성장하면서 미국이 세계의 경제 생산에서 차지하는 비율은 35%에서 27%까지 떨어졌고, 국제수지의 적자와 베트남전쟁으로 늘어난 국가채무, 통화팽창 등으로 달러의 가치는 1960년대 들어 심각하게 떨어지기 시작했다. 1971년 5월 서독이 마르크를 절상하지 않으면서 브레튼우즈체제를 떠났으며, 이어 달러의 가치는 마르크 대비 7.5% 하락했다. 다른 나라들은 자국이 가지고 있는 달러를 금으로 바꾸기를 원했으며, 스위스는 7월에 5천만 달러를, 프랑스는 1억 9,100만 달러를 각각 금으로 바꾸었다. 8월 5일에 미국 의회는 달러를 방어하기 위해 평가절하할 것을 권고하는 보고서를 내놓았다. 8월 9일 달러 가치가 유럽의 통화들에 비해 가치가 떨어지자 스위스도 브레튼우즈체제를 떠났다.

보유한 달러를 금과 교환하는 행렬이 이어지자 미국의 금 보유량이 급격히 줄어들게 되었고, 금을 담보로 달러를 찍어내기 어려워졌다. 마침내 미국의 가장 가까운 동맹국이던 영국마저 30억 달러를 금으로 교환해달라고 요구하자 미국은 한계에 이르렀다. 결국 닉슨 대통령은 연방준비제도이사회 의장 아서 F. 번스와 재무부 장관 존 코널리, 재무부의 국제담당재무국장 폴 볼커와 논의를 거쳐 이틀 후인 1971년 8월 13일 라디오와 TV 연설을 통해 달러를 금으로 교환해주는 금태환을 중지하겠다고 선언했다. 닉슨 대통령은 이러한 중대한 결정을 타국에는 아무런 사전협의도 없이 돌연 방송으로 발표하는 국제적 횡포를 자행하면서 성명에서는 미국이 이러한 결정을 하게 된 것은 미국에 책임이 있는 것이 아니라 무역흑자 증대를 계속한 유럽과 일본에 책임이 있다고 둘러댔다. 닉슨의 성명으로 브레튼우즈체제가 공식적으로 해체되었지만, 사실 이 발표는 형식적인 것에 불과했으며 미국은 이미 관리 불능 상태에 이르러 있었다. 미국의 해외 달러 채무총액이 미국 금 보유액의 10배 이상이나 되었기 때문이다.

미국은 전 세계와의 약속을 어기고 스스로 세운 세계경제질서를 스스로 무너뜨렸으며, 1944년 브레튼우즈 협정으로 탄생한 금본위제가 30년도 지나지 않아 붕괴되었다. 이것을 '닉슨 쇼크'라고 불렀으며, 이후 2~3년간 국제외환시장은 아수라장이 되었다. 닉슨 성명의 본질은 달러가 세계의 통화를 지탱한다는 책임을 포기함과 동시에 달러의 평가절하를 꾀하는 데 있었다.

세계 각국은 보호무역주의를 강력히 추구해 관세장벽을 높여가는 한편 수입허가제, 수입할당제 등 비관세 수단에 의한 무역규제에도 나서기 시작했다. 그 결과 자유무역은 자취를 감추고 자유무역 원리와 금본위제에 뒷받침을 받았던 20세기 세계경제질서는 완전히 붕괴되었다. 경쟁적인 자국 통화 평가절하가 만연했고 영국, 스칸디나비아, 포르투갈, 일본을 중심으로 하는 파운드 블록, 북·중남미 국가를 중심으로 한 달러 블록 같은 블록들이 형성되었다.

이제 FED는 달러를 금과 교환해주지 않기로 했으니 금 보유 한도 내에서만 달러를 찍어낼 필요가 없게 되었다. 금의 족쇄에서 풀려난 미국은 금 보유량과 관계없이 마음껏 달러를 발행할 수 있게 되었고, 닉슨

그림 3. 'THE DOLLERS IN GOLD COIN'이 인쇄된 금태환 정지 이전의 미 달러와
단순히 액면가만 인쇄된 금태환 정지 이후의 미 달러

출처: EBS 다큐프라임 〈자본주의〉 1부: 돈은 빚이다

쇼크 이후 미국 통화량의 팽창은 더욱 가속화되었으며, 달러는 기축통화로서의 기능을 상실해갔다. 미국이 금본위제를 폐지하고 금 보유량에 관계 없이 달러를 찍어내자 국제통화시스템은 붕괴했고, 달러의 가치는 폭락했으며, 달러 인덱스[13]는 78까지 떨어졌다.

달러 표시 물가가 급등하면서 세계적으로 급격한 인플레이션을 촉발했으며, 중동의 산유국들이 달러 가치가 폭락한 만큼 유가 인상을 요구하기로 마음먹으면서 이후 설명할 1, 2차 석유파동의 주요한 요인으로 작용하게 된다.

한편 미국 정부는 기축통화가 주는 특별한 혜택을 잘 알고 있었으

---

13 유로, 엔, 파운드, 캐나다달러, 크로네(스웨덴), 프랑(스위스) 등 세계 주요 6개국 통화 대비 미국 달러화의 평균적 가치를 나타내는 달러 인덱스는 1973년 3월을 기준점(100)으로 미국 연방준비제도(FRB)가 작성·발표한다. 브레튼우즈체제 붕괴 이후 달러 인덱스는 78까지 떨어졌으며, 이후 미국이 인플레이션 억제를 위해 20%가 넘는 고금리정책을 쓰면서 달러 인덱스는 다시 고공행진을 하고 물가가 진정되었다.

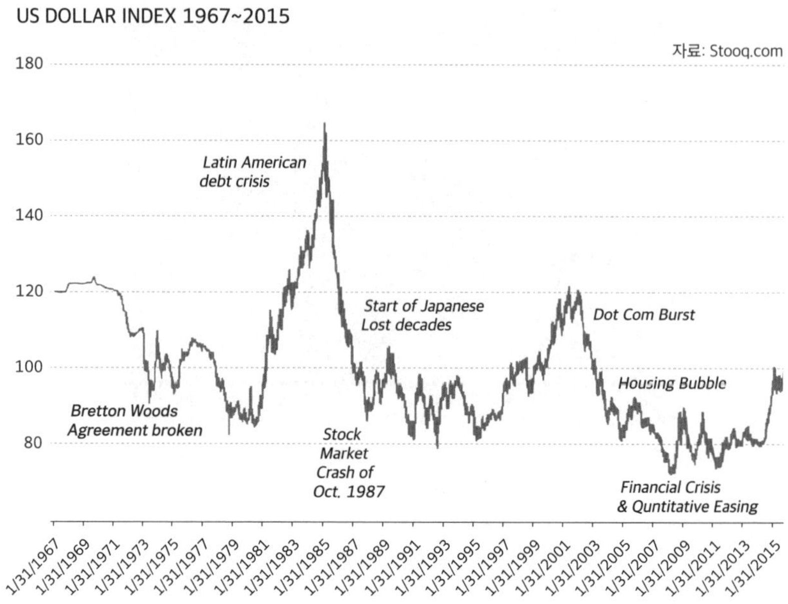

그림 4. 달러 인덱스 지수와 주요 경제 사건들

출처: 위키백과 〈미국 달러 인덱스〉

며, 그것은 포기할 수 없는 미국의 이익이었다. 1974년 2월 13일 미 국무장관 헨리 키신저Henry Alfred Kissinger는 1, 2차 오일쇼크로 엄청난 오일머니를 벌어들이고 있던 사우디아라비아의 파이잘 국왕King Faisal을 만나기 위해 사우디로 날아갔으며, 여기서 파이잘 국왕이 절대로 거절하지 못할 기가 막힌 제안을 조건으로 중요한 비밀협상을 성사시키게 된다.

키신저는 사우디아라비아에 "서구에 대한 석유금수조치를 해제하고, 앞으로 모든 나라가 OPEC의 석유를 구매할 때 지불하는 결제수단은 오직 달러로만 거래할 수 있게 해달라"고 제안하면서, "그 대신에 미국이 사우디의 왕정체제가 유지되도록 적극적으로 지지하고 도울 것이고, 미국의 군사력을 최대한 지원해 주변국의 위협으로부터 철저히 보호해줄 것이다. 또한 여러 가지 사업지원으로 사우디를 중동 최고의 부국으로 만들어주고, 사우디아라비아가 OPEC의 수장이 되도록 만들어 주겠다"고 약속했으며 사우디는 이 조건을 받아들였다. 전 세계에서 가장 거래비중이 큰 상품을 독점적으로 거래할 수 있는 '페트로 달러' 체제를 확립함으로써 달러는 금과의 연결고리가 깨져버린 이후 다시 위상이 복원되어 기축통화로서의 지위를 안정적으로 확보할 수 있게 되었다.[14]

케인즈 경제학에 따르면 정부지출의 확대는 실업률을 떨어뜨려야 하지만 미국은 1970년대에 이르러 오히려 실업률이 급격히 상승하는 경기침체가 나타나자 당황했다. 노동조합의 요구로 임금이 생산성보다 더 높게 상승하면서 제품 생산비용이 증가해 기업이익이 줄어들게 되었지만, 가격인상을 시도하면 물건이 팔리지 않을 것이므로 기업은 차선책으로 원가비용을 줄이기 위해 고용을 줄여 인건비를 낮추는 방법을 선택했고, 따라서 실업은 늘어나고 생산량은 감소하게 되었다. 수요-공급의 균형곡선 그래프에서 공급이 줄어 공급곡선이 좌측으로 이동하면 균형가격이 상승하는 것은 미시경제학의 기본이다. 그뿐만 아니라 실질

---

14 미국은 달러의 기축통화 기능을 유지하기 위해 혼신을 다하고 있다. 2003년 미국이 이라크가 대량살상무기를 보유하고 있다는 이유로 바그다드를 공습하여 후세인을 체포해 사형에 처한 것은 후세인이 석유대금을 달러가 아닌 유로화로 받겠다고 공언함으로써 달러의 기축통화 지위를 흔들려 한 때문으로 해석하는 전문가들이 많다. 또한 2022년 3월 〈월스트리트저널〉은 "사우디아라비아가 중국으로 수출하는 원유 대금을 위안화로 거래하는 방안을 검토하고 있다"고 보도했다. 미국 내 셰일오일(shale oil) 개발 등의 영향으로 중동산 원유의 존도가 낮아지면서 미국의 사우디아라비아 원유 수입 비중이 급감한데다 2018년 10월 사우디의 실권자인 무함마드 빈 살만 왕세자를 비판해오던 반체제 언론인 자말 카슈끄지가 암살되었는데, 터키 언론이 당시 상황이 녹음된 오디오를 입수해 분석한 결과 암살 요원들이 카슈끄지의 손가락을 여러 개 자르는 방법으로 고문하다가 참수했다고 전했다. 국제사회의 비난 속에 암살조 요원이 의문사 당하는 등 사우디 왕가는 '꼬리 자르기'에 나섰지만, 미국 CIA는 그 배후를 빈 살만 왕세자로 결론을 내리고 사우디아라비아에 미국 무기 금수 조치를 취했다. 사우디아라비아는 이란과의 핵 합의를 타결하려는 미국의 노력에 불만의 목소리를 내곤 했으며, 이란의 핵무기에 대응하기 위해 탄도미사일 생산시설을 설치했는데, 중국의 지원을 받은 것으로 알려졌다. 사우디아라비아가 페트로 달러 체제를 흔드는 원유의 위안화 결제를 실제로 실행할지 여부에 세계의 이목이 집중되고 있다.

임금이 상승하면 제품 생산비용이 증가하고 이로 인해 '비용인상 인플레이션'이 발생할 수 있으며, 불황기의 비용인상 인플레이션은 스태그플레이션을 의미한다.

닉슨 대통령은 1972년 대선을 앞두고 비용인상 인플레이션을 해결하기 위해 시장의 원리를 거슬러 임금과 물가를 동결하는 '신경제정책'이라는 통제정책을 취했다. 통화량을 늘려 돈의 가치를 낮추고 임금을 통제했으니 임금의 실질가치는 계속 낮아져 비용인상 인플레이션의 문제가 일시적으로 해결된 것처럼 보였고, 이에 힘입어 닉슨은 선거인단 규모에서 민주당 맥거번을 520 : 17로 제압하며 재선에 성공했다.

하지만 통화주의자 밀턴 프리드먼은 "닉슨의 통제정책은 비극이다. 이러한 통제로 인플레이션은 저지될 수 없으며 자유만이 파괴될 뿐이다. 통제는 최초에는 성공하는 것 같으나 규제가 축적됨에 따라 마침내 물가폭등으로 귀결된다"며 닉슨을 공개 저격했다. 기업은 가격을 동결하라는 정부의 명령을 따르지 않았고, 닉슨은 가격을 인상한 기업들에 대한 세무조사를 명했지만, 물가는 전고점을 넘어 폭등하기 시작했다. 그리고 1973년 10월 물가폭등에 기름을 붓는 중동전쟁이 발생했다.

네 번의 중동전쟁

● 제1차 중동전쟁

1947년 11월 영국 위임통치령 팔레스타인을 유대인 지구와 아랍인 지구, 그리고 베들레헴과 예루살렘을 포함한 국제연합 통치령으로 분할하려는 안에 반발해서 벌어진 내전은 1948년 5월 14일 이스라엘이 독립을 선언하자 다음날 전면전으로 확대되었다.

이집트, 요르단, 시리아 등이 연합군을 결성해 이라크 왕국의 해외

원정군과 함께 팔레스타인에 진입해 유대인 정착지와 이스라엘군을 공격했고 레바논, 이집트, 수단, 사우디아라비아, 파키스탄, 예멘 왕국, 모로코 등도 합세해 참전했으나 10개월간의 전쟁 결과 이스라엘은 유대인 지구 전체와 아랍인 지구의 60%를 점령했으며 팔레스타인의 아랍인은 어떠한 국가도 수립하지 못했다.

● 제2차 중동전쟁

아랍권에서는 '삼국동맹 공격' 또는 '카데시 작전'이라고 부르고 이스라엘에서는 '시나이전쟁'이라 불리는 제2차 중동전쟁은 1956년 10월 29일부터 11월 3일까지 치러졌다. 전쟁의 목표는 쿠데타로 파루크 왕정을 전복하고 정권을 장악한 이집트 대통령 나세르Jamal Abdan-Nāṣer를 권력에서 몰아내고 나세르가 국유화한 수에즈운하의 통치권을 영국과 프랑스가 회복하는 것이었다. 나세르는 범아랍주의Pan-Arabism를 제창하고 민족주의 운동을 전개하는 한편, 비동맹 중립노선을 표방하고 구소련 · 체코슬로바키아 등 동구와의 접근을 추진했다. 아랍 · 아프리카 · 회교권 3세력 통합을 기도한 나세르는 당시 아프리카 각국의 독립운동을 지원함으로써 영국 · 프랑스와의 충돌이 불가피했다.

1956년 10월 29일 이스라엘은 시나이반도를 침공했고 11월 5일 영 · 프 연합 공수부대가 수에즈운하의 관문인 포트사이드에 투하되면서 전세는 처음부터 영국 · 프랑스 · 이스라엘에 의해 주도되어 11월 6일 수에즈운하와 시나이반도가 3국 측에 점령되었다. 그러자 이집트 편에선 소련이 영국 · 프랑스 · 이스라엘이 공격을 중단하고 이집트에서 철수하지 않으면 11월 5일 3국에 핵미사일 공격을 할 것이라고 협박하고, 미국을 중심으로 한 유엔까지 나서서 3국의 철군을 요구하자 결국 동맹군이 물러나면서 영국과 프랑스는 굴욕을 맛보게 되었고 나세르는 권력을 강화할 수 있게 되었다.

● 제3차 중동전쟁

흔히 '6일전쟁'으로 불리는 제3차 중동전쟁은 1950년 이래 이집트가 이스라엘의 항해를 봉쇄하고 있었던 이집트와 사우디아라비아 사이에 위치한 티란해협을 확보하기 위해 이스라엘이 1967년 6월 5일 이집트의 공군기지를 기습공격하면서 시작되었다. 이집트는 기습공격에 속수무책으로 궤멸당했으나 이스라엘군의 피해는 미미했으며 확실한 공중우위권을 확보할 수 있었다.

6월 11일 휴전 협정이 체결되었을 때 2만 명 이상이 사망한 아랍연합군에 비해 이스라엘은 1천 명 이하의 군인이 사망한 데 그쳤으며, 이스라엘은 이집트로부터 가자지구와 시나이반도를, 요르단으로부터 동예루살렘과 요르단강 서안 지구를, 시리아로부터 골란고원을 각각 획득함으로써 이스라엘의 영토는 3배나 커졌다. 그뿐만 아니라 이 전쟁으로 10만 명의 시리아인이 골란고원을 떠났으며, 30만 명의 팔레스타인인이 서안 지구를 떠나 난민이 되었다.

● 제4차 중동전쟁

제4차 중동전쟁은 1973년 10월 6일부터 10월 25일까지 계속되었으며 '욤 키푸르 전쟁', '라마단전쟁', '10월전쟁' 등으로도 불린다. 이스라엘의 축일인 욤 키푸르[15]이자 이슬람의 신성한 기간인 라마단이 동시에 있었던 10월 6일 아랍연합군이 시나이반도와 골란고원 등 이스라엘 점령지에 기습적인 합동공격을 개시했다.

---

15 유대교의 속죄일로서 이스라엘 민족들의 범죄(금송아지 우상숭배)로 말미암아 모세가 첫 번째 받았던 십계명을 깨뜨려버리고 자복과 회개로써 하나님의 용서를 받게 된 이스라엘 민족들을 위해 두 번째 십계명을 받아가지고 내려오던 날에서 유래되었다. 성서는 욤 키푸르를 '엄숙한 휴식의 안식일'이라고 부르며, 사람들의 죄를 용서해주고 하느님께 지은 죄를 진실로 회개함으로써 개인과 집단을 정결하게 하기 위한 날이다.

이 전쟁은 이집트와 시리아가 6일전쟁에서 빼앗긴 시나이반도와 수에즈운하를 되찾기 위해 시작되었으며, 전쟁 기간 동안 미국과 소련은 그들 각각의 동맹국에 대량으로 물자를 보급했는데, 이로 인해 이 전쟁은 핵을 보유한 두 강대국 간의 대결 수준에 이르렀다. 자유진영과 공산진영이 이스라엘과 아랍진영을 각각 지원하면서 대리전 양상을 띠게 되었고, 아랍연합국은 선제공격을 한 지 48시간 만에 이스라엘군 17개 여단을 전멸시키면서 승기를 잡았다. 그러자 이스라엘의 골다 메이어 총리가 워싱턴으로 날아가 닉슨 대통령에게 눈물로 도움을 호소했으며, 덕분에 미국의 대규모 군사지원을 받은 이스라엘은 1973년 10월 25일 마침내 전쟁에서 승리했다.

10월 22일 유엔 안보리가 정전을 요구하는 결의안을 채택하고 양측 모두 이를 수용함으로써 전쟁은 16일 만에 막을 내렸다. 중재안이 발표되었으나 양측은 서로 상대방이 중재안을 위반했다고 비난했고, 10월 24일 이스라엘군은 거점을 강화해 이집트 제3군과 수에즈를 포위하는 데 성공했다. 이로 인해 미국과 소련 사이에 긴장이 높아지면서 제2차 휴전안이 10월 25일 발표되어 욤 키푸르 전쟁은 사실상 아랍권의 패배로 끝났다.

세계의 화약고였던 중동에서 일어난 네 번의 전쟁이었지만, 제4차 중동전쟁의 의미는 달랐다. 1960년 중동의 산유국들이 결성한 석유수출국기구OPEC가 원유생산량을 줄이고 수출을 제한함으로써 가격을 올리는 방법으로 미국과 이스라엘을 압박하고 나선 것이다. 제1차 석유파동의 시작이었다.

제1차 석유파동

산업화가 꽃을 피우던 20세기에 이르러 석유 수요는 급속히 증가했다. 제2차 세계대전이 막을 내리면서 석유는 석탄을 앞지르는 인류의 주요 에너지원으로 등장했을 뿐만 아니라 플라스틱, 합성섬유, 합성고무, 세제, 도료 등 다양한 용도로 사용되기 시작하면서 '검은 황금black gold'으로 불리게 되었다. 1973년 세계의 1차 에너지(천연에너지) 소비에서 석유가 차지하는 비율은 47%를 웃돌았고, 서방 선진국에서는 53%를 웃돌았다. 산업자본주의는 석유를 마시며 무럭무럭 자랐고, 미국은 석유를 장악하면서 20세기의 패권국가로 자리 잡을 수 있었으며, 석유는 미국 대외정책의 핵심적 위치를 차지했다.

석유는 지구상 여러 전쟁의 직간접적 원인이 되기도 했으나 제4차 중동전쟁에서 석유는 전쟁의 '동기'를 뛰어넘어 전쟁을 승리로 이끌기 위한 강력한 '무기'가 되었으며, 그것은 제1차 석유파동oil shock으로 나타났다.

제4차 중동전쟁을 이끌었던 이집트의 사다트 대통령은 미국이 이스라엘을 군사적으로 지원할 것을 우려해 산유국들이 연대해 이스라엘을 미국의 지원으로부터 고립시킨 후 공격하기로 계획을 세웠다. 석유를 무기로 미국을 압박해 이스라엘에 대한 무기지원을 차단하기로 한 것이다. 전쟁이 시작되고 일주일 후인 10월 13일 골다 메이어 이스라엘 총리가 닉슨 미국 대통령에게 절박한 구조 요청을 보내자 미국은 산유국들의 눈을 피해 비밀리에 이스라엘을 지원하기로 했으나 무기 공수 도중 돌풍으로 비행기가 추락하면서 미국의 계획은 들통이 나고 말았다.

그러자 아랍 산유국들은 즉각 행동에 나섰으며 10월 16일 쿠웨이트에 모인 OPEC의 이집트와 사우디아라비아를 중심으로 리비아, 이라크, 이란제국, 이집트, 시리아, 튀니지가 손잡고 석유를 감산하는 동시에 원유가격을 인상했다. OPEC은 회원국의 산유량을 23% 줄이고 미국 등 이스라엘 지원 국가에는 원유공급을 중지하기로 함과 동시에 원유가격을 배럴당 2.9달러에서 5.11달러로 대폭 인상하기로 결정했다. 사우디아라비아의 석유 장관 아메드 자키 야마니는 이스라엘이 점령 지역에서 철수하고 팔레스타인의 권리가 회복될 때까지 매달 5%씩 원유생산량을 줄이자고 제안했고, 이 전략에 따라 배럴당 2.9달러였던 원유가는 단숨에 12달러까지 치솟았다. 그뿐만 아니라 석유수출 금지조치는 아랍에 비우호적인 것으로 여겨지던 서유럽 국가와 일본에까지 확대되었으나 이스라엘에 반대하고 아랍에 우호적인 국가들은 이번 조치에서 제외한다는 단서를 달았다. 고삐가 풀린 원유가격은 천정부지로 치솟았다.

그리고 당시 친미 국가였던 베네수엘라와 인도네시아, 나이지리아와 비OPEC 국가인 소련도 이 틈을 타 석유가격을 대대적으로 인상했다. 이러한 석유 무기화 전략은 제4차 중동전쟁에서 일본과 유럽공동체의 지지를 얻어내는 데 성공했으며, 박정희 정권의 한국도 1973년 12월 17일 아랍을 지지한 적이 있다. 중동 산유국들이 경제적으로 타격을 입히려 했던 표적은 미국과 영국 그리고 자신들을 지지하지 않는 미국과 영국의 우방국들이었다. OPEC은 자신들에게 지지성명을 보낸 일본과 유럽공동체에는 5%의 감산 조치의 유예를 해주기도 했다.

중동과 베네수엘라, 가봉 등의 산유국들은 말 그대로 역사적인 호황기에 접어들었고, 세계 최대의 산유국 중 하나였던 소련도 꽤 많은 이익을 취했으나 기존의 저유가가 상식이던 시대의 세계경제, 특히 미국과 영국이 가장 큰 타격을 입었다. 이듬해 1월 OPEC의 석유수출가격은 기본유종(아라비안 라이트 34도)을 기준으로 배럴당 11.65달러로 고시되었다. 이것은 욤 키푸르 전쟁 3개월 전 배럴당 2.9달러에 비해 4배 가까이 상승한 것이며, 1970년과 비교하면 10배로 치솟은 가격이었다. 1차 석유파동으로 세계 경제는 곧바로 휘청거렸고, 유례없는 경기침체와 물가

상승의 재앙이 전 세계를 덮쳤다. 석유는 플라스틱, 비료 같은 생활필수품의 원자재로 사용되는 등 물가에서 차지하는 비중이 가장 높은 품목이어서 물가상승의 절대적인 요인이 되었으며, 특히 가난한 개발도상국들에는 치명적이었다. 한창 산업화에 박차를 가하던 한국 역시 큰 암초를 만났다.[16]

한국은 이 시기 중화학공업을 육성하던 초기였기 때문에 커다란 시련을 맞이했다. 1973년 3.2%였던 물가상승률이 1974~1975년에는 연 25%로 상승해 서민은 큰 고통을 겪어야 했다. 한편 이 시기 많은 기업이 달러가 넘쳐나는 중동에 진출해 많은 달러를 벌어오게 되는 계기가 되었고, 그 덕분에 예상외로 이른 시일 내에 1차 오일쇼크를 극복하게 되었으며, 1977년에 1인당 GNP 1천 달러를 돌파하게 되었다. 하지만 쏟아져 들어온 외화로 늘어난 유동자금이 대거 자산시장으로 쏠리면서 부동산 투기 붐과 건설 광풍이 불었고, 주요 물자 부족현상이 만연하면서 물가상승률은 1970년대 중·후반 내내 10%대를 유지했다.

제1차 석유파동으로 세계 각국은 비용인상 인플레이션Cost-push Inflation이 가속화되었고, 석유수입 대금을 치르기 위해 국제수지 악화가 불가피했으며 이로 인한 내수침체와 불황 그리고 실업은 피할 수 없게 되었다. 서방 선진국들이 스태그플레이션stagflation의 늪에 빠져 마이너스 성장을 기록하는 동안 1974년 OPEC 국가는 600억 달러에 이르는 경상수지 흑자를 달성했다.

16 박영흠, 《세계사를 움직인 100대 사건》, 청아출판사, p. 588 〈석유파동 - 석유의 정치학〉 참고.

이란의 백색혁명과 이슬람 혁명

페르시아 카자르 왕조의 마지막 통치자인 아흐마드 샤 카자르Ahmad Shah Qajar 집권기에 이란은 영국과 소련에 의해 주권을 침해받고 있었다. 여기에 불만을 가졌던 레자 팔레비가 쿠데타를 일으켜 실권을 장악하자 1925년 12월 12일 이란 의회는 아흐마드 샤를 퇴위시켜 카자르 왕조를 붕괴시킨 후 레자 팔레비를 페르시아제국의 새 왕으로 추대했다. 새 왕조를 세운 레자 샤 팔라비Reza Shah Pahlavi는 1935년 서구인에 의해 사용되어온 '페르시아'라는 이름 대신 지금의 '이란'으로 국명을 바꾸고 개혁과 중앙집권화를 추진했으며, 외국과의 불평등 조약을 개정했다. 레자 샤가 근대국가의 형성을 목표로 서구화를 지향하면서 강경한 세속주의 정책을 펴자 이슬람 성직자를 비롯한 일부 계층의 불만을 초래했지만, 중산층을 중심으로 대중의 광범위한 지지를 받았다.

레자 샤는 '영국-이란 석유회사Anglo-Iranian Oil Company'를 소유한 영국과 소련을 멀리하는 대신 독일, 이탈리아, 프랑스 등 제3국의 도움을 받고자 했다. 제2차 세계대전이 시작되고 독일과 영국이 전쟁상태에 들어가자 이란은 중립을 선언했으나 영국과 소련은 이란이 독일과 연합할 것을 우려해 1941년 이란을 점령했으며, 국왕 레자 샤는 국외로 망명하고 아들 팔레비가 22세에 왕위에 올랐다. 레자 샤는 3년 후 남아프리카 연방의 요하네스버그에서 숨을 거두었다.

20세기 초 이란에서 석유가 발견되었지만, 영국 자본인 영국-이란 석유회사가 독점하고 있었다. 그러나 제2차 세계대전 후 제3세계에서 민족주의가 고양되자 이란에서도 석유산업을 되찾아야 한다는 목소리가 높아지게 되었고, 민족주의자 모사데크Mohammad Mosaddeq는 석유산업을 국유화하는 데 앞장섰다. 젊은 팔레비는 모사데크와의 갈등으로 어려움을 겪고 있었지만, 1951년 3월 모사데크가 이란에서 석유산업을 국유화하는 법안을 의회에서 통과시켜 영국이 소유한 석유회사를 국유화 시키면서 그를 추종하는 세력이 커지자 어쩔 수 없이 4월 말 모사데크를 총리로 임명했다. 그 뒤 2년간 긴장과 갈등이 계속되다가 1953년 8월 모사데크 해임을 시도했으나 그의 지지자들에 의해 오히려 팔레비가 국외로 추방당하는 신세가 되고 말았다.

석유 국유화를 계기로 서방 국가들과 마찰을 빚자, 모사데크는 소련과의 협력을 통해 이란의 외교적 고립을 타개하려 했으나 1953년 8월 19일 미국 CIA는 파즈롤라 자헤디 장군의 쿠데타를 지원해 팔레비를 복귀시켰다. 다시 이란으로 돌아오게 된 팔레비는 모사데크를 왕정 전복 혐의로 체포하고 사회주의자로 몰아 축출했으며, 모사데크가 추진했던 석유 국유화 정책을 무산시켰다. 케네디 정부는 이란에 미군을 주둔시켜 이란의 안전을 보장해주는 조건으로 자본주의 동맹을 위한 이란의 개혁 약속을 받아냈으며, 이란의 석유는 다시 미국 자본에 예속되었다.

미군의 주둔으로 안전보장을 약속받은 팔레비 왕조는 1963년 국가개혁을 위한 6개 항의 개혁조치를 국민투표에 부쳐 토지개혁, 세속주의 지향, 공교육 보급을 통한 문맹률 감소, 여성참정권 부여, 히잡과 차도르 착용 금지, 비이슬람교도에 대한 공직 개방 및 수백 년간 이어져내려온 성직자의 지배적 지위와 특권 폐지 등을 내용으로 하는 야심 찬 근대화 계획인 이른바 '백색혁명White Revolution'을 추진했다. 6개 항의 개혁조치 중 핵심은 토지개혁으로서 당시 이슬람 성직자들이 대부분 소유하고 있던 토지를 국유화한 후 국민에게 분배해 사유재산을 인정하는 것으로, 이는 오래전부터 이어져내려온 이슬람에 대한 특권을 폐지하는 것이었다.

또한 선거법을 개정해 여성에게도 투표권을 허용하고 히잡Hijab과 차도르Chador 착용을 금지함으로써 여성 인권을 신장시켰으며, 문맹퇴치운동을 광범위하게 전개해 95%에 이르던 문맹률을 50%까지 낮추었고, 미국식 의복을 도입하고 미국식 제도를 빠르게 도입하면서 급속히 현대화된 국가로 변모해갔다. 1970년대 이란 시내에서는 미니스커트를 입은 여성의 모습을 볼 수 있었으며, 도심에는 나이트클럽까지 들어섰다. 하지만 이와 같은 이란의 급속한 현대화는 이슬람 성직자들과 이슬람주의자들의 강력한 반발을 불러왔으며, 이슬람 성직자들 사이에 백색혁명을 통한 이란의 현대화를 반대하는 운동이 시작되었다.

1970년대 1차 오일쇼크로 이란은 막대한 오일달러를 벌어들이게 되었고, 1인당 국민소득도 1972년 570달러에서 혁명 직전인 1977년에는 2,315달러로 급속히 올랐다. 1974년 테헤란 아시안게임도 성공적으로 개최하는 등 겉으로 볼 때 이란의 정치 상황은 평탄한 것 같았고 팔레비 2세의 입지도 강화될 것처럼 보였지만, 실제상황은 그렇지 못했다. 유가의 상승으로 이란의 국부는 증가했지만 그 수익을 일부 계층이 독차지하면서 빈부격차는 커졌고, 제조업 생산기반이 취약했던 이란의 산업부문은 갑자기 넘쳐나는 소비력을 감당할 수 없었다.

팔레비 정부의 부패, 석유 수입의 불공정한 분배, 강요된 서구화, 언론의 자유와 국민의 기본권 제한, 비밀경찰과 군대를 이용한 검열과 감시, 불법감금과 고문 등 반대세력에 대한 탄압이 일상적으로 벌어지자 1970년대 후반부터 학생과 종교 지도자, 지식인, 노동자 사이에서 정부에 대한 불만이 높아져갔다. 백색혁명은 왕권 안정을 위한 국방비 증액과 인플레이션, 생필품 부족 등에 대한 국민의 불만, 이슬람 전통을 중시하는 원리주의 무슬림 · 민족주의 세력의 반발을 불러 결국 이란 이슬람 혁명의 원인이 되고 말았다.

이슬람 전통으로의 복귀를 주창한 대표적인 이슬람 지도자 루홀라 호메이니Ruhollah Khomeini는 백색혁명 반대운동을 이끌며 팔레비 왕조가 친미에 빠져 서구중독증에 걸렸다며 공개 비난했는데, 이로 인해 쿰에서 철학 교수로 재직하던 호메이니는 팔레비 왕조의 표적이 되어 1964

년 프랑스로 추방되었다. 망명 생활 중 호메이니가 쓴 책《벨레야테 파키(이슬람 법학자의 후견권)》에는 "이슬람 사회의 모든 법은 이슬람법에 기초해야 하고, 모든 법과 활동은 이슬람 율법의 이맘기관(수호자)에 의해 감독되어야 하며, 이슬람 국가들은 공화국이어야 하며, 왕조가 존재해서는 안 된다"고 기술했다. 망명 중 호메이니의 주장을 담은 녹음테이프와 인쇄물이 국내로 몰래 반입되어 반정부 운동을 추동했는데, 호메이니의 연설을 들은 사람들은 대부분 시골에서 일을 찾아 도시로 몰려온 이주자들이었으며 그들은 팔레비 정권의 미국에 대한 종속성과 이스라엘과 맺은 유대, 분별없는 경제정책 등에 분노했다.

반정부 시위가 1970년대까지 계속되자 팔레비 왕은 미국 CIA의 지원으로 조직된 이란의 비밀경찰 '사바크Savak'를 통해 반정부 시위자들을 체포·감금·고문해 무슬림이 공포에 떨도록 만들었다. 팔레비 정부는 호메이니의 영향력을 꺾기 위해 1978년 1월 호메이니가 영국의 간첩이며 동성애자라는 유언비어를 유포했는데, 이에 격노한 수천 명의 이슬람 신학교 학생들이 거리로 몰려나와 항의하기 시작했다. 이 시위가 도화선이 되어 이란 각지에서는 그동안 팔레비 왕조에 희생당한 희생자들을 추모하는 시위가 일어나 자연스레 반팔레비 왕조 시위로 번져나갔다. 유혈진압으로 시위자 2명이 살해되는 사건이 발생했으며, 호메이니가 전국 이슬람 사원의 봉기를 호소하자 시위는 더욱 격화되어 1978년 9월 8일에는 100만 명이 넘는 무슬림이 시위에 나서 이슬람공화국 설립을 요구했다.

팔레비 왕조뿐만 아니라 미국도 점점 더 커져가는 시위 규모를 지켜보며 이란 국민 사이에 심상치 않은 기운이 감도는 것을 느끼기 시작했다. 결국 왕정은 1978년 9월 전국 주요 도시에 일제히 계엄령을 선포했고, 그다음 날 테헤란광장에 운집한 5천 명의 시민을 향해 발포했으며 2천 명에 이르는 엄청난 사상자를 낳은 일명 '검은 금요일' 사건이 발생했다. 하지만 이 참사는 오히려 잠재해 있던 국민을 거리로 뛰쳐나오게 하는 역효과를 냈고, 다음날인 1978년 9월 9일 테헤란의 정유공장에서 시작된 파업이 11월까지 계속되면서 모든 석유생산시설과 정유시설이 가동을 중단했다. 이란의 경제는 파탄지경에 이르렀고, 이란 시민은 "샤에게 죽음을, 호메이니 만세!"라는 구호를 외치기 시작했다. 정부군이 강경 진압에 나서자 순교가 신앙심을 표현하는 근본이었던 이슬람 시아파 공동체에서 폭동이 야기되었고, 죽음을 무릅쓴 저항은 점점 확대되었으며 "신은 위대하다"라는 구호 아래 하나로 뭉쳤다. 팔레비 왕조의 독재에 대항한 시민의 봉기는 호메이니라는 구심점을 향해 급속도로 결집되었고, 호메이니는 민주화를 향해 분출하는 국민의 힘을 하나로 응집시키며 혁명이라는 실체로 완성시켰다. 마침내 1978년 12월 11일 전국적으로 600만 명의 반정부 시위가 벌어지자 더 이상 시위를 통제할 수 없다고 판단한 팔레비 국왕은 1979년 1월 15일 이집트로 망명했다.

호메이니는 1979년 2월 1일 이란에 입국해 왕정을 폐지하고 이슬람공화국 수립을 선포하면서 이슬람 교리에 기초한 헌법을 통과시켰고, 이란은 종교지도자가 최고정치지도자를 겸직하는 신정국가神政國家가 되었으며, 호메이니 자신은 혁명지도자로서 종신 최고지도자가 되었다. 이로써 이란의 여성들은 다시 머리에 히잡을 쓰고 차도르를 착용하며 숨죽여 살아가는 처지가 되었다. 이슬람 혁명으로 친미 팔레비 왕조가 폐지된 후 호메이니는 강력한 반미노선을 형성했으며, 이란은 오늘날까지 이슬람 시아파 원리주의가 바탕이 된 반미의 성지로 남아있다.

이란의 지식인들은 시아파 종교지도자들의 권위와 권력을 축소시키기를 원했으나 호메이니는 이슬람 종교를 바탕으로 국가를 재건하려는 생각을 갖고 있었다. 시아파 종교지도자들의 권위와 권력이 축소되기를 원했던 이란 국민은 이슬람을 바탕으로 한 혁명을 원해서 호메이니를 지지했던 게 아니라 현재의 왕정체제를 변화시키고 파괴할 수 있는 강력한 구심점이 필요했을 뿐이다. 그러나 어쨌든 이란 혁명은 이루어졌고, 길었던 독재 시대는 막을 내렸다. 혁명이 일어났던 1979년 봄 이란 국민은 혁명의 기쁨에 고취되어 있었고, 세상이 뭔가 엄청나게 바뀔 거라는 기대로 역사상 가장 흥분된 한 해를 보냈다.

미 대사관 인질 사건과 이란-이라크전쟁

1976년 당선된 미국 대통령 지미 카터는 평화와 인권신장을 위한 외교정책을 의욕적으로 추진했다. 특히 한국과 이란, 아르헨티나, 남아프리카 연방 등의 국가들과의 관계에서 인권증진은 그의 중요한 외교 목표가 되었다. 소련과 전략무기 감축조약을 체결하고 중국과도 상당한 관계 개선을 이룩했던 카터 대통령은 1978년 9월 이집트의 사다트 대통령과 메나헴 베긴 이스라엘 수상을 캠프데이비드 대통령 별장으로 초대해 벌인 협상으로 수십 년간 전쟁을 벌여온 이스라엘과 이집트를 화해시키기도 했다.

그러나 카터의 파탄은 예기치 못한 곳에서 찾아왔다. 카터 대통령이 팔레비 국왕의 미국 입국을 허용하자 1979년 11월 4일 분노한 이란 학생들이 테헤란 주재 미국대사관을 점거해 직원 52명을 인질로 잡고서 팔레비를 이란으로 돌려보내고 미국의 은행에 있는 그의 재산을 내놓을 것을 요구했다. 카터는 테러범과는 협상하지 않는다며 이러한 제의를 거절하고 인질들이 석방될 때까지 이란과의 무역을 금지한다고 발표했다. 재선을 앞두고 궁지에 몰린 카터는 대선 전에 인질 사태를 해결하려 했고, 1980년 4월 24일 온 국민의 관심 속에 이집트의 오디 카나 공군기지에서 델타포스를 태운 C-141 수송기를 이륙시켰다. 일명 '독수리 발톱 작전[아르고(Argo): 나중에 동명의 영화로도 제작되었다]'이 시작된 것이다.

특수전 수송기 외 8대의 헬기가 동원된 작전 중 레이더 탐지를 피하기 위해 저공비행으로 집결지인 '데저트 1'을 향해가던 헬기들이 모래바람으로 시계를 확보하지 못하고 계기에 의존한 채 비행하다가 2대는 엉뚱한 곳에 착륙하고 1대는 엔진에 모래 먼지가 가득 들어가는 바람이 불시착했으며 도착시간도 예정보다 한참이나 늦었다. 데저트 1에 미리 도착한 델타포스 대원들이 헬기를 기다리며 혹시 모를 이란군의 공격에 대비해 차단선을 만들던 중 그 지역을 오가는 민간버스가 이들을 발견하고 '이게 뭐지?' 하고 바라보는 황당한 상황이 발생하자 델타포스는 버스를 세우고 44명의 민간인을 인질로 잡았다. 최초의 헬기 편대는 작전시간보다 1시간 늦게, 나머지 편대는 그보다도 15분 더 늦게 데저트 1에 도착했다. 도착한 헬기는 계획과 달리 6대뿐이었고, 2대는 우여곡절 끝에 이곳에 오지도 못했다. 설상가상으로 헬기 중 1대가 유압기 고장으로 비행이 불가능해지고 결국 5대의 헬기만으로 인질 구출 작전을 수행해야 하는 상황에 이르자 델타포스는 작전을 포기했다.

그러나 그게 끝이 아니었다. 갑작스러운 모래바람 속에서 귀환을 위해 서두르던 해병대 헬기 1대가 이동 중이던 EC-130 급유기에 충돌했고, 이 충돌로 두 기체에 화재가 발생하면서 5명의 수송기 승무원과 3명의 헬기 승무원이 목숨을 잃었다. 이로써 5개월여 동안 준비했던 독수리 발톱 작전은 완전히 엉망이 되어버렸고, 미군 지휘부는 헬기를 모두 파괴하고 전원 수송기로 즉시 탈출하라는 명령을 내렸다. 미군이 이란 영토에 무단으로 침입했다는 흔적을 남겨두지 않기 위해서였지만, 혼란한 현장에서 이 명령은 제대로 전달되지 못했고 대원들은 흔적을 제대로 수습하지 못한 채 현장에서 철수했다.

다음날 이란 혁명군은 미군의 침공이 있었다는 사실을 알게 되었으며 이란 당국의 조사 결과 미국인 8명과 이란인 1명, 총 9구의 시체를 발견했다. 인질로 붙잡혀 있던 44명의 이란 민간인들로부터 증언도 녹취했다. 그런데 미군은 급히 철수하느라 독수리 발톱 작전의 모든 것이 담겨있는 문서를 남겨놓고 자리를 뜨는 바람에 작전 수립을 위해 이란에 잠입했던 비밀요원들의 이름과 활동지역 등이 모두 노출됐다.

델타포스가 철수한 다음날 새벽 1시 백악관이 이란 인질 구출 작전이 실패했음을 발표하자 국민은 실망했고 언론은 정부를 비난했다. 이 작전의 실패로 유력시되던 지미 카터 대통령은 재선에 실패했고, 다음 미국 대통령 자리는 로널드 레이건Ronald Wilson Reagan에게 돌아갔다.

독수리 발톱 작전이 실패로 돌아간 5개월 후인 1980년 9월 22일 미국의 지원을 받은 이라크의 사담 후세인 대통령은 샤트알아랍강[17] 유역 획득 및 이란 혁명정권 타도를 명분으로 이란을 침공했다. 이란과 이라크는 국민 대다수가 이슬람교도지만, 이란은 그중 80% 이상이 시아파이고, 이라크는 시아파와 수니파로 양분되어있다. 이라크는 전통적으로 소수인 수니파가 상대적으로 다수인 시아파를 지배함으로써 양국은 과거부터 갈등을 겪고 있었으며 이란이 혁명 성공으로 강경 급진 시아파가 집권하자 양국 간의 갈등이 심화되었다. 또한 이란은 페르시아제국의 후예임을, 이라크는 아랍제국의 상속자임을 자처하면서 제각기 이슬람 정통 계승자임을 주장하고, 호르무즈해협 3개 도서와 샤트알아랍강 수로의 영유권을 주장하면서 역사적 분쟁을 겪어오고 있었다. 이란 혁명 이후 이란의 시아파 정부는 이라크가 이라크 내 시아파를 박해한다고 비난하고, 이라크는 이란이 이라크 내 반정부세력을 지원하고 있다고 설전을 벌이는 등 긴장은 고조되고 국경에서 잦은 무력충돌이 발생했다.

미국은 인질 사태를 해결하려는 절박함으로 이라크를 부추겨 이란을 침공하게 했고, 서방 국가들은 이란에 등장한 이슬람 정권의 영향으

---

17 이라크 남부에서 유프라테스강과 티그리스강이 합류하여 이란과 이라크 국경을 따라 200km를 흐르는 강

로 중동지역에 반미 · 반서방 이슬람 원리주의 물결이 일 것을 우려해 전통적으로 이란과 대립 관계에 있던 이라크의 후세인 정권에 막대한 외교 · 경제 · 군사적 지원을 했다. 영국과 프랑스는 전쟁 초기부터 이라크에 상당량의 무기를 팔았고, 미국은 후세인 정권의 무차별적인 화학무기 사용과 민간인 학살도 묵인했다.

이란은 혁명의 후유증으로 내부적 혼란을 겪는 한편 서방측으로부터의 경제봉쇄조치로 원유 수출 중단과 대외자산을 동결당해 재정이 파탄지경에 이르렀으며, 군수품 공급까지 차단되어 군사전력도 약화된 상태에서 이라크를 지원하는 미국의 위협을 제거하기 위해서는 인질 사태를 종식하지 않을 수 없었다. 1980년 9월 미국이 동결한 미국 내 팔레비 왕정의 자산을 이란에 반환하기로 약속함에 따라 1981년 1월 20일 사건 발생 444일 만에 이란이 억류하고 있던 인질 전원을 석방함으로써 인질 사태는 종식되었다.[18]

이란-이라크전쟁은 양측이 서로 치명적 타격을 가하기 위해 이라

---

18 인질들이 미국의 케네디공항으로 돌아올 때 시민은 손에 손마다 노란 리본을 흔들며 열렬히 환영했다. 이는 당시 세계적으로 유행했던 토니 올란도(Tony Orlando)의 〈Tie a yellow ribbon round the ole oak tree〉의 노래가사 때문이었는데, 가사는 "절도죄로 3년 형을 마치고 출소하는 주인공이 아내에게 나를 용서한다면 마을 앞 떡갈나무에 노란 리본을 매어놓아달라고 부탁하면서 만일 고향마을을 지나는 버스를 타고 가다가 리본이 보이지 않으면 버스에서 내리지 않고 당신을 잊고 살겠다는 내용의 편지를 보냈는데 막상 버스가 마을 앞을 지날 때 떡갈나무에는 수백 개의 노란 리본이 달려있었다"는 내용이다. 이 곡이 발표된 해인 1973년은 미국이 명분 없이 개입한 베트남전쟁에서 수많은 젊은이들이 목숨을 잃거나 심각한 부상을 당해 귀국하면서 정부에 대한 불만과 반전 분위기가 고조되던 때였다. 이후 노란 리본은 "기다리고 있으니 꼭 돌아오라"는 의미를 상징하게 되었다. 또한 1980년대 필리핀에서 반마르코스 투쟁을 하던 베그니노 아키노 상원의원이 미국에서 귀국 도중 마닐라공항의 비행기 트랩을 내려오다가 머리에 총격을 당해 사망한 사건으로 촉발된 필리핀 피플혁명의 상징이 되었고, 1980년 전두환 정권으로부터 내란음모사건으로 사형선고를 받은 후 레이건 대통령의 도움으로 풀려나 미국으로 건너가 하버드대학 국제문제연구소에서 베그니노 아키노와 같이 공부하며 우정을 쌓았던 고 김대중 대통령이 1987년 창당한 평민당의 상징이 되었으며, 김대중 정권의 민주화와 통일정책을 계승하겠다고 약속한 고 노무현 대통령의 상징이 되었고, 세월호 사건의 상징이 되었다.

크가 이란의 유전지대를 공격하고 이란이 전면공격을 가하는 형태로 가열되어 페르시아만에 원유 오염사태가 발생하는 등 전쟁은 걸프만(이란은 '페르시아만'이라고 부른다) 전역으로 확대되었다. 이란은 이라크에 무기를 공급할 경우 서방국가 원유 수송로의 중추인 호르무즈해협을 봉쇄할 것이라고 선언했다. 1984년에 접어들면서 양측은 상대국을 출입하는 유조선에 무차별 공격을 가해 주변국들과 석유 공급의 대부분을 중동에 의존하고 있는 서방측 석유 소비 국가들을 긴장시켰다. 걸프협력회의GCC 회원국 중 사우디아라비아가 이란 전투기를 격추하는 사건이 발생했고, 사태를 진정시키려는 국제연합의 중재도 무산되었으며, 이라크가 이란 영공 전역을 '전쟁지역'으로 선포함과 동시에 화학무기를 사용하는 등 전쟁은 최악의 국면으로 치달았다.

테헤란의 미 대사관 인질 사건이 없었더라면 발생하지 않았을지도 모를 이란-이라크전쟁은 1년 이내에 이라크의 완전한 승리로 끝날 것이라는 서방국가의 예상과 달리 1988년 8월까지 8년 동안 100만 명 이상의 인명피해가 발생하고, 3천억 달러 이상의 전쟁 비용이 투입되는 미증유의 소모전으로 이어지면서 제2차 석유파동을 불러왔다.

제2차 석유파동과 스태그플레이션

자원이 무기가 될 수 있다는 사실을 깨달은 아랍의 산유국들은 손에 쥔 강력한 무기를 최대한 활용했다. 1978년 이란의 이슬람 혁명이 이란-이라크전쟁으로 이어지면서 유가가 다시 치솟는 중에 1978년 12월 17일 알 오비타 OPEC 회장이 "다음 해 원유가격을 14.5% 인상하겠다"는 계획을 발표하면서 제2차 석유파동이 시작되었다. 미국이 "원유가격이 오르면 완제품 가격 인상이 불가피하다"고 주장했지만, OPEC은 "선진국들이 유가 인상분을 수출품 가격에 반영하면 유가를 추가 인상하겠다"고 경고했다. 1980년 9월 이란-이라크전쟁으로 30달러 벽이 깨졌고, 사우디아라비아가 석유 무기화를 천명한 1981년 1월 두바이유는 42달러의 정점에 도달했다가 1981년 10월 34달러 선에서 유지되었다. 2차 오일쇼크 때는 6개월 만에 국제유가가 2.3배 올라 상승 폭이 1차 때보다 컸다. 그러나 예방주사를 한 번 맞았기 때문이었는지 세계적으로 제2차 석유파동의 여파는 제1차 석유파동 때에 비하면 적은 편이었다.

그러나 한국이 입은 피해는 제1차 파동 때보다 컸다. 제1차 석유파동 당시 경제성장률이 소폭의 하락 또는 제자리걸음을 했다면, 제2차 석유파동 당시에는 1979년 6.4%였던 경제성장률이 1980년 −5.7%로 추락한 것이다. 1980년대 초반까지 물가상승이 계속되었고, 무역수지 적자 폭도 커졌다. 제1차 석유파동 때는 선진국들에 비해 산업화 수준이 낮아 석유 의존도가 낮았던 반면, 제2차 석유파동 때는 중화학공업 육성의 결과로 에너지 소비가 급증한 탓이기도 했지만 무엇보다 1980년 신군부의 쿠데타로 국내 정세가 극도로 불안했던 영향도 컸다.

아랍의 산유국들은 두 번째 가격담합에서 기대만큼의 성과를 얻어내지 못했으며, 오히려 자충수로 작용한 측면이 컸다. 전 세계적인 경기후퇴는 석유 수요를 감소시켰으며, 게다가 계속되는 OPEC의 가격 횡포에 넌덜머리가 난 석유 소비국들이 중동 밖의 비OPEC 국가로 거래처를 바꾸면서 중동 석유에 대한 의존도를 줄이기 시작함으로써 제2차 석유파동은 아이러니하게도 OPEC의 전성기를 마감하는 전환점으로 작용했다. 그러나 두 차례의 석유파동을 계기로 OPEC 아래 뭉친 중동권은 국제무대에서 어느 정도 발언권을 얻게 되었다. 서방과의 첨예한 대립각을 세우게 된 것은 사실이지만, 더 이상 제국주의의 유산 아래 휘둘리지 않겠다는 선언을 한 것이나 다름없는 사건이었다. 특히 이스라엘은 중동전쟁에서 승리했으나 석유파동으로 역풍을 맞으면서 운신이

굉장히 조심스러워졌다.

경제학 교과서는 인플레이션의 원인으로 대체로 아래와 같은 유형을 제시하고 있다.

① 수요견인 인플레이션demand-pull inflation

② 비용인상 인플레이션cost-push inflation

③ 관리가격 인플레이션managed-price inflation

④ 통화(유동성) 인플레이션monetary inflation

⑤ 수요이동 인플레이션demand-shift inflation

⑥ 병목 인플레이션bottleneck inflation

1970년대 초까지 미국의 재정확대정책이 계속되면서 통화량 증가에 따른 통화 인플레이션 압박이 커지던 중에 1, 2차 오일쇼크로 석유가격이 폭등하자 급등하고 있던 물가에 기름을 부은 격이 되어 비용인상 인플레이션이 본격화되었다. 앞서 언급했듯이 불황기의 비용인상 인플레이션은 스태그플레이션stagflation의 다른 이름이다. 석유가격 인상은 제품가격을 인상시키고 수요와 함께 생산을 축소시켰다. 고용이 축소되어 실업이 증가하면서 경기를 침체시켰고, 가격상승에 따른 인플레이션이 동시에 발생했다. 생산의 축소가 고용을 감소시키고, 소득감소 > 소비의 축소 > 수요의 감소에서 다시 생산을 감소시키는 악순환의 고리에서 빠져나오지 못했다.

케인즈 경제학에 따르면 불경기에는 수요 부족으로 가격이 하락하는 것이 일반적이지만, 스태그플레이션이 나타나면 국민소득이 감소하는 경기 침체기에도 물가수준이 지속해서 상승하는 인플레이션이 동시에 발생하게 되는데, 1970년대 1, 2차 오일쇼크가 초래한 스태그플레이션은 "실업률이 떨어지면 물가는 오르고, 실업률이 올라가면 물가는 떨어진다"는 필립스곡선Phillips Curve에 기초한 케인지언들의 경제이론의 기반을 무너뜨리고 말았다.

유효수요라는 수요 측면만 바라본 케인즈 경제학의 총수요 관리정책은 스태그플레이션 국면에서 통화량을 늘리지도 줄이지도 못하는 딜레마에 빠졌고, 역사상 처음 경험하는 스태그플레이션을 해결할 수 없게 된 케인지언들은 당황하기 시작했다. 케인즈의 유효수요이론이 큰 타격을 받으면서 낙관적 세계관에 기반을 둔 복지국가론도 흔들리게 되었으며, 제2차 세계대전의 상처를 회복하고 경제성장을 맛보던 자본주의는 약 25년간의 '영광의 시대'를 지나 '불안정의 시대'로 접어들게 되었다.

케인지언들이 스태그플레이션의 원인으로 오일쇼크를 지목할 때 하이에크의 화폐이론을 발전시켜 통화주의로 정립한 밀턴 프리드먼은 1974년 6월 케인즈주의자들의 변명을 일축하면서 인플레이션의 원인은 생산에 비해 통화량이 너무 많았던 데 있다면서 생산량을 초과한 통화량의 증가비율만큼 물가 상승이 불가피하다고 반박했다.

1974년 하이에크의 노벨상 수상에 이어 1976년 프리드먼이 노벨상을 수상하자 케인즈주의는 종언을 고하게 되었고, 세계경제는 하이에크와 프리드먼의 지혜를 받아들여 10년간의 스태그플레이션에서 탈출하기 시작했다.

케인즈 경제학이 더 이상 기능을 발휘하지 못하게 되자 약 40년간 숨죽이며 때를 기다리던 프리드리히 하이에크와 밀턴 프리드먼의 신자유주의가 주목받게 되었으며, 미국의 로널드 레이건과 영국의 마거릿 대처로 대표되는 신자유주의 시대가 도래하게 되었다.

THE AUTUMN OF CAPITALISM

제4부

신자유주의 시대

제9장

자유주의사상의 변천

지금까지 자본주의가 형성되던 초기 자본주의 시대부터 케인즈 경제학이 지배하던 시기까지를 살펴보았다. 4부 이후는 현재 전 세계경제를 지배하고 이끌어가고 있는 신자유주의에 대해 이야기하고자 하며, 신자유주의를 이해하기 위해서는 먼저 고전적 자유주의와 근대 자유주의에 대해 정리하고 들어갈 필요가 있겠다.

고전적 자유주의

봉건제가 붕괴되고 들어선 절대왕정은 국가운영과 세력 확장을 위한 군사력 확충을 위해 막대한 군비 지출이 불가피해지면서 많은 돈이 필요하게 되자 상인들은 국왕에게 자금을 지원해주는 대신 국왕의 군사력을 이용해 자신들의 침탈적 무역활동에 도움을 받는 등 이해관계가 부합했다. 근세 절대주의 국가의 성립기부터 영국의 산업혁명 개시기에 이르는 약 300년간 유럽의 여러 나라에서 지배적인 경제이론·정책이었던 중상주의는 한 국가의 부富가 보유한 금과 은으로 측정된다는 사고에 바탕을 둔 것이었다. 당시에는 물건을 사려면 금·은이 필요했기 때문에 금 · 은을 많이 보유할수록 부자가 된다고 생각했으며, 모든 나라는 금 · 은을 확보하는 데 집중했다. 이러한 인식하에 국내적으로는 생산 활동을 장려해 수출을 유도하고 외부로부터의 수입을 억제해 국가에 유입된 화폐가 외국으로 유출되지 않도록 해야 한다고 생각했다. 이러한 중상주의는 오늘날의 보호무역주의와도 궤를 같이하는 것으로 생산력 증대와 이를 수용하기 위한 시장 확대를 위해 식민지 정복을 통한 판로확장을 추구하면서 오랫동안 상식으로 받아들여져왔다.

엘리자베스 1세 이후 보호무역주의를 시행한 영국은 이러한 정책 기조 덕분에 많은 금 · 은이 쌓이게 되었고, 이러한 금 · 은을 바탕으로 전쟁에서 승리해 바다의 패권을 차지한 후 많은 식민지를 확보해 국력을 기른 것이 사실이다. 그러나 국가는 부유해지고 강력해졌지만 내부적으로 국민까지 부유해지지는 않았다. 보호무역주의로 인해 사실상 경제는 성장하지 않으면서 식민지에서 수탈해온 금 · 은을 축적하기만 하는 정부정책 때문에 화폐의 양이 늘어나면서 심각한 인플레이션에 시달리게 되었고, 일반 국민의 고통은 심해졌다. 이러한 상황이 계속되자 '국가가 강해지고 부자가 되면 개인도 부자가 되는 것인가? 국가 단위에서만 경제를 바라보고 해석해서 지배계급의 이해관계에만 주목하는 게 아닌가? 실제로 자국 내 산업을 보호한다고 하지만 이 정책으로 지배계급만 이득을 보는 것은 아닐까? 왜 국가의 부를 금 · 은의 양으로 정의하는 것인가?' 등의 의문과 함께 중상주의에 대한 비판의 목소리가 나오기 시작했다.

'자유방임주의'라고도 불리는 고전적 자유주의는 이러한 18세기 중상주의에 대한 반작용으로 프랑스의 중농학파들에 의해 처음 주장되었고, 후에 애덤 스미스Adam Smith에 의해 정리된 경제적 자유에 관한 이념이자 철학이다. 18세기 스코틀랜드에서 인간의 윤리에 관한 책《도덕감정론The Theory of Moral Sentiments》을 출간하면서 유럽 전역에서 유명해진

철학자 애덤 스미스는 이후 12년간의 연구 끝에 《국부론Wealth of nation(원제: 국가의 부의 본질과 원인에 대한 연구)》을 출간했다. 이 책으로 철학자보다 경제학자로서 더 이름이 알려진 애덤 스미스는 '최초의 경제학자' 또는 '경제학의 아버지'로 불리게 되었다.

《국부론》은 경제학적 원리가 사회 전반에 어떤 방식으로 적용되어 우리의 삶을 변화시키는지에 대해 기술한 방대한 이론서로서 이 책에서 애덤 스미스는 "국가의 부란 국가가 보유한 화폐량(금·은)의 양에 좌우되는 것이 아니라 국가나 시장의 규모에 따라 발생하는 생산 활동과 소비, 그리고 그것이 이루어지는 거래활동(교환)의 크기, 즉 국민 전체가 소비하는 상품의 양으로 결정된다"고 새롭게 정의했다. 다시 말해 부를 극대화하기 위해서는 시장에서의 경제활동(생산, 소비 및 교환)의 크기가 절대적이며, 화폐의 양이란 시장에서의 거래 규모를 뒷받침하기 위한 부수적인 결과물에 불과하다는 것이다. 나아가 부의 확대를 위해 시장을 폐쇄적인 한 국가로 한정 지을 필요가 없고 비효율을 만들어내는 규제를 철폐하여 국가 간의 교역을 촉진해야 한다고 주장했으며, 중상주의자들이 생각했던 절대우위가 아니라 비교우위를 가진 상품들에 특화하여 생산해야 궁극적으로 국가 간의 교역이 가능해진다는 것을 증명했다.[1]

그리고 애덤 스미스가 생각한 국부가 증가하는 과정은 자신의 이익을 위해 이웃이 원하는 상품을 생산하고 이때 일어나는 경쟁 때문에 생산자는 자기 이익을 최대화하는 대신 소비자가 구매할 수 있는 가격으로 판매함으로써 자연스럽게 개인의 이익추구가 사회 전체의 이익과 조

---

1 예를 들어 영국이 A 상품을 100원에 B 상품을 200원에 만들 수 있고 프랑스가 A 상품을 120원에 B 상품을 210원에 만들 수 있다고 가정할 때, 절대우위론에 따르면 A, B 상품을 더 낮은 가격으로 생산할 수 있는 영국이 A, B 상품 모두를 프랑스에 수출하게 되지만, 비교우위론은 프랑스가 A 상품은 영국의 120% 가격에, B 상품은 영국의 105% 가격에 각각 생산할 수 있으므로 영국은 A 상품을, 프랑스는 B 상품을 각각 수출하게 된다고 분석한다.

화를 이루게 된다고 설명했다. 애덤 스미스는《국부론》제1권에서 분업에 따른 생산성의 증대가 어떻게 노동임금을 결정짓는지, 생산된 상품에 내재된 자연가격은 어떻게 책정되는지, 그리고 수요 · 공급의 원리에 따라 상품의 적정시장가격이 어떻게 유지되는지 등에 대해 다루면서 개인의 이익을 최대한 추구하는 자유로운 경제활동이 이루어지기 위해서는 '보이지 않는 손invisible hand', 즉 '시장기구 또는 가격기구'에 의해서만 경제활동을 통제해야 한다고 주장했다. 다시 말해 누군가 나서서 강제로 시장 질서를 만들게 되면 그 속에 어떤 이해관계가 충분히 들어갈 수 있게 되지만, 개인들끼리 자신의 이익을 위해 살다 보면 '보이지 않는 손'에 의해 자연스럽게 시장균형이 일어나고 이는 결국 공공의 이익 증진에 기여하게 된다는 것이다. 그는 자유로운 시장만이 개인과 국가를 부자로 만든다고 하면서 "시장을 그냥 내버려두라"고 요구했다.

이를 위해 국가의 역할은 단순히 치안과 국방에 머물러야 한다. 즉, 애덤 스미스가 이상적이라고 생각했던 국가는 소극적인 국가, 작은 국가여야 하며 이것은 흔히 '야경국가'라고 불렸다. 애덤 스미스가 바라본 고전적 자유주의 경제학에 따르면 자본주의체제란 자체의 회복기능과 자동조절능력을 갖춘 자동장치였다. 19세기 유럽은 부르주아가 애덤 스미스의 국부론을 지지하면서 자유방임시대로 접어들었다.

애덤 스미스의 위대한 통찰 중 하나는 자유시장 제도를 이용하면 개인의 이기심과 공공의 이익을 조화시킬 수 있다는 것을 발견한 것이다. 즉 보이지 않는 손의 지배를 받으면 가격과 이윤의 신호등 역할로 자원이 효율적으로 배분되고, 이로 인해 개인의 탐욕이 공익적 목적에도 기여하게 된다는 것이다.

이러한 고전적 자유주의는 계몽주의사상의 영향에 힘입은 시민혁명 이후 절대왕정과 종교적 억압 같은 봉건적 굴레에서 벗어난 시민이 군주가 없어도, 신의 지배가 없어도 인간의 이성으로 진보해나갈 수 있다는 신념을 갖게 되면서 군주와 신의 종속으로부터 벗어난 시민의 지위상승에 따른 자유에 대한 갈망의 표출이라고도 볼 수 있다. 고전적 자유주의는 중상주의를 비판하고 봉건권력과 종교권력에 저항하는 신흥 부르주아계급(산업자본가)의 경제적 · 정치적 이해를 대변했다. 고전적 자유주의에서 말하는 '자유'는 "봉건국가로부터 해방된 개인의 국가 · 사회의 전통적 지배로부터의 자유"를 의미하는 것이라는 점에서 역사발전에 진보적인 기여를 했다.

이처럼 애덤 스미스는 사회 전체에 부를 증대시키는 것은 자유라고 보았으나 자유무역을 신봉하고, 거대정부를 반대하고, 자유시장경제를 지지했던 많은 사람들이 애덤 스미스를 자기의 편의에 따라 해석하고 왜곡했다. 그 결과 《국부론》은 산업혁명 이후 열악한 노동환경에 놓인 노동자를 위한 인도주의적 법령을 반대하는 데 흔히 인용되었으며, 《국부론》을 지지했던 신흥 자본가계급은 정부의 모든 규제가 시장의 자유를 방해한다고 주장하기도 했다. 이러한 편의에 따른 왜곡은 1980년대 이후 뒤에 살펴볼 신자유주의자들에 의해 또다시 반복된다.

'자유로운 개인의 이익추구'는 애덤 스미스가 부자들의 편이라는 오해를 불러오기도 했지만, 실상 애덤 스미스는 개인의 경제적 이기심은 사회도덕적 한계 내에서만 허용되어야 한다고 요구했을 뿐 인간의 끝없는 이기심을 결코 허용한 적이 없다. 그는 인간이 본성적으로 지닌 이기심과 이기적 행동을 공공의 이익으로 전환할 수 있을 거라고 믿었고, 인간의 도덕적 범위 내에서 완전히 자유로운 시장체제를 추구했다.

애덤 스미스가 시장의 자유를 이토록 강조했던 이유는 18세기 당시 정부가 특권층에게 부여하던 독점권, 특허권, 보조금 등의 각종 혜택이 일반 국민에게 해악이 되는 정책임을 지적하고 비판하기 위한 것이다. 그는 빈민에 대해 연민을 느꼈으며, 대중을 돕는 최선의 길은 특권층에 대한 특혜를 배제하고 자유시장 경제체제를 적용하는 것이라고 보았다. 국가의 부를 증진하기 위한 분업을 찬양하면서도 분업이 노동자들에게 미칠 악영향을 우려했던 애덤 스미스는 대안으로 노동자를 위한 공교육을 제안하기도 했으며, 국가의 부를 증진하기 위해 정부의 시장 간섭을 반대하면서도 공공기관과 공공사업을 설립 · 유지하는 정부의 역할도 강조했던 철학자이자 최초의 경제학자였다.

애덤 스미스는 산업혁명 이후 분업과 대량생산 시스템 그리고 식민지정책에 힘입어 막대한 수익을 벌어들임으로써 봉건권력의 자리를 대체한 자본가계급이 더 많은 이익을 창출하기 위해 시장을 왜곡할 가능성에 대해 늘 경계했으며, 《국부론》 제1권 11장에 아래와 같이 썼다.

> "이 계급(신흥 자본가계급)이 제안하는 상업적 법률 · 규제 등에 대해서는 항상 큰 경계심을 가져야 하며 오랫동안 신중하게 검토한 뒤 채택해야 한다. 왜냐하면 그들의 이익은 공공의 이익과 결코 정확히 일치하지 않으며 심지어 사회를 기만하고 억압하는 것이 그들의 이익이 되기 때문이다."

《국부론》은 최초로 자유시장체제를 형성한 기본 틀이 되었으며, 자본주의가 작동하는 기본원리를 가장 정확하게 설명하고 있다. 고전적 자유주의에 따라 국가는 개인들의 경제활동에 대해 최소한의 제재를 가하는 데 그쳤고, 그에 따라 효율성의 극대화라는 장점을 가져왔지만 그와 반대로 부가 편중되어 빈부격차가 커지고 불균형이 심화되는 폐해가 생겨나기도 했다.

어쨌든 고전적 자유주의는 1929년 세계 대공황이 시작된 후 케인즈 경제이론이 대안으로 등장할 때까지 미국과 유럽 선진국들의 경제이론과 경제정책의 기반이 되었다.

근대 자유주의

고전적 자유주의가 봉건권력과 종교권력으로부터의 자유를 의미한 데 대해 근대 자유주의는 산업혁명과 공장, 기계와 분업을 통해 만들어낸 대량생산물로 막대한 부를 축적하면서 새로운 권력으로 등장한 자본으로부터의 자유를 의미한다.

시민혁명의 결과 봉건권력으로부터 '정치적 자유'를 쟁취한 시민, 노동자들은 보이지 않는 손의 원리가 작동했던 고전적 자유주의 기간을 지나 19세기에 이르러 기업과 자본에 '경제적 자유'를 빼앗기게 되었다. 이제 자유는 기업만이 가지고 있는 자유로 고착화되었고, 기업은 자유로운 활동의 결과 힘이 점점 강화되고 독점화되어가는 반면 생계유지를 위해 기업에 종속될 수밖에 없었던 노동자 개개인은 스스로의 힘으로 더 나은 삶을 추구할 기회를 상실하고 점점 자본에 예속될 수밖에 없게 되었다.

이제 점점 강화되어가는 자본의 힘을 제어할 수 있는 것은 국가밖에 없게 되었다. 기업과 자본의 힘을 어느 정도 제어하고 다시 개인의 자유를 확대하기 위해 국가가 어떤 역할을 해야 한다는 요구가 커지게 되었고, 이러한 시대 상황의 변화에 따라 필연적으로 근대적 자유주의가 성립하게 되었으며, 경제 부문에서 '케인즈 경제이론'이 근대적 자유주의를 대변하게 되었다.

1929년 뉴욕발 세계 대공황이 발생하자 고전적 자유주의사상에 기반한 자본주의는 자생적 회복능력을 상실했으며, 국가의 적극적 개입 없이는 정상적으로 작동될 수 없다는 것이 확인되었다.

케인즈는 전 세계가 대공황의 늪에서 헤어나지 못하고 고전학파 경제학자들이 '보이지 않는 손'에 의한 자동회복능력이 다시 시장을 안정화시켜주기만을 넋 놓고 기다리던 1935년, 지금은 《일반이론》으로 통용되는《고용 · 이자 및 화폐에 관한 일반이론》을 출간함으로써 케인즈 혁명의 시동을 걸었다.《일반이론》은 '자본주의 경제변동을 연구할 수 있는 새롭고 현실적인 이론체계는 어떤 것이어야 하는가?'라는 케인즈가 가졌던 집요한 의문의 결과로 탄생한 것이다.

고전경제학은 자본주의체제가 자체의 회복기능과 자동조절능력을 갖춘 자동장치라고 생각했으나 케인즈는 시장기능이 불완전고용을 해소하고 완전고용을 실현할 수 있을 만큼 충분한 조절능력을 지니고 있지 않다는 사실을 지적하면서 가격의 경직성으로 인해 근본적으로 조절기능이 작동될 수 없다는 점에 공격의 화살을 집중시켰다. 케인지언들은 성장과 완전고용 그리고 사회보장을 위해 "국가가 시장에 직접 개입하는 것이 필요하다"고 주장했으며, 이를 위해 국가재정의 확대와 독점자본 · 금융자본에 대한 각종 통제와 규제를 요구하고 노동자 계급의 경제적 · 정치적 권리도 제도화해야 한다고 주장했다.

케인즈 정책의 가장 실용적이고 창조적인 공헌 중 하나는 정부예산을 민간지출 부족분을 보완하는 경제안정을 위한 도구로 이용했다는 사실이다. 그는 불경기에는 적자예산으로 유효수요를 창출하고, 호경기에는 총지출을 줄임으로써 인플레이션 압력을 억제해야 하기 때문에 흑자예산을 편성해야 한다고 주장했다. 1930년대 이전의 정부재정에 대한 지배적인 견해는 균형예산 원칙이었기 때문에 케인즈의 이러한 불균형예산주의는 매우 과격한 제안으로 생각되었다.

케인즈가 현대경제학의 커다란 한 분야인 거시경제학을 창조했을 뿐만 아니라 거시경제에 대한 정부개입의 길을 열었다는 역사적인 업적은 의심할 여지가 없다. 케인즈 경제학은 제1차 세계대전 이후 세계적인 공황을 겪은 많은 나라들의 경제정책에 이론적 토대를 제공했다. 미국과 영국 등 선진 국가들은 케인즈 이론을 도입한 수정자본주의를 채택했는데, 그 요체는 "정부가 시장에 적극적으로 개입하여 소득평준화와 완전고용을 이룸으로써 복지국가를 지향하는 것"이다. 이에 힘입어 시장의 독점성을 제한하기 위해 국가가 개입하게 되었고, 시장의 실패에 대한 정부의 역할이 강화되면서 자본주의를 수정해 새로운 사회를 이끌어가고자 하는 부류가 '근대적 자유주의'의 문을 열었다.

1965년 말 〈타임Times〉지는 존 메이너드 케인즈의 얼굴을 표지에 싣고 케인즈 경제학에 대해 거의 도취된 듯 아래와 같이 칭송했다.[2]

> "케인즈가 사망한 지 20년이 지난 지금 그의 이론은 세계 자유주의경제, 그중에서도 가장 부유하고 확장된 미국 경제에 주도적인 영향을 미치고 있다. 워싱턴에서는 나라의 경제정책을 수립하는 인사들이 케인즈 이론을 이용하여 전전(戰前)의 심한 경기변동을 방지했을 뿐만 아니라 전후(前後)에는 눈부신 경제성장을 실현했고 뚜렷한 물가안정에 성공했다. … 그리하여 이제는 케인즈와 그의 주장이 일부 인사들의 신경을 자극하고 있기는 하지만 널리 퍼졌으며, 대학에서는 신정통파 이론으로 자리를 굳혔고 워싱턴에서는 경제 운영의 기본으로 인정되기에 이르렀다. … 케인즈의 주장은 독창적이고 설득력이 있기 때문에 그는 이제 애덤 스미스(Adam Smith)나 칼 마르크스(Karl Marx)와 더불어 경제사(經濟史)상 가장 중요한 경제학자 중 한 사람으로 자리를 굳혔다."

케인즈는 생산수단의 국유화에 반대함과 동시에 민간부문을 견제하기 위한 정부의 역할을 중시했다. 그러나 마르크스주의자Marxist들은 케인즈 경제학에 대해 "원래 고유의 결함을 지니고 있는 자본주의체제를 부추겨 역사적인 사회주의 실현을 지연시키는 학문"이라며 독설을 퍼부었다. 자본의 무한축적성향無限蓄積性向으로 인해 어차피 전 세계가

2 《누가 케인즈를 죽였나?》, p. 77.

공산화 또는 사회주의로 가는 것이 역사의 순리인데, 케인즈가 그러한 순리를 거스른다고 보았다. 마르크스주의자들의 비판에 따르면 케인즈 경제학은 자본주의에 위기가 왔을 때 공공지출을 확대하여 공황을 완화시킴으로써 전 세계 국가의 사회주의화 경향을 돌려세운 것이라 볼 수 있겠지만, 이와 반대로 신자유주의자들은 국가개입의 확대는 사회주의적인 것이며 이는 곧 나치즘이나 파시즘 같은 전체주의로 가는 길이라며 케인즈를 비판했다.

'케인즈 혁명'이라 불리는 케인즈의 경제이론은 1929년 발생한 세계 대공황을 극복하고 1930년대 이후 전 세계 자본주의 국가의 경제성장과 '영광의 시대'로 불리는 자본주의의 황금기를 이끌어왔으나 1970년대 이후 통화량 팽창과 석유파동의 여파로 세계적인 스태그플레이션이 몰아닥치자 달러의 위기와 함께 파산하고 말았으며, 케인즈주의의 국제적 협력체계인 브레튼우즈체제도 수명을 다하고 말았다.

그러자 오랜 시간 때를 기다리며 절치부심하던 시카고학파로 대표되는 신자유주의자들이 케인즈주의를 세계적인 불황의 원인으로 지목하고 비판하면서 전면에 등장하게 되었으며, 신자유주의 시대의 문을 활짝 열었다.

신자유주의

신자유주의neo-liberalism는 제2차 세계대전이 끝나가던 무렵인 1944년 프리드리히 하이에크Friedrich Hayek가 《노예의 길The Road to Serfdom》을 발표한 이후 오랫동안 숨죽여 지내다가 1970년대 후반 전 세계적인 스태그플레이션이 발생하고 장기불황 국면에 들어가자 그 원인을 케인즈 경제이론을 도입한 수정자본주의 탓으로 돌리고 세계적인 불황에서 벗어나기 위해서는 다시 경제적 자유방임주의를 채택해야 한다고 주장하면서 등장했다.

신자유주의자들은 1970년대 이후 나타난 장기불황과 스태그플레이션 문제를 무리한 복지정책과 공공부문의 확대, 자본에 대한 정부의 지나친 개입 때문에 초래되었다고 진단하고, '정부의 시장개입'으로 대표되는 케인즈 경제학에 기반을 둔 경제정책이 실패한 결과라고 지적하면서 이에 대한 비판과 '초국가적 자본의 세계화 흐름'에 기반을 둔 경제적 자유주의를 배경으로 등장했다.

케인즈의 유효수요이론과 비슷한 시기인 1930년대에 시작된 신자유주의에 대한 연구가 오랫동안 경제학계의 지지를 받지 못하다가 40여년이 지난 시기에 지배적 경제사상으로 빠르게 확산한 배경에는 1970년대 후반 이후의 스태그플레이션에 따른 케인즈 경제학의 파산, 1990년대 초반 냉전의 종식과 소련의 붕괴, 그리고 동구권의 몰락과 함께 자유진영에서의 공산주의 운동이 퇴조하면서 나타난 자유주의의 승리 분위기에 힘입은 바 크다. 이것이 국가주도의 계획경제에 대한 불신과 자유주의경제에 대한 확신을 불러왔으며, 하이에크가 주도한 집요한 정치·사상적 운동이 비로소 꽃피우는 계기가 된 것이다.

신자유주의의 주요 처방은 아래 다섯 가지로 요약할 수 있다.

첫째, 경제에서 시장의 지배를 원칙으로 삼고 경제활동에 관한 규제완화를 요구한다.

둘째, 통화긴축과 인플레이션 억제, 정부 기능의 축소와 사회보장서비스를 위한 정부지출의 삭감을 주장한다.

셋째, 공기업 나아가 의료·연금 등 사회 인프라에 대한 민영화와 사유화를 요구한다.

넷째, 노동조합을 분쇄하고 노동시장을 유연화한다.

다섯째, 자본시장과 금융시장을 자유화하여 국경을 넘어 자본의 자유로운 이동을 보장한다.

국가의 개입으로부터 시장을 자유화하고, 시장의 기능과 민간의 자유로운 활동을 중시하는 신자유주의자들의 주장은 닉슨 행정부의 경제정책에 반영되었고, 이후 영국의 대처리즘Thatcherism(작고도 강한 정부론)과 미국 레이거노믹스Reaganomics의 이론적 근간이 되었다. 이후 신자유주의는 월스트리트와 레이건 행정부(미 재무부), IMF와 세계은행 등 3각 동맹에 의한 '워싱턴 합의Washington consensus'[3]에 의해 남미의 칠레를 필두로 외환위기를 겪는 개발도상국에 구제금융의 대가로 수출되었으며, 1980년대 라틴아메리카 대부분 국가와 1990년대 말 외환위기를 겪은 우리나라를 포함한 동남아시아 여러 나라로 확산되었다.

한신대학교 김성구 교수는 《신자유주의와 공모자들》에서 오늘날 통상 신자유주의라고 일컬어지는 하이에크와 프리드먼의 경제사상에 대해 "고전적 자유주의 경제사상을 교조적으로 대변한 것에 불과하다"고 평가하면서 이에 대해 '구舊자유주의'라고 부르고 1930년대 독일의 발터 오이켄Walter Eucken에 의해 제시된 '질서자유주의'를 진정한 신자유주의라고 평가한다. 그리고 "질서자유주의는 독일 신자유주의의 이론적 뿌리로서 시장경제는 국가를 통한 질서의 창출과 유지 없이는 작동할 수 없다"고 하면서 국가의 적극적인 질서정책을 경제정책의 원리로 제시했다. 독일에서는 전후에 질서자유주의가 '사회적 시장경제'로 발전

---

3 미국식 시장경제체제(신자유주의)를 개발도상국의 발전모델로 하자는 내용의 합의로 1989년 미국의 정치경제학자 윌리엄슨(Williamson, J.)이 중남미 국가들의 경제위기에 대한 처방을 제시하는 글에서 이를 '워싱턴 합의(Washington consensus)'라고 명명한 데서 유래한다. 재정긴축, 민영화, 시장자유화를 3대 기본정책으로 한다.

했고, 국시國是로 경제부흥의 정책적 토대가 되었다. 구자유주의는 국가가 시장과정에 직접 개입해서는 안 된다고 요구하는 데 반하여 오이켄의 질서자유주의는 국가가 시장경제의 기본질서 창출을 넘어 질서 유지를 위한 경제정책도 수행해야 한다고 요구한다. 이런 의미에서 오이켄의 질서자유주의를 고전적 자유주의(=구자유주의)와 구별하여 특별히 신자유주의로 명명하는 이유가 있다고 설명한다.[4]

이러한 견해는 상당히 공감이 가고 타당할 뿐만 아니라 세계적인 경제구조를 왜곡해온 영미권의 신자유주의를 따르지 않고 오이켄의 질서자유주의에 따라 전개되었더라면 지금 같은 불공정과 불균형, 빈부격차의 심화, 그리고 국제적 종속구조 심화는 피할 수 있지 않았을까 하는 아쉬움이 든다. 하지만 김성구 교수가 지적한 바와 같이 정작 오이켄으로 대표되는 진정한 신자유주의는 있는지 없는지도 모르게 묻혀버렸고, 미국의 경제학과 자본의 세계적인 헤게모니로 인해 이미 하이에크와 프리드먼으로 대표되는 영미권의 자유주의가 신자유주의로 일반화되어버린 지 오래다. 이러한 이유로 이 책에서 사용되는 '신자유주의'라는 용어는 영미권에서 확산된 신자유주의를 전제로 사용될 것이다.

그런 의미에서 신자유주의는 19세기의 자유방임주의와 경제적 자유주의가 20세기 말에 부활한 것에 불과하며, 일관된 핵심은 국가의 역할을 축소하고 시장의 지배를 최우선시하는 것이다. 1929년 대공황으로 인해 자유시장경제의 역사적 귀결이 파국임을 이미 확인했음에도 케인즈주의가 그 효력을 상실했다고 해서 다시 자유주의 시장경제로 복귀하려는 것은 애초에 진정한 의미의 대안이 될 수 없는 것이었다. 어떤 의미에서 신자유주의는 경제학자들의 이론이나 정책에 관한 연구 결과라기

4 김성구, 《신자유주의와 공모자들: 왜 우리는 신자유주의에 지배당하게 되었나》, 나름북스, 2014, pp. 21-22.

보다는 경제학자들로부터 출발해 이를 환호하는 기업과 자본의 지원을 받으면서 먹고사는 언론과 관료를 포괄하는 집단의 이데올로기 운동이라고 보는 것이 타당할 것이기 때문이다.

제10장
신자유주의의 등장

1970년대 후반 스태그플레이션의 세계적 확산으로 케인즈의 수요관리정책이 무너질 때 신자유주의자들이 40년 이상 집요하게 준비해온 이데올로기 운동이 조명받기 시작하자 밀턴 프리드먼은 "당신들이 변해야 할 시간이 되었을 때 대안은 이미 준비되어 있었다"고 외치면서 신자유주의 시대의 서막을 열었다. 그 후 신자유주의는 30여 년간 세계경제를 지배해왔으며, 2008년 뉴욕발 세계금융위기를 신호탄으로 파국을 맞은 것은 신자유주의 스스로 초래한 것이며 역사적으로 필연이었다고 보아야 할 것이다.

글로벌 금융위기를 겪으면서 신자유주의의 실패가 확인되었고 사실상 종말을 고한 지 10여 년이 지났으나 안타깝게도 아직 그다음의 대안은 준비되지 않고 있다. 죽은 유령과도 같은 신자유주의가 아직도 떠돌아다니고 있으며, 현재의 위기에 대한 타개책도 신자유주의를 벗어나지 못하고 그 안에서 찾고 있다.[5]

---

5 팟캐스트 〈이럿타〉 40회 〈신자유주의란 무엇인가?〉 참고.

신자유주의 아버지: 프리드리히 하이에크

오스트리아에서 태어난 영국의 경제학자이자 정치철학자인 프리드리히 하이에크Friedrich Hayek, 1899~1992는 신자유주의자들의 사상적 아버지로 불린다. 1899년 오스트리아에서 태어나 빈대학교에서 1921년 법학박사, 1923년 정치학 박사학위를 취득했다. 39세였던 1938년 영국 시민권을 취득했고, 1944년 3월 《노예의 길The Road to Serfdom》을 출간했으며, 그해 9월 이 책이 미국 시카고대학에서 출판되었을 때는 영국에서보다 더 큰 인기를 얻게 되었다. 1949~1950년 미국 아칸소대학의 객원교수로 지낸 후 시카고대학 교수가 되었는데, 이 시기 하이에크의 봉급은 대학이 아니라 보수자유주의 단체인 윌리엄 볼커 기금William Volker Fund이 지원했다.

하이에크는 1940년대 신자유주의적 환대서양 네트워크를 조직해 학자, 언론, 연구소, 기업가들을 조직화했다. 유럽의 자유주의와 미국의 시장주의가 결합하자 백만장자들과 헤리티지재단Heritage Foundation 등 부자들이 세운 재단은 연구소에 많은 자금을 지원했다. 하이에크 자신은 신자유주의는 부자를 위한 사상이 아니라고 생각했으나 정작 부자들은 신자유주의가 주장하는 자유에서 "규제나 세금으로부터 자유로워질 기회"를 발견했으며, 당연히 신자유주의 연구에 막대한 지원을 했다.

1974년 화폐와 경제변동에 관한 연구로 스웨덴의 경제학자 군나르 뮈르달Karl Gunnar Myrdal과 더불어 노벨 경제학상을 수상했으며, 1991년에는 미국 대통령 자유메달U. S. Presidential Medal of Freedom을 받았다. 그의 몇 권의 저서 중 《노예의 길》이 신자유주의를 탄생시킨 사상적 근원이 되었다.

하이에크는 자유주의경제가 위협받고 있다고 생각하는 프랭크 나이트, 밀턴 프리드먼 등과 함께 자유주의 정치경제학자들을 위한 국제포럼인 '몽페를랭회Mont Pèlerin Society'[6]를 구성하기 위해 함께 일했으며, 이후에 환대서양 네트워크 같은 신자유주의 인터내셔널을 구축하기도 했다. 하이에크가 주목받기 시작한 것은 1970년대 세계가 스태그플레이션에 빠진 이후이지만, 그가 《노예의 길》을 쓰기 훨씬 이전인 1930년대부터 당대 최고의 경제학자로 칭송받던 케인즈와 논쟁을 벌였다. 하이에크는 케인즈의 유효수요이론을 사회주의적 계획경제정책이라고 비판하면서 정부지출을 통한 화폐량 증가는 반드시 인플레이션을 낳고 인플레이션이 과도한 호황(boom)이 되는 순간 위기와 침체, 즉 불황(bust)으로 이어진다고 주장하면서 케인즈를 맹비난한 바 있다.

케인즈주의의 정부지출정책이 세상을 지배하게 되면서 하이에크의 자유시장이론은 주목받지 못한 채 철저히 외면당했고, 하이에크는 케인즈에게 패배한 이후에도 낡은 자유시장의 깃발을 붙들고 있는 시대착오적인 사상가로 치부되었다. 하지만 하이에크는 제자들에게 "케인즈의 이론이 잘못되었다는 것이 판명될 때까지는 오랜 시간이 걸릴 것이다. 그러나 그때는 반드시 온다"며 신념을 굽히지 않았다. 나아가 경제학을 넘어 사회주의 계획경제와 전쟁을 벌이는 사상전에 한층 더 심혈을 기울였다.

하이에크에 따르면 통화량이 늘어나면 시중에 돈이 넘치게 되고 돈의 가치가 떨어지게 된다. 돈의 가치란 금리를 말하며, 따라서 정부지출이 없을 때 자유시장에서 형성되는 금리보다 통화량이 팽창될 때의 금리는 낮을 수밖에 없고, 금리가 낮으면 생산자는 과잉투자를 하게 되고 소비자 역시 과잉소비를 하게 되는 호황이 일어난다. 특히 주식시장과 부

6 1947년 4월 10일 스위스의 몽페를랭 리조트에서 대부분은 경제학자들이고 일부는 역사학자 또는 철학자인 39명의 학자들이 모인 자리에서 "지구를 휩쓸고 있는 마르크스주의자와 케인지언의 기획"에 맞서 싸우기 위해 프리드리히 하이에크에 의해 조직된 고전적 자유주의 국제단체

동산시장으로 대표되는 자산시장에서 큰 호황이 발생하게 된다는 것이다. 하지만 호황은 영원히 지속될 수 없으며, 어느 순간 인플레이션이 과도하게 발생하고 사람들이 그 가격을 감당하지 못하게 되는 순간 물건 판매는 줄어들고 가격이 하락해 기업은 생산을 줄이게 되고 결국 고용이 줄어들게 되는데, 이것이 경기변동의 '위기crisis' 국면이라는 것이다.

실업이 늘어나면 근로자의 수입이 감소해 소비가 줄고, 물건이 팔리지 않으면서 과잉 생산된 물품이 쌓여 이익을 내지 못하는 기업이 파산한다. 기업이 파산하면 대규모 실업이 발생해 수입이 사라진 개인들은 결국 보유한 자산을 팔 수밖에 없으므로 주식과 부동산 매물이 쏟아지게 되어 자산 가격이 폭락하게 되는데, 이것이 경기변동의 침체 국면이라는 것이다. 하이에크는 위기 국면과 침체 국면을 합쳐 '불황(Bust)'이라고 표현하고, 이처럼 통화량을 증가시키면 필연적으로 호황과 불황으로 이어지는 경기변동이 발생한다고 지적했다. 따라서 경제가 안정을 유지하기 위해서는 정부가 인위적인 계획경제정책으로 통화량을 팽창시켜서는 안 되며 화폐시장을 자유시장으로 만들어야 한다고 주장했다.

하이에크가 '신자유주의의 아버지'로까지 추앙받게 된 《노예의 길》을 저술하던 1940~1943년은 제2차 세계대전이 한창이던 때이기도 하거니와 1917년 러시아에서 볼셰비키 혁명의 성공으로 사회주의 물결이 세계로 확산되어가던 시기였다. 독일의 전체주의에 환멸을 느끼고 있던 하이에크는 그의 두 번째 조국인 영국마저 사회주의화되거나 사회주의 정책을 모방하려는 시도에 대해 거의 흑사병이 퍼져나가는 것을 느끼지 못하고 있는 사람들에게 당장 그 위험성을 알려야 한다는 다급함과 공포를 느끼고 있었던 것처럼 보인다.

> "이 사람들로 하여금 반세기 동안 그렇게 많은 선의에서 출발한 사람들을 유혹했던 사회주의를 더 이상 추구하지 않도록 할 수 있을까? 사람들이

높은 이상에 부합하는 미래를 만들기 위해 의식적으로 노력하고 있지만, 이들이 의식하지 못하는 사이에 실제로는 원래 의도와는 정반대의 것을 창출하고 있다면 이보다 더 큰 비극이 어디 있겠는가?"[7]

라고 쓴 부분은 사이비종교에 빠지려는 사람들의 어리석음을 우려하는 듯한 느낌이 들게 한다.

전체주의의 뿌리가 사회주의이며 사회주의 정책을 하나씩 받아들이다 보면 그 사회는 점차 전체주의로 빠져들 수 있다고 판단했던 하이에크는 영국과 서방세계가 독일처럼 타락해가는 것을 막아야 한다는 생각으로《노예의 길》을 집필했다. 이 책 서문에 "사회문제에 대한 전문연구자가 정치 서적을 쓸 때 첫 번째 의무는 정치 서적을 쓰고 있다는 것을 확실하게 말하는 것이다. 이 책은 정치 서적이다"라고 써서 하이에크 자신은 경제학자지만《노예의 길》이 사회주의에 반대하는 자신의 정치적 주장을 담은 책이라는 것을 분명히 했다. 책의 제목은 하이에크가 사회주의 계획경제를 곧 "스스로 노예의 길로 들어서는 선택"이라고 본 데서 착안한 것으로 이해되며, 책의 부제목인 '사회주의 계획경제의 진실'이 말해주듯이 하이에크는 이 책으로 사회주의의 위험성을 알리고 영국이 사회주의라는 노예의 길에 더 이상 빠지지 않고 다시 자유주의의 길로 돌아오기를 희망했다.

그는 사회주의로 가는 길은 '평등한 사회', '삶의 질적 보장' 같은 선의로 포장되어 있지만 궁극적으로 현실정치에서 전체주의로 귀결된다고 생각했다. 더 나아가 "근대적 자유주의에서 강화된 국가의 역할은 공산주의나 다름없다"고 주장하면서 케인즈의 수요관리정책을 비판했으며, 개인의 자유를 보장하고 경제를 조직화하는 최선의 방안은 시장기

---

7 하이에크, 김이석 옮김,《노예의 길》, 자유기업원, 2020, pp. 38-39.

반사회에 있다는 확고한 신념을 가지고 있었다. 이 책 제2장에서는 알렉시스 토크빌이 노동법 문제에 관해 1948년 헌법위원회에서 행한 연설문 중 일부를 인용해서 아래와 같이 소개하고 있다.

> "민주주의는 개인 자유의 영역을 연장시킨다. (1848년 토크빌이 말했다.) 그러나 사회주의는 이를 제한한다. 민주주의는 모든 가능한 가치를 개별 인간에게 둔다. 그러나 사회주의는 각자를 단순한 대리인, 일개 숫자에 불과하게 만든다. 민주주의와 사회주의는 '평등'이라는 한 단어 외에 공통점이라고는 전혀 없다. 그러나 그 차이를 알아차려라. 민주주의는 자유에서 평등을 추구한다. 반면에 사회주의는 제약과 예속에서 평등을 추구한다."[8]

하이에크에 관해 전해지는 유명한 일화로는 1978년 덩샤오핑이 하이에크를 초청해 기아에 허덕이는 중국 사회주의 시스템을 어떻게 고쳐야 할지에 대해 질문하자 하이에크는 "농민들이 그들이 생산한 농산물을 소유하고 마음대로 처분할 수 있도록 하십시오"라고 답했다. 바로 정부가 소유했던 농지를 사유화하고 경작물의 사유화와 자유로운 거래를 인정하라는 것이었다. 중국 정부가 이를 받아들인 지 3년 만에 식량 자급을 달성하게 되었다고 한다. 덩샤오핑은 1978년 개혁개방의 길로 나섰고, 공산주의 중국에 시장경제를 도입했다. "검은 고양이든 흰 고양이든 고양이는 쥐만 잘 잡으면 된다." 즉, 자본주의든 공산주의든 상관없이 중국 인민을 잘살게 하면 그것이 제일이라는 '흑묘백묘론黑猫白猫論'도 이때 나온 말이다.

---

8 《노예의 길》, p. 62.

신자유주의의 이론적 활동가: 밀턴 프리드먼

칼 마르크스에게 블라디미르 레닌이 있었던 것처럼 프리드리히 하이에크에게는 밀턴 프리드먼Milton Friedman, 1912~2006이 있었다. 하이에크가 신자유주의의 '아버지'라면, 프리드먼은 신자유주의의 '이론적 활동가'라고 해야 할 것이다.

프리드먼은 1912년 뉴욕 브루클린에서 헝가리 출신 유대인 이민자의 가정에 태어났으며, 프리드먼이 10대와 20대를 지낸 1920년대와 1930년대에는 미국 사회의 많은 식당이 '유대인과 개 출입금지'라는 푯말을 내걸고 일부 대학, 대기업뿐만 아니라 일부 주에서는 유대인의 취업을 제한할 정도로 유대인에 대한 차별이 심했던 시기였다. 15세이던 1928년 아버지를 잃은 프리드먼의 남은 가족들에게 삶이 얼마나 고단했을지 쉽게 상상할 수 있는 일이다. 그러나 그는 아르바이트로 생활비를 충당해야 했음에도 고등학교를 조기졸업 했으며, 하버드나 예일 등 명문대학이 유대인의 입학을 꺼리자 인종 문제에 온건한 러트거스대학에 장학생으로 진학했고 시카고대학에서 석사, 프린스턴에서 박사학위를 받을 때까지 약 10년간 공부벌레와 일벌레 생활을 병행해야 했다. 아직도 회자되는 "공짜 점심은 없다"는 그의 말은 이 시기에 깨달은 삶의 교훈이었으며, 그는 결국 뛰어난 머리와 노력으로 아메리칸드림을 이루어낸 유대인 중 하나가 되었다.

1932년 러트거스대학을 졸업한 프리드먼은 시카고대학 대학원 경제학과에 입학했는데, 여기서 대학원 동기였던 로즈 디렉터를 만나 곧 열렬한 사랑에 빠졌고 4년 뒤에 결혼했다. 로즈 디렉터의 오빠인 아론 디렉터는 프리드먼을 하이에크가 주도하고 있던 몽페르랭회에 소개해 주었는데, 그는 이곳에서 신자유주의 경제사상을 처음 접하게 되었다. 대공황 이후 온통 케인즈 경제학이 주류를 이루던 당시 비주류의 길을 선택하는 것처럼 보였으나 공짜 점심은 없다고 굳게 믿고 있던 프리드먼은 시장 중심적 사고방식이 편하고 좋았다. 유럽에서의 유대인 학살을 접하며 힘든 젊은 시절을 보낸 그는 시장에 대한 확고한 신뢰를 가지고 있었다.

잠시 더 나은 장학금을 제시한 컬럼비아대학으로 옮겼다가 이듬해에 다시 시카고대학으로 돌아온 프리드먼은 계량경제학에서 뛰어난 업적을 남긴 헨리 슐츠Henry Schultz의 조교로 근무했으며, 1937년에는 미국경제연구소에서 사이먼 쿠즈네츠Simon Kuznets의 조교로 일했고, 이때 쿠즈네츠의 지시에 따라 전문직 소득을 연구한 결과 프리드먼 고유의 항상소득가설(소비가 임시소득과는 아무런 상관관계가 없고 오직 '항상소득'에만 의존한다는 가설)을 발표하기도 했다.

대공황이 진정되고 제2차 세계대전도 마무리에 들어가면서 세계경제의 중심으로 미국의 시대가 열리기 시작했으며, 그 무렵 계량경제학자로서 프리드먼의 명성도 높아지기 시작했다. 1946년 프리드먼은 서른넷의 나이에 박사학위를 받고 시카고대학의 전임교수가 되었다. 이후 1977년 퇴임할 때까지 계속 시카고대학과 미국경제연구소에 머물며 '시카고학파'의 중심인물이 되었고, 동시에 미국 정부에 중요한 영향력을 행사하는 브레인으로 활약하게 되었다.

케인즈가 세상을 떠난 해인 1946년 프리드먼은《지붕 혹은 천장Roof or Ceilings?》이라는 책에서 케인즈 방식으로 정부가 주택 임대료를 통제했을 때 나타나는 부작용을 제시했다가 "거인을 애도하는 분위기에 찬물을 끼얹는 불경한 행동"이라며 국내외 경제학자들에게 집중 공격을 당하기도 했다. 사회적 분위기로 봐서 아직은 살아있는 프리드먼이 죽은 케인즈를 이길 때가 아니었던 것이다. 그러나 그때는 생각보다 빨리 오고 있었다.

1947년 하이에크가 주도해 몽페르랭 소사이어티를 구성할 때 참석했던 이 세미나에서 정부의 정책, 평등과 불평등, 거시경제와 미시경제 등 온갖 정치 · 사회 · 경제적 아이디어와 신자유주의 이념이 담금질되었는데, 그때의 경험을 바탕으로 쓴 책이 프리드먼의 최대 명저《자본주의와 자유》(1962)였다. 그는 이 책에서 케인지언의 한계를 지적하면서 정부개입을 최소화하는 '경제적 자유'의 중요성을 설파했으며, 이후 신자유주의자의 대부로 하이에크와 어깨를 나란히 하게 되었다. 1976년 소비분석, 통화의 역사 및 이론에서의 업적과 경기안정화 정책의 복잡성을 명쾌하게 설명한 공로로 노벨 경제학상을 받았다. 케인지언으로 유명한 로런스 서머스 하버드대 총장이 "케인즈가 20세기 전반의 가장 영향력 있는 경제학자라면 20세기 후반의 가장 영향력 있는 경제학자는 프리드먼"이라고 했다는 말이 전해진다.

스스로를 더욱 고전적인 자유주의자로 생각했던 프리드먼은 시장의 장점과 정부개입의 단점을 강조했다. 프리드먼의 정치철학은 미국 보수주의자와 자유주의자들에게 큰 영향을 끼쳤으며 특히 리처드 닉슨, 로널드 레이건 정부 그리고 영국의 대처 총리 등 1980년대 이후 다른 많은 나라의 경제정책에 지대한 영향을 끼쳤다.

시카고대학의 전통은 몇 가지 특성을 지니고 있다. 그중 하나가 바로 자유시장경제가 지니고 있는 조직력과 효율성에 대한 강력한 신념과 시장에 대한 정부개입의 불신이고, 또 하나는 통화이론의 중시였다. 이런 전통이 계기가 되어 프리드먼이 출현하게 된 것이다. 프리드먼은 시카고학파의 자유시장이론을 강력히 신봉했으며, 자유시장원리를 사회정책에 통용시키는 여러 가지 일을 했다. 미국 유학을 마치고 남미로 돌아가 칠레를 비롯한 남미 국가들에 신자유주의 이론을 적용한 경제학자들을 '시카고 보이즈Chicago Boys'[9]라고 부르기도 한다.

---

9 밀턴 프리드먼을 신봉하는 사람들을 의미하며, 진보적 경제학계에서 시카고학파를 우회적

그러나 뭐니 뭐니 해도 프리드먼의 주요 업적은 화폐 분야의 연구였다. 케인지언들은 화폐공급의 조정이 경제에 미치는 영향이 재정정책의 효과에 비해 덜 중요하다고 생각했으나 프리드먼은 대공황의 원인을 분석하면서 경제학에서 화폐가 지닌 중요성을 재정립했으며 통화주의 Monetarism를 부활시켰다. 통화주의는 거시경제의 변동에 화폐공급량 및 화폐를 공급하는 중앙은행의 역할을 중시하는 경제학파 또는 경제학자를 일컫는 용어로 이들은 통화량을 조절하는 정부의 정책 역할을 중요시한다. 통화주의자들은 화폐공급량의 변동이 단기의 실질경제성장 및 장기 인플레이션에 대해 결정적으로 중요한 영향을 미친다고 생각한다.

통화주의자들은 대공황 같은 현상은 역사적으로 예외적인 특수현상이라고 생각했으며, 케인즈가 1930년대의 공황을 마치 전형적인 현상인 양 일반화하여 자본주의제도가 내재적인 불안 요인을 갖고 있는 것처럼 표현했다고 비난했다. 프리드먼은 자본주의 경제체제가 정부개입 없이도 자동적인 조절능력을 갖고 있다고 주장했을 뿐만 아니라 실망스러운 경제현상이 생기는 주요 요인의 하나가 정부 관리들의 서투른 경제운영 때문이며 가장 큰 경제운영의 실패사례로 대공황을 지적했다.[10]

고전경제학파 이론체계의 핵심을 이루는 화폐수량설은 MV=PT (통화 공급량×화폐유통속도=물가×거래량)으로 설명되는데, 화폐유통속도와 거래량이 대체로 일정하게 유지되는 상황에서 통화 공급량을 늘리면 물

으로 비난할 때 흔히 쓰이는 표현이다. 요즘은 미국 대학에서 주류경제학을 배운 이들을 통칭하는 보통명사가 되고 있다. 시카고대학 경제학과는 밀턴 프리드먼 이후 시장의 자유를 주장하는 신자유주의자들이 몰려들어 전 세계 경제학계의 최대 계파를 형성하게 되었다. 남미의 시카고 보이즈는 미국에서 공부한 후 쿠데타로 집권하고 수만 명을 학살한 피노체트의 칠레로 돌아가 싱크탱크로서 민영화를 적극 추진하고 자본시장을 개방하는 등 신자유주의 경제정책들을 입안했다. 그 결과 칠레의 소득불평등은 극도로 심해지고 빈부격차는 확대되었다.

10 《누가 케인즈를 죽였나?》, p. 89.

가가 상승한다는 것이다. 프리드먼과 시카고대학의 경제학자들은 고전 경제학파의 화폐수량설을 더욱 세련되게 다듬어 부활시켰으며, MV = PT에서 화폐유통속도가 일정하게 유지되고 물가가 하방경직성을 나타내는 상황에서 통화량을 감소시키면 거래량이 줄어들어 경기위축을 초래하게 된다고 설명한다.

프리드먼은 1929년 경기수축기에 FRB(미 연방준비제도)가 판단을 잘못해 금융기관에 필요한 유동성을 공급해 통화량을 늘려야 했음에도 오히려 통화 잔액을 대폭 감축시켰기 때문에 대공황으로 확산되었다고 주장했다. 말하자면 기업들의 주가 급락이 주식을 보유한 은행의 신용하락으로 이어지고, 투자자들이 한꺼번에 예금을 인출해서 은행이 도산하고, 은행에서 자금을 대출하지 못하게 된 기업이 다시 도산하는 끝 모를 늪에 빠진 것이 대공황이라는 것이다. 예금 대량 인출 시점에 FRB가 통화량을 늘려 시중에 돈을 풀었다면 최초의 패닉은 이내 진정되고 경기하락 기간은 단축되었을 것이며, 경제 붕괴의 정도도 그렇게 심하지는 않았을 것이라고 진단했다. 즉, FRB의 어리석은 행동이 아니었다면 그 같은 대공황은 결코 발생하지 않았을 것이라는 게 프리드먼의 주장이다.

이는 이미 대공황이 진행된 상태에서 기업 대신 정부가 사회간접자본 건설 같은 대량투자를 해 얼어붙은 경기를 살리고 고용을 다시 창출해야 한다는 케인지언의 접근법과는 완전히 다른 시각이었다. 통화주의자들의 이러한 주장은 케인즈 경제학에 대한 믿음이 확고했던 초기에는 별로 주목받지 못했으나 공교롭게도 1970년대 스태그플레이션이 전 세계적인 문제로 부각되자 갑자기 학계의 주목을 받게 되면서 공개토론의 대상이 되었고 상당한 지지를 받게 되었다. 1930년대에 케인즈가 그랬던 것처럼 1970년대에는 프리드먼이 시대의 부름을 받게 되었다.

그의 책 《자본주의와 자유》는 1950년대 중반 볼커재단의 후원으로 개최한 여름 세미나에서 청년들을 상대로 자유주의를 강의한 내용을 편집한 책으로 당시 주류경제학이던 케인즈 경제학과는 반대로 정부의 역할을 축소하는 대신 개인과 시장의 역할을 강조하고 자유주의의 관점에서 정부의 역할과 통화정책, 국제무역, 재정정책, 교육, 차별, 독점, 면허제도, 소득분배, 사회복지, 빈곤퇴치 등에 관한 현실을 검증하여 자유주의적 대안을 제시한 책으로 평가받는다.

하이에크가 《노예의 길》을 출간한 지 50주년이 되는 1994년 50주년 기념판본에는 프리드먼의 매우 긴 〈출간 50주년 기념판 서문〉이 추가되었는데, "《노예의 길》은 이제 진정한 의미에서 고전의 반열에 올랐다"는 말로 시작된다.

> "정부의 활동은 기본적으로 개인들이 자유롭게 그들의 목적을 추구할 수 있는 틀을 확립하는 것이다. 자유시장은 인류가 지금까지 발견한 참여민주주의를 달성할 수 있는 유일한 메커니즘이다. … 집단주의는 폭정과 비참함을 초래했던 현저한 역사적 기록을 가지고 있다. 그럼에도 왜 집단주의가 자유와 풍요를 가져다주는 개인주의보다 우월한 것으로 간주되는지 그 이유는 영원한 미스터리다.

> 또한 "정부가 직접 생산활동을 관리하는 일로부터 사적 기업 활동을 간접적으로 규제하고, 특히 다른 사람에게 주기 위해 일부 사람들로부터 세금을 짜내는 것을 포함하여 다양한 소득이전정책을 시행하는 것으로 그 초점이 바뀌었다. 이 모든 것들은 평등과 빈곤의 퇴치라는 이름으로 이루어졌으나 실제로는 특정 이해집단들에 대한 변덕스럽고 모순되는 잡탕 보조금에 지나지 않았다. … 지난 25년 동안의 경험은 중앙지시는 보통 사람들에게 빈곤을 안겨주고, 자유시장은 풍요를 안겨주는 길이라는 점을 강

하게 확증시켜주었다."[11]

라고 썼는데, 이 구절은 신자유주의자들의 생각을 가장 정확히 대변하는 것이라고 생각된다.

밀턴 프리드먼은 1960년대 케네디의 '뉴 프런티어'와 린든 존슨의 '위대한 사회' 정책으로 정부의 계획경제가 주도하는 재정지출 확대정책이 8년간 지속되던 1968년, 통화량의 팽창으로 발생하는 인플레이션이 오히려 실업 증가로 이어질 수 있다는 것을 예견했다. 그는 1968년 미국경제학회 회장으로 취임하면서 "정부 주도의 화폐량 증가는 임금이나 원자재 가격 상승으로 이어지므로 이로 인해 인플레이션이 발생한다면 오히려 실업은 증가할 수 있다"고 강조했다. 실업률이 높아진다는 것은 경기침체가 일어난다는 것이며, 인플레이션과 실업이 증가하는 경기침체가 동시에 발생하는 경제현상, 즉 스태그플레이션의 발생을 예견한 것이다. 실제 그의 예언대로 1960년대 미국의 물가상승률과 통화량 증가를 나타낸 그래프는 거의 유사한 형태를 나타내고 있다.

프리드먼은 최저임금법에 대해서도 "최저임금법에 무슨 효과가 있다면 이는 분명히 빈곤을 증대시키는 효과일 것이다. 최저임금제 도입은 그렇지 않았을 때보다 실업률을 더 올라가게 한다. 최저임금제로 인해 실업상태에 빠진 사람들이야말로 최저임금제 도입 이전에 벌었던 소득을 포기할 여력이 가장 작은 사람들이다"라고 말하기도 했다. 오늘날 한국 사회에서 최저임금이 논의될 때마다 자본가들과 이들을 대변하는 보수주의자들에 의해 인용되는 이 같은 논리는 프리드먼의 주장을 흉내 낸 것이며, 진보주의자들은 이에 대해 자본에 무한한 자유를 주자는 것이라며 비판한다.

---

11 프리드먼의 《노예의 길》 〈출간 50주년 기념판 서문〉 내용은 《노예의 길》, pp. 13-24에서 인용.

영국병과 대처리즘(Thatcherism)

제1차 세계대전 기간 중 유럽 각국의 정부는 전시물자의 효율적인 동원을 위해 시장경제에 적극적으로 개입하기 시작했다. 대공황 시기에 각국 정부가 케인즈주의 정책을 받아들여 수요를 확장시켜 실업자들을 구제하는 정책이 효과가 나타나자 야경국가에 대한 신화에 균열이 가기 시작하던 중 제2차 세계대전이 발발했고, 영국에서는 승전을 위해 보수당과 노동당이 힘을 합쳐 거국내각을 구성했다.

클레멘트 애틀리Clement Richard Attlee[12]를 비롯하여 노동당 출신 인사들은 내각 입각을 계기로 윈스턴 처칠 수상에게 평소 강하게 주장해왔던 복지국가 수립을 요구했으며, 처칠과 보수당 역시 전쟁으로 지친 국민에게 무언가 보상이 필요하다고 느꼈다. 제2차 세계대전 승리를 앞두고 있던 1942년 영국의 처칠 수상은 경제학자이자 사회개혁가인 윌리엄 베버리지William Henry Beveridge 경을 위원장으로 하는 일명 '베버리지 위원회'를 구성하고 전후 영국이 건설하게 될 복지국가의 청사진을 요구했다.

베버리지 위원회는 전쟁의 와중에서도 노동조합, 상공인, 소비자조합, 시민단체 등 다양한 부류의 조직대표 및 관련 인사들과 수백 회에 걸친 토론과 공청회를 거쳐 1942년 12월 2일 〈사회보험과 관련 서비스Social Insurance and Allied Services〉라는 제목의 사회복지 보고서를 제출했다. 〈베버리지 보고서Beveridge Report〉로 불리는 이 보고서에는 모든 국민이 국가책임 하에 최저한도의 생활을 보장받아야 한다는 평등주의 개념을

---

12 1935년부터 1955년까지 20년 동안 영국노동당의 당수를 역임했으며, 1945년부터 1951년까지 영국 수상을 지냈다. 영국노동당을 일으켜 세운 입지전적인 인물이며, 가장 큰 업적으로는 오늘날까지 영국인이 자랑스러워하는 국민보건서비스(national health service)를 도입한 것이다.

채택해 영국 국민을 5대 사회악인 궁핍 · 질병 · 무지 · 불결 · 나태로부터 해방시키기 위해서는 공공부조나 사회보험 프로그램만으로는 부족하다고 보고 그 대안으로 완전고용, 전 국민을 대상으로 하는 무료의료 및 재활서비스, 가족수당 같은 포괄적인 안을 마련했다.

그 때문에 위원회 보고서가 담고 있는 사회보장체제는 이른바 '요람에서 무덤까지from the cradle to the grave'라는 평가를 받게 되었으며, 이는 흔히 완벽한 사회보장제도를 칭하는 용어가 되었다. 이후 이 보고서 내용은 영국뿐만 아니라 전후 유럽 국가들의 사회복지정책 수립에 많은 영향을 끼쳤다.

그러나 베버리지 보고서가 처칠에 의해 쉽게 채택된 것은 아니었다. 보고서가 완결되었을 당시 영국 내각에서는 보고서의 공표를 둘러싸고 격론이 일어났다. 보수당 출신의 재무 장관 킹슬리 우드 경은 이 보고서가 재정적으로 현실적이지 못하다고 주장하면서 공표를 반대했으나 노동당 출신 장관들의 주도하에 내각은 공표를 강행했으며, 1942년 12월 2일 베버리지 보고서가 대중에게 공표되자 예상대로 큰 반향이 일어났다. 국민은 보고서의 내용에 대해 대대적으로 환영하는 분위기였고 언론 역시 호의적인 반응이었다. 그러나 처칠 내각과 보수당 인사들은 전시 상황을 이유로 베버리지 보고서의 즉각적인 채택을 거부하면서 개혁은 전후 수년에 걸쳐 서서히 진행되어야 하며 몇몇 비현실적인 공약에 대해서는 재논의가 필요하다고 못을 박았다.

1945년 제2차 세계대전이 끝나고 전쟁을 승리로 이끌면서 국민의 전폭적인 지지를 받고 있던 처칠 수상은 보수당 단독으로도 정권을 창출할 수 있다는 자신감에 가득 차서 거국내각을 포기하고 1945년 7월에 총선을 치렀다. 그러나 당초 보수당이 압승할 것으로 예상되었던 선거는 놀랍게도 197석이던 노동당이 무려 393석을 차지하면서 노동당의 승리로 끝났다. 노동당의 압승 배경은 6년 넘게 계속된 전쟁으로 절망의 늪에 빠져들어 피폐해진 삶에 지칠 대로 지친 영국인의 마음에 애틀리가 공약으로 제시한 사회보장정책이 파고들었기 때문이다. 그렇게 영국인의 기대를 가득 받은 채로 1945년 7월 26일 애틀리가 수상으로 취임했으며, 애틀리 내각은 집권과 동시에 의욕적으로 사회보장정책 수립에 착수했다. 가족수당법이 도입된 데 이어 1946년에는 건강보험과 연금제도가 도입되었고, 노동자들의 생존권을 보장하고자 실업수당이 지급되는 한편 광산업을 비롯한 주요 산업들에 대한 국유화 조치가 취해졌다.

이렇게 베버리지 보고서에 기초하여 만들어진 '요람에서 무덤까지'는 제2차 세계대전 종전 후 세계적인 경제호황기 동안 영국 사회복지제도의 상징이 되었으며, 이러한 영국의 사회정책 기조는 1980년대 신자유주의 노선이 부상하기 전까지 이어졌다.

그러나 1970년대에 접어들면서 영국은 과도한 사회복지와 노조의 막강한 영향력으로 인한 지속적인 임금상승, 그리고 생산성의 저하로 소위 고복지 · 고비용 · 저효율을 특징으로 하는 만성적 경제침체에 빠졌으며, 급기야 1976년 IMF의 금융지원을 받는 상황에 몰리게 되었다. 고비용 · 저효율의 원인 중 하나는 영국 정부가 비효율적인 산업을 구조조정 없이 그대로 유지하면서 국유화를 단행한 데 기인한다. 기업들은 별다른 혁신 없이 경직되기 시작했고 실적이 좋지 못한 기업은 노동자들을 해고하는 방식의 경영합리화를 고수했지만, 이는 결국 노동조합들의 반발을 불러일으켜 지속적이고 산발적인 파업이 반복되었다. 젊은이들은 직장을 계속해서 옮겨 다니며 실업수당에 의존해 생활하기도 했다. 1960~1970년대 영국 근로자들의 생산성은 미국보다 50% 낮았고, 서독보다 25%나 낮았다. 영국의 1인당 GDP는 1960년대만 해도 세계 9위였지만 1971년 15위, 1976년 18위까지 떨어지게 되었고, 사람들은 이 현상을 '영국병'이라고 부르게 되었다.

독일과 일본의 기업들이 영국을 바짝 추격하고 있었고, 유럽대륙은 전쟁의 참화를 딛고 재도약에 나서기 시작했으나 그에 반해 영국은 해외 식민지들이 대거 독립한 것을 제외하면 별다른 변화가 없었다. 오죽하면 비틀즈The Beatles가 등장했을 때 "빅토리아 시대 이래 미칠 듯이 재미없는 영국을 신나게 바꿔줄 영웅"으로 묘사되었을 정도였다.

1973년 영국 석탄산업 노조는 1차 오일쇼크로 석탄산업이 반사이익을 얻자 이를 기회로 과도한 임금인상을 요구하고 파업과 함께 석탄 공급량을 제한했으며, 이들의 파업은 곧바로 철도와 전기 등 공공부문 노조들의 요구로 옮아갔다. 유럽의 다른 나라들이 중앙집권화된 노총 단위로 묶여있어 정부와 노조가 국가경제를 놓고 일괄적인 협상이 가능했던 것과 달리 영국은 산별노조 이상의 중심이 되는 상부 조직이 없었기 때문에 정치권과 노동조합 전체 간의 일괄협상과 타협이 불가능했다. 당시 영국의 총리였던 에드워드 히스Edward Richard George Heath는 부실기업 퇴출, 민영화, 노조 약화를 기획하고 석탄산업 노조에 파업을 그만둘 것을 요구하다가 표를 잃어 총리직에서 낙마하면서 "이 나라를 다스리는 것이 정부냐? 노조냐? 국민이 참아내지 못할 상황이 오고 있다!"고 토로했을 정도였다.

1975년 노사 대타협의 결과로 석탄광업 근로자들의 임금이 30%나 올랐고, 올라간 임금은 인플레이션을 가중시켰으며, 대외적으로는 1차 오일쇼크 문제도 함께 닥쳐왔다. 만성적인 파업과 저생산성 문제뿐 아니라 과도한 복지 문제도 있었다. '요람에서 무덤까지'는 직업 · 지위 · 연령 · 성에 관계없이 전 국민을 대상으로 한 당시 영국의 복지모델로서 연금보조와 무료 의료혜택은 물론 결혼수당 · 임신수당 · 아동수당 · 과부수당 · 장례수당에 이르기까지 전 생애를 보장하는 제도였다. 1940년대만 해도 그 비용은 GDP의 4%에 불과했으나 40년이 지난 1980년대 영국의 사회보장비는 국가예산의 30%, GDP의 11%로 불어났다.

마침내 1978년 '불만의 겨울The Winter of Discontent'[13]이 찾아왔다. 전국 단위 총파업과 함께 환경미화원과 장의사들까지 데모에 동참해 길거리는 쓰레기더미로 뒤덮이고 썩어가는 시신조차 제대로 처리하지 못하는 등 영국 전역이 대혼란에 빠졌다. 노동당이 이룩한 영국의 복지체제는 이렇게 허무하게 서서히 무너져갔다.

1979년 집권한 보수당의 마거릿 대처Margaret Hilda Thatcher 총리는 영국의 노동당 정부가 20년간 지속해온 사회복지국가 정책이 만성적인 저성장 등의 부작용을 낳았다고 주장하면서 영국병 해소를 표방하고 저비용·고효율로의 경제구조 전환을 통해 시장경제 원리를 중시하는 경제 전 부문에 걸친 개혁에 착수했다. 대처는 취임 이후 경제적으로는 과감한 시장주의 경제를 도입했으며, 장기간 이어진 석탄노동자와 철강노동자 파업을 진압하고 주요 국영기업을 민영화했고 대폭적인 복지예산 삭감과 감세, 규제 완화와 경쟁 촉진 등 공공부문 개혁을 집대성하며 노동의 유연성 확보 같은 과감하고 획기적인 정책을 추진해 '철의 여인'이라 불렸으며, 영국인의 지지를 받아 3선 연임(1979~1990)에 성공했다.

우파 진영은 공기업 민영화, 재정수입 증대, 노조 약화, 경영 효율성 향상, 자본시장 발전 등에 기여한 대처주의Thatcherism가 영국병을 치유하고 영국을 다시 번영의 길로 들어서는 계기를 만들었다고 평가하고 있으나, 좌파 진영에서는 대처가 시장원리만 강조함으로써 사회복지를 후퇴시켰고 가진 자와 그렇지 못한 자의 갈등을 심화시켰으며 영국을 돈만 아는 무자비한 사회로 만들었다고 비난했다. 제조업보다 금융업에 초점을 맞추어 제조업의 쇠퇴를 불러왔으며, 제조업의 빈자리를 서비스

---

13 영국에서 인플레이션 억제를 위해 제임스 캘러헌 내각이 도입한 임금인상률 상한제에 반발해 영국 내 노동조합들이 1978~1979년 겨울에 일으킨 일련의 총파업을 말한다. 영국병이 정점에 이른 사건으로 평가받으며, 영국노동당 정권은 붕괴되고 신자유주의를 내세운 보수당 마거릿 대처 정권이 장기 집권을 하는 계기가 되었다.

업이 메울 것이라고 했지만 제조업에서 일자리를 잃은 사람들은 구제받지 못했다.

2013년 4월 8일 '철의 여인' 마거릿 대처가 사망하자 국가적으로 애도하는 가운데 한편에서는 수많은 사람이 거리로 뛰쳐나와 그녀의 사망을 축하하고 샴페인을 터뜨리기도 했다. 이런 모습은 일부 영국인이 대처 전 총리에 대해 느끼는 마음속 깊은 증오를 보여주는 것이었다.

대처를 추모하기 위해 특별 소집된 영국 하원은 데이비드 캐머런 총리의 주도로 대처에 대한 추모와 헌사를 바쳤다. 하지만 노동당 최다선 의원 중 하나인 데이비드 위니크를 비롯한 노동당 일부 의원들은 대처가 수백만 노동자들에게 퍼부었던 "잔혹한 경멸"을 비판할 수 있어야 한다며, 보수당 정부가 주도한 대처 추모 의회 소집을 비판했다. 〈빵과 장미〉 등으로 유명한 좌파 영화감독 켄 로치Ken Loach는 대처가 생전에 경쟁력과 효율을 내세워 밀어붙인 무분별한 민영화 정책을 겨냥해 "그의 장례식을 민영화하자. 경쟁입찰에 부쳐 최저가에 낙찰시키자"고 트위터에 썼고, 큰 호응을 얻었다.[14]

영국의 〈가디언Gadian〉지는 대처의 사망 소식을 전하며, 사설을 통해 "마거릿 대처의 유산은 인간 정신을 파괴한 사회 분열, 이기심, 탐욕"이라고 직격탄을 날렸다. 〈인디펜던트〉의 칼럼니스트 오웬 존스도 칼럼을 통해 "대처리즘은 지금도 우리를 파괴시키는 국가적 재난"이라고 규정했다. 리빙스턴은 "대처는 200~300만 명을 내쫓아 산업을 살리겠다고 했던 인물로, 대처와 대처리즘은 영국이 오늘날 직면한 모든 문제의 근원이자 출발점"이라고 말하는 등 비판이 이어졌다.

영국에는 '대처 세대' 또는 '대처의 아이들'이라는 당시 사회적 분위기가 그대로 반영된 용어가 있다. 이들은 대처 총리 집권기에 기초교

---

14 정의길 선임기자, "켄 로치 감독 '대처의 장례식을 민영화하자'", 〈한겨레신문〉, 2013. 4. 10.

육을 받으며 자라난 10대들로서 정치에 대한 무관심, 흡연과 알코올 의존, 비합리적 경향 등을 특징으로 하는데, 그 이면에는 고실업으로 인한 자신들의 불확실한 미래와 급격히 증가한 부모의 이혼과 가족해체 등의 원인이 있다.

2020년 9월 6일 제2의 '마거릿 대처'를 표방하는 리즈 트러스Liz Truss가 영국 총리로 취임했다. '철의 여인' 대처 전 총리를 롤모델로 삼고 있다는 트러스 총리는 대규모 세금 감면과 규제 완화를 통해 영국 경제를 침체에서 벗어나게 하겠다는 공약으로 총리직에 올랐으며, 엘리자베스 2세 여왕의 국장이 마무리된 직후 이른바 '트러스노믹스'로 불리는 50년 만의 최대 감세정책을 발표했다. 그러나 시장의 반응은 싸늘했고 야심 차게 발표한 대규모 감세안이 영국 경제는 물론 글로벌 경제까지 뒤흔들면서 국내외에서 거센 비판이 쏟아지고 있다. 감세를 통해 경제성장을 유도하겠다는 포부였지만, 금융시장에서는 국가 부채가 급증해 재정위기로 이어지고 물가 상승세가 더 심각해질 것이라는 우려가 팽배했다. 소득세율과 법인세 인하로 감세 혜택이 고소득자와 대기업에 편중될 것이라는 비판도 빗발쳤다. 파운드화 가치가 40년 만에 사상 최저치로 급락하고 국채금리가 급등하는 등 시장이 요동쳤고, 영국발 악재에 글로벌 금융시장까지 불안해질 조짐을 보이자 통상 선진국 경제정책에 대한 수정 요구를 삼가던 IMF도 이례적으로 영국의 감세정책 철회를 촉구하는 성명을 냈다.[15] 감세정책이 유동성을 공급하는 효과를 내고, 감세로 부족해진 세수를 메우기 위해 대규모 국채 발행이 뒤따르면 유동성 팽창이 불가피해지면서 현행 인플레이션과 겹쳐 물가를 자극할 수 있다는 우려가 팽배했기 때문이다. 영국의 국채 가치가 폭락하면서 영

---

15 현윤경 기자, "'제2의 대처' 내세웠지만 … 첫 카드에 치명타 맞은 영국 총리", 〈연합뉴스〉 2022. 9. 29 기사 참고.

국발 금융위기설까지 불거지자 결국 영국 정부의 고소득층 감세안 철회로 일단락되었다.

복지의 여왕, 래퍼곡선과 레이거노믹스

로널드 레이건은 1976년 미국 공화당 대선후보 경선에서 유세 도중 시카고에서 캐딜락을 모는 한 여성, 이른바 '복지의 여왕'을 비난했다. 레이건은 그녀가 수십 개의 가명을 이용해 정부로부터 복지 혜택을 부정수급 받아서 캐딜락을 몰고 다닌다고 말하면서 과잉복지에 대한 문제 제기를 했다. 레이건은 명백한 인종차별주의자로 낙인찍히는 걸 피하려고 '흑인'이라는 말 대신 '복지의 여왕'이라는 말을 사용했지만, 남부의 백인에게 무위도식하는 북부의 흑인 여성이 자신들의 세금을 부당하게 갈취하고 있다고 여기도록 만들었다.

레이건은 무분별하게 퍼주는 복지와 세금 누수 문제를 지적하기 위해 '복지의 여왕'을 선거전략의 최전선에 내세움으로써 프레임 전쟁에서 우위를 점할 수 있었으며, 유권자는 복지의 여왕에 분노했고 레이건의 과감한 복지제도 축소 공약과 적극적 감세정책을 지지했다. 레이건은 복지를 둘러싼 갈등을 인종주의 갈등으로 바꾸는 이러한 전략에 힘입어 보수파를 결집했고, 이는 4년 뒤의 대선에서 민주당 카터 대통령에게 압승을 거두는 기반이 되었다. 그러나 사실 이 흑인 여성은 실존인물이 아니었으며 레이건이 흑인 그리고 여성에 대한 편견과 혐오를 부추겨 선거에 이용하려고 복지의 여왕이라는 가공의 인물을 만들어낸 것이었다.

레이건 대통령 집권 초인 1981년 2월 미국의 항공관제사 노조PATCO: Professional Air Traffic Controllers Organization는 근무환경개선, 임금인상, 주 32시간 근무를 요구 조건으로 내걸고 사측인 연방항공청과 협상에 들어가면서 요구사항이 수용되지 않으면 파업에 들어가겠다고 위협했다. PATCO의 파업은 공무원노조의 파업금지를 명시한 미국 법을 위반한 것이었지만, PATCO는 지난 대선에서 레이건을 공개적으로 지지했기 때문에 새 정부가 우호적으로 협상에 임할 것이라는 기대를 갖고 있었다. 그러나 협상은 쉽사리 체결되지 않았고 PATCO는 1981년 8월 3일 파업에 돌입했다.

한편 레이건 행정부는 노조가 파업을 공언했던 2월 이후 퇴직자와 군 소속 관제사들을 훈련시켜왔고, 정부 소속 변호사들도 관제사 파업에 대한 법률적 분석과 대책을 면밀히 세워놓는 등 비상사태에 대비해 철저히 준비하고 있었다. 레이건 대통령은 항공관제사의 파업을 '국가안전에 대한 위협'으로 규정하고 파업에 참여한 관제사의 즉시 업무복귀를 명령하면서 "48시간 내 복귀하지 않으면 해고할 것이며, 이후 평생 어떠한 공직에도 참여할 수 없도록 하겠다"고 못 박았다. 그리고 48시간 뒤인 8월 5일, 복귀한 900명을 제외한 1만 1,300여 명을 해고했다. 심지어 PATCO는 노조기금을 벌금으로 빼앗기고 노조인가까지 취소당했다.

이 사건을 계기로 미국 사회에서는 노동조합과 노동권을 존중하는 사회규범이 깨지기 시작했으며, 기업들은 본격적으로 노조를 공격하기 시작했다. 노조의 힘은 지속적으로 약화되었고, 노조의 약화는 노동의 유연화로 이어졌다. 노동자들의 안전판은 사라졌고, 결국 기업의 해고 칼날에 그대로 노출될 수밖에 없었다. 이후 미국 법은 인종 · 성별 · 노조 가입 등을 이유로 한 차별적인 해고가 아니라면 해고를 자유롭게 할 수 있게 되었고, 미국은 선진국 중 유일하게 사실상 해고규제가 없는 나라가 되었다. 유연화 전략의 핵심은 근로자들의 생산성을 높이되 인건비를 낮추는 것이며 정규직 노동시장의 경직성을 완화하는 것이다.

시카고대학의 아서 래퍼Atthur Laffer 교수는 1974년 워싱턴의 한 식당에서 냅킨에 세율과 세수의 관계를 설명하는 곡선도표를 그려 친지였

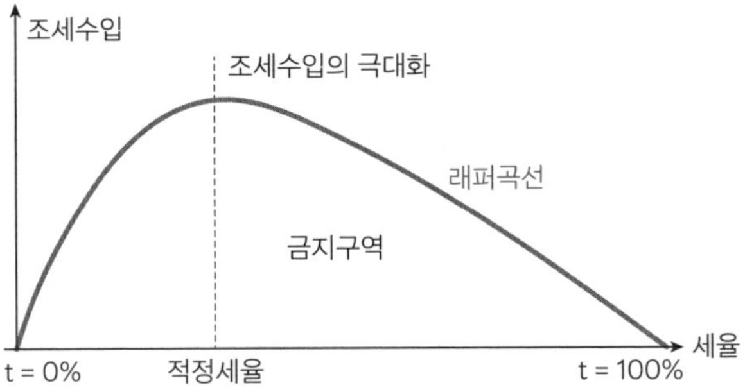

그림 5. 래퍼곡선

던 정부 관계자에게 보여주었다. 그것을 옆에서 지켜본 〈월스트리트저널Wall Street Journal〉 기자가 보도하면서 세상에 알려진 래퍼곡선Laffer Curve은 〔그림 5〕와 같이 통상적으로는 세율이 높아질수록 세수가 늘어나지만 세율이 일정 수준을 넘으면 오히려 세수가 줄어들 수도 있다는 것을 나타내고 있다. 그 근거로 래퍼는 적정수준 이상으로 세율이 높아지면 기업이 의욕을 상실해 오히려 경제활동이 위축된다는 점과 지하경제로 이행할 수 있다는 점을 제시했다.

래퍼곡선이 알려지면서 아서 래퍼 교수는 밀턴 프리드먼, 마틴 앤더슨과 함께 시카고학파 신자유주의 경제학자 3인 중 한 사람으로 명성을 얻게 되었으며, 래퍼곡선은 나중에 공급중시 경제학자들에 의해 레이거노믹스의 핵심적인 이론적 근거로 작용했다.

1970년대는 사회주의와 대립하는 냉전의 시기였고, 소련 공산주의라는 외부의 적에 대응해 자유주의를 지켜야 한다는 명분이 있었기 때문에 미국의 경우 한계세율이 최대 70% 수준에 이르렀고 유럽 여러 나라도 최대 50~60%의 벌칙과도 같은 세금을 부과하고 있었기 때문에 래퍼곡선이 소개되자 기업과 자본으로부터 강력한 공감대를 얻게 되었다.

레이건은 1981년 대통령 취임사에서 “정부는 문제의 해결책이 아니라 문제 그 자체"라고 강조하면서 감세, 규제 완화, 자유화 조치를 통해 시장을 방해한다고 여기는 국가의 역할을 제거해버렸다. 레이거노믹스의 핵심 내용은 정부지출의 축소, 노동과 자본에 대한 소득세 인하, 정부규제의 축소, 인플레이션을 줄이기 위한 화폐 공급량 조절 등에 관한 것이다. 1970년대 전 세계적으로 만연한 스태그플레이션을 감안하면 1980년대에는 누가 미국 대통령이 되었어도 감세정책을 썼을 것이라는 견해도 있지만, 레이건 행정부에서의 미 의회는 1981년 첫해에 5%를 인하하고 다음 2년간 계속해서 10%씩 인하하는 대폭적인 감세정책을 시행했다. 그 결과 레이건 대통령의 두 번의 임기 동안 재정적자가 계속 늘어나 연방채무는 2배 이상으로 늘어났고, 미국의 국가부채는 GNP의 24% 수준에서 43% 수준으로 급증했다.[16]

래퍼곡선이 의미하는 바는 누구나 이해할 수 있는 상식적인 내용이라고 할 수 있으나 중요한 것은 각국의 경제상황이 지금 어느 지점에 위치하고 있느냐 하는 것이다. 레이건의 감세정책으로 세수가 줄어들었고 재정적자가 커졌다는 것은 결과적으로 미국의 세율은 래퍼곡선상 금지구역에 있지 않았던 것임을 확인시켜주었다.

케인지언들은 정부지출의 증가는 1차적으로 그 액수만큼의 국민소득을 증대시키고, 그로 인해 늘어난 소득 일부를 다시 소비지출에 쓰게 되면서 새로운 소득증가를 유발함으로써 최초의 정부지출은 몇 배의 국민소득증대로 나타나게 된다는 재정정책의 이른바 승수효과乘數效果를 중시했다. 이에 반해 공급중시 경제학자들은 승수효과를 강력히 부정하면서 정부지출의 증대는 일시적으로 국민소득증대로 나타나지만, 민간부문과 경합하게 되면서 오히려 정부지출 규모에도 미치지 못하는 수준에 머물게 되는 이른바 구축효과驅逐效果가 나타나는 반면, 감세는 노동

---

16 《누가 케인즈를 죽였나?》, p. 180.

자와 기업의 실질소득을 증가시켜 장기적인 생산능력의 증대를 촉진하기 때문에 궁극적으로는 정부지출의 증대보다 감세가 더 큰 기여를 한다고 주장했다.

레이건이 전임 지미 카터가 임명한 FED 의장 폴 볼커Paul Adolph Volcker, Jr.를 신임하며 금리를 대폭 인상하도록 하자 볼커는 1981년까지 연방 금리를 무려 21%까지 인상했다. 물가를 잡으려면 금리를 올려야 하지만 경기를 생각하면 금리를 내려야 하는 딜레마 상태에서 볼커는 두 마리 토끼 중 물가를 잡는 데 집중했다. 레이건이 임기 초 연방 금리를 무섭게 인상하자 이자 부담을 견디지 못한 중소기업들이 쓰러지기 시작했고, 실업률은 한때 11%까지 치솟았다. 하지만 볼커는 실업률이 늘어나도 인플레이션을 잡겠다는 의지를 꺾지 않았고, 레이건은 끝까지 볼커를 신뢰했다. 이자율을 무섭게 인상해 통화팽창을 억제하자 인플레이션이 제압되면서 물가상승률은 마침내 1980년 14.6%에서 1983년 3.2%까지 드라마틱하게 떨어졌고, 실업률은 점차 하락하기 시작했다.

레이건의 감세정책으로 제품의 가격이 낮아지고, 감세로 개인의 가처분소득이 늘어나면서 경제가 활성화되어 실업률이 줄어들게 되었다. 스태그플레이션 탈출에 성공하면서 1978년부터 1982년까지 평균 0.9%이던 GDP 성장률은 1983년부터 1986년까지 평균 4.8로 5배 이상 높아졌고, 11%에 달하던 실업률은 1989년 레이건이 두 번의 임기를 마치고 퇴임할 때 5%까지 떨어졌다. 레이건이 취임할 때 951포인트였던 다우존스지수는 퇴임 무렵 2,239포인트까지 오르며 강력한 성장을 이루어냈다.

공급중시 경제학자들은 빌 게이츠가 1981년 PC 운영체제 MS-DOS를 개발했고, IBM이 1981년 최초의 개인용 컴퓨터 출시했으며, 스티브 잡스의 애플이 1983년까지 애플1, 애플2, 애플3와 1984년 매킨토시를 각각 출시하고 선마이크로시스템, DELL, 시스코 등 세계적인 IT 기업들이 생겨나는 등 하이테크 기업이 꽃피울 수 있게 된 것도 법인에 대한 감세와 규제 완화로 기업을 지원한 레이거노믹스의 결실이라고 추켜세운다. 그러나 신자유주의 정책이 도입된 뒤 미국 사회도 양극화가 심화되었다. 1980년 이전까지 미국의 생산성지수와 일반 노동자의 시간당 임금은 비례해서 증가했지만, 1980년 이후에는 산업생산성이 향상되었는데도 노동자들의 임금은 정체상태를 유지했기 때문이다.

1991년의 세계화

제2차 세계대전 말 도쿄 대공습으로 일본은 대부분의 생산시설과 선박 등 운송수단이 파괴되고 쌀 생산량이 절반가량으로 줄어든 상태에서 패전을 맞았다. 1945년 패전 이후 600만 명 정도의 일본인이 식민지에서 돌아오면서 인구가 급증했으며 주식인 쌀을 비롯한 생필품이 부족해졌으나 미국의 긴급 식량지원 덕분에 간신히 혼란을 막을 수 있었다.

종전 직후 연합군 최고사령부는 일본의 부활을 막기 위해 "일본 군사력의 경제적 기반은 파괴되어야 하며 재건하도록 허락되어서는 안 된다"고 못 박았다. 하지만 얼마 지나지 않아 냉전 시기에 접어들자 미국은 정반대로 입장을 바꾸어 "일본을 아시아지역에 공산주의가 확산되지 못하도록 하기 위한 자본주의의 보루로 삼겠다"며 '점령지역 구제 및 경제부흥기금'을 통해 일본에 원조하는 등 일본경제의 부흥을 지원하기 시작했다. 전쟁의 폐허가 남긴 상처가 컸지만 식민지 전쟁을 치르는 동안 전투기와 전차 등 무기를 생산했던 경험으로 축적된 기술과 해외유입 인구로 넘쳐나는 노동인력 등 일본의 성장잠재력은 충분히 유지되고 있었다.

그러던 중 미국이 그토록 경계했던 공산주의의 위협이 현실화되어 1950년 한국전쟁이 벌어졌고, 한국전쟁이 한창이던 1951년 9월 8일 미국 샌프란시스코 전쟁기념공연예술센터에서 일본과 연합국 사이에 '샌프란시스코 강화조약'[17]이 체결되었으며, 이로써 연합군 최고사령부에 의한 일본의 군정기軍政期가 끝나고 일본은 주권을 회복했다. 이와 동시에 미국과 일본은 별도로 미일 안보조약을 체결해 미군이 강화講和 후에도 일본의 안전보장을 위해 일본에 머물도록 규정했다. 이로써 일본은 안전보장비용을 지출하지 않고도 공산세계로부터의 위협에서 벗어날 수 있게 되었을 뿐만 아니라 미국은 가까운 일본을 한국전쟁의 병참기지로 활용해 전쟁물자의 대부분을 일본에서 조달했다. 일본은 태평양전쟁 이후 손상된 산업기반을 복구할 절호의 기회를 맞이했으며 미쓰비시, 도요타, 닛산 등 전범 중화학공업 기업이 부활할 수 있었다.

거기에 더해 1950년대 초 미국이 반도체 기술을 일본에 공개하자 이를 활용해 히타치, 도시바, 샤프, 소니 등 기업이 첨단 전자산업의 붐을 이끌어내면서 우수한 품질의 저렴한 일본제품이 미국과 서방국가들에 수출되었다. 1964년에는 세계 최초로 시속 200km를 달리는 '신칸센'을 개통하고, 같은 해 도쿄올림픽을 개최하면서 일본은 전 세계에 자국의 부활을 알렸다. 휴대용 TV, 컬러TV, VCR, 워크맨, 카메라 등 트렌드를 선도하는 일본제품이 미국과 세계시장을 장악해나갔으며, 1968년이 되자 일본은 세계경제규모 2위의 나라가 되었다.

한편 미국은 케네디의 '뉴 프런티어'와 린든 존슨의 '위대한 사회' 정책으로 과잉 팽창된 통화량을 극복하지 못하고 1971년 브레튼우즈 체제를 해체한 이후 물가가 15%까지 상승하고 기업 생산성 저하로 경기가 침체되어 실업자가 늘어나는 등 힘든 시기를 보내고 있던 와중에 1973년과 1978년 1·2차 오일쇼크가 일어났다. 레이건 행정부는 인플

17 이 조약으로 일본은 한국의 독립을 승인하고, 타이완과 남사할린 등의 점령지에 대한 모든 권리를 공식적으로 상실했다. 하지만 한국에 제주도·거문도·울릉도를 반환하도록 하면서도 독도에 대해서는 따로 언급하지 않아 향후 영토 분쟁의 소지를 남겼다.

레이션 억제를 위해 고금리정책을 써야 했으며, 그러자 달러 강세가 계속되어 일본의 엔, 독일의 마르크, 프랑스의 프랑 그리고 영국의 파운드에 비해 약 50% 평가절상되었다.

오일쇼크로 유가가 오르면서 덩치가 큰 미국산 차에 비해 도요타, 닛산, 혼다 같은 차체가 작고 연비가 뛰어난 일본산 자동차가 미국에서 엄청난 인기를 얻으며 팔려나가자 포드, GM, 크라이슬러 등 미국의 자동차회사는 최악의 위기를 맞게 되었고, 미국의 대일 무역적자는 눈덩이처럼 불어났다. 미국의 자동차 메카였던 디트로이트가 본격적으로 쇠락하기 시작했고, 노조에서도 일본기업들이 자신들의 일자리를 빼앗아가고 일본이 미국경제를 잠식해버릴 거라는 불안감이 확산되면서 반일감정이 고조되어 일자리를 잃은 노동자들이 일본 차를 때려 부수면서 시위에 나섰다.

한국이 민주화에 대한 열망과 서울올림픽으로 들떠있던 1988년 시가총액 기준 세계 50대 기업 가운데 무려 33개가 일본기업이었고, 상위 20위 안에는 일본기업이 자그마치 16개에 달했으며 시가총액 1위인 일본전신전화Nippon Telegraph and Telephone, NTT의 시가총액은 2위 IBM의 3배가 넘었다. 1988년 당시 한국의 GDP가 2,023억 달러로 NTT 시가총액의 70% 수준에 불과했고, 당시 일본 한 나라의 GDP가 나머지 아시아 국가 전체의 GDP를 합친 것보다 컸을 정도였으니 일본의 경제규모가 어느 정도였는지 짐작할 수 있다.

미국의 경제패권이 위협받기 시작하자 레이건은 더 이상 참을 수 없었고, 노조의 불만을 달래기 위해 무언가를 해야 했으며, 마침내 세계무역의 불균형을 문제 삼아 특단의 정치적 조치를 취했다. 1985년 9월 22일 미국 뉴욕시티의 플라자호텔에서 G5 재무장관과 중앙은행 총재가 모여 미국의 무역수지 개선을 위해 외환시장에 개입해 엔화와 마르크화를 평가절상할 것을 주요 내용으로 하는 '플라자합의'를 성사시켰다. 합의 전 달러당 235엔이던 엔화는 합의 1년 후 거의 절반이나 떨어져 120엔대에 거래가 이루어졌다. 일본이 미국의 조건을 수용하지 않을 수 없었던 배경에는 미국의 보복관세 압박과 냉전 시대에 미일 안전보장조약을 유지해야 했던 속사정도 있었지만, 무엇보다 일본인의 민족성도 영향을 끼쳤을 것이다. 여기에 대한 더 깊이 있는 내용은 루스 베네딕트Ruth Benedict의 《국화와 칼》을 읽어볼 것을 추천한다.

그러나 플라자합의에도 불구하고 미국의 대일 무역적자가 별로 개선되지 않자 레이건은 불과 2년 뒤 '루브르합의'까지 밀어붙였다. 루브르에서 레이건은 "이제는 일본이 자국의 억눌린 소비자 수요를 풀어줄 때"라며 미국제품이 일본에서 더 잘 팔리도록 일본의 소비시장을 확대하기 위해 일본의 금리를 5%에서 2%까지 하락시킬 것을 요구했고, 일본은 그 또한 받아들였다. 엔 강세로 수출이 줄어들자 내수시장이라도 확대하려는 일본의 정책과도 맞아떨어졌기 때문이다.

게다가 갑작스러운 무역환경 악화로 인한 경기둔화에 대응하기 위해 일본 정부가 금리 인하에 더해 LTV를 200%까지 허용하는 등 부동산 대출규제 완화정책을 펴자 부동산과 주가가 폭발적으로 상승하기 시작했다. 부동산 불패 신화에 투기 열풍이 더해지면서 기업과 투자 여력이 있던 중장년층이 대박을 꿈꾸며 대거 자산시장에 진입했다. 1960년대부터 1970년대까지 일본의 소비자 물가지수가 2배 오르는 동안 토지가격은 50배 가까이 올랐고, 도쿄 지가는 1981년부터 버블붕괴 직전인 1990년까지 5배 이상 폭등하는 기현상이 벌어졌다. 당시엔 "도쿄를 팔면 미국을 살 수 있다"는 농담이 유행하기도 했다.

일본의 부동산 광풍은 해외에까지 뻗어나가 미국의 록펠러센터(미쓰비시), 엠파이어스테이트 빌딩(일본인과 미국인 투자자가 파트너십으로)이나 컬럼비아픽처스(소니), 유니버설픽처스(파나소닉) 등을 싹쓸이하기도 했다. 미국인에게 상징성이 큰 건물이던 록펠러센터가 미쓰비시로 넘어갈 때 미국인은 "일본이 제2의 진주만 공습을 감행하고 있다"며 착잡해했다고 한다. 이 시기의 분석가들이 언젠가 히타치나 소니가 인텔이나 IBM마저 인수해버릴 것이라고 전망했을 정도로 미국인에게 점점 일본이 세계 경제를 장악할지도 모른다는 공포가 번지기 시작했다.

부동산 가격의 폭등으로 일본의 경제성장률은 다시 플러스(+) 성장으로 돌아섰지만, 문제는 내수경기 부양책이 부동산과 주식시장으로 쏠린 결과 부동산 폭등으로 내 집 마련의 꿈이 좌절된 서민의 자민당 정권을 향한 반감이 격화되었고, 국민은 "외국에서는 닭장 같은 집이라고 일본의 집들을 비웃는데, 우리에게는 정작 그런 집도 구할 수 없을 정도로 비싸다"며 정부를 비판했다. 이런 분위기가 팽배해지자 경기부양책을 펼치던 일본 정부는 갑자기 태도를 바꾸어 자산가격의 비정상적인 폭등을 진정시켜야 한다면서 1989년 3%의 소비세(한국의 부가가치세와 유사)를 신설하고 동시에 전격적으로 금리를 인상했는데, 일본은행은 1988년 9월 2.50%이던 기준금리를 1990년 12월 6.00%까지, 즉 2년 3개월 만에 3.50%p나 올렸다.

문제는 천천히 올려야 할 금리를 너무 급격하게 올려버린 나머지 이전까지 크게 올랐던 주가와 부동산 가격이 폭락했고, 소비 심리를 위축시켜 경제의 경착륙을 불러왔다. 이로 인해 주식시장이 먼저 폭락하고 부동산시장에도 영향을 주기 시작했다. 1991년에는 부동산 대출 총량을 규제하고, 기존 대출도 LTV를 200%에서 70%로 대폭 하향 조정하자 담보가치 폭락으로 부동산시장에는 매수세가 뚝 끊겼고, 거품이 꺼지면서 일본의 부동산시장은 급속히 붕괴되기 시작했다. 이후로도 일본 정부는 불량 채권 회수에 효과적인 대응책을 내놓지 못하면서 경기침체를 악화시켰으며, 결정적으로 생산과 소비의 중심인 생산가능인구가 1992년 정점에 도달한 이후 감소하기 시작해 자산 거품 붕괴로 인한 단발적 · 일시적 경기침체가 장기화되고 말았다. 이렇게 일본의 잃어버린

30년이 시작되었다.

한 가지 주목할 것은 앞서 언급한 1988년 세계 시가총액 상위 10대 기업 중 일본기업이 8개나 되었지만 제조업은 NTT(1위), 도쿄전력(7위) 둘밖에 없었고 나머지 6개는 스미모토은행(3위), 다이이치간쿄은행(5위), 후지은행(6위), 미쓰비시은행(8위), 일본개발은행(8위), 노무라증권(10위) 등 금융기업이 차지하고 있었다는 사실도 주식시장에 유입된 어마어마한 자본이 투자처를 찾지 못하고 있었다는 것과 당시 일본경제가 거품에 의존한 것임을 방증한다. 어쨌든 1991년 미국조차 두려워했던 일본경제가 버블붕괴로 한순간에 쓰러지자 세계경제의 패권은 다시 미국으로 돌아갔고, 같은 해 또 다른 정치적 대격변이 기다리고 있었다.

1989년 혁명[18]으로 명목상으론 독립국이었으나 사실상 국제사회에서 소련의 위성국으로 인식되고 있던 소련 영향권 하의 '바르샤바조약기구' 국가(소련과 그 위성국가인 불가리아, 체코슬로바키아, 동독, 헝가리, 폴란드)들에서 공산주의 정권이 축출되었고 베를린 장벽도 붕괴되었다. 이 사건들은 중앙유럽과 소련 국민이 고르바초프의 공산주의 현대화 추진정책을 지지하지 않는다는 것을 의미했으며, 고르바초프에게도 소련 내의 각 공화국에 더 많은 민주주의와 자치권 그리고 자유를 달라는 요구가 빗발쳤다.

---

18 1986년 필리핀의 독재자 마르코스가 야당 지도자 베그니노 아키노를 암살하면서 촉발된 피플파워혁명은 1987년 한국의 민주화운동과 1989년 중국의 톈안먼(천안문) 사건에 큰 영향을 미쳤다. 특히 톈안먼 사건은 중국에서 주요 정치적 변화를 이끌어내는 데는 실패했지만, 용기 있게 저항하는 모습은 전 세계의 다른 공산권 국가에서 또 다른 시위를 촉발하는 계기가 되었다. 1989년 폴란드인민공화국이 붕괴되었고 이후 헝가리인민공화국, 동독, 불가리아인민공화국, 체코슬로바키아, 루마니아사회주의공화국의 혁명으로 이어졌다. 이러한 혁명의 전개 과정 중 대부분의 사건들에서 나타나는 공통점은 광범위한 시민 저항운동으로, 일당제에 대한 대중적인 반대 여론을 형성하고, 동유럽과 기타 지역의 공산정권을 붕괴시키게 된 결과를 낳았다. 1989년 혁명을 '국민국가들의 가을(Autumn of Nations)'이라고 부르기도 한다.

1991년 8월 소련공산당 보수파들이 중심이 된 국가비상사태위원회가 고르바초프의 개혁(페레스트로이카) · 개방(글라스노스트) 정책에 반대해 쿠데타를 일으켜 고르바초프를 제압하는 데 성공했으나, 당시 러시아공화국의 대통령이던 보리스 옐친이 시민의 저항을 이끌어내면서 쿠데타는 실패로 돌아갔다. 고르바초프와 옐친은 소련을 연정하여 통치하는 데 합의했다.

1991년 8월부터 12월 사이에는 러시아를 포함한 소련연방의 모든 공화국이 연방에서 탈퇴했다. 소련이 공식적으로 해체되기 일주일 전, 소련의 11개 공화국은 소련 해체에 합의하고 독립국가연합 수립을 선언한 '알마아타 조약'에 서명했으며, 12월 26일 소련 최고평의회의는 모든 소련공화국의 독립을 인정하고 독립국가연합 수립을 허용한다고 선언했다. 그 전날인 25일에는 소련의 마지막 대통령이던 미하일 고르바초프Mikhail Gorbachev가 대통령직을 사임하고 소련 지도부를 해체했으며, 소련의 핵무기 발사 시스템을 포함한 전권을 러시아의 대통령 보리스 옐친에게 승계했다. 이날 저녁 7시 32분, 모스크바 크렘린에 마지막으로 소련의 국기가 내려가고 혁명 이전에 사용된 러시아의 국기가 게양되었으며, 이로써 1922년 건국되어 70년간 공산주의국가의 종주국이던 소비에트연방공화국은 막을 내렸다.

1991년 일어난 2개의 사건, 즉 일본의 경제적 몰락과 소련의 붕괴는 미국을 유일한 경제적 · 정치적 대국으로 남겨놓았으며, 이때부터 미국은 자국이 가진 힘을 적극적으로 활용해 전 세계에 대한 영향력을 확대하기 시작했다. 세계질서는 미국에 의해 정해지고 유지되었으며, 세계화는 그 주요 수단이었다. 미국이 세계질서를 주도하는 '팍스 아메리카나Pax Americana' 시대가 열리게 되었다.

세계화globalization는 전 세계의 사람, 기업, 정부 간의 상호작용과 통합의 과정이다. 전 세계를 하나의 협업기지로 만들어 활동무대를 국내를 넘어 전 세계로 넓히면서 상품이나 자본의 자유로운 이동이 가능하게 되었다. 월가Wall Street는 국경을 가리지 않고 전 세계에서 금리가 가장 싼 나라에서 조달한 자본으로 임금, 산업용지 가격, 세금 등 생산비용이 가장 싼 나라에 공장을 짓고, 가격이 가장 싼 나라의 원자재를 구입해 가장 싼 원가로 상품을 생산하여 전 세계시장에 판매함으로써 수익을 극대화할 수 있게 되었다. 일본이 무너진 이후 유일한 경제대국이 된 미국의 기업들은 소련이 붕괴된 이후 폴란드나 헝가리 같은 저임금의 동유럽 공산권 국가에 공장을 짓는 것에도 장애가 없어졌고 점차 중국, 베트남, 인도 등지로 그 무대를 넓혀나갔다.

지난 30년간 세계화의 바람을 타고 더 싼 가격으로 상품을 생산하기 위한 미국기업들의 오프쇼어링offshoring이 유행처럼 확산되었으며, 이렇게 해외에서 생산된 저렴한 상품이 미국 시장으로 쏟아져 들어와 예전에는 상상도 할 수 없었던 수준의 낮은 가격의 상품들이 미국의 슈퍼마켓과 백화점에 진열될 수 있었다. 1980년대 미국은 만성적인 인플레이션에 시달렸으며, 물가를 잡기 위해 기준금리를 20% 내외까지 끌어올리기도 했으나 세계화 전략은 그 모든 숙제를 해결해주었다. 미국의 인플레이션은 사라졌고, 물가가 잡히고 나니 금리를 낮출 수 있게 되었다. 일본의 몰락과 소련의 붕괴가 가져다준 세계화의 물결은 미국에 저물가·저금리의 시대를 선사했으며, 이런 흐름은 2008년 금융위기 때까지 이어졌다.

제11장
신자유주의의 세계화

세계화의 지지자들은 성장을 원하고 효율적으로 빈곤과 싸우기를 원한다면 개발도상국들에 반드시 세계화를 받아들여야 한다고 강요했으며, 세계화를 거부하거나 반대하는 세력이나 국가에 대해서는 미국에 의해 아주 가혹한 제재가 가해졌다.[19] 세계화가 수출한 것은 신자유주의적인 것들이었으며, 개발도상권의 많은 사람에게 애초에 약속한 경제

---

19 베네수엘라의 우고 차베스는 국민연금제도와 알루미늄산업 그리고 석유산업 등 국가산업의 사유화를 추진하던 전임 대통령과 달리 남미의 대통령들 가운데 유일하게 미국을 제국주의로 부르며 워싱턴 합의에 반대했다. 차베스가 베네수엘라 석유개발을 통해 수백억 달러의 수익을 올리고 있었던 초대형 석유기업 필립스페트로늄(Philips Petroleum), 엑손모빌(ExxonMobil)과의 60년 로열티 계약의 포괄적 재협상을 시도하고 서구 자본들이 베네수엘라에 들어가 구축해놓은 석유생산시설을 국유화시켜버리자 미국은 베네수엘라를 세계화에 반대하는 악성국가로 지목하고 금융제재를 가했다. 차베스는 석유 판매대금으로 포퓰리즘적인 복지정책을 이어나갔고, 2013년 차베스 사망 후 집권한 니콜라스 마두로 역시 차베스의 정책을 이어나갔다. 트럼프 정부는 2019년 베네수엘라 최후의 자금줄인 '석유수출 금지조치'를 취하고 베네수엘라 국영 석유기업 PDVSA 및 그 자회사들과 거래하는 기업 · 국가를 모두 처벌 · 제재할 수 있게 했다. 2016년 800%, 2017년 4,000%, 2018년 170만 %의 하이퍼인플레이션으로 가뜩이나 경제적으로 위태로운 시점에 석유 금수조치가 취해지면서 베네수엘라는 혼란 속으로 빠져들었다. 석유 부국에서 마실 물조차 부족한 극빈국으로 전락하는 데 10년도 채 걸리지 않았다. 먹을 것이 없어 국민의 평균 체중이 11kg 이상 줄었고, 치안 부재로 약탈이 일상화되었으며, 전체 인구의 10%가 넘는 400만 명이 난민이 되어 조국을 등지고 떠났다.

적 이득을 가져다주지 못했다. 세계화의 결과 가난한 국가들이 수입하는 상품가격에 대한 그들이 수출하는 상품가격이 상대적으로 낮아졌으며, 개발도상국의 기득권층에는 어느 정도 부를 안겨주었으나 자유시장주의 논리에 따라 저임금이 유지되면서 임금근로자의 경제환경은 더욱 열악해졌다. 그 결과 빈부격차는 더욱 심화되었고, 하루 1달러 미만으로 생활하는 제3세계 극빈자들이 점점 늘어났다.

제3세계의 국민은 워싱턴이 주도한 신자유주의적 정책에 따른 노동의 유연화에 더해 보건의료, 교육, 그리고 여타 서비스를 극단적으로 축소하고 민영화한 결과 사회적 안전망은 황폐화되었고, 모든 개인은 자신의 운명을 스스로 책임지면서 국가에 대해 아무런 보장도 기대할 수 없게 되었다. 비용을 낮추려는 압력에 의해 노동계급은 경제적 기회와 사회적 신분상승 또는 계층이동의 기회를 박탈당한 반면, 상위층과 전문가 집단은 새로운 기회를 얻을 수 있었다.

1980년과 2000년 사이 부유한 선진 국가들의 1인당 GDP가 1995년 고정 달러가치 기준으로 평균 2만 달러에서 3만 달러로 약 50% 오르는 동안 가난한 저개발 국가들의 경우에는 265달러에서 257달러로 오히려 하락했다. 선진국 그룹과 저개발 국가들의 1인당 GDP는 120배 이상의 충격적인 격차를 보여주고 있다.[20]

라틴아메리카의 신자유주의

지리적으로 아메리카 대륙에 위치한 탓도 있겠지만, 역사적 배경과 정치적 또는 경제적 이유로 라틴아메리카는 가장 먼저 신자유주의에 점

20 다니엘 라벤토스, 이한주 · 이재명 옮김, 《기본소득이란 무엇인가》, 책담, pp. 40-41 참고.

령당하게 되었다. 제2차 세계대전 종전과 함께 세계 여러 식민지 국가는 제국주의의 그늘에서 벗어날 수 있게 되었으나 군주국가의 허물을 벗고 민주주의가 확산되던 시기에 상당수의 국가에서 미국의 지원을 받은 잔인한 독재정권이 들어섰다. 미국은 공산주의를 방어한다는 명분을 내세워 전 세계 제3세계의 군부독재 정권을 지원하는 전략을 수행했는데, 1823년 먼로선언[21] 이후 미국의 집단안보체제에 편입된 라틴아메리카에서도 1960~1980년대에 16개국의 독재정부를 지원했다.

제2차 세계대전을 전후로 한 시기부터 1970년대까지의 라틴아메리카는 수입대체산업화의 시기였다. 즉, 스페인과 포르투갈의 식민지 시절부터 제조업을 통제당한 결과 1차 상품 위주의 산업구조에서 벗어나지 못해 농산품은 수출하고 공산품은 수입에 의존하던 라틴아메리카가 저성장·저발전에서 벗어나기 위해 공산품의 수입을 줄이고 산업화를 통해 발전해야 한다는 수입대체산업화에 매진했다. 미국과 유럽 선진국이 반공을 명분으로 저리로 빌려주는 차관으로 어느 정도 산업화에 성공하기는 했으나 1970년대 스태그플레이션 시기에 차관 상환에 어려움을 겪으면서 극심한 경제위기를 맞게 되었다.

1980년대의 중남미는 암울했던 시기였다. 미국이 인플레이션을 억제하기 위해 고금리정책을 펴자 전 세계 국경을 넘나드는 유동성 자금이 미국으로 집중되면서 중남미 여러 나라의 어려움은 가중되었고, 대

---

21 라틴아메리카에 독립국들이 잇따라 들어서자 1823년 미국의 제임스 먼로 대통령은 중남미지역에 대한 미국의 영향력을 확대하기 위해 미국이 유럽에 간섭하지 않는 대신 유럽 또한 아메리카 대륙에 간섭해서는 안 된다는 외교 원칙을 선언했다. 먼로 선언은 이제 막 독립한 라틴아메리카 신생국들에 대한 유럽 열강의 간섭과 더 이상의 식민 지배를 용납하지 않으며, 신세계에 대한 유럽의 정치적 영향력을 확대하려는 것은 미국의 평화와 안전에 위험한 행동임을 알리기 위한 것이었다. 이 원칙은 냉전이 시작되는 20세기 중반까지 미국 외교의 기본 방침이 되었으며, 이후 라틴아메리카 지역에 대한 미국의 패권이 강화되는 기반이 되었다.

부분 남미 국가들은 외환위기를 겪게 되었다. 1982년 멕시코가 모라토리움을 선언한 이후 여러 나라에서 모라토리움이 줄줄이 이어졌으며, 1980~1990년대 라틴아메리카의 빈곤율은 인구의 40%를 넘어섰다.

라틴아메리카를 비롯한 제3세계 국가들이 경제적 위기를 겪게 되자 레이건 행정부와 국제통화기금IMF, 세계은행World Bank; IBRD 등 워싱턴의 정책 결정자들 사이에서 미국식 시장경제체제를 개발도상국 발전모델로 삼도록 하자는 이른바 '워싱턴 합의'가 이뤄졌다. 1980년대 미국에 신자유주의 경제정책을 적극 시행했던 로널드 레이건 대통령의 백악관은 남미에도 정부규제 축소, 정부지출 삭감, 관세 인하, 수출 확대를 위한 무역자유화와 시장개방, 외국자본에 대한 규제 철폐, 국가 기간산업의 민영화, 인플레이션 억제, 외환 안정성 유지 등과 같은 신자유주의적 정책을 요구했다. 라틴아메리카의 여러 나라는 많은 외채를 떠안고 있었고 외채의 채권은 주로 미국 은행들이 가지고 있었기 때문에 미국의 신자유주의적 처방을 따르지 않을 수 없었고, 결국 워싱턴 합의는 남미 여러 나라에서 사회적 통념이 되었다.

미국의 영향력 아래 놓여있는 IMF와 세계은행 같은 국제기구도 세계경제에서의 압도적 지배력을 활용해 신자유주의의 세계화를 밀어붙였으며, 대부분의 라틴아메리카 정치지도자들은 자의적으로 또는 외부적 압력에 굴복해 미국식 경제모델을 수용함으로써 미국 외채로부터 위기를 모면할 수 있었다. 워싱턴 합의에 대해 반세계화 진영은 "제3세계의 국가적 위기 발생을 기회 삼아 미국식 신자유주의를 확산시켜 세계경제를 미국기업이 진출하기 쉬운 구조로 만들어 이익을 극대화하기 위한 금융자본주의의 음모"라고 비난했다. IMF에 대한 이러한 비난은 1997년 우리나라를 비롯한 동아시아 외환위기 때도 똑같이 반복된다.

신자유주의의 세계화는 역설적이게도 라틴아메리카의 미숙련 노동자에 대한 지속적인 저임금을 초래했으며 세계화의 결과는 라틴아메리카에 심각한 소득불평등과 사회양극화를 불러왔다. 많은 노동집약적 산업이 부유한 나라에서 라틴아메리카로 이전했으며, 이론상으로는 이 나라들에서 임금이 상승해야 했으나 실제로는 그렇지 않았다. 다국적기업의 권한 증대, 노동조합의 약화가 결합해 가용인력의 부족이 발생했던 지역에서조차 임금이 삭감되었다. 그뿐만 아니라 보건의료, 교육, 실업구제 등 사회보장제도가 해체되어 사회적 조건은 황폐화되었으며 사회적 재생산을 임금에 전적으로 의존하는 대중계급은 삶의 위기에 직면한 반면, 중상위계급은 사회 서비스를 특권적 · 배타적으로 누려왔으며 더 많은 부를 축적할 새로운 기회를 얻을 수 있었다.

가장 대표적으로 1990년 프랑스텔레콤, 사우스웨스턴 벨과 결탁한 카를로스 슬림Carlos Slim Helú 소유의 카르소그룹이 국영 멕시코통신을 민영화해 인수했는데, 오늘날까지 멕시코통신은 멕시코의 시내전화, 장거리전화, 이동전화 시장의 대부분을 통제하고 있으며 이 기업은 라틴아메리카 여러 나라의 통신회사 지분을 인수했다. 멕시코통신 민영화는 카를로스 슬림을 단 몇 년 만에 라틴아메리카에서 가장 부유한 사람으로 만들었는데, 그는 한때(2007년과 2010년) 빌 게이츠를 제치고 전 세계 부자순위 1위에 오르기도 했다.

로널드 레이건과 마거릿 대처 외에도 1980년대 당시 라틴아메리카를 지배하며 공포정치로 시민을 통제하던 독재자들 또한 신자유주의의 지지자들이었는데, 그중 피노체트 정권하의 칠레가 대표적인 사례일 것이다.

신자유주의의 실험장이 되었던 칠레

2019년 10월 30일 바스티안 피녜라 칠레 대통령은 11월 16~17일

예정된 아시아태평양경제협력체APEC 정상회의 개최를 불과 17일 앞두고 기자회견을 통해 정상회의 취소 사실을 알리며 "매우 어렵고 고통스러운 결정"이라고 밝혔다. 우리 돈으로 약 50원에 못 미치는 지하철 요금 인상으로 촉발된 대규모 반정부시위가 격화되고 있었기 때문이다.

남미의 서해안 4,200km에 걸쳐 뻗어있는 칠레는 1818년 스페인으로부터 독립한 이후 1883년 페루, 볼리비아와 싸워 전체 영토의 3분의 1에 해당하는 넓이의 북쪽 지역을 새로이 차지했다. 이곳은 구리와 초석이 많이 생산되는 지역이어서 후일 구리와 초석 수출로 칠레 경제가 번영기를 맞이하기도 했다. 칠레는 빈번한 군사쿠데타에 시달린 라틴아메리카의 다른 나라들과 달리 오랫동안 정치세력들 사이에 타협과 협력의 정치문화가 존재해왔고, 따라서 국민의 민주주의 역량이 강화되어 있었다.

1970년 살바도르 아옌데Salvador Guillermo Allende Gossens는 좌파 정치세력들을 결합해 지지층을 확대함으로써 대통령에 당선되었는데, 이는 세계 최초로 혁명이 아닌 선거를 통해 사회주의 정부가 들어선 경우에 해당한다. 집권 후 아옌데 정권은 노동자와 농민을 비롯한 하층 민중의 적극적인 지지를 바탕으로 구리와 초석 광업을 비롯하여 주요 산업과 금융업 등을 국유화했다. 특히 구리산업의 국유화 조치는 실질적으로 보상이 아닌 무상몰수라는 혁명적 방법으로 진행되었다. 이처럼 국유화와 토지개혁 나아가 아동 무상급식, 남녀 동일 임금, 전 국민 생활임금제, 국가 차원의 공교육 보장, 사회보장 확대 등 민생정책을 추진하자 국민의 기초생활은 크게 개선되었으며 빈부격차도 완화되기 시작했다.

그러자 아옌데 정권의 국유화 정책으로 피해를 입은 미국이 칠레의 우파와 협력해 아옌데 정권을 흔들기 시작했다. 칠레에 대한 경제제재와 더불어 구리 재고 방출로 구리산업에 타격을 가하자 초기에 호조를 보이던 칠레의 경제 상황이 다시 악화되었다. 산업자본가들 역시 생산을 위한 자본을 투기자본으로 전환하거나 상품을 제한적으로 출하시킴으로써 경제적 혼란을 부추겼으며 중소 규모의 제조업자와 은행원, 의사, 엔지니어 등 중산계층도 연대파업을 일으켰다. 특히 트럭운수업자의 파업은 식량과 생산부품의 유통을 불가능하게 하여 산업시설이 마비되고 생활필수품의 유통이 차단되는 큰 혼란을 불러왔다. 그리고 국영구리광산 노동자들의 파업은 아옌데 정권과 노동자 간의 갈등을 노출함과 동시에 믿었던 노동세력의 일부가 보수야당의 입장에 근접하게 되었다는 것을 상징적으로 보여주는 것이었기 때문에 아옌데 정권의 지지기반에 커다란 손상을 입혔다.

이러한 사태의 진전에도 미국은 자국기업 보호를 이유로 줄기차게 아옌데 정권을 무너뜨리려는 공작을 계속했으며, 1976년 선거에서도 아옌데가 집권할 경우 사회주의가 민주적 수단에 의해 집권하고 통치할 수 있다는 가설을 기정사실화하게 될 것이었기 때문에 키신저와 미국은 칠레를 통한 라틴아메리카의 사회주의화 확산이라는 '도미노 현상'을 두려워했다.

미국은 칠레 의회에 압력을 가하고 새로운 선거를 통해 아옌데 정권을 전복시키려 했으나 실패하자 곧바로 군사쿠데타를 추진했다. 칠레의 육군참모총장 슈나이더의 완고한 쿠데타 반대에 직면하자 CIA는 칠레의 우파단체를 매수해 슈나이더 장군을 납치하려 했다. 그는 납치에 저항하다가 총격을 당한 후 병원에서 치료를 받았으나 사흘 만에 사망했고, 칠레의 영웅으로 추대되어 국민의 애도 속에 장례를 치렀다.

마침내 미국 중앙정보국CIA은 피노체트에게 쿠데타를 종용하고 지원해 1973년 9월 11일 민주적으로 선출된 아옌데 정권을 무너뜨리는 데 성공했다. 아옌데 대통령은 집무실에서 중계한 라디오 방송을 통해 "칠레 만세! 민중 만세! 노동자 만세! 이것이 나의 마지막 말입니다. 나의 희생을 극복해내리라 믿습니다. 머지않아 자유를 사랑하는 사람들이 더 나은 사회를 향해 위대한 길을 열 것이라고 여러분과 함께 믿습니다"라고 외쳤으나 곧이어 대통령궁을 향한 쿠데타군의 폭격이 가해졌고, 아옌데 대통령은 40여 명의 지지자와 함께 지하 벙커에서 최후를 맞았다. 후일 군사평의회에 근무하던 한 요원은 "아옌데의 시체는 머리가 쪼개지고 뇌가 마루와 벽에 흩뿌려졌다"고 증언했다.

아옌데의 죽음은 남미 사회에 큰 충격이었다. 그의 죽음은 더 나은 사회를 만들고자 했던 민중의 의지를 폭력으로 꺾어버린 사건이었고, 미국이라는 외세 강대국에 의해 한 나라의 주권이 침탈당한 사건이었다.

피노체트는 쿠데타 직후 3개월 동안 공산당원을 비롯한 좌익계 인사들을 체포해 공설운동장에서 사살했으며, 이로 인해 그 옆을 흐르는 마포초강이 피로 붉게 물들었다. 그는 대통령 직속으로 악명 높은 비밀경찰인 '국가정보국'을 창설해 이후 3년 동안 자신에게 반대하는 반정부 조직을 철저히 소탕했으며 외국까지 추적해 암살, 납치를 자행했다. 붙잡힌 정치범에게 손발톱 뽑기, 불로 지지기, 강간 등을 저지르고, 썩은 음식과 사살한 동료의 인육을 먹이는 등 천인공노할 인권 유린을 자행했다. 피노체트의 철권통치 기간(1973~1990) 중 공식 집계로만 최소 4천 명의 반정부 인사가 살해되거나 실종되었다.

피노체트 군부정권은 집권하자마자 아옌데의 모든 경제정책을 무효화시켜버렸으며, 미국에서 양성되어 미국보다 더 철저하게 시장원리를 신봉하는 칠레 출신 프리드먼의 후예들인 '시카고 보이즈Chicago boys'를 권력의 중심에 끌어들여 권위주의적 독재정치에 자유주의적 시장경제를 결합했다. 시카고 보이즈는 아옌데 정권에 의해 몰수당해 국유화되었던 공기업을 원소유주에게 돌려주고, 농민들에게 분배되었던 토지도 원래의 지주에게 되돌려주었다. 교육과 연금, 의료마저 민간의 손에 넘겨버렸으며 공적 영역은 사라지고 독점자본들이 그 자리를 차지했다. 그렇게 칠레는 사적 이윤을 추구하는 자본의 천국이 되었고, 신자유주의 정책의 실험장이 되었으며, 남미 최초의 신자유주의 국가가 되고 말았다.

칠레는 2010년 라틴아메리카 국가로는 멕시코에 이어 두 번째로 경제 선진국 클럽이라는 OECD의 회원국이 되었으나 국민 대다수의 삶의 질은 더욱 피폐해졌다. 최상위 1% 부자들이 전체 국부의 25%를 소유할 만큼 자산과 소득불평등이 심각했다. 노동시간, 실업률, 양성평등, 언론자유 등 사회·경제적 발전과 인권을 가늠하는 많은 지표에서 칠레는 OECD 회원국 중 최하위권을 맴돈다.

1980년에 만들어진 소위 '피노체트 헌법'에는 "국가가 국민에게 복지를 해야 할 의무가 없다"고 명시해 의료와 교육 등에 대한 국가의 개입을 제한했으며, 이는 세계 최초의 신자유주의 헌법이었다. 피노체트의 강압 정치에도 반정부세력의 민주화 요구는 더욱 커져만 갔고, 1989년 민주화를 통해 피노체트를 몰아내는 데 성공했다. 민주화 세력들이 권력의 민간이양과 피노체트 헌법 존치를 타협한 것도 있지만 이후에도 개헌을 시도할 때마다 우파들의 강력한 반대로 인해 개헌에 실패해 민주화 이후에도 칠레는 한동안 피노체트 헌법의 마수에서 벗어나지 못했다.

민영화된 연금회사는 노동자들이 낸 기여금보다 훨씬 낮은 연금을 지불했으며(남성 기준 기여금 대비 38%만 지불하고 있다고 한다), 민영화된 교육은 살인적인 등록금으로 빈익빈 부익부를 심화시켰다. 의료도 계속 민영화 상태였고, 노동과 관련된 법률들 또한 자본에 유리하게 유지되었다. 이로 인해 민주화 이후에도 칠레는 빈곤율이 45%에 이르고 지니계수 또한 0.45로 OECD 국가에서 가장 높은 수준을 기록하는 나라가 되었다.

그러다가 2019년 10월 지하철 요금 인상 정책이 아옌데의 죽음 이후 46년간 참아왔던 칠레인의 분노를 터뜨렸다. 지하철 요금 인상에 반대하는 집회는 점점 칠레의 신자유주의체제에 대한 저항으로 터져 나오게 됐고, 이는 개헌을 요구하는 수준으로 격상되었다. 칠레 우파들은 이들의 요구를 들어줄 생각이 없었지만, 시간이 흐를수록 분노한 칠레 민중이 더 많이 투쟁에 참여해 개헌을 요구했다. 결국 우파 정부인 피녜라 정권이 민중의 요구를 수용하면서 마침내 개헌을 묻는 국민투표가 열리게 되었고 2020년 10월 25일 국민투표를 거쳐 칠레 국민은 자신들이 그토록 증오하던 '피노체트 헌법'을 역사 속으로 보내버렸다. 또한 시카고 보이즈에 의해 신자유주의 실험장이 되었던 칠레는 국민투표를 통해 이 나라의 주인이 누구인지 전 세계에 알렸다.

시카고 보이즈와 기득권층에 의해 강제로 신자유주의의 실험장이자 첫 시작지가 돼야 했던 칠레는 아옌데의 죽음 이후 47년 만에 국민투표를 통해 오욕의 역사에 종지부를 찍었다. 그리고 2008년 글로벌 금융위기 이후 생명력을 잃었다고 비판받는 신자유주의 또한 자신의 시작점에서 심판받았다.[22]

2021년 12월 19일 치른 대선 결선에서 가브리엘 보리치Gabriel Boric Font(35, 사회융합당)가 56% 득표율로 독재자 피노체트를 존경한다는 극우성향의 호세 안토니오 카스트(55, 공화당)를 꺾고 칠레 역사상 최연소 대통령으로 당선해 2022년 3월 취임했다. 그는 앞서 대선 후보 경선 연설에서 "칠레가 신자유주의의 요람이었다면, 이젠 그 무덤이 될 것"이라며 자신이 당선될 경우 국가 개조에 버금가는 사회시스템의 급격한 변화를 예고하고 젊은이들에게 "칠레를 변화시키는 것을 두려워하지 말라"고 외쳤다. 최연소 급진좌파 대통령을 탄생시킨 이번 대선은 사실상 '제2의 건국'의 교두보를 마련할 것으로 기대를 모으고 있다.

2018년 멕시코를 시작으로 아르헨티나, 파나마, 도미니카, 볼리비아, 페루, 칠레, 온두라스, 니카라과 등에서 좌파 정부가 들어섰다. 2022년 10월 브라질에서도 룰라Lula da Silva 전 대통령이 군인 출신 극우정치인

---

22 안준호 기자, "신자유주의 실험장이었던 칠레, 스스로 굴레를 벗다", 〈오마이뉴스〉, 2020. 10. 27 기사 참고.

자료: 각국 선거 결과 종합

그림 6. 라틴아메리카의 분홍물결(짙은 색이 좌파정부 집권국가다. 브라질에서도 룰라가 재집권하면서 중남미 대부분의 국가에 좌파정부가 들어섰다)

출처: 조일준 기자, "신자유주의 요람 칠레, 이젠 그 무덤 될 것", 〈한겨레신문〉, 2021. 12. 25

보우소나루Jair Messias Bolsonaro 현 대통령을 제치고 재집권에 성공했다. 가브리엘 보리치와 룰라의 당선은 최근 2~3년 사이 중남미 국가들에서 잇따라 좌파 정부가 집권하는 '핑크 타이드Pink tide(분홍 물결)'를 재확인했을 뿐 아니라 이후 예정된 주변국의 선거에도 영향을 미칠 것으로 예상된다.

돈데 보이(Donde Voy)

1989년 멕시코계 이민 2세인 티시 이노호사Tish Hinojosa가 스페인어로 발표한 〈돈데 보이Donde voy〉라는 노래가 있다. 우리나라에도 잘 알려진 이 노래의 제목은 '어디로 가야 하나요?'라는 뜻이며, 미국으로 불법이민을 시도하는 멕시코 여성이 사막을 건너 미국으로 밀입국하면서 미국 불법이민 단속반에 발각될까 두려워하고 멕시코에 남겨둔 자신의 연인을 그리워하는 내용의 노래다.

20세기 내내 멕시코의 지배세력이던 제도혁명당PRI은 1988년 카를로스 살리나스Carlos Salinas de Gortari를 대통령으로 선출했다. 그는 취임 후 대대적인 신자유주의 구조조정을 단행해 멕시코경제를 개조했고, 멕시코를 신자유주의적 자본주의에 편입시켰다. 특히 미국·캐나다와 북미자유무역협정NAFTA을 체결했는데, NAFTA는 체결과정에서 여러 가지 큰 논란 속에 1992년 12월 아버지 부시로 불리는 미국의 부시 대통령과 캐나다의 브라이언 멀로니 총리와 함께 협정에 조인해 1994년 1월 정식으로 발효되었다. 멕시코는 이어 우리나라보다 2년 앞선 1994년 5월 OECD에도 가입했다.

KBS는 2006년 6월 〈FTA 12년 멕시코의 명과 암〉이라는 제목의 KBS스페셜 프로그램을 방영했다. 아래 내용은 이 방송프로그램의 내용을 참고한 것이다.

카를로스 살리나스는 "모두를 위한 번영"이라는 기치 아래 NAFTA 체결을 주도했으나 준비는 부족했고, 협상을 주도한 관리들의 부패는 심각했다. 다수 시민사회의 문제 제기는 정부가 쏟아내는 각종 통계와 연구 자료를 인용한 무책임한 경제학자들에 의해 '대안 없는 비판'이라는 비난에 직면했고, 1992년 결국 NAFTA는 체결되었다.

협상의 모든 과정은 비밀에 부쳐졌다. 멕시코 국민은 협상 결과가 공개될 때까지 내용을 전혀 알 수 없었고, 그 결과가 어떻게 될지도 알 수 없었다. 예외적으로 협상 내용을 지켜볼 수 있었던 사람들은 보조회의실에 출입이 허용된 몇몇 친정부 기업인뿐이었다. 협상이 시민사회와 멕시코 국회의 참여도 차단된 상태에서 정부 관리와 소수 재계 인사들만 참여한 채 이뤄진 것이다. 대통령이 된 카를로스 살리나스가 이끄는 제도혁명당 정부는 취약한 정치적 기반을 타개하려는 목적으로 미국과의 FTA를 적극 추진하면서 협상에 저자세로 임했다. 비준 일주일 전 엄청난 서류가 국회로 보내졌으며, 다수당인 집권여당은 거수기로 일관했다.

미국은 멕시코에 강력한 개방을 요구하면서도 자국의 수입품목에 대해서는 보호주의로 일관했으며, 협상 결과 선진국인 미국이 개발도상국인 멕시코보다 더 많은 예외를 인정받게 되었다.

NAFTA 협정이 발효되던 날 멕시코는 혼란에 휩싸였다. 특히 옥수수재배에 의존해온 인디오들에게 옥수수시장 개방은 사형선고나 마찬가지였으며, 결국 민중봉기가 발생했다. 더욱 놀라운 것은 멕시코 협상단이 미국이 요구하지도 않은 옥수수를 먼저 협상 대상에 포함시켜 '자진 납세'로 시장개방이 이루어졌다는 사실이 알려졌다. NAFTA 조약이 실효를 갖기 시작하는 1994년 1월 1일 사파티스타Zapatista[23]는 치아파스

---

23 공식 명칭은 '사파티스타 민족해방군'이다. NAFTA가 발효되자 멕시코 남부 치아파스주를 근거지로 신자유주의와 세계화에 대해 반대하여 일어난 아나키즘 무장단체로서 아메리카 원주민이 서양 자본에 의해 수탈당하고 있다고 주장하면서 6개 도시를 점령하고 원주민의 해방을 선언했다. '사파티스타'라는 명칭은 멕시코 혁명에서 판초 비야와 연합군을 구성해서 싸웠던 아나키스트 '에밀리아노 사파타'의 이름에서 유래한다. 전체 대원 수는 7천 명이며 지지자들의 수만 해도 수만 명이나 되었다. NAFTA로 인해 인디오들의 토지보상을 명시한 멕시코 헌법 27조 12항이 삭제되면서 멕시코 원주민들은 치명적인 타격을 받았으며, 값싼 미국산 농산물의 대량유입과 거대 식품업체의 경제적 잠식으로 멕시코의 농장경제는 급격히 몰락했고, 망가진 멕시코의 농지에서는 양귀비로 대표되는 마약류 작물들이 자라게 되면서 악명 높은 멕시코 마약 카르텔들의 원동력 중 하나가 되었다. 그러나 사파티스타가 장악한 곳은 치안이 매우 안정적이어서 마약 카르텔이 활개 치지 못하여 서민들이 그럭저럭 살아갈 수 있게 되었다. 무장집단이지만 폭력에 반대하며 언론과 미디어를 통해 혁명을 행하는 '미디어 반군'으로서 부사령관 마르코스는 뛰어난 언변과 호소력 깊은 문장으로 사파티스타의 아이콘으로 부상했으며, 자기들의 사상을 인터넷, 휴대폰 등에 담아 전 세계의 사회주의 아나키즘 집단에 지원을 요구하는 성명을 발표하고, 자신들의 혁명법을 제정해 세계에 알려 지지를 얻었다.

의 주요 도시들에 테러를 가하는 한편 주요 관공서를 점령하고 농성에 들어갔다. 총을 든 인디오들은 "FTA는 이 나라의 원래 주인인 가난한 인디오를 전혀 고려하지 않았다. 우리는 재협상을 요구한다"고 외쳤다. 민중봉기가 격해지면서 사파티스타 봉기는 국제사회의 화약고로 주목받으면서 외국자본의 이탈을 초래했고, 멕시코는 2차 외환위기에 직면했다.

NAFTA 체결 이후 농업에 대한 정부지원은 축소된 반면 농산물가격은 하락했고, 10년 만에 약 200만 명 이상이 농촌을 떠났다. 수많은 중소기업이 무더기로 파산했으며 실업자는 넘쳐흘렀다. 민영화 이후 전기와 수도 요금은 급등했다. 소득격차는 세계적으로 가장 심각한 수준에 이르렀으며 멕시코 상위 10위 이상의 재벌기업들이 NAFTA 체결 이후 최소 2배 이상 재산이 증가한 반면 1억 2천만 인구 중 빈곤층이 4천만 명, 극빈층이 2,500만 명으로 조사되었지만 사회보장제도는 궁핍했다.

NAFTA 이후 카길 같은 미국의 대표적인 초국적 농업기업들이 멕시코 시장에 대거 진출해 중개상의 지위를 차지하자 이미 떨어진 산지의 옥수수 가격은 더욱 하락한 반면, 거꾸로 최종 소비자가 사 먹는 옥수수값은 몇 배로 뛰어올랐으며 차익은 고스란히 몇몇 미국기업의 주머니로 흘러 들어갔다. 민중봉기 후 정부는 옥수수를 제외하는 재협상을 약속했으나 말뿐이었다. 협정 사후관리도 엉망이었다. 카길은 협정량보다 2배 이상의 옥수수를 멕시코로 들여왔으나 협정에 따른 할당관세조차 부과받지 않았으며, 옥수수 수입업자는 그해에만 35억 달러의 이익을 얻었다. 미국산 농산물의 판매가 늘어나는 만큼 멕시코의 농업은 더욱 피폐해졌다.

1884년 설립되어 120년의 역사를 자랑하는 바나멕스Banamex는 멕시코 전체에 2천여 개의 지점을 가진 멕시코 최대 은행이었으나 역내 국가들 안에서는 외국자본에 의한 은행의 인수합병과 소유가 가능하도록 규정한 NAFTA 조항에 따라 2001년 8월 미국 시티그룹에 125억 달러

(약 15조 원)에 인수되었고, 이후 지점 절반을 폐쇄하고 절반이 넘는 직원이 해고되었다. 시티그룹은 멕시코에서 바나멕스은행의 기존 브랜드를 그대로 유지한 채 본격적인 성장을 시작했으며, 인수 이후 2년 동안 바나멕스는 영업이익이 34%나 증가하는 놀라운 성과를 보였다. 2003년 당시 멕시코 내 시장점유율도 카드 40%, 상업대출 21%, 퇴직펀드상품 23%, 뮤추얼펀드상품 21%에 총자산 규모는 2위였지만 당기순이익은 12억 3천만 달러로 1위를 기록했다.

미국 등 외국자본이 멕시코 금융의 95%를 장악하게 되었고, 월마트는 멕시코 최대유통기업 '아우레라'를 인수해 멕시코 식료품 소매시장 점유율 60% 이상을 차지하게 되었다. 정부는 외자유치에 성공했다고 홍보했지만, 외자유치는 신규투자가 아니라 멕시코기업을 인수하는 방식이어서 신규 일자리 창출 없이 주인만 바뀌는 것에 불과했다. 과거 멕시코산 농기계에는 멕시코산 부품을 일정 비율 이상 사용해야 했지만, NAFTA로 이 조항은 삭제되었다. 그뿐만 아니라 NAFTA는 모든 국가 조달을 입찰로 구매하도록 함으로써 멕시코기업의 입지는 더욱 좁아졌고 중소기업의 몰락이 이어졌다. 스크린쿼터제 폐지로 미국 자본이 운영하는 멀티플렉스에서 멕시코 영화는 구색 맞추기로 상영되었고, 연 100편 이상 제작되던 멕시코 영화는 연 5편 정도에 불과하게 되었다. 대선을 앞두고 야당 후보들은 NAFTA 재협상을 추진하겠다고 공약했지만, 그럴 경우 국제 금융자본으로부터 더 큰 대가를 치를 것임을 잘 알고 있었다.

살리나스 정권의 임기 동안 자본시장 개방이 확대되었고, NAFTA로 형성된 막대한 기대감에 힘입어 투자 기회를 활용하려는 투기성 자본의 유입을 부추겼다. 살리나스의 임기 마지막 해인 1994년 금융거품이 발생했고 결국 그 거품이 폭발했다. 이자율은 치솟고 채무자들은 채무상환에 어려움을 겪었으며, 지불중단의 공포가 팽배했다. 12월이 되자 폐소화는 평가절하되었고, 주식시장은 쇠퇴했으며, 그 효과는 국제 금융체제 전반에 퍼졌다. 투기꾼들은 정부의 도움을 얻어 시장이 최정점에 달한 순간을 활용해 제때 빠져나간 반면 수많은 중소기업이 붕괴했고, 중간계급은 예금과 담보를 잃었다. 금융자본이 이윤의 대부분을 흡수해간 반면, 손실은 대부분 멕시코인에게 분배되었다.[24] 멕시코는 함정에 빠진 것이다. 미국(아버지 부시)과 멕시코(살리나스)의 통치자가 함께 판 함정이었다. 멕시코인에게 미국은 멕시코를 수탈하는 '악의 제국'으로 비친다. 멕시코 국민에게 부패정치가의 상징이 된 살리나스는 미국으로 망명했다.

NAFTA 체결 이후 생존의 벼랑 끝에 몰린 멕시코인이 마지막으로 꿈꾸는 것이 미국행이다. 그러나 미국과 멕시코의 국경 사이에는 거대한 장벽이 가로막고 있으며 서치라이트, 순찰차, 각종 전자센서와 고공 감시가 이중 삼중으로 밀입국을 차단하고 있다. 클린턴 정부와 부시 정부의 16년 임기 동안 미국 정부는 국경보안의 수위를 높이기 위해 장벽을 높이고 전자감지기, 헬리콥터 감시, 정교하고 효과적인 야간 탐지장비를 구입해 설치했다. 그럼에도 장벽을 넘어 미국으로 탈출하려는 멕시코인의 수는 계속 늘어났으며 장벽이 더욱 높아지자 장벽이 없는 사막지대와 강을 통한 밀입국 시도가 늘어났다. 지금까지 수만 명의 멕시코인이 국경을 넘다가 사망한 것으로 추산되며 그 수는 점점 늘어나고 있다. 국경을 넘다가 사망하는 사람의 숫자는 연간 800명 이상으로 증가했다.[25]

---

24 에릭 허쉬버그 · 프레드 로젠 외, 김종돈 · 강혜정 옮김, 《신자유주의 이후의 라틴아메리카》, 모티브북, pp. 183–184 참고.

25 미국 관세국경보호청(CBP)은 미국 남쪽 국경에서 적발된 불법이민 시도가 2022회계연도(2021년 10월 1일~2022년 9월 30일)에만 237만여 건에 달했다고 밝혔다. 조 바이든 대통령 취임 첫해인 2021회계연도(173만여 건)보다 64만 건 이상 늘었고, 도널드 트럼프 전 대통령 시절인 2020회계연도(45만여 명)에 비하면 5배 이상으로 치솟았다. 불법 이민 시도

미국과 멕시코는 국경 사이로 한반도 면적의 약 1.4배에 이르는 엄청난 크기의 '소노라사막'으로 막혀있다. 국경 경비가 강화되자 이주희망자들은 경비가 삼엄해진 티후아나, 태평양 해안, 텍사스 국경 등 전통적인 밀입국 루트를 떠나 소노라사막을 찾게 되었다. 하지만 이곳은 여름에 50℃를 넘는 낮의 더위와 극단적인 밤의 추위 및 물 부족으로 신대륙 내에서 가장 살기 어려운 곳이며, 대낮에는 탈수 혹은 독사에 물리거나 미국에 근거지를 둔 자경단 또는 강도의 손에 죽을 수도 있는 위험을 감수해야 하는 곳이다. 소노라사막은 밀입국의 주요 통로가 되고 있으며 아메리칸드림의 꿈을 안고 이 사막을 지나다 길을 잃은 수많은 사람들이 죽음을 맞이하는 현실이 계속되고 있다.

티시 이노호사가 부른 〈돈데 보이〉는 그렇게 죽음의 국경을 넘을 수밖에 없는, 지금도 그 국경을 넘으려는 멕시코인의 애환과 슬픔을 담아낸 가슴 아픈 노래다.

때로는 코요테Coyote[26]의 도움을 받기도 하는데, 교통비와 코요테에게 지불하는 비용은 4천 달러 또는 그 이상에 달하는 것으로 알려져 있으며 미국의 친척이나 먼저 밀입국한 지인의 도움을 받기도 한다. 〈돈데 보이〉의 가사 중 "Muy pronto te llega un dinero(머지않아 당신은 돈을 받으실 거예요)"라는 부분은 이러한 상황을 표현한 것이다. 즉, 먼저 밀입국한 노래 속 주인공이 미국에서 번 돈을 멕시코에 있는 연인에게 송금하면 그 돈으로 미국으로 건너오라는 것이다.

가 증가하면서 사망자도 늘었다. 2022회계연도 미국 남쪽 국경에서 사망한 이민자는 856명으로 역대 가장 많았다. 김진명 특파원, "미 남쪽 국경 불법이민 시도 237만 건… 트럼프 후반기의 5배", 〈조선일보〉, 2022. 10. 23.

26 밀입국 알선업체를 말한다. 자신의 교활함을 이용하여 이곳저곳 돌아다니며 불행한 사건들을 만드는 북아메리카 신화 속의 인디언 장난꾸러기 신과 북아메리카와 중앙아메리카 일대에 분포하는 개과 동물의 이름에서 유래했다.

Madrugada me ve corriendo
Bajo cielo que empieza color
No me salgas sol a nombrar me
A la fuerza de "la migracion"
Un dolor que siento en el pecho
Es mi alma que llere de amor
Pienso en ti y tus brazos que esperan
Tus besos y tu pasion
Donde voy, donde voy
Esperanza es mi destinacion
Solo estoy, solo estoy
Por el monte profugo me voy
Dias semanas y meces
Pasa muy lejos de ti
Muy pronto te llega un dinero
Yo te quiero tener junto a mi
El trabajo me llena las horas
Tu risa no puedo olividar
Vivir sin tu amor no es vida
Vivir de profugo es igual
Donde voy, donde voy
Esperanza es mi destinacion
Solo estoy, solo estoy
Por el monte profugo me voy

동트는 새벽녘 나는 달리고 있어요.
태양빛이 붉게 물드는 어느 하늘 아래를
태양이여, 부디 나를 비추지 말아주오.
"이민국 단속반"에 들키지 않도록
내 마음에 느끼는 이 고통은
사랑으로 상처받은 거예요.
난 당신과 당신의 품속을 생각하고 있어요.
당신의 입맞춤과 사랑을 그리면서
나는 어디로 가야만 하는 건가요?
희망을 찾아 헤매고 있어요.
나 홀로, 나 홀로 외로이
사막을 떠도는 도망자처럼…
하루 이틀 날이 가고, 달이 가면서
당신에게서 점점 멀어지고 있어요.
머지않아 당신은 돈을 받으실 거예요.
그 돈으로 당신이 내 곁으로 와주면 좋겠어요.
매일같이 일하느라 너무 힘들지만
난 당신의 웃는 모습을 잊을 수 없어요.
당신의 사랑 없이 사는 건 의미 없는 삶이에요.
도망자로 사는 것도 마찬가지예요.
나는 어디로 가야만 하는 건가요?
희망을 찾아 헤매고 있어요.
나 홀로, 나 홀로 외로이
사막을 떠도는 도망자처럼…

- 티시 이노호사 〈돈데 보이〉

2016년 국내에도 상영된 영화 〈디시에르토DESIERTO〉는 소노라사막을 건너 밀입국하는 과정을 생생하게 표현하고 있다. 미국으로 불법이민하려는 멕시코인과 불법이민자를 저격 살인하려는 미국인 간의 생존대결을 그린 영화로, 밀입국자 때문에 일자리를 잃었다고 생각하는 미국 사회의 백인 블루칼라들의 히스패닉Hispanic[27]에 대한 증오심이 어떠한지를 잘 표현하고 있다. 2021년 2월 한 영화추천 프로그램에서는 국경순찰요원으로 32년을 보낸 후 은퇴한 미국 국경순찰국 연방요원이 우연히 한 소녀와 엮이면서 멕시코 카르텔의 위협을 받고 오히려 밀입국자를 도와야 하는 신세가 된 이야기를 다룬 드라마 〈코요테〉를 상영했다.

미국과 멕시코의 국경은 약 3,144km에 이르는데 그중 약 1,050km에는 나무 울타리, 철제 벽 등 다양한 형태의 장벽이 설치되어 있다. 도널드 트럼프 대통령은 2016년 대선에서 "멕시코 이민자는 범죄자들"이라는 등 인종차별적 발언을 하면서 히스패닉의 불법이민을 차단하기 위해 100억 달러를 들여 새로 콘크리트 장벽(일명 '트럼프 장벽')을 쌓겠다고 공약했다. 이는 히스패닉 등 해외 이민자들에게 일자리를 뺏겼다고 생각하는 백인의 표를 얻기 위한 전략에 따른 것이었다. 트럼프는 대통령이 된 후 국경 장벽을 쌓기 위한 50억 달러 규모의 예산을 요청했으나 의회가 거부하면서 2018년 말 미 연방정부의 셧다운을 초래하기도 했으며, 예산 배정에 어려움을 겪자 멕시코가 50억 달러를 부담해야 한다며 압박하기도 했다.

NAFTA 이후 신자유주의 정책이 양산하는 농산물가격의 하락과 고용기회 부족 같은 심각한 경제문제와 대대적인 빈곤의 증대는 멕시코

---

27 히스패닉은 라틴어에서 유래한 단어로, 오늘날에는 미국에서 스페인어권 국가 출신 이주자 및 그 후손, 특히 그중에서도 포르투갈어권인 브라질을 제외한 라틴아메리카 출신들을 의미하는 용어로 널리 쓰이고 있다. 이와 별도로 브라질 등 라틴아메리카 출신을 포괄하여 '라티노(latino)'라고 비하해서 부르기도 한다.

의 농촌지역 농민들에게 자신의 마을을 떠나도록 강요했다. 2018년 기준 미국에 거주하는 멕시코 출신자는 약 3,850만 명으로 추산되고, 그 가운데 1,230만 명이 멕시코 출생자로 파악되며 그중 약 43%는 불법 체류자다.

미국에 거주하는 히스패닉 인구는 2020년 통계 기준 약 6,210만 명에 달해 미국 전체 인구의 18.7%에 해당하며 미국 내 흑인(12.1%)의 1.5배 수준이다. 캘리포니아주에서는 히스패닉(39.4%)의 비율이 백인(34.7%)을 추월했다.[28]

대부분의 히스패닉은 3D 직종에서 일한다. 이는 당장 미국 사회가 필요로 하는 분야들로, 2020년 기준 뉴멕시코(히스패닉 비율 48.8%), 캘리포니아(39.4%), 텍사스(39.3%), 애리조나(31.3%)주 등은 이들이 없으면 경제가 제대로 돌아가지 않을 정도로 비중이 커졌다. 또한 히스패닉 사회는 가톨릭 신자가 많아 교리에 따라 피임과 낙태를 꺼리는 성향이 있어 대체로 출산율이 높으며 인구증가 속도도 빠르다.

해외에서 일하는 이주자들이 멕시코에 거주하는 가족에게 송금해 오는 금액은 2004년 166억 달러였고, 2005년에는 200억 달러 수준이었으나 로페스 오브라도르 멕시코 대통령은 2020년 한 해 해외 멕시코 이민자들이 보낸 송금액이 전년도보다 11% 늘어난 406억 달러에 달할 것으로 전망했다. 현재 1,230만 명에 달하는 멕시코 출생 해외 이주노동자들이 세계 각국에서 받은 임금을 본국으로 보내는 송금경제 규모는 멕시코 GDP의 3.5%를 차지하는 것으로 추정된다.[29]

이는 수많은 멕시코 가구뿐만 아니라 멕시코 국가경제를 유지하는

---

28 황준범 기자, "미국 백인 인구 첫 감소 … 히스패닉 · 아시안은 증가", 〈한겨레신문〉, 2021. 8. 13.

29 김리안 기자, "멕시코, 美부양책 '낙수효과' … 이민자 고국 송금 역대 최대", 〈한국무역신문〉, 2021. 5. 4.

주된 재원이 된다. 그러자 멕시코 정부는 이주자들이 자신의 고향과 문화, 가족을 포기했다고 비난하던 입장을 바꾸어 이들은 국가적 영웅이며 이들의 송금은 애국심의 표현이라고 추켜세웠다. 멕시코 정부가 이주자들을 애국적 영웅으로 칭송하는 것은 이주자들이 미국에서 고국으로 돌아오는 공항입국장에 써놓은 문구에서 분명히 드러난다.[30]

> 고향에 오신 걸 환영합니다. 오랜 기간 동안 여러분이 사랑하는 이들과 고국의 품을 멀리 떠나 노력하고 희생해온 것에 경의를 표합니다. 이주자들은 훌륭한 모범을 보여주고 있습니다. 모든 이들은 이들의 불굴의 의지와 용기를 존경합니다. 여러분이 없는 동안 우리는 여러분의 권리를 지키고, 여러분이 가능한 한 즐겁게 고국 멕시코를 방문할 수 있도록 노력을 지속해왔습니다. 여러분의 안전한 출입국을 보장하기 위해 주의사항과 정보, 안내를 제공하는 한편 불편사항을 접수하는 국민을 위한 프로그램을 실시하고 있습니다.
>
> - 폭스 대통령

경제의 금융화가 초래한 글로벌 금융위기

금융자본은 전통적으로 생산·상업·소비자 신용을 생산영역에 제공하고 이자수익을 얻는 금융 중개를 주로 맡았으나 신자유주의가 발흥한 1980년대 이후 금융기술의 발달에 따라 다양한 금융상품이 나타나고 금융규제가 완화되면서 새로운 수익원을 찾아 나섰다. 금융기법 혁신의 결과 1980년대 이후 전체 경제에서 금융이 차지하는 비중이 급속히 팽창했으며, 금융자본의 이익도 크게 증가하는 이른바 '금융화

---

30 《신자유주의 이후의 라틴아메리카》 10장 〈천만 명이 오고가다〉, p. 307.

financialization'가 급속히 진행되었다. 경제의 금융화란 국민경제에서 금융 부문의 비중이 높아지고 상품의 생산이나 교역보다는 금융상품과 금융 거래를 통한 이윤창출의 규모가 커지는 것을 말한다. 또 세계적으로 자본이동이 자유로워지고 금융시장의 통합성이 높아지는 현상이 금융화의 표면적인 모습이다. 이 모든 현상은 지난 수십 년 동안 '금융혁신'이라는 이름으로 정보통신기술의 혁명과 맞물리면서 초고속으로 진행되었으며, 그 결과 금융은 세계적으로 급팽창했고 월가는 세계경제의 심장부로 자리매김하게 되었다. 더 이상 사람이 노동하고 노동이 가치를 창조하는 것이 아니라 '돈이 일하는 경제'가 미래의 핵심 성장산업으로 추앙받기에 이르렀다.

전 세계의 명목 GDP가 10조 1천억 달러였던 1980년 세계 금융자산의 규모는 약 12조 달러로 비슷한 수준이었으나 2006년 말까지 GDP는 48조 3천억 달러로 4.8배 늘어나는 데 그친 반면, 금융자산은 무려 167조 달러로 13.9배나 불어났다. 또한 미국의 금융부채 증가규모를 보면 1973년 금융 부문의 부채는 2,098억 달러였으나, 2005년 12조 9,052억 달러로 60배가량 늘었다. 미국기업들의 이윤 가운데 금융 부문이 차지하는 비중 역시 1980년대에는 약 10%였으나 2000년대에는 30%를 넘어섰다.[31] 이 자료는 금융자본이 전통적인 금융중개를 통한 수익창출에서 벗어나 점차 자립해 금융수익을 창출하고 있는 금융화 현상을 잘 나타내준다. 그러나 1980년대 이후 금융의 부흥을 이끌었던 선물, 옵션, 스왑 등 각종 파생상품이 금융의 오류와 위험을 확산하는 매개자 역할을 했으며, 위험을 분산시키기는커녕 오히려 전 세계로 확산하는 역할을 담당했다. 기초자산으로부터 끝없이 분화되어가는 파생상품은 그 위험도를 측정하기 어려울 뿐만 아니라 관리감독도 거의 불가능했다.

---

31 새로운사회를여는연구원, 《신자유주의 이후의 한국경제》, 시대의창, p. 18, 102 참고.

월가는 신자유주의 이후 소득이 거의 늘지 않은 저소득층을 상대로 감당하기 힘든 약탈적 대출을 자행하면서 성장해왔다. 2000년대에 접어들어 집을 살 능력이 되는 미국의 중산층에 대한 주택공급이 이미 포화상태에 이르자 은행은 자연히 집 없는 저소득층을 향해 공격적인 영업을 하기 시작했다.

뉴욕 월가의 은행들이 서브프라임 모기지Subprime Mortgage(비우량주택담보대출)를 기반으로 복잡한 파생상품을 만들어 돈을 버는 동안 플로리다주, 네바다주, 캘리포니아주의 많은 가난한 이들은 돈이 별로 없어도 내 집을 가질 수 있다는 꿈을 키웠다. 특히 중남미지역에서 넘어온 이민자들에게 미국에 와서 자신의 집을 갖는다는 것은 그야말로 꿈과 같은 일이었다. 서브프라임 모기지는 소득이 적고 신용상태가 좋지 않은 사람들을 대상으로 한 대출이었기 때문에 고객 대부분은 저소득층이었다. 은행은 그들이 집을 사는 꿈을 포기하지 않도록 유도하기 위해 사려는 집의 담보가치를 100%로 잡아 대출해주었고, 처음 2년간 획기적으로 낮은 이자율을 적용해준 덕분에 마침내 그들은 꿈을 이루었다.

그러나 파티는 오래가지 않았고 그 끝은 가혹했다. 월가가 몰락하자 한때 꿈과 희망에 부풀게 했던 집은 빚더미로 변했고, 금융에 대해 아무것도 몰랐던 저소득층은 가진 것을 다 잃고 길거리로 쫓겨나야 했다. 저소득층을 겨냥한 약탈적 금융게임에 발을 담갔던 그들은 짧은 기간 동안의 단꿈 끝에 영원히 희망을 잃었다. 전미모기지은행협회MBA는 글로벌 금융위기 직전인 2007년 말을 기준으로 주택소유자 중 약 300만 명이 대출을 연체 중이며, 서브프라임 모기지로 집을 샀다가 가압류당한 주택은 2007년 한 해 동안만 100만 채가 넘는다고 발표했다.

2014년 상영된 서브프라임 모기지 사태를 배경으로 한 영화 〈라스트홈〉은 희망을 안고 마련한 집에서 거리로 내쫓기는 냉혹한 금융자본의 피해자들 모습을 생생하게 보여준다. 은행은 집값이 계속 오를 거라는 확신을 심어주고 집을 사도록 유도한 뒤 금융위기가 닥치자 집이 가압류될 테니 떠나라는 고지서 한 장을 날려 보낸 후 부동산 중개인을 보내 그들을 쫓아냈다. 법원에 항소해보는 사람도 있었지만 수만 건의 유사 사건이 밀려드는 상황에서 판사는 개별사건을 깊이 검토할 엄두를 내지 못하고 기계적으로 빠르게 판결을 마무리해버렸다. 설상가상으로 빨리 집을 팔아 자금을 회수하려는 은행이 압류된 주택의 매매가격을 낮추어 내놓으면서 싼 매물이 넘치게 되자 집값은 평균 40% 이상 하락했다. 금융자본이 가난한 사람들을 위험한 머니게임에 끌어들여 엄청난 이윤을 챙기고는 빚쟁이로 전락시켜 길거리로 내팽개친 것이다.

서브프라임 모기지 부실 사태는 2007년 4월 미국 2위의 모기지 업체인 뉴센트리파이낸셜New Century Financial, NCF의 파산을 시작으로 본격화되었다. NCF의 파산은 곧 이들 대출 채권을 기초자산으로 발행된 복잡한 파생상품인 MBSMortgage Backed Securities(주택저당증권), CDOCollateralized Debt Obligations(부채담보부증권) 등의 부실로 이어졌다. 파산의 도화선 역할을 한 것은 각각 미국의 4, 5위 투자은행이던 리먼브라더스Lehman Brothers와 베어스턴스Bear Stearns였다. 이듬해인 2008년 9월 들어 시장이 심각한 금융경색을 보이자 700여 개의 헤지펀드가 도산하면서 주가폭락과 대규모 펀드환매를 이끌기도 했다. 미국 정부는 2008년 3월 14일 베어스턴스가 무너지자 공적자금 300억 달러를 투입하고, 6개월 뒤 리먼브라더스의 파산에 이어 메릴린치MerrillLynch와 AIG가 무너진 뒤에야 비로소 7천억 달러를 긴급 투입하는 구제금융 법안을 내놓았지만, 이미 상황은 손쓸 수 없을 정도로 악화된 뒤였다. 급기야 미국 정부는 '시장이 자기통제 기능을 상실'했음을 인정하고 서둘러 구제금융 법안을 통과시키고 은행지분 인수, 기업어음 직접 매입 등의 적극적인 개

입정책으로 돌아섰다.[32]

2008년 10월 IMF가 추산한 미국의 금융부실 규모는 1조 4천억 달러였으며, 영국 중앙은행은 미국을 포함한 전 세계의 금융부실 규모를 2조 8천억 달러로 추정하기도 했다. 금융위기가 전 세계로 확산되자 월가를 무대로 활동하던 금융자본이 실물시장으로 옮겨가 글로벌 인플레이션이 발생하는가 하면, 단순한 금융위기를 넘어 장기적인 실물경기의 침체로까지 이어졌다. 이처럼 서브프라임 모기지 부실은 미국 내 주택시장과 모기지 대출시장의 붕괴에 그치지 않고, 파생상품과 레버리지의 연쇄 고리를 타고 불과 1년 사이에 전 세계로 확산되었다. 특히 리먼브라더스의 파산은 순식간에 세계의 금융 심장부인 월가를 집어삼켰고, 그 불길은 다시 전 세계를 불태웠다.

그런 점에서 2008년의 금융위기는 1980년대 말에 발생한 미국 저축대부조합 사태[33]나 1990년대 일본의 부동산 버블붕괴 사태와는 완전히 다른 특징을 보여준다. 2008년의 금융위기는 1930년대 대공황에 비해 즉각적이며, 1990년대 아시아 금융위기에 비해 포괄적이다. 한성대 무역학과 김상조 교수(전 청와대 정책실장)는 "아시아 금융위기는 2년에 걸쳐 아시아 지역에만 확산됐지 미국 등 선진국에는 닿지도 않았다. … 반면 이번 금융위기는 불과 수개월 만에 전 세계 누구를 가릴 것 없이 '금

---

32 《신자유주의 이후의 한국경제》, p. 21 참고.

33 저축대부조합은 우리나라의 상호신용금고와 비슷한 형태로 저축계좌의 운영과 모기지 대출을 주로 하는 금융기관이다. 미국의 은행들이 비교적 재정이 탄탄한 자본가에 의해 운영되었던 것과 달리 저축대부조합은 많은 사람이 집단적으로 저축해서 자본을 모으고 이를 대출하고 운용하는 형태의 금융기관으로 발전했다. 저축대부조합 사태는 1980년대 부동산 경기의 급랭과 금리 리스크의 관리 실패 및 감독 당국의 부적절한 대응으로 발생한 것이며, 미국에서 1986년부터 1995년까지 3,234개의 저축대부조합 중에서 1,043개가 도산했다. 연방 저축대부보험조합이 문을 닫거나 296개 기관으로 흩어졌고, 정리신탁공사(Resolution Trust Corporation)는 문을 닫거나 1989년부터 1995년까지 747개의 기관으로 분해되었다.

융버블'에 가담한 모든 사람에게 파급됐다"고 평가했다.

세계 각국은 수개월 만에 금융시장 경색에 따른 외자 이탈과 경기 침체에 따른 수출 타격을 받았다. 2008년 10월 말 세계 주요 주식시장 53곳은 2007년 말 대비 28조 9,527억 달러(시가총액 합산)를 허공에 날렸다.[34]

월가에 위기가 닥치자 수익을 실현하기 위해 전 세계에 투자되었던 달러는 다시 국제적 금융위기를 불러일으킨 월가를 향해 돌진했다. 세계 여러 나라는 달러가 받아야 할 고통을 자국 통화가 받고 있는 현실에 분개했다. 베네수엘라의 석유와 같이 자원부국인 중남미 국가들에 넉넉한 외화수입을 안겨주었던 국제 원자재가격의 고공행진도 끝나고, 중남미 신흥국에 자금을 융통해주던 국제금융시장도 급속히 얼어붙었다.

경제에서 시장의 지배를 원칙으로 삼고 시장에 모든 것을 맡기라면서 국가의 개입을 비난했던 신자유주자들은 1929년에 이어 또다시 국가의 개입이 절실히 필요한 상황을 불러왔으며, 정작 자신들이 위기에 봉착했을 때는 비겁하게도 밀턴 프리드먼이 "정부가 헬기에서 돈을 뿌린 것"이라고 비난했던 케인즈 방식의 정책을 이용했다. 이 시기 미 연준이 투입한 구제금융자금은 29조 달러로 3억 명의 미국인에게 1인당 약 10만 달러, 우리 돈으로 약 1억 2천만 원씩 나누어줄 수 있는 돈이었다. 영국의 재무장관이었던 고든 브라운Gordon Brown은 "워싱턴 합의로 대표되는 신자유주의의 신념은 종말을 맞이했다"고 고백했으며, 〈워싱턴포스트〉의 로버트 새뮤얼슨은 서브프라임 모기지 투자로 큰 손실을 보았는데도 고액의 퇴직금을 받고 물러난 메릴린치 회장을 두고 "자본

34 경향신문 특별취재팀, 《세계금융위기 이후: 신자유주의를 딛고 다른 사회를 상상하다》, 한스미디어, p. 53.

주의의 가장 위험한 적은 자본가"라고 비판했다.[35]

이처럼 막대한 돈을 쓸 수밖에 없는 상황에서 FED는 2007년 8월 5.25%였던 기준금리를 2008년 9월 금융시스템 붕괴 직전에는 0~0.25%까지 계속 낮추는 이례적인 통화정책을 썼다. 그럼에도 사태는 점차 악화되었고, 기준금리를 조절하는 통화정책만으로는 금융공황을 진정시킬 수 없게 되자 이른바 '양적 완화정책'을 추진하고 다른 나라의 중앙은행과 화폐를 교환하는 통화스왑협정을 맺는 등 전 세계에 유동성을 공급했다.

신자유주의가 지배한 지난 30여 년간 영·미권을 중심으로 진행된 '경제의 금융화와 금융의 세계화'가 글로벌 금융위기의 토대를 제공했다. 즉, 금융 부문이 제조업에 비해 양적으로 비대하게 팽창했을 뿐 아니라 금융이 생산 부문에 신용을 제공하던 데서 벗어나 금융 자체를 통해 수익성을 추구하는 방향으로 산업구조가 바뀐 것이 글로벌 금융위기의 1차적인 원인이라 할 수 있다. 금융 부문의 급팽창에도 그에 걸맞은 감독과 규제장치를 마련하지 않은 채 치명적인 위험이 누적되도록 방치한 것도 글로벌 금융위기의 중요한 원인이다. 무디스Moody's, 스탠다드앤푸어스S&P, 피치Fitch 등 3대 신용평가기관은 부실 모기지를 기초자산으로 발행된 각종 파생상품에 최고 신용등급을 부여해 대량유통되도록 방조하기도 했다. 이들 신용평가기관은 실제로는 이윤을 추구하는 사적 기업에 불과하며, 파생상품을 발행하는 금융회사들로부터 수수료를 챙겨왔다.

더 근본적인 원인은 고용과 소득의 개선에 기초하기보다는 신용창출, 즉 부채에 기초한 소비로 지탱해온 미국의 경제구조에 있었다. 소비가 총수요의 70%를 차지하는 미국에서는 대다수 국민이 소득증가 없이

---

35 이한주 외, 《지속가능한 공정경제》, 시공사, 2021, pp. 46-47 참고.

도 막강한 소비력을 유지할 수 있었다. 미국경제가 호황을 누리던 시기로 알려진 1990년대에도 서민들의 생활 형편은 그리 좋지 않았으며 양극화 역시 꾸준히 심화되었으나 2000년대에 접어들어 금융의 발달에 따른 신용가수요 덕에 마치 소비 여력과 자산이 늘어난 듯한 착각에 빠져 있었을 뿐이다. 신자유주의 이후 가속화된 경제의 금융화와 금융회사들이 고수익 투자에 집중하는 동안 노동생산성을 높이고 고용을 늘려 다수 국민의 소득을 향상시키는 성장은 멈춰버렸다. 소득 향상 → 저축 증가 → 대출 증가 → 투자 확대의 선순환 구조가 깨지면서 소득 정체 → 부채(신용)에 의한 소비 → 가수요와 거품 확대로 이어지는 취약한 거품 경제로 전환되었다.[36]

글로벌 금융위기가 발생한 이후 가장 큰 타격을 받은 것은 정작 문제를 일으킨 펀드매니저들이 아니라 미국의 서민들이었다. 거품이 붕괴되는 과정에서 발생한 연체와 압류, 뒤이은 가계 파산은 처음부터 자산과 소득이 부족했던 서브프라임 모기지 대출자들에게 감당하기 힘든 고통을 주었다. 이는 고용에 기초하지 않은 채 부채를 통해 이루어진 경제성장은 절대 지속될 수 없으며, 거품이 꺼지는 순간 중하위계층의 서민이 가장 먼저 피해를 입게 된다는 사실을 정확히 보여주고 있다.

우리나라가 IMF 외환위기 때 그랬듯이 미국 역시 사태를 진정시키기 위한 공적자금은 집을 압류당하고 파산상태에 몰린 수많은 미국의 서민들을 외면하고 금융기업들을 지원하는 데 사용되었으며, 일부는 금융기업들의 재무건전성을 회복시키기보다는 몸집 불리기를 위한 기업 인수합병의 실탄으로 사용되었다.

월가 폭주의 피해는 미국 내에만 국한되지 않았다. 금융위기가 발

---

36 《신자유주의 이후의 한국경제》, pp. 18-23과 《지속가능한 공정경제》 중 장시복 목포대학교 교수가 쓴 제2장 〈세계자본주의의 혼돈과 무질서〉, pp. 40-41 참고.

생하자 기축통화인 달러의 유동성이 경색되기 시작했고, 이는 곧바로 대외의존도가 높은 동유럽과 아시아 국가들을 위험에 빠뜨렸다. 아이슬란드는 글로벌 금융위기로 가장 큰 피해를 입은 나라 중 하나가 되어 2008년 10월 IMF에 구제금융을 신청했으며, 2010년 4월 그리스도 그 대열에 합류해 국가부도 사태에 이르렀다.

금융허브 국가를 꿈꾸었던 아이슬란드의 눈물

북유럽의 작은 섬나라 아이슬란드는 풍부한 수자원을 이용한 어업과 관광업을 주요 기반으로 한 나라였다. 절해고도라는 지리적 난점과 30만 내외에 불과한 인구, 그리고 어업 위주로 돌아가는 경제구조 탓에 1960년대까지는 북유럽에서 가장 경제구조가 부실한 나라로 평가받았다. 그러나 1970년대부터 지열을 이용한 알루미늄 제련업과 무역업을 육성하기 시작했고 고도성장을 경험하면서 복지국가체제를 구축하는 데 성공했다.

1984년 밀턴 프리드먼이 아이슬란드를 방문한 이후 신자유주의에 눈뜬 아이슬란드는 1991년 다비드 오드손이 총리로 취임하고 나서 미국식 신자유주의를 본격적으로 도입하기 시작했다. 1990년대까지 50%였던 법인세율을 2001년 30%로, 2005년 18%로 인하했다. 2000년대 초 금융자유화가 절정을 이루던 시기에 아이슬란드 1위 카우프싱은행과 2위 란츠방키은행이 민영화되었고, 이들 은행은 유럽의 다른 나라에까지 진출해 몸집을 키워나갔으며, 정부는 사실상 투기에 가까운 은행들의 영업 형태를 용인했다.

은행 민영화와 2001년 변동환율제로 전환한 것이 위기의 출발이었다. 물가가 오르자 중앙은행이 금리를 올렸으며, 금리가 오르자 외국

자본이 대거 아이슬란드로 몰려왔고 크로나화가 강세를 띠었다. 카우프싱, 란츠방키, 글리트니르 등 3대 은행의 자산규모는 아이슬란드 GDP의 12배까지 커졌으며 그중 70%는 해외자산이었다. 금융 중심의 팽창을 거듭하면서 아이슬란드는 '비린내 나는 수산대국'에서 '금융허브 국가'로 탈바꿈해나갔으며 엄청난 돈을 벌었다.

세계금융위기가 발생하기 전해인 2007년 아이슬란드의 1인당 GDP는 6만 4,871달러에 달했으며, 유엔 설문에서 가장 살고 싶은 나라 1위로 꼽히기도 한 '지상의 천국'이었다. 이 나라의 국민은 외국에서 쏟아져 들어온 자금을 빌려 주택을 구입하고 고급 자동차를 사는 등 이른바 부채로 과잉소비를 시작하면서 풍요로운 생활을 누렸다.

그러나 2008년 월가에서 시작된 세계금융위기의 불똥이 아이슬란드로 튀었다. 글로벌 금융위기로 자신의 생존이 급했던 월가의 금융기관들이 해외에 투자한 자금을 회수하면서 아이슬란드에 투자했던 외국자본은 일시에 썰물처럼 빠져나갔고, 금융업의 비중이 워낙 높았던 아이슬란드 경제는 순식간에 붕괴되었다. 금융자유화에 따른 은행의 과잉성장과 그것을 제어할 시스템이 부재했던 탓이다.

2008년 10월 크로나화는 전년 대비 82.7%까지 폭락했으며, 5,000포인트를 넘던 주가는 800선으로 주저앉으면서 주식시장의 시가총액은 10월 이후에만 80%가 사라졌다. 결국 국가부도의 위기를 맞은 아이슬란드는 11월 20일 IMF로부터 21억 달러의 긴급 구제금융을 받아야 했다.

금리가 싼 외화대출로 구입한 주택가격이 반 토막 난 상황에서 집을 팔아 빚을 갚아도 당초 대출금보다 훨씬 많은 대출잔액을 그대로 떠안아야 하는 상황이 발생했다. 금융허브의 신기루가 사라진 아이슬란드의 고통이 시작되고, 아이슬란드 국민은 평생 갚아도 다 갚지 못할 빚더미에 앉게 되었을 뿐만 아니라 다음 세대까지도 평생 빚을 갚으면서 살아야 한다는 암울한 절망에 빠져들었다.

결국 민영화되었던 은행은 줄줄이 다시 국유화되고 외환은 엄격하게 통제되었다. 보수 우익으로 정평이 난 프랑스 사르코지 대통령은 글로벌 금융위기를 진단하면서 "지금 세계의 금융시스템은 머리부터 발끝까지 다시 정비해야 한다. 금융시장이, 금융산업이 자율규제를 한다고 믿는 것은 환상이다. … 규제자본주의만이 해법이다"라고 말했다. 앞으로의 글로벌 스탠더드는 적어도 '금융자유화'가 아닌 '금융규제'로 방향을 선회해야 한다는 것을 의미한다.

내각 총사퇴 후 2009년 요한나 시귀르다르도티르가 새 총리가 되면서 극단적인 위기극복 방식을 단행했다. 민영화된 은행들을 구제하지 않고 그냥 망하게 방치한 후 국유화시킨 뒤 국민의 가계부채 탕감 및 실업수당 지급 확충 등 국민 생활고 문제를 지원하면서 자연스럽게 구조조정하는 방식으로 개혁을 단행했다. 이 과정에서 엄청난 손실을 보아야 했던 해외투자자와 마찰을 빚었지만, 긴축정책과 적극적인 구조조정 실행을 채택한 남유럽 국가들과 달리 빠르게 회복해 2011년 3년 만에 IMF 구제금융을 졸업했다. 아이슬란드의 위기극복 방안은 우리나라가 1997년 IMF 외환위기 때 했던 방식이나 미국이 2008년 글로벌 금융위기 때 했던 방식과는 다른 것이었으며, 결과적으로 현명한 선택이었음을 입증했다. 외환위기 이후 크로나화의 국제가치가 폭락하기는 했지만, 크로나화 저평가의 영향으로 주력 수출산업인 수산업의 수출경쟁력이 강화되었고, 이는 중장기적인 경제회복의 동력이 되기도 했다. 그뿐만 아니라 해외 관광객의 아이슬란드 체류 비용이 낮아지는 효과도 있었기에 관광업이 빠르게 확대되기도 했다.

제5부

우리나라의 신자유주의

THE AUTUMN OF CAPITALISM

제12장

외환위기와 신자유주의 시대의 도래

1945년 일제로부터 해방된 지 얼마 지나지 않아 한국전쟁을 치러야 했던 우리나라는 전 세계에서 가장 가난한 나라 중 하나였으나 이후 세계가 놀랄 정도의 괄목할 만한 성장을 이어나갔다. 제2차 세계대전에서 패한 독일이 빠르게 선진국으로 도약한 것을 두고 '라인강의 기적'이라 한 것에 빗대어 한국전쟁 이후 전쟁의 상흔을 극복하고 산업화를 이루어낸 우리나라의 고도성장 과정을 '한강의 기적'이라 불렀다.

6.25전쟁 직후 국민소득 중에서 농어업이 차지하는 비중이 47%였던 반면 제조업이 9% 수준에 불과했던 산업구조는 경제개발 5개년 계획에 힘입은 고도성장기(제1차~제4차: 1962~1981)를 거치면서 제조업 비중이 급격히 증가해 20세기 말에는 80% 가까이로 늘어났다.

1950년대의 공업화는 원조자금을 이용해 도입하는 물자에 크게 의존했으며 전쟁 기간 중 생산시설의 2/3가량이 파괴되었던 면공업은 정부의 지원을 받아 빠르게 설비를 복구해 1950년대의 공업 성장을 주도했으며, 식료품공업, 섬유공업 등을 포함한 소비재산업 중심으로 공업화가 진행되었다. 섬유, 가발, 봉재 등 수출전략산업으로 육성한 경공업이 비약적인 성장을 거듭하면서 1970년대 초까지 경제성장을 이끌었으나 저임금에 기초한 경공업은 국내 임금 상승으로 차츰 경쟁력을 잃어갔다.

고도성장기의 공업화는 정부의 산업정책에 큰 영향을 받았는데, 이 시기 박정희 정부는 중화학공업 제품에 대한 수요를 전적으로 해외수입에 의존하던 상황을 극복하기 위해 1960년대 경공업 제품에 의존하던 수출구조에서 탈피해 고부가가치 수출산업과 중화학공업 육성정책을 시행했다. 중화학공업 육성정책에 따른 우선 육성대상 산업은 국민경제의 관점에서 국제수지 개선 효과, 생산유발 효과, 고용증대 효과 등을 고려해 선정되었고 이렇게 선정된 산업은 경제개발계획의 투자계획을 통해 공표되었다.

한국 공업화의 역사는 공업구조 고도화의 과정이었다. 1960년 제조업 생산액에서 중화학공업이 차지하는 비중은 21%에 불과했으나 그 이후 공업화가 지속적으로 추진된 결과 그 비율은 빠르게 상승하여 1970년에는 44%, 1980년에는 58%, 1990년에는 68%, 2000년에는 79%로 고도화되었다. 1980년대에는 플라자 합의에 따른 엔고 현상과 저환율 · 저유가 · 저금리라는 3저 호황에 힘입어 상당한 경제성장을 이루어내기도 했으며 1961년 100달러에도 미치지 못하던 1인당 GDP도 1971년 300달러, 1981년 1,870달러, 1991년 8,523달러를 거쳐 외환위기 전해인 1996년에는 1만 3,138달러까지 급상승했다.

1967년 이후 기계공업진흥법(1967), 조선공업진흥법(1967), 전자공업진흥법(1969), 석유화학공업육성법(1970), 철강공업육성법(1970), 비철금속제철공업사업법(1971) 등 6개의 공업진흥법을 제정해 정부의 지원정책을 제도화했다.

경부고속도로는 1968년 2월 착공 후 2년 5개월 만인 1970년 7월 완공되어 전국을 1일 생활권으로 만들었을 뿐만 아니라 물류수송의 대혁신을 이루어냈다. 베트남전쟁(1955~1975) 기간 중에는 파월장병 몫으로 미국으로 받은 파병수당이 장병의 급여 또는 정부 몫으로 국내로 송금되어 소비시장 확대와 정부의 재정확충에 기여했으며, 베트남 현지에서의 전쟁물자 공급을 위한 물류수송산업 등으로 상당한 전쟁특수를 누리기도 했다.

사회발전기(제5차 경제개발 5개년 계획: 1982~1986년 이후)에 정부의 역할은 이전의 선별적 육성정책에서 기능적 지원체계로 바뀌면서 정부출연연구소를 통해 연구 활동을 장려하고, 지정 연구과제에 대해 연구비를 지원하는 등의 방법을 통해 과학기술 및 산업기술의 발전을 촉진했다. 또한 이 시기에 시행된 정부의 산업정책 중에서 중요한 것은 불황산업의 구조조정이었는데, 1987년의 '해운산업 합리화대책'이나 1989년의 '조선산업 합리화계획'이 대표적인 사례다. 경제규모가 커지면서 사회발전기의 산업발전은 정부보다 민간기업이 스스로 주도하는 형태로 바뀌어나갔다.

1990년 동서독 통일과 이듬해 발생한 소비에트연방의 붕괴 등 체제 경쟁에서 공산주의 진영이 몰락하고 자본주의 세계가 승리하면서 세계질서는 미국 주도로 재편되었으며, 우리나라도 1993년 오랜 군사독재의 시대가 막을 내리고 문민정부가 출범했다. 또한, 1990년대는 정보혁명이 본격적으로 시작되어 대중에게 정보통신(IT)기술이 본격적으로 전파되어 휴대전화, 무선호출기, 고성능 PC 등의 통신기기들이 잇따라 등장했으며, 특히 '월드 와이드 웹World Wide Web'의 등장은 세계인의 삶을 획기적으로 바꾸어 국경 없는 세계를 만들어냈다.

1993년 북미자유무역협정 출범과 우루과이라운드 타결, 1995년 세계무역기구WTO 출범으로 금융과 경제 영역에서의 세계화와 신자유주의가 세계로 확산되면서 경제장벽을 무너뜨리고 약육강식이 지배하는 경제 정글이 만들어지고 있었다.

문민정부의 세계화 전략과 IMF 외환위기

전두환의 제5공화국, 노태우의 제6공화국과 달리 김영삼 대통령은 선거 때 군정 종식을 슬로건으로 내걸었으며, 집권 후 군사정권이던 전임 정부와 다르다는 것을 보여주기 위해 자신의 정부를 '문민정부'라고 명명했다. 이때 처음으로 정부의 브랜드가 만들어진 이후 김대중·노무현 대통령의 정부는 '국민의 정부'와 '참여정부'로 네이밍 되기도 했다.

김영삼은 집권 후 군사정권의 상징이던 '하나회'를 단숨에 해체해 버림으로써 이후 대한민국을 군사쿠데타의 위험에서 완전히 벗어날 수 있게 만들었고, 대통령 긴급명령권을 발동해 금융실명제를 전격 실시하기도 했다.

김영삼 정부의 핵심적 경제정책이던 금융실명제는 경제적 의미보다는 부정부패 척결의 의미가 강했고, 금융실명제 도입으로 기업들보다 더 큰 타격을 받은 것은 부패정치인들이었다. 대통령 자신부터 한 푼의 정치자금도 받지 않겠다며 공직자 재산신고제도를 도입해 정치인과 공직자의 부패방지를 위한 제도적 장치를 만들기도 했다. 이러한 조치들은 한국 사회의 투명성을 높이는 데 큰 역할을 하기도 했으나 임기 말에 아들 김현철과 측근들의 비리가 드러남으로써 레임덕을 초래하기도 했다.

우리나라는 1980년대에 싱가포르, 타이완, 홍콩과 함께 과거 제국주의 열강의 통치를 받았으나 열강으로부터 해방된 이후 고도의 경제성장과 번영을 이룬 '아시아의 네 마리 용'으로 불리는 신흥공업국이었다. 문민정부가 들어선 이후부터 이미 "샴페인을 너무 일찍 터뜨렸다"는 외신 보도가 들려오고 있었으나 정부는 음해론 또는 음모론 정도로 취급하고 큰 관심을 보이지 않고 있었다.

저임금에 기초한 저가상품의 수출에 의존해오던 경제구조는 중국 등 사회주의 국가가 시장경제체제를 도입하면서 빠른 속도로 가격경쟁력을 상실해가고 있었으며, 1980년대 말 민주화 욕구의 분출로 노사분규가 격화되고 임금인상 속도가 빨라지면서 고급제품은 일본제품에 밀리고 저가상품은 중국과 동남아제품에 추격당하면서 기업들은 위기의식을 느끼고 있었다.

문민정부는 어려움에 빠진 한국경제를 일으켜 세우기 위해 '신경제 건설'이라는 캐치프레이즈를 내걸고 위기극복을 다짐했으나 처방으로 제시한 것은 공기업 민영화, 개방화, 노동법 개정 등 대부분 신자유주의적인 것들이었으며 그조차 논란만 일으키고 얼마 가지 못해 흐지부지되고 말았다.

김영삼은 종종 경제학적 지식이 부족하다는 점을 지적받곤 했으나 그런 건 전문가들에게 맡기면 된다고 생각했다. 그는 조깅을 즐기면서 기자들에게 "머리는 빌릴 수 있으나 건강은 빌릴 수 없다"면서 인사만사人事萬事라는 말을 즐겨 쓰기도 했다. 그러나 경제에 대한 이해 부족은 어떤 사람을 써야 할지에 대해서도 옳은 판단을 내리지 못했고, 불안한 나머지 완전히 맡기지도 못했으며, 여론이 나빠지면 하루아침에 장관을 갈아치우는 등 일관성을 유지하지도 못했다.

전임 군사정권과 차별화된 모습을 보여주고자 했던 김영삼은 금융실명제 추진 같은 국민이 환호하는 과감한 개혁정책을 선호했고, 식량주권을 수호해야 한다는 농민들의 저항에도 불구하고 우루과이라운드 협정에 따라 쌀 수입 개방의 물꼬를 텄으며, 1996년 10월 경제협력개발기구OECD에 가입하면서 "이제 우리나라도 선진국 대열에 합류했다"며 들뜬 모습을 보이기도 했다. 김영삼의 '신경제' 구호는 어느 날 갑자기 '세계화'로 바뀌었으며 1994년 WTO 가입, 1990년대 중반의 금융시장 개방, 1996년 OECD 가입 등은 신자유주의 기류에 편승한 김영삼 문민정부의 세계화와 개방이라는 흐름에 따른 것들이다. 한국은 미국식 모델을 수입함으로써 단번에 부자나라가 되려는 욕망에 빠져들어갔다.

김영삼 정부는 세계화의 긍정적 측면을 너무 강조한 나머지 부정적 측면은 덮고 감추기에 급급했으며, 어쩌면 부정적 측면에 대해서는 눈을 감음으로써 인식조차 하지 못했을지도 모른다. 1980년대부터 우리 경제에 영향을 미치고 있던 신자유주의적 세계화는 김영삼 정부에 들어서면서 더욱더 적극적으로 받아들이기 시작했다.

OECD 가입조건을 충족시키기 위해 금융감독 장치가 취약한 상태에서 서둘러 금융시장을 개방했고, 자본유입에 대한 규제가 철폐되자 금융기관의 해외자금조달이 급증했다. 국내 금리보다 낮은 이자율[1]로 외채를 들여올 수 있게 된 종금사(종합금융사)들은 외자를 끌어들여 기업에 대출했고 기업들은 금리부담이 덜어지자 더 많은 대출을 일으켜 그 돈으로 석유화학, 철강, 자동차 등 신규 사업에 경쟁적으로 뛰어들었다. 기업의 부채비율은 급격하게 치솟았지만 낮은 금리부담은 더욱 공격적인 경영을 유인했으며, 1993년부터 세계경영을 선포한 대우그룹이 성과를 내면서 국민의 자긍심도 고취되었다.

여기에 더해 금리가 낮은 외화자금이 쏟아져 들어오다 보니 일부 금융사는 고수익을 노리고 동남아 국가가 발행하는 정크본드Junk bond나 신용평가 등급이 아주 낮은 회사가 발행하는 고위험 · 고수익 채권에 투자하기도 했다. 종금사가 외화를 차입해 기업에 대출하고 동남아의 채권에 투자한 것은 기업대출에 대한 리스크, 동남아 국가의 경제안정성에 대한 리스크와 환율변동에 대한 리스크를 모두 떠안은 채 진행한 무모한 것이었다.

당시 여러 동남아 국가들과 마찬가지로 우리나라도 고정환율제를 유지하고 있었는데, 국내의 금융기관들은 고정환율제에 대한 신념에 가

---

1 1990년대 우리나라의 평균 대출금리는 12~13% 수준이었으며, 이는 미국에 비해 7~8% 높은 수준이었다.

득 차 있었다. 고정환율제는 외화자금을 조달하는 기업과 금융기관들에 환율변동에 따른 위험부담을 면제해줌으로써 외자유치에 의존한 투자에 거리낌이 없도록 만들었다. 하지만 이러한 고정환율제는 1980년대 중반부터 1990년대 중반까지 한국경제가 최대 호황기를 누리고 있었음에도 1997년 외환위기를 초래한 결정적인 요인 중 하나가 되었는데, 여기에는 김영삼 정부가 국민소득 1만 달러를 조기에 달성하기 위해 달러에 대한 원화 환율을 높게 유지한 정치적 목적도 한몫했다.

특히 종금사들은 외화차입을 하면서 금리경쟁력을 유지하기 위해 장기차입보다는 조금이라도 금리가 낮은 단기차입을 선호했으며, 차입한 돈은 기업의 설비투자자금으로 장기대출되었다. 이런 방식으로 종금사들은 예대마진에 장단기 금리차까지 수익을 확대할 수 있었는데, 당시로서는 단기 외화대출의 만기가 돌아오면 상환을 연기하면 그만이던 관행 때문이었다. 해외영업규제가 풀리면서 금융기관들이 금리가 낮은 외화를 끌어들이는 동안 총외채는 1996년 1천억 달러를 넘어섰으며, 그것도 대출 기간 1년 미만의 단기외채가 약 48%에 달했다. 고정환율제도 유지로 인해 원화의 강세가 계속되면서 수출은 부진해지고 상대적으로 값이 싸진 외국산 소비재 수입은 급증한데다 해외여행 자율화 조치까지 겹쳐 1996년 한 해에만 무려 237억 달러의 경상수지 적자를 기록했다.

일반적으로 외환위기의 원인으로 거론되는 요인들로는 첫째, 1996년 이후 금융기관의 대외경쟁력 제고와 공정경쟁을 위해 9%를 상회했던 지급준비율을 1~5% 수준까지 대폭 인하함으로써 통화정책 수단으로서 지급준비율의 유용성을 크게 떨어뜨린 것. 둘째, 당시 태국, 홍콩, 말레이시아, 필리핀, 인도네시아 등 동남아시아 국가의 연쇄적 외환위기 속에서도 이에 대비하지 않은 대한민국 정부의 외환보유고 관리정책의 미숙과 실패. 셋째, 정경유착으로 기아자동차, 한보그룹, 한라그룹 등에 무분별한 은행대출을 용인한 것. 넷째, 1997년 말 주변 동남아시아 국가들의 경제가 어려워지자 외국 투자기관들은 한국의 경제도 곧 어려워질 거라고 판단해 투자자금을 대규모로 회수해가는 동안 우리 정부가 계속된 외환시장 불안정 속에서도 환율방어를 위해 외환보유고를 급격히 소진시킨 것. 다섯째, 30개에 이르는 종금사의 미숙한 해외업무 등 금융기관의 부실과 관치금융. 여섯째, 외환관리 능력과 외환보유량이 부족했기 때문에 대외 금융세력의 공격에 무력할 수밖에 없었던 상황에서 국제금융세력들의 환투기 공격 등이 거론된다.

그러나 정작 중요한 위기의 방아쇠는 예측하지 못한 곳에서 당겨졌으며, 이는 한참이 지나서야 확인되었다. 1994년 1월 중국 정부는 정부가 통제하는 위안화의 공정환율을 달러당 5.8위안에서 일시에 약 8.7위안으로 대폭 평가절하했다. 설상가상으로 이듬해인 1995년 4월 18일 G7 경제장관, 중앙은행 총재회의에서 엔화 약세를 위한 이른바 '역플라자 합의'[2]를 진행함으로써 엔-달러당 환율은 80엔에서 1997년 말 148엔까지 치솟았다. 환율전쟁과 무역전쟁에서 중국과 일본에 경쟁력을 상실한 동남아 국가들의 무역적자가 심해지자 불안을 느낀 달러화가 빠르게 빠져나가면서 태국, 홍콩, 말레이시아, 필리핀, 인도네시아 등이 연쇄적으로 외환위기를 겪게 되었고 급기야 태국과 인도네시아가 더 이상 견디지 못하고 우리나라에 앞서 IMF에 구제금융을 신청했다.

1997년 말 우리나라 기업들도 위안화와 엔화의 평가절하에 충격을 받고 고전하고 있던 즈음에 해외언론에 한국 금융기관이 서방은행들로

---

2 미국은 플라자 합의로 달러 약세기조를 유지하면 경상적자가 어느 정도 해소될 것으로 기대했지만, 계속된 달러 약세에도 대일 경상적자가 줄어들지 않자 단기적으로 경상수지 균형이라는 목표를 포기하고 그 대신 자본수지 흑자를 통해 경상수지 적자를 보전하기 위해 다시 강한 달러로 정책을 변경했다. 이에 따라 플라자 합의 후 10년이 지난 1995년 4월 역플라자 합의를 했으며, 엔화는 다시 달러당 80엔에서 148엔으로 수직상승했다. 역플라자 합의의 후폭풍은 태국을 시작으로 인도네시아 · 필리핀 · 우리나라 등 아시아 국가들의 외환위기를 불러오는 직접적인 계기가 되었을 정도로 파급력이 컸다.

부터 차입한 채무 중 만기가 돌아오는 부채에 대해 만기연장을 얻어내지 못하리라는 것과 한국 정부가 부채상환에 필요한 외환보유액을 갖고 있지 않다는 것이 보도되었다. 그러자 불과 얼마 전만 해도 한국에 돈을 빌려주지 못해 안달하던 은행들이 순식간에 태도를 바꾸어 만기연장을 거부하기로 결정했고, 한국은 위기에 빠져들었다. 원화의 평가절하를 예상한 투기꾼들은 원화를 버리고 달러화로 옮겨가려고 서둘렀고, 그럴수록 원화의 가치는 하락했다. 정부는 원화가치를 유지하기 위해 보유외환 가운데 달러를 팔고 원화를 사들였지만, 얼마 못 가 달러를 소진했다. 원화가치는 곤두박질쳤고, 투기꾼들은 흐뭇해했다. 얼마 후 그들은 다시 원화로 옮겨왔고, 우리 경제가 안정을 찾은 뒤 가뿐하게 엄청난 규모의 수익을 올렸다. 이러한 움직임은 외환위기에 내몰린 제3세계 국가에서는 흔히 일어나는 일이다.

국내 종금사들이 동남아 채권에 투자했다는 것을 인지한 외국은행들이 단기외채의 만기연장을 거부하자 기업에 장기대출했던 종금사들은 만기가 돌아오는 족족 채권을 회수할 수밖에 없었다. 종금사들이 외채를 상환하기 위해 앞다투어 달러를 구매하면서 달러수요는 폭증했으나 국내에 유입되어 있던 달러의 규모가 너무 커서 쉽사리 환율조정을 할 수도 없는 딜레마에 빠지게 되었다. 외환보유액이 한때 39억 달러까지 내려가기도 했다.

결국 1997년 1월 한보철강의 부도를 시작으로 대기업의 연쇄부도가 시작되었다. 삼미그룹, 진로그룹, 대농, 한신공영, 기아차그룹, 쌍방울, 해태, 뉴코아, 한라그룹 등이 줄줄이 부도처리 되었고 방송사마다 저녁뉴스의 오프닝뉴스는 매일매일 부도처리 된 기업의 명단을 나열하는 것으로 시작했다. 많은 논란을 남기면서 《세상은 넓고 할 일은 많다》는 책으로 수많은 청년들의 우상이 되었으며 삼성, 현대와 함께 재계 서열 1위를 다투던 김우중의 대우그룹마저 부도처리 되고 말았다.

대통령의 임기는 얼마 남지 않았고, '소통령'이라 불리던 아들 김현철이 뇌물수수 및 인사개입 등 혐의로 구속되고 김영삼의 6촌이자 집사 또는 'YS의 금고지기'로 불리면서 상도동에서 청와대까지 줄곧 살림을 도맡아온 홍인길 총무수석이 한보그룹 특혜대출 사건에 휘말려 구속되자 김영삼 대통령은 경제를 돌아볼 겨를이 없었으며 1997년 11월 초 강경식 경제부총리의 전화 보고가 있기 전까지 한국에 닥쳐올 외환위기의 심각성 자체에 별 관심을 가지지 않았던 것으로 전해졌다. 검찰수사 과정에서 홍인길 수석은 "나는 깃털에 불과하다"는 말을 남김으로써 이후 대형 비리 사건이 터질 때마다 누가 '깃털'이고 누가 '몸통'인가를 따지게 되었다.

급기야 10월이 되자 국제신용평가사들이 한국경제의 신용평가등급을 하향조정하기 시작했으며, 정부는 일본에 단기대출 상환연장을 요청했으나 일본 금융기관들의 동남아 채권투자액이 적지 않은 상황이던 일본은 이를 거절했고, 미국으로부터의 도움도 받지 못하게 되자 결국 IMF의 문을 두드릴 수밖에 없었다. 1997년 11월 21일과 22일의 MBC 뉴스데스크는 다음과 같은 오프닝 멘트로 시작했다.

> "시청자 여러분. 정부가 결국 국제통화기금 IMF에 구제금융을 신청하기로 했습니다. 경제우등생 한국의 신화를 뒤로한 채 사실상의 국가부도를 인정하고, 국제기관의 품 안에서 회생을 도모해야 하는 뼈아픈 처지가 된 겁니다."(21일, 이인용 앵커)

> "실로 부끄럽고 치욕스러운 한 주일을 보냈습니다. 신경제를 내세우면서 세계 부자 대열에 끼었다고 자랑하던 게 엊그제인데 하루아침에 빚더미 삼류국가로 전락했습니다."(22일, 권재홍 앵커)

IMF 모범생이 된 국민의 정부

문민정부가 IMF의 문을 두드린 1997년 11월 22일은 대한민국 15대 대통령 선거기간 중이었다. 미셸 캉드쉬가 이끄는 IMF는 김영삼 대통령뿐만 아니라 대선에 출마했던 김대중, 이회창, 이인제 후보에게까지 구제금융안에 서명할 것을 요구했다. 양해각서는 김영삼 정부가 체결하지만, 그 이행은 1998년 2월 25일부터 시작되는 다음 정부의 몫이었기 때문이다.

15대 대통령선거(1997. 12. 18)를 보름 앞둔 1997년 12월 3일 오후 7시 30분 세종로 정부종합청사에서 임창열 부총리 겸 재정경제원장관과 미셸 캉드쉬 IMF 총재가 'IMF 구제금융안'에 서명했고 이것으로 대한민국은 서슬 퍼런 IMF의 구제금융체제로 걸어 들어갔다. IMF가 당초 한국에 약속한 지원규모는 약 550억 달러였으나 이 가운데 195억 달러가 실제 지원되었으며 대출금에는 조건이 달렸다. 지원 대가로 IMF는 25%에 이르는 살인적인 고금리정책을 요구했으며, 그 결과 수많은 기업이 도산하고 대량실업 사태가 이어지면서 무수히 많은 사람이 길거리로 나앉았다.

후일 임창열 부총리는 "당시 캉드쉬 총재에게 고금리정책을 완화해달라고 부단히 설득했으나 캉드쉬는 한국이 고금리정책을 수용해야 IMF 이사회를 설득할 수 있다며 거절했다"고 말했다. 그리고 그는 "비슷한 시기에 IMF의 지원을 받은 나라들의 당시 금리를 보면 인도네시아는 57%, 필리핀은 31%, 태국은 26%였다. 1994년 통화위기를 맞은 멕시코는 금리가 80%까지 뛰었고, 아르헨티나 역시 70%의 고금리를 기록했다"고 말했다.[3]

3 하세린 기자, "'IMF 구제금융, 美 재무부가 압박했다' 임창열 증언", 〈머니투데이〉, 2013.

외환위기 이전까지 한국 사회에는 사실상 기업 퇴출시장이 존재하지 않았으며, 정부주도의 부실기업 정리가 기업퇴출의 유일한 수단이었다. 위기상황을 맞은 김대중 당선자는 취임하기도 전인 1998년 1월, 5대 그룹 대표들과의 간담회를 통해 경영투명성 제고, 상호채무보증 해소, 재무구조 개선, 핵심부문 설정, 경영책임 강화 등 기업 구조조정 5대 원칙에 합의했다. 취임 이후 국민의 정부는 IMF의 요구를 전면 수용하고 IMF가 요구하는 한국 사회 재구조화 프로그램을 모범적으로 이행하는 등 문민정부의 신자유주의적 정책노선을 오히려 더 강화한 'IMF 모범생'이 되었으며, IMF가 요구하는 세계화 규칙을 모범적으로 준수했다. 이후 IT산업 장려정책이나 대기업 간의 사업교환 및 통폐합으로 경제재건을 도모하고, 벤처산업 육성을 위한 강력한 정책을 시행해나갔다.

캉드쉬 총재는 〈머니투데이〉와의 인터뷰에서 "당시 김대중 대통령 당선인은 1997년 12월 18일 대선에서 승리한 직후 내게 한 통의 서한을 보냈다. 그는 이전에 약속했듯 IMF의 구제금융 프로그램을 이행할 것이라며 IMF가 제시하는 목표가 지난 30년간 자신이 싸워온 목표와 일치한다(fighting for the same objectives)고 했다"고 말했다.[4]

김대중 대통령이 실제 그런 말을 했는지, 했다면 어느 대목을 놓고 그런 말을 했는지 알 수 없으나 김대중 대통령은 IMF가 요구하는 구조조정안을 이행하는 것이 한국기업의 정경유착, 관치금융, 재벌구조 등 낡은 경제관행을 청산할 기회로 보았다는 것을 짐작하게 하는 대목이다.

한편 시민은 자발적으로 금 모으기 운동을 전개해 전국 누계 약 350만 명이 참여해 227톤의 금을 모아 세계적 이슈가 되기도 했으며, 이러한 금 모으기 운동은 한국경제에 대한 국제사회의 긍정적 평가를 이

---

12. 3.

4 하세린 기자, "캉드쉬 '외환위기 IMF 조치는 DJ 정책과 일치'", 〈머니투데이〉, 2013. 11. 18.

끌어내는 데 일조했다. 그러나 사실상 미국이 주도한 당시 IMF의 처방은 가혹했다. 산업화 이후 차입경영으로 경제성장을 이룩해온 우리나라에 25%에 이르는 초고금리 처방을 내리고 기업들에 부채비율을 200% 아래로 유지할 것을 강요하는 바람에 기업들에 혹독한 시련을 안겨주었고 근로자들에게는 초유의 대량실업 사태를 불러왔다.

IMF가 우리 기업들에 부채비율을 200% 이내로 유지하도록 한 것은 당시 IFRSInternational Financial Reporting Standards(국제회계기준)가 자산의 가치를 '공정가치' 또는 '시장가치'로 평가하던 것과 달리 우리나라의 기업회계기준이 '역사적 원가주의'를 채택하고 있었다는 점을 고려하지 않은 무리한 요구였음은 분명하다. 기업이 부채비율을 낮추기 위해서는 자기자본을 늘리거나 대출을 상환하는 두 가지 방법밖에 없다. 2000년대 초 대부분 기업들이 자산재평가 절차를 통해 신규출자나 부채상환 없이도 이 문제를 해결할 수 있었던 것을 보면 이는 상당 부분 회계기준의 차이에서 발생한 문제임이 명백하다.[5]

노벨 경제학상 수상자인 조지프 스티글리츠Joseph Eugene Stiglitz 교수[6]는 대한민국에 강요한 IMF의 독약 처방에 대해 "IMF의 연 25%가 넘는 고금리정책과 금융시장 개방은 당사국의 자산가치를 폭락시키고, 산업생산능력을 고갈시킬 뿐 아니라 기업인의 도전정신까지 파괴할 것"이라 비판했다.

---

5 가령 부채총액이 400억 원인 A 기업이 20년 전 취득한 토지, 공장건물 및 기계기구 등 고정자산을 취득가격인 100억 원에서 감가상각 후 80억 원으로 장부에 기재하고 있었으나 자산재평가 후 시가를 반영한 자산총액이 250억 원으로 평가되어 장부에 반영한다면 A 기업의 부채비율은 500%(400/80)에서 160%(400/250)로 줄어들게 된다.

6 뉴케인즈학파(New Keynesian Economics)에 속하는 미국의 경제학자로, 북유럽식 성장모델을 선호하는 입장을 취했다. 26세에 예일대학교 정교수가 되었고, 이후 여러 대학을 거쳐 지금은 컬럼비아대학의 교수로 재직 중이다. 1997~2000년 동안 세계은행 선임부총재를 역임했으며, 2001년 노벨 경제학상을 수상했고, 클린턴 행정부의 경제자문위원회에서 일했다.

국제금융, 거시경제 및 재건 분야의 세계적 석학으로 〈뉴욕타임스〉가 세계에서 가장 중요한 경제학자로 지목한 바 있는 하버드대 국제발전연구소장 제프리 삭스Jeffrey David Sachs 교수는 "1997년 아시아 국가, 특히 한국이 겪고 있는 외환위기는 내부 구조적 취약성에 직접 기인한 기본적인 경제체질이 아닌 국제자본의 급격한 이동 때문에 벌어진 일시적인 혼란이며, 한국경제는 지난 40년간 세계적으로 유례없는 능력을 과시했는데 이러한 점을 무시하고 일반적인 구조 재조정 프로그램을 적용하는 것은 말이 안 된다"면서 IMF가 한국에 내린 고금리 처방을 강력하게 비판했다.

투자전문가 브라이언 리딩은 〈파이낸셜타임스〉 기고문에서 "지난 28년간 평균성장률이 8%나 되고 정부의 재정적자가 국내총생산의 3%에 불과하며 국민저축률이 가용수입의 20%나 되고 실업률이 2%에 불과한 이런 내력을 가지고 있는 한국경제가 정크본드Junk Bond로 평가받은 것은 좀 더 깊이 생각해볼 일"이라고 썼다.

IMF가 우리나라에 강요한 고금리정책과 몇몇 조치는 많은 문제점을 지니고 있었을 뿐만 아니라 여러 가지 부작용을 초래했으며, 이후 오랫동안 그 정당성에 대해서도 의심받고 있고, 이것이 한국을 '양털 깎기'[7] 대상으로 만들었다는 평가도 있다. 실제 한국이 IMF를 졸업할 때까지 빌려준 돈이 겨우 195억 달러에 불과했다면, IMF가 조건 없이 한국 정부에 195억 달러만 지원해주었더라도 한국은 충분히 외환위기를 극복할 수 있었을 것이고, 우리 국민이 그런 혹독한 고통을 겪지는 않았을

---

7 중국 쑹훙빙(宋鴻兵)의 책 《화폐전쟁》(2007)에서 제시된 표현으로 로스차일드 가문을 비롯한 국제적인 유대인 자본 카르텔이 저금리 자금으로 후발산업국가들의 자본시장을 성장시킨 후, 성장이 고도기에 이르면 금리를 올리고 자금을 회수하여 파산시킨 후 핵심 자산들을 사들여 부를 축적한다는 것으로, 마치 양을 먹여 양털이 길게 자랄 때까지 기다렸다가 양털을 깎는 것과 같다고 비유한 데서 유래했다. 국제금융자본은 음모론이라고 주장한다.

것이며, 국제투기자본에 어마어마한 국부를 유출하는 일도 없었을 것이라는 주장이 아쉬움을 더하게 한다. IMF는 외환위기에 처한 어려운 국가를 도와주는 '백마 탄 왕자'가 아니라 미국의 글로벌 패권을 위한 상시기구이자 위기에 처한 제3세계의 저승사자로 인식되고 있다는 점을 기억해야 한다. 이에 대해서는 다음 절에서 좀 더 살펴보기로 한다.

국민의 정부는 외국인 투자자율화 정책, 재벌기업을 각 개별기업으로 독립시키는 구조조정 정책, IT 육성정책, 내수시장 확대를 위한 신용카드 정책뿐만 아니라 정리해고제를 도입하는 등 외환위기 극복을 위해 노력했다. 그 결과 2년쯤 후에는 경제지표상으로 실업률을 제외하고 성장 · 물가 · 경상수지 등에서 전반적으로 외환위기 이전 수준을 거의 회복했다. 주가는 외환위기 이전 수준보다 높아졌고, 금리는 다시 낮아졌으며, 환율은 1,000원대 초반으로 안정화되었다. 외환위기의 영향으로 1998년 급속하게 내수가 위축되면서 큰 폭의 마이너스 성장을 기록했지만, 1999년 들어 예상보다 훨씬 빠른 회복 속도를 보이며 두 자릿수 성장을 바라볼 정도였다.

공장 가동률도 수출이 꾸준히 증가하면서 다시 80%대로 상승했으며 철강, 섬유를 제외한 대부분 업종에서 뚜렷한 경기상승을 보였고, 특히 반도체 · 정보통신 · 조선 · 자동차는 다시 호황기를 맞았다. 1인당 국민소득도 1999년 약 8,400달러, 2000년 1만 1,292달러로 회복하기 시작했다. 1997년 12월 18일 바닥(39억 달러)을 보이던 외환보유고는 2000년 5월 800억 달러에 육박해 1979년 한국은행이 외채통계를 작성한 이래 최초로 순 채권국으로 탈바꿈했다.

구제금융 신청 3년 후인 2000년 12월 4일 김대중 대통령은 "국제통화기금의 모든 차관을 상환했으며, 우리나라가 IMF 외환위기에서 완전히 벗어났다"고 공식 발표했고, 2001년 8월 23일 대한민국에 대한 IMF 관리체제가 공식 종료되었다. 그러나 그 이후 내수 진작을 위해 무분별하게 남발한 신용카드정책의 부실화, IT 거품, 비정규직 문제, 공적자금 투명화 및 공적자금 회수, 청년실업과 고실업난 등의 후유증을 남기기도 했다.

그러나 한국은 IMF의 요구조건을 수용하면서 외환위기 이후 급속히 신자유주의체제에 편입되었으며, 어느새 외환위기 이전과는 완전히 다른 불평등사회로 변했다. 그 결과 사회적 약자의 시민권은 침해받고 사회적 갈등은 심화되었으며, 지속가능한 성장이 위협받게 되었다.

의심스러운 IMF의 정체[8]

IMF와 세계은행은 제2차 세계대전 중이던 1944년 7월 미국 뉴햄프셔주 브레튼우즈에서 열린 유엔통화금융회의 결과로 탄생했다. 이들 기구는 제2차 세계대전으로 황폐화된 유럽을 재건할 자금을 마련하고 미래에 닥칠지도 모를 세계경제의 불황을 적극적으로 타개하기 위한 필요성에 따라 생겨났다. 설립 당시 44개 회원국으로 출범했으나 현재 회원국은 189개로 늘어났으며, 우리나라는 1955년 가입했다.

UN이 정치적 안정을 위해 지구촌 차원의 집단행동이 필요하다는 믿음을 기초로 창설된 것처럼 IMF는 세계의 경제회복을 위해서도 지구촌 차원의 집단행동이 필요하다는 믿음을 기초로 창설되었다. 케인즈 경제학이 주류이던 그 시대에 '지구촌의 총수요 유지'라는 과업을 수행할 수 없는 상황에 처한 국가들을 지원해 전 세계가 위험에 빠지지 않도록 하기 위한 것이었다. 구체적으로 IMF에는 국제 통화협력과 환율

8 이 절의 많은 부분은 조지프 스티글리츠, 송철복 옮김, 《세계화와 그 불만》, 세종연구원 펴냄 중 서문, Chapter 1 〈세계적 기구들의 약속〉, Chapter 2 〈깨어진 약속〉 내용 참고.

안정, 환율조정, 경제성장과 낮은 실업률 조성, 즉각적인 재정보충을 통해 회원국의 지불능력을 향상시켜야 한다는 목적이 주어졌으며 필요하다면 경기하강 국면을 맞아 스스로의 자원으로는 총수요를 자극할 능력이 없는 국가들에는 차관 형식으로 유동성을 공급하기로 했다. 회원국들은 IMF에 환율과 국제수지를 감시하고 국제 금융체계를 감독하는 권한을 위임했으며, IMF는 회원국의 요청이 있을 때는 기술 및 금융지원을 직접 제공하도록 되어 있다. 거기에 더해 1990년 베를린 장벽의 붕괴와 1991년 소련이 붕괴된 이후에는 IMF에 구소련과 유럽 공산권 국가들이 시장경제체제로 전환할 수 있게 도움을 주도록 하는 새로운 활동영역을 추가했다.

그러나 1990년대 후반 동아시아와 러시아 및 남미 여러 나라에 외환위기가 발생했을 때 실제 IMF가 취한 조치들을 지켜본 많은 국가(특히 제3세계 국가)의 경제전문가들은 IMF가 이러한 본래의 목적에 충실하기보다는 위기에 빠진 국가들에 더 큰 희생을 강요하면서 국제금융자본의 이익을 위해 봉사하지 않았는가 하는 의구심을 갖게 되었다.

조지프 스티글리츠 교수는 IMF에 대해 "동아시아 금융위기 당시 투명성을 강조했던 IMF는 내가 공직생활 도중 겪었던 기구들 가운데 가장 투명성이 낮은 축에 속한다는 위선적인 사실을 깨달았을 때 나는 슬펐다"고 회고하고 "오직 자신의 처방 외 다른 견해에 대한 공개적인 논의는 철저히 무시하는 반민주적인 방식으로 운영되었다"고 비판했다.

IMF는 외환보유고 부족의 위기에 직면해 최악의 상황에 몰린 국가들로부터 구조요청을 받으면 해당 국가의 정부를 압박하면서 재정지원을 조건으로 신자유주의 논리에 따른 강력한 구조조정과 동시에 사회안전망의 최소화를 요구해왔다. 도움을 요청하는 국가들은 대부분 IMF의 경제처방을 따르지 않을 수 없었고, IMF는 자신의 정책을 따를 수밖에 없는 국가와 국민에게 그 정책이 미칠 효과를 고려하지도 않은 채 부적절한 해결책을 스탠더드Standard라는 미명하에 강요했다.

IMF 처방은 대부분 국제금융자본 같은 부유한 계층의 이익에 부합하는 것인 반면, 빈민층에게는 고통을 강요하고 이전보다 더한 가난 속으로 빠져들게 했다. 이러한 정책에 의문을 품는 개발도상국 사람들이 많았지만, 대부분은 IMF로부터 자금지원을 거부당하지 않을까 두려워 공개적으로 의문을 표시할 수 없었다. IMF는 해당 국가에 가해지는 고통은 성공적인 시장경제체제를 갖추기 위해 반드시 거쳐야 할 불가피한 일이며, 해당 국가들이 장기적으로 직면하게 될 더 큰 고통을 줄여주는 것이라고 주장했지만, 그 과정에서 개발도상국 국민이 겪은 고통은 필요 이상으로 컸다.

1997년 동아시아 금융위기 사태에 개입하면서 IMF는 가장 먼저 그 지역 국가들에 천문학적인 수준에 이를 정도로 금리를 높이라고 강요했다. 한국은 초기 단계에서 금리를 25%로까지 인상했지만 IMF로부터 금리를 추가상승해야 한다는 불만의 소리를 들었으며, 인도네시아는 위기 전에 예방 차원에서 자국의 금리를 인상했지만 역시 그 정도로는 부족하다고 비판받았다. 우리나라의 경우 실제로 지나친 부채 비중은 한국기업의 약점으로 지적되고 있었고, 부채가 많은 기업은 금리인상에 특히 민감하다. IMF가 요구한 초고금리는 빚이 많은 기업의 자산을 빠르게 고갈시키고 가장 먼저 파산의 길로 내몰았다. 동아시아 여러 나라의 금융기관이 허약하고 기업들의 부채가 과다한 것임을 인식했음에도 IMF가 내세운 명분과는 달리 고금리정책을 추진했다. 그 결과 고금리로 인해 고통 받는 기업이 늘어났고, 그것이 금융 부문으로 전가되면서 부실채권을 떠안게 된 은행들의 부담은 커졌으며, 경기하강과 대외 리스크를 더욱 심화시켰다. 특히 IMF의 계산과는 달리 초고금리가 더 많은 자본유입을 유인하지는 않았다. 오히려 초고금리는 불황을 악화시켰으며, 결과적으로 위험을 회피하려는 투자자들의 자본유출을 부추겼다.

이들 고금리정책의 배후에 있는 논리는 단순했다. 한 국가가 금리를 올리면 이자수익을 노린 투기자금을 자극해 외부자본이 그 나라로 흘러 들어오게 되어 자본유입은 환율지지에 도움이 되고, 따라서 통화안정에 도움이 된다는 것이다. 이것은 언뜻 그럴듯해 보인다. 하지만 IMF가 강제한 초고금리정책의 목표는 고금리정책으로 일시적으로 유입된 달러를 우선적으로 해외채무 상환에 사용토록 함으로써 IMF를 좌지우지하는 선진국들의 금융기관과 월스트리트 투자가들의 투자금을 우선 회수하기 위해 강요된 것이라고 의심받고 있다. 위기에 빠진 나라들의 재정긴축이 수요를 위축시켜 더 깊은 불황을 유발할 수 있음에도 IMF가 긴축재정을 강요한 배경도 조금이나마 확보된 재원이라도 나락에 떨어진 국민을 위한 일에 사용되어 소진되기 전에 해외투자자들이 우선적으로 회수해나갈 수 있도록 돕기 위한 것이라고 보는 게 합리적이다.

투자가들을 보호하는 데만 온통 신경을 쓰느라 IMF는 애당초 "즉각적인 재정보충을 통해 회원국의 지불능력을 향상시켜주어야 한다"는 자신의 설립목적을 잊어버렸고, 위기에 빠진 국가의 국민이 겪게 될 고통에 대해서는 외면했다. 중소기업들을 도산으로 내몬 살인적 고금리로 인해 초래된 중산층의 붕괴와 이로 인해 어려움에 빠진 도시의 가난한 근로자들에게 닥친 불행은 동아시아 지역의 사회적 · 정치적 · 경제적 삶에 오랫동안 지속되는 부정적 영향을 미쳤다.

IMF는 종종 "고통을 받아들여라. 고통이 깊을수록 이에 뒤따르는 성장은 강해진다"고 말해왔지만 고금리정책을 강요함에 따라 기업들의 위기가 심화되어가자 이번에는 '구조조정'을 주문했다. 은행들은 살아남기 위해 대출금을 회수하고 지점 축소와 함께 가혹한 인력감축을 감행해야 했다. 은행이 대출금을 회수함에 따라 갈수록 많은 기업이 고통에 빠졌고, 기업들은 생존을 위해 고용을 줄여야 했으며, 이것은 다시 생산축소와 실업의 증가 그리고 소득감소로 이어졌다. 부실대출을 지닌 은행들은 폐쇄되어야 했으며, 빚을 진 기업들은 문을 닫거나 해외채권자들에 의해 헐값에 인수되어야 했다. 기업이 파산을 선언하면 은행의 재무제표는 악화되었고, 그러면 은행은 대출을 더욱 삭감할 수밖에 없는데 이는 경기하강을 더욱 부추기는 형태로 악순환이 이어졌다. IMF가 필요한 지출을 위해 유동성을 공급하는 본연의 역할을 수행하기보다 국제금융자본에 투자 기회를 제공하는 데 노력을 집중하는 동안 가라앉는 경제는 더 깊은 수렁으로 곤두박질쳤다.

정부 규모 축소에 따른 재정긴축, 민영화, 그리고 시장자유화는 신자유주의의 출발점인 '워싱턴 합의'의 3대 핵심정책이며 IMF는 그 전도사로서의 역할에 충실했다. 그 정책들의 효과는 다수의 희생을 바탕으로 소수에게, 가난한 사람들의 희생을 바탕으로 부유한 사람들에게 이득을 안기는 결과를 초래했으며, 국제금융자본에는 무한한 자유를 부여함으로써 국경을 넘나들면서 어려움에 처한 개발도상국의 위기를 부추기고 자신의 이익을 추구할 수 있도록 도왔다. 많은 경우 상업적 이익 및 가치가 환경 · 민주주의 · 인권 · 사회정의 등에 대한 관심을 대체했다.

신자유주의자들은 개도국들에 빈곤에서 벗어나려면 그것을 받아들여야 한다고 주장하지만, 개발도상권의 많은 사람들에게 세계화는 애초에 약속한 경제적 이득을 가져다주지 못했을 뿐만 아니라 오히려 가진 자와 가지지 못한 자 사이의 빈부격차만 심화시켰으며, 하루 1달러 미만의 돈으로 생활하는 제3세계의 극빈자들이 점점 더 많아졌다.

IMF는 민영화를 서두르는 것이 중요하다고 주장하고 의욕적으로 추진하면서 경쟁과 규제의 문제는 언제라도 보완하면 된다고 말하지만, 일단 기득권을 보장받은 기업은 독점적 지위를 유지하기 위해 온갖 수단을 다해 규제와 경쟁을 무력화시킬 뿐만 아니라 필요할 경우 부정한 정치인들과 결탁하여 정치과정에 개입해 자신들에게 유리한 결과를 만들어내기도 한다. 그뿐만 아니라 공기업 민영화를 통해 비생산적인 근로자들을 걸러내고 경영효율성을 높일 수 있다고 주장하지만, 일자리 감소에 따른 사회적 비용은 전혀 고려하지 않는다. 소위 '녹지대 투자 Green Field Investment(민간투자가들이 기존 기업을 인수하는 것에 대한 반대 개념으로서 신규투자하는 것)'와 달리 민영화는 주인만 바뀔 뿐 새 일자리를 창출하기보다는 오히려 기존 일자리를 감축시키기 때문이다. 결국 이런 민영화 정책들은 더욱 공정하고 지속가능한 성장을 위한 수단이라기보다는 그 자체가 목적이 되었다는 사실이며, 거기에는 IMF가 자본의 이익을 대변하고 있기 때문이라는 지적이 설득력을 갖는다.

실업보험 같은 사회안전망이 잘 갖추어져 있지 않은 국가들의 경우 실직자는 공공의 부담이 되지 않는 대신 막대한 사회적 비용을 초래할 수 있다. 그것은 최악의 경우 도시폭력, 범죄 증가, 그리고 사회 · 정치적 불안의 형태로 표출되지만 거시경제와 관련한 그릇된 처방으로 인해 일자리에서 쫓겨난 근로자들을 구제하는 일은 IMF의 안중에도 없다. 세계 최고의 자본주의국가인 미국에서조차 1930년 이후 1970년대 중반까지 20만 명을 밑돌던 연방교도소의 재소자 수는 신자유주의가 발흥한 1980년대 이후 급증하기 시작해 2000년에 이르러 150만 명을 넘어 6배 이상으로 증가했다. 이는 사회적 안전망이 부재한 상태에서 신자유주의 정책이 초래하는 위험성의 한 단면을 보여주는 것이다.

오늘날 신흥시장은 총칼의 위협에 의해 개방되는 것이 아니라 경제력, 제재위협 또는 위기를 맞아 절실히 요구되는 지원의 대가로 개방된다.[9] IMF는 위기에 처한 나라에 대해 금융지원의 조건으로 무역자유화의 가속화를 제시하고, 위기에 직면한 국가들은 IMF의 요구를 들어주

---

9 문재인 정부에서는 경제장관들의 회의에 '경제안보회의'라는 이름을 사용했으며, 국가 간에도 가령 'IPEF 경제안보동맹'이라는 용어를 사용할 정도로 안보는 곧 경제 문제가 되었다.

는 것 외에 달리 선택권이 없음을 절감한다. 사회안전망이 쳐지기도 전에 발생한 무역자유화 때문에 일자리를 잃은 개도국 농민 · 근로자들은 빈곤 속으로 내던져졌고, 그나마 일자리를 잃지 않은 사람들조차 불안감에 시달리게 되었다.

자본시장 자유화라는 명목으로 취해지는 핫머니에 대한 규제철폐의 폐해는 무역자유화보다 더 크다. 미국의 투자가 조지 소로스George Soros를 좋아하는 사람들은 그가 퀀텀펀드 자금을 동원해 1992년 9월 16일 파운드화를 공격한 검은 수요일Black Wednesday 사건[10]을 기억해야 할 것이다. 조지 소로스는 이 사건을 통해 일주일 만에 10억 달러가 넘는 수익을 올렸으며, '하루 만에 영란은행을 굴복시킨 환투기꾼'이라는 악명을 얻게 되었다.

우리나라는 1980년대 말부터 부분적으로 개방되던 자본시장이 1997년 외환위기 이후 IMF의 요구에 의해 사실상 완전개방되었다. 외환위기가 있었던 1997년 10월 홍콩에서 열린 IMF · 세계은행 연차총회

---

10 당시 유럽국가들은 1999년 1월 유로화 창설을 앞두고 과도적으로 유럽통화제도 ERM을 운영하고 있었다. ERM은 유럽국가들이 독일 마르크화를 기축통화로 해서 자국 통화의 환율 변동폭을 6% 범위 내에서 변동을 허용하는 준고정환율 체제였다. 통일독일 정부는 동독 지폐를 폐기하고 서독의 마르크로 대체하면서 동독지역을 복구하고 복지제도를 확립하는 데 필요한 자금을 마련하기 위해 독일 중앙은행 분데스방크(Bundesbank)에서 마르크화를 마구 찍어냈다. 그 결과 인플레이션이 발생할 수밖에 없었고 분데스방크는 인플레이션을 억제하기 위해 금리를 대폭 인상했다. 그러자 세계의 핫머니들이 독일로 몰려들었고 마르크화는 강세를 유지했다. 그러자 독일 이외의 다른 유럽국가들에 있던 핫머니들이 대거 독일로 흘러 들어가면서 통화가치가 하락하고 유동성이 부족하게 되자 다른 국가들은 자국 내에 핫머니를 붙잡아두기 위해서는 경기후퇴를 감수하더라도 금리를 올리지 않을 수 없었다. 이때 조지 소로스는 영국 파운드화의 평가절하가 임박했다고 판단하고 1992년 9월 16일 퀀텀펀드 자금을 풀어 국제 외환시장에서 보유 파운드화를 일제히 팔고 상대적으로 강한 마르크화를 사는 단기투매로 파운드화 공격에 나섰다. 영국의 노먼 라몬트 재무장관은 단기 금리를 2%p 인상하면서 소로스와 그를 따르는 투기꾼 무리에 대한 전쟁을 선포했지만, 소로스와 함께 파운드화 공격에 나선 헤지펀드는 200억 달러를 넘었고 영국 재무부는 마침내 항복하고 말았다. 메이저 총리는 ERM을 탈퇴해 환율 밴드의 구속에서 해방되는 길을 택했다.

에서 IMF가 외환위기에 빠진 개발도상국들에 자본시장을 자유화하라는 압력을 가하는 모습을 지켜본 조지프 스티글리츠 세계은행 부총재는 그 광경을 아래와 같이 기술했다.

> 한편 아시아 각국 지도자들, 특히 내가 만난 재무장관들은 겁에 질려 있었다. 그들은 자유화된 자본시장과 함께 유입된 단기성 투기자금을 문제의 근원으로 파악하고 있었다. 그들은 대형 재앙이 다가올 것임을 알고 있었다. 위기는 그들 나라의 경제와 사회를 온통 황폐화할 것이 뻔했다. 그리고 그들은 위기를 저지할 수도 있을 자신들의 행동을 IMF가 막을까 봐 두려워했다. 동시에 그들은 위기가 발생할 경우 IMF가 강요할 정책들이 그들의 경제에 오히려 나쁜 영향을 미칠 것도 두려워했다. 하지만 그들로서는 저항할 힘이 없었다. 심지어 그들은 피해를 최소화하기 위해서는 어떤 조처가 취해질 수 있고 취해져야 하는가에 대해서도 알고 있었다. 하지만 그들은 만약 그런 행동을 취하면 IMF가 그들을 비난하리라는 것을 알고 있었으며, 그 결과 국제적 자본이 철수될 것을 두려워했다. 결국 말레이시아 한 나라만 IMF의 분노를 무릅쓰기에 충분할 정도로 용감한 자세를 취했다. 마하티르 총리가 정책금리를 낮게 유지하고, 투기성 자금의 드나듦에 제동을 가하는 것에 대해 여기저기서 집중공격을 받았다. 하지만 말레이시아의 경기침체는 다른 어느 나라보다 그 지속 기간이 짧았으며 그 정도가 약했다.[11]

자본시장 자유화는 환투기꾼들의 입장에는 더 많은 돈을 벌 기회의 문턱을 낮추는 것이지만, 1997년 동아시아 국가들에는 위기로 이어진 가장 중요한 요인이 되었다. 스티글리츠 교수는 동아시아의 경제 관료

---

11 《세계화와 그 불만》, p. 172.

들이 IMF에 대한 불만의 뿌리가 깊은 이유에 대해 "자본시장 개방이 성장을 부추긴다는 증거가 거의 없었음에도 IMF가 그것들을 밀어붙여 개발도상국들을 위태롭게 만들면서 금융시장의 벌거벗은 이기심에 봉사했다는 증거가 풍부하기 때문"이라고 말한다. IMF가 밀어붙였던 많은 정책들, 특히 설익은 자본시장의 자유화는 개발도상국의 불안정에 크게 기여했다.

물론 자유화를 밀어붙인 것은 IMF 혼자만이 아니었다. IMF의 최대 주주이자 거부권을 가진 유일 회원으로서 IMF의 정책결정을 사실상 좌지우지하는 미국 재무부도 독자적으로 자유화를 추진했다. IMF의 의사결정은 여전히 주요 선진국들이 좌지우지하지만 오직 한 나라, 즉 미국만이 실질적인 거부권을 갖고 있다. 미국은 혼자서 검사, 판사, 배심원 역할을 한다.[12]

IMF는 애당초 경기하강에 직면한 국가들에 기금을 제공하고 그 나라가 완전고용에 가까운 상태로 회복되게 돕는 일을 하도록 되어 있었으나 이를 망각했고, 제사보다는 젯밥에 더 큰 관심을 갖게 되었음을 의심받고 있다. 설립된 지 반세기가 지난 오늘날 IMF가 본래의 임무 수행에 실패했음은 명백하고 세계 곳곳의 위기는 더욱 깊어지고 잦아졌다. 더구나 공산주의에서 시장경제로 전환하는 국가들을 인도하는 것 같은 임무의 수행에도 더 이상 성공하지 못하고 있다.

---

12 UN 안보리의 거부권을 미국 · 러시아 · 중국 · 영국 · 프랑스 5개국이 나눠가지고 있는 것과 달리 IMF의 거부권은 오로지 미국만 가지고 있다.

우리는 동아시아의 외환위기 때 IMF가 한 일을 알고 있다![13]

1997년 7월 2일 태국의 바트화가 하룻밤 사이에 약 25% 폭락하자 환투기가 확산되면서 말레이시아, 한국, 필리핀, 인도네시아를 강타했으며 1997년 말이 되자 당초 환율 혼란으로 시작되었던 사태가 은행, 증권시장을 거쳐 경제 전반으로 확산되었다. IMF는 정확히 바로 이런 위기를 진화하고 그것에 대처하기 위한 목적으로 창설된 국제기구였으나 불행하게도 이 혼란스러운 시기 동안 IMF가 각국에 강제했던 정책들은 상황을 더욱 악화시켰다. 우리나라를 비롯한 동남아시아의 여러 나라가 수십 년간 괄목할 만한 경제성장을 이루어왔음에도 IMF와 미국 재무부는 아시아 국가들의 제도는 썩었고 정부는 부패했으며, 따라서 전면적인 개혁이 필요하며 글로벌 스탠더드Global Standard를 따라야 한다고 강조했다.

20세기 말에 발생했던 동아시아의 금융위기는 뉴밀레니엄이 시작되자마자 대부분 종료되었다. 아시아지역에서는 IMF의 일련의 조치들이 지난 40년간 전 세계에서 가장 높은 성장세를 보인 동아시아 지역을 약화시키기 위한 불순한 목적의 시도라거나, 적어도 월스트리트 투자자들에게 투자수익을 얻을 기회를 제공하기 위한 숨은 의도가 작동한 것이 아닌가 하는 음모론이 강하게 제기되었다. 우리나라에서는 2018년 말 개봉된 영화 〈국가부도의 날〉이 많은 국민에게 그러한 심증을 굳히는 데 영향을 끼쳤는지도 모르겠다. 스티글리츠 교수는 이러한 음모론에 공감하지 않는다고 전제하면서도 음모론이 생겨난 이유에 대해 《세계화와 그 불만》 223~224쪽에 다음과 같이 쓰고 있다.

---

13 이 절은 《세계화와 그 불만》, Chapter 4 〈동아시아의 위기: IMF정책은 어떻게 세계를 궁지로 내몰았던가?〉의 내용을 참고했음.

IMF는 처음에 아시아 국가들에 단기자본을 대상으로 시장을 개방하라고 말했다. 아시아 국가들은 그렇게 했고 돈이 밀려들었다. 그러다 어느 날 갑자기 빠져나갔다. 그러자 IMF는 금리를 높여야 하며 재정적 긴축이 있어야 한다고 말했다. 그러자 심각한 경기침체가 유도되었다. 자산가치가 폭락하자 IMF는 그 영향을 입은 국가들에 그들의 자산을 헐값에라도 매각하라고 촉구했다. IMF는 기업들에 견실한 외국인 경영이 필요하다고 말했으며(IMF는 이들 기업이 지난 수십 년 동안 엄청난 성장을 기록했다는 사실을 간단히 무시했다. 이 사실은 경영이 서툴다는 것과는 어울리지 않는다), 이것이 가능해지려면 단지 기업경영을 외국인에게 맡길 것이 아니라 아예 기업을 외국인에게 팔아야 한다고 말했다.

매각을 처리한 것은 자본을 철수함으로써 위기를 촉발했던 바로 그 외국 금융기관들이었다. 이들 은행은 곤경에 빠진 기업들을 매각하거나 분할하는 일을 하면서 막대한 구전을 챙겼다. 그것은 마치 그들이 위기 국가들로 그 돈을 안내하면서 챙겼던 엄청난 구전과 같은 맥락으로 이해되었다. 사태가 전개되면서 냉소주의가 점점 더 커져갔다. 이들 미국 및 다른 나라 소속 금융기관들 가운데 일부는 구조조정과 관련해 그다지 한 일이 없다. 그들은 단지 자산을 움켜쥐고는 경제가 회복될 때까지 기다렸다. 그들은 헐값에 사들였던 자산을 좀 더 정상적인 가격에 되팖으로써 이익을 챙겼다. IMF는 음모에 가담하고 있지 않았다. 하지만 IMF는 서방 금융계의 이익과 이념을 반영하고 있었다.

스티글리츠 교수는 동아시아 외환위기가 시작된 1997년부터 세계은행 부총재 겸 수석 이코노미스트로 일했으며, 2001년 노벨 경제학상을 수상한 저명한 학자다. 그런 그가 음모론에 편승한 주장을 설파할 수는 없었겠지만, 당시의 상황을 정리한 위의 글은 IMF가 누구를 위해 봉사했는지를 명확히 보여주고 있으며, 이는 1997년 외환위기를 직접 경험한 우리의 기억과 정확히 일치한다.

● 인도네시아

인도네시아에서는 민간은행 16곳이 폐쇄되었으며, 이 밖에 다른 은행들도 폐쇄될 수 있다는 것이 통보되었다. 그리고 정부 보증한도 내의 소액예금주들을 제외한 예금주들은 속수무책으로 방치될 것이 뻔했기 때문에 이것은 곧 예금인출 사태를 촉발했다. 언제든 폐쇄될 수 있는 민간은행들로부터 정부에 보증을 받을 수 있는 국영은행들로 예금이 이동했다. 인도네시아 기업 가운데 75%가 자금난에 허덕이면서 기업 부문은 마비 단계로 진입하고 있었다. 파산이 임박한 상태에서 경영자들은 자산을 빼돌리고 싶은 유혹에 빠지기도 했고, 실제로 그런 일이 일어나기도 했다. 그 당시 아시아에는 기업의 파산을 관리할 법적인 장치도 없었고, 관재업무를 수행할 인력도 없었다. 따라서 자산약탈이 발생하기 전에 파산과 자금난이 해결되어야 했으나 불행하게도 많은 기업을 자금난으로 몰아넣은 고금리를 통해 그 난장판 조성에 기여한 IMF의 오도된 경제학은 특수이익과 공모해 구조조정의 행보에 찬물을 끼얹었다.

대규모 경기하강이 실존하는 상황에서는 급속한 재정적 구조조정이 필요했으나 파산심사를 둘러싼 흥정에 참여하는 개별주체들의 관심은 다른 곳에 있었다. 협상을 질질 끌수록 그들에게는 더 큰 이익이 돌아올 수 있었으며, 파산협상은 종종 1년 또는 2년 이상 연장되기 일쑤였다. 이러한 재정적 구조조정을 추진함에 있어 정부가 적극적인 역할을 맡아야 했으나 IMF는 정부가 구조조정에 적극적인 역할을 맡아서는 안 되며 실질적 구조조정을 추진해야 한다는 정반대 입장을 취했다.

IMF는 환율지지와 채권자 구제를 위해 인도네시아에 약 230억 달러를 제공했지만, 가난한 사람들을 돕는 데 요구되는 이보다 훨씬 적은 액수의 돈은 감감무소식이었다. 기업복지에 쓸 돈은 수십억 달러가 있었지만, 서민 복지에 쓸 돈은 수백만 달러가 고작이었다. 기아에 직면한 사람들 또는 영양실조 때문에 발육에 지장을 받게 될 어린이들을 위해서는 거의 신경을 쓰지 않았다. 가난한 사람들을 위한 식품 및 연료 보조금이 무자비하게 삭감되었고, 그다음 날 폭동[14]이 일어났다. 인도네시아 폭동 이후 IMF는 입장을 전환했고 식품 보조금은 부활되었다. 불황이 깊어가는 가운데 식품 보조금의 삭감 때문에 유발된 폭동으로 인해 갈기갈기 찢겨나간 사회는 식품 보조금이 부활된다고 해서 다시 통합되지는 않는다. 식품 보조금을 감당할 수 있었다면 무엇 때문에 그 보조금을 없애버렸단 말인가?

● 말레이시아

금융위기 당시 말레이시아는 IMF 프로그램에 합류하기를 꺼렸는데, 그것은 그 나라 관리들이 외부인들에게 휘둘리기를 싫어한 이유도 있었지만 그보다 IMF를 신뢰하지 않았기 때문이다. 1997년 위기 초기에 미셸 캉드쉬 IMF 총재는 상황을 실제로 분석해보지도 않은 채 말레이시아 은행들이 매우 허약한 상태에 놓여 있다고 선언했다. IMF · 세계은행 합동조사반이 말레이시아의 은행체제를 점검하기 위해 급파되었을 때 은행의 부실채권은 약 15% 수준으로 비교적 높았다. 하지만 말

---

14 사건이 일어난 1998년 당시 인도네시아 내 화교인구는 약 5%였지만, 1995년 호주 외무부 보고서에 따르면 1993년 기준 인도네시아 300대 기업 중 68%와 상장기업 시가총액의 73%가 화인(華人) 소유였다. 소수의 화교가 대부분의 부를 독점하고 있으니 당연히 인도네시아인 사이에서는 화교에 대한 반감이 컸다. 화교를 중심으로 한 빈부격차의 심화와 수하르토 정권의 부정부패에 대한 인도네시아 국민의 불만이 1997년 아시아 외환위기로 폭발했다. 보조금 삭감으로 전기와 휘발유 가격이 폭등하면서 수하르토 정권 규탄시위로 시작된 시위가 어느새 중국계 기업인들과 그 가족을 향한 화교 상점의 약탈로 변질되어 인도네시아 전역으로 확산됨에 따라 인도네시아를 혼란의 도가니에 빠뜨리게 되었다. 폭동 결과 1천 명 이상이 사망했고, 최소 168건의 강간 신고가 있었으며, 재산 피해는 3조 1천억 루피아(한화 약 2,529억 원)로 추정된다.

레이시아 중앙은행은 강력한 규정을 만들어 은행들이 이에 대한 손실을 충당할 수 있도록 해놓았고, 게다가 말레이시아의 강력한 규제방침은 은행들이 외환휘발성[15]에 노출되는 것을 방지했으며, 심지어 이들 은행이 돈을 빌려준 기업들의 외채 규모까지 제한했다. 말레이시아 은행체계는 놀랄 정도로 강했다. 스티글리츠 교수는 "말레이시아를 방문했을 때, 나는 보고서를 쓰면서 곤혹스러워하는 IMF 직원을 본 적이 있다. 어떻게 하면 총재의 주장에 반박하지 않으면서 동시에 실제 조사된 증거와 일관되게 보고서를 꾸밀 수 있을까 하고 그는 고심하고 있었다"고 밝혔다.

안와르 이브라힘Anwar Ibrahim 말레이시아 재무장관이 'IMF 없는 IMF 프로그램', 즉 금리를 올리면서 지출을 삭감하는 방안을 제의했을 때 이에 대해 회의적이던 마하티르는 재무장관을 해임시키고 감옥에 가둔 후 이 사건을 IMF의 경제정책을 뒤집는 데 이용했다. 외환위기가 아시아를 넘어 지구 차원의 위기로 비화되고 국제 자본시장이 요동치자 1998년 9월 말레이시아는 달러화에 대한 링기트화의 환율을 3.80 : 1로 묶고, 금리를 내렸다. 그리고 모든 해외 링기트화를 그달 말까지 환수하라는 포고령을 내렸다.

IMF와 많은 경제학자들이 "자본통제는 자본유입의 고갈로 이어질 뿐 자본유출을 막는 데는 효과가 없을 것"이라고 경고했지만, 말레이시아 정부는 말레이시아 주민에 의한 자본의 해외이전을 엄격히 제한하고 외국인 증권투자 자본의 본국 송금을 12개월 동안 동결시켰다. 이들 조처는 단기적 차원이었으며, 정부는 외국인 장기투자에 대해서는 자국이 적대적인 감정을 가지고 있지 않음을 명백히 알리려고 노력했다. 말레이

---

15 달러를 빌려와 현지 화폐인 링기트로 빌려주는 데서 오는 위험을 말하며, 위기 상황에서 달러를 고환율의 링키트화로 바꾸어 대출해준 후 링기트화가 안정된 이후에 다시 달러로 바꾸어 투자금을 회수함으로써 투기자본이 환차익을 얻게 되는 것을 말한다.

시아의 비금융사업에 돈을 투자해 이득을 본 사람들이 그 돈을 가지고 나가는 것은 허용되었다. 그러자 세계은행은 말레이시아에 직접통제보다는 시장에 기초한 개입이 더 효과적이고 부작용이 덜하다는 점을 설명하고 직접통제 대신 출구세를 부과하라고 권유했으며 말레이시아는 이를 수용했다. 더욱이 그 세금은 점진적으로 낮춰질 수 있었고, 말레이시아는 당초 약속대로 자본통제를 가한 지 1년 만에 그 세금을 철폐했다. 1년이라는 한시적 기간 동안 말레이시아는 은행들과 기업들을 재건했다.

자본통제 덕분에 말레이시아는 그렇게 하지 않았을 경우보다 더 낮은 금리를 유지할 수 있었으며, 더 낮은 금리는 파산하는 기업이 더 적다는 것을 의미했고, 기업에 대한 공적자금의 투입 및 금융구제의 규모도 더 작았다. 더 낮은 금리는 또 재정정책에 덜 의지하고도, 그래서 결과적으로 정부가 차용을 덜 하고도 회복이 가능할 수 있음을 의미했다. 실제로 말레이시아는 IMF 처방을 따랐던 태국보다 훨씬 더 큰 성과를 이룩했으며, IMF의 충고를 받아들였던 나라들보다 국가적 채무를 훨씬 덜 지는 가운데 더 신속하게 회복할 수 있었다.

말레이시아는 종족 분규를 겪은 적이 있었고, 그런 사태의 재발을 방지하기 위해 많은 노력을 기울였다. 마하티르 총리는 IMF가 말레이시아에 정책을 강요하도록 내버려두고 이어 폭동이 발생한다면 다민족 국가 건설과정에서 쌓은 모든 성과가 일시에 물거품이 될 수 있다는 사실을 잘 알고 있었다. 그에게 있어 불황을 방지하는 것은 단순한 경제문제가 아니라 국가 생존에 관한 문제였고, 결과적으로 자신의 선택이 옳았음을 모두에게 확인시켰다.

● 태국

태국의 경우는 투기꾼들의 공격에 무방비상태로 노출됨으로써 위기가 가중되었다. 평가절하가 임박했다는 인식이 커지면 돈 벌 기회를 찾아 전 세계의 투기꾼들이 몰려든다. 가령 바트화가 절하될 것임을 믿은 투기꾼 A가 위기에 처한 태국 은행으로 가서 10억 달러를 예금하고 그것을 담보로 240억 바트를 빌린다. 일주일 뒤 환율이 떨어져 달러당 24바트에서 40바트로 절하되면 A는 6억 달러를 꺼내 240억 바트로 바꾸어 태국 은행에서 빌린 돈을 모두 갚는다. 남은 4억 달러는 그의 이익이다. 일주일 동안 가뿐하게 그만한 소득을 올린 것이다. 태국은 또 투기성 부동산에 대한 대출이 경제 불안의 주요한 원천이라는 사실을 알고 있었기 때문에 이런 형태의 대출을 제한했지만, IMF는 그러한 규제가 시장에 의한 효율적인 자원의 배분을 간섭한다고 주장했다.[16]

1997년 7월부터 10월까지 짧은 정책 동요기를 거친 뒤 태국은 IMF 처방을 거의 완벽하게 따랐지만, 위기 발생으로부터 3년 이상이 지난 후에도 여전히 경기침체에 빠져 GDP는 위기 이전을 회복하지 못했다. 기업구조조정은 거의 이루어지지 않았으며, 대출금의 40%가 부실화되었다.

● 중국과 인도

중국은 독자노선을 걸었던 또 다른 국가였다. 인도와 중국 두 대형 개발도상국이 지구 차원의 경제위기에서 참화를 면했던 것은 결코 우연이 아니었으며, 단지 두 나라 모두 자본통제를 하고 있었기 때문이다. 자본시장을 자유화한 개발도상국들에서는 소득이 줄어든 반면, 인도는 연평균 5% 넘게 중국은 8% 가까이 성장했다. 그 기간 중 특히 교역에서 세계의 성장이 전반적으로 둔화됐다는 사실을 감안하면 그만큼 더 괄목할 만한 것이다. 중국의 경제학자들은 반세기 전에 케인즈가 강조했

16 《세계화와 그 불만》, Chapter 4 〈동아시아의 위기: IMF정책은 어떻게 세계를 궁지로 내몰았던가?〉 p. 174, 183 참고.

던 "경제침체에 직면하면 팽창적인 거시경제 정책으로 대응하라"는 경제적 정설에 입각한 처방을 따름으로써 이것을 달성했다. 그 결과 중국은 이 기회를 잡아 자국의 단기적 필요를 장기적 성장목표와 융합했다. 앞선 10년 사이에 이루어진 급속한 성장은 사회기반시설에 대한 엄청난 수요를 낳았다. 이미 착공돼 가속화된 사업들, 그리고 설계는 마쳤으되 자금 부족으로 미루어졌던 사업들을 포함해 고수익을 내는 대규모 공공투자 기회들이 있었고 중국은 성장둔화를 피했다. 위기를 모면한 동아시아 유일 강대국 중국이 IMF가 주장하는 것과 정반대의 행로를 취한 것, 그리고 경기침체기를 가장 짧게 끝낸 말레이시아 역시 노골적으로 IMF 전략을 거부한 것은 결코 우연이 아니었다.

● 한국

우리나라는 IMF 처방대로 은행을 폐쇄하지는 않았다. 그리고 우리 정부는 말레이시아 정부처럼 기업구조조정에서 좀 더 적극적인 역할을 맡았다. 게다가 환율 반등을 방치하기보다 낮게 유지했으며, 이는 표면적으로 외환보유액을 다시 구축할 수 있게 하는 것이었다. 왜냐하면 외환보유액을 채우기 위해 달러를 사 모음으로써 우리 정부가 원화의 가치를 억눌렀기 때문이며, 실제로 수출을 유지하고 수입을 제한하기 위해 환율을 높게 유지했다. 게다가 우리나라는 물리적 구조조정과 관련하여 IMF의 충고를 따르지 않았다. IMF는 반도체 생산을 업으로 삼는 기업들보다 자신이 세계 반도체 산업에 대해 더 많이 아는 것처럼 행동했으며, 과잉설비를 신속히 처분해야 한다고 주장했지만 우리 정부는 총명하게 이 충고를 무시했고, 반도체 수요가 되살아나면서 경제가 회복되었다.

한편 외환위기 이후 교훈을 얻은 기업들은 합리적으로 대응하기 위해 차입을 줄이고 사내유보에 더 많이 의존하게 되었는데, 이러한 태도

변화로 인해 미래의 성장을 위한 투자는 억제되고 자본은 생산적인 목적으로 자유로이 이용되지 않게 했다. 이렇게 IMF의 정책은 자원배분의 효율 저하로 이어졌고, 특히 개발도상국들에서 가장 절실한 자본배분을 가로막는다. 오늘날 우리나라 30대 대기업의 현금성 사내유보자산이 1천조 원을 넘어서는 것도 어느 정도는 이러한 경험의 결과에 따른 것이다.

● 수포로 돌아간 아시아통화기금 창설계획

1997년의 동아시아 지역의 금융위기 이후 IMF의 정책으로 성장의 혜택은 부유층, 특히 최고 부유층에 귀속된 반면 빈곤은 여전히 맹위를 떨치고 있으며 IMF가 이끄는 세계화 체제에 대한 환멸은 커져만 간다. 한 나라의 악화되는 여건은 이웃 나라의 경제 상황에도 부정적인 영향을 미치며, 한 나라의 몰락은 이웃 나라들의 몰락에 영향을 미친다. 경기하강은 지역 전체로 수출되었고, 동아시아 지역의 경기침체는 지구촌 전체에 파장을 미쳤다. 세계경제 성장은 둔화되었으며, 그와 동시에 석유 같은 원자재 가격의 폭락으로 이어졌다. 러시아에서 베네수엘라, 나이지리아까지 천연자원에 의존하는 많은 신흥시장 국가들을 황폐화시켰다. 이들 나라에 투자했던 투자가들이 자신의 재산이 곤두박질치고 있는 것을 보면서, 그리고 그들의 은행들이 대출금을 회수하면서 투자가들은 다른 신흥시장에 대한 투자도 축소할 수밖에 없었다. 외국인 투자가들의 일반화된 공포와 그들의 대출축소 행동 때문에 결국 거의 모든 신흥시장 국가들이 영향을 받았다. IMF의 모든 실패 가운데 아마도 이것은 가장 뼈아픈 사례일 것이다. 왜냐하면 그것은 IMF의 총체적인 존재이유에 대한 가장 큰 배신이었기 때문이다.

동아시아 금융위기 당시 아시아의 지도자들은 IMF 등 국제기구와 협상하는 데 큰 어려움을 겪었다. 우리나라, 인도네시아, 태국 등의 나라들은 IMF로부터 구제금융을 받아야 했지만, IMF에서 제시한 까다로운 조건들은 이들 국가의 불황을 심화시켰다. 이에 아시아 각국은 역내 금융의 도미노 붕괴 현상을 차단하고 헤지펀드 등 단기 투기성 자본의 폐해를 막아보려는 취지에서 공동기금을 출연해 아시아에서의 금융위기 발생 시 신속히 대응하고자 아시아통화기금AMF 창설을 모색했다. 그러나 AMF는 아직까지 창설되지 못하고 있다. 여기에 관한 스티글리츠 교수의 말을 들어보자.[17]

> 1997년 일본은 필요한 경기 자극적 활동에 돈을 대겠다며 일종의 아시아판 통화기금 창설을 위해 1,000억 달러를 제안했다. 하지만 미국 재무부 부장관 로렌스 서머스와 장관 로버트 루빈은 그 구상을 무산시키기 위해 할 수 있는 온갖 짓을 다 했다. 여기에 IMF도 가세했다. IMF가 그런 태도를 취한 이유는 명백했다. IMF는 시장에서의 경쟁을 강력히 옹호했지만, 자신의 영역에서 경쟁자가 생기는 것을 원치 않았다. 그런데 아시아통화기금은 경쟁자가 될 게 뻔했다. 미국 재무부의 반대 동기도 비슷했다. 거부권을 지닌 IMF의 유일한 주주로서 미국은 IMF의 정책에 대해 상당한 발언권을 갖고 있었다. 일본이 IMF의 조처들에 대해 강력하게 이의를 제기했다는 사실은 널리 알려져 있었다. 나는 일본의 고위 관리들을 거듭 만났는데, 그들은 IMF 정책들에 대해 의혹의 눈길을 보내고 있었다. 나 또한 그들의 입장과 거의 같았다. 아시아통화기금에 상당한 기여를 할법한 중국과 더불어 일본은 목소리를 높이게 될 것이었고, 그렇게 되면 일본은 미국의 지도력 그리고 나아가 통제력에 실질적인 도전이 될 것이 뻔했다.

---

17 《세계화와 그 불만》, pp. 198-199.

일본은 다시 한번 당시 일본 대장상의 이름을 딴 '미야자와 계획'[18]이라는 관대한 원조 제의를 내놓았다. 이번 제의의 규모는 300억 달러로 축소되었고, 결국 수락되었다. 하지만 그때조차 미국은 그 돈이 재정팽창을 통해 경제를 자극하는 데 쓰여서는 안 되며, 기업 및 금융 구조조정에 사용되어야 한다고 주장했다. 이것은 말을 바꾸면 미국을 비롯한 외국은행들 그리고 기타 채권자들을 구제하는 데 그 돈을 써야 한다는 이야기였다. 아시아에서는 아시아통화기금 창설이 무산된 것에 대해 지금도 원통해하고 있다. 그리고 많은 관리들은 내게 그 사건에 대해 분노에 찬 목소리로 이야기했다. 위기로부터 3년이 지나자 동아시아 국가들은 마침내 서로 힘을 합쳐 조용하게 좀 더 소규모의 아시아통화기금 창설 작업을 시작했다. 이 작업에는 '치앙마이 계획'이라는 이름이 붙었다. 그것은 그 계획이 태국 북부 도시 치앙마이에서 최초로 발의되었기 때문이다.

18 신 아시아통화기금 창설계획으로 불리는 이 구상은 일본 정부의 엔화의 국제화 목표에 맞춰 엔화 표시 차관을 제공할 것으로 예상되었으나 자금제공 방식과 수혜범위 등 구체적인 추진계획을 밝히지 않음으로써 사실상 폐기되고 말았다.

제13장

신자유주의 이후의 한국경제

우리는 한국에 신자유주의를 도입하게 한 것을 1997년 외환위기를 틈탄 IMF라고 생각하지만, 사실 그것을 움직인 배후세력은 IMF 뒤에 숨어 있던 미국의 금융대자본이었다. 월가의 이익을 대변하는 워싱턴 합의가 전 세계에 신자유주의를 확산시키는 과정에 IMF와 세계은행을 활용했고, 한국도 IMF에 의해 신자유주의 체제에 편입되었으며, 그 시기가 외환위기가 있었던 시기와 겹쳤을 뿐이다. 한편 한국에서의 신자유주의는 그 종주국 미국의 지침을 수용할 수밖에 없었던 결과이기도 하지만, 한국 내의 대기업들과 대자본 그리고 친기업적 정치세력과 학자, 연구자 등이 절실히 갈구한 결과이기도 했다. 그들은 시장이 한국을 구원해줄 것이라 생각했으며, 시장만능주의는 깊고 넓게 이 사회에 뿌리내렸고 숭배 대상이 되었다. 마침내 "시장의 원리에 따른다"고 하는 것은 절대가치를 지닌 규범이 되었고, "시장 원리에 위배했다"는 것은 용납될 수 없는 체제 부정행위로 인식되었다. 자본을 가진 자들이 우리 사회의 주도권을 움켜쥐고 그들의 입맛에 맞게 행사하게 되었고 근로자 대중이나 사회적 약자에 대해 지나치게 불공정한 질서조차 자본주의 사회에서 어쩔 수 없는 일로 치부되거나 심지어 당연한 일로 받아들이기 시작했다.

한국 사회는 군사독재 시대에서 벗어나자마자 민주화 시대에 접어들기 전에 자본독재 시대로 빠져들고 말았다. 군사독재정권에 부역하던 정치세력은 자본독재기업의 부역자로 변신했다. 국민의 정부 이후 중도정권 집권기이거나 보수정권 집권기이거나를 가리지 않고 여러 정부를 거치면서 시장만능주의는 점차 공고해져갔고 양극화는 심화되었다. 그 결과 부자는 더 많은 돈을 벌게 되었고, 한때 중산층을 형성했던 사람들조차 빈곤층으로 전락했으며, 가난한 자는 더 가난해졌다.

소득의 양극화는 소비의 양극화를 초래했고, 소비의 양극화는 질 좋은 교육을 받는 자와 아닌 자로 나뉘었다. 그 결과 좋은 일자리를 가진 사람과 비정규직, 계약직, 알바, 일용직 등 불안정한 일자리를 가진 사람으로 구분되었고, 이것은 또다시 소득양극화를 초래하는 양극화의 재생산구조를 낳았다. 중산층은 엷어졌고 자산양극화의 문제는 소득양극화보다 훨씬 심각해져 한국 사회를 세습자본주의 사회로 변화시켰다. 시간이 흐를수록 시장만능주의는 점차 공고해져갔고, 죽어라 일해도 가난을 벗어날 수 없는 근로 빈곤층이 늘면서 절망이 널리 유포되기 시작했다.

제대로 된 일자리를 갖거나 안정적인 주거를 가질 희망이 없는 젊은이들은 스스로를 3포 세대, 5포 세대, 잉여 세대, 도태남(녀) 등으로 부르고, 자신의 나라를 '헬조선'으로 부르게 되었다. 학자금대출로 겨우 대학을 졸업하고, 부모로부터 물려받을 재산이 없는 젊은이들은 스스로를 '흙수저'라고 부른다. 이러한 젊은이들은 스스로를 위로하고 힐링하기 위해 '아프니까 청춘'이라며 청춘이 아픈 것을 당연시하여 받아들이기로 했고, 일부 청년들은 구원을 받기 위해 비정통 사이비 종교에 몸과 정신을 맡기기도 한다.

반면 산업화 세대들은 과거 자신이 젊었을 때와 비교해 놀라울 만큼 성장한 경제 환경을 보면서 "세상이 정말 좋아졌다"고 말하고, 복지지출을 늘리려는 정부 정책에 대해 "나라의 돈이 썩어나느냐?"며 늘 나라 걱정을 한다. 하지만 그들 자신이 포함된 한국의 노인빈곤율이 2021년 기준 43.4%로서 OECD 국가 평균인 14.8%의 거의 3배나 된다는 사실, 그리고 우리나라의 GDP 대비 사회복지예산 비율이 OECD 국가 평균의 절반 수준에 불과하며 멕시코, 칠레, 터키에 이어 뒤에서 네 번째로 낮다는 사실을 알지 못한다.

노동의 유연화와 비정규직 문제

김영삼 정부 후반기인 1996년 12월 26일 새벽, 야당 의원들에게는 알리지도 않고 관광버스를 타고 여의도로 모여든 신한국당 의원들이 국회에 잠입해 본회의장에 들어가 자기들끼리 회의를 소집했다. 오세응 국회부의장의 진행으로 7분 만에 찬양고무죄, 불고지죄 수사권 등의 항목을 부활시킨 안기부법과 복수노조 허용과 정리해고제 등이 포함된 노동법 개정안을 날치기로 통과시켰다. 파업 때 외부근로자를 쓸 수 있도록 하는 대체근로제가 도입되었고, 파업 기간 중 새로운 하도급 생산도 가능하게 되었다. 그리고 무엇보다 쟁의 기간 중 임금을 지급하지 않게 할 수 있도록 하는 무노동 · 무임금 내용이 포함되어 있었다.

민주노총은 당일 모든 사업장에 총파업을, 한국노총은 다음날인 27일 총파업을 선언했으며 새정치국민회의, 자유민주연합, 통합민주당 등 야 3당은 즉각 '반독재투쟁공동위원회'를 설립한 후 영수회담을 요청하고 헌법재판소에 노동법 날치기 무효 헌법소원을 제출했다. 그러나 헌법재판소는 국회의원의 권한을 침해했지만 가결 선포 행위 자체는 무효가 아니라며 이 헌법소원을 기각했다. 약 열흘 후인 1997년 1월 7일 김영삼 대통령은 연두기자회견을 하던 도중 노동법 얘기가 나오자 "도대체 선진국 어느 나라에 노동쟁의가 있느냐?"라는 발언으로 국민의 공분을 샀으며, 이 발언으로 정국은 폭발하고 말았다. 민주노총과 한국노총은 8.15 광복 이후 처음으로 전국 단위 총파업을 벌였고 각 도시의 넥타이 부대, 시민, 학생들이 가세하면서 6월 항쟁과 비슷한 양상을 보이기 시작했으며, PC통신 및 인터넷 등에서도 민주주의의 사망을 규탄하는 하얀 리본과 검은 리본을 내걸며 투쟁에 동참했다.

40일간 벌어진 가두집회에는 연인원 350만 명이 참가했고, 결국 정부는 김대중, 김종필과 함께 영수회담을 가진 후 이 자리에서 노동법 재논의를 합의할 수밖에 없었다. 3월 10일 여야는 "노조의 정치활동 금지 규정 삭제, 복수노조 허용, 정리해고 시행 2년 유예"를 내용으로 하는 단일안을 만들었다. 그러나 이런 재논의는 사실상 무의미한 미봉책에 불과했으며, 이렇게 개정된 노동법은 결과적으로 비정규직 문제와 탄력근로제 등을 야기했다. 민주노총 위원장 권영길은 '건설국민승리21'을 창당해 정계에 입문했고, 이를 통해 진보정당의 정치 참여를 본격화했다.

그러나 바로 그해 말 우리나라는 IMF 외환위기를 맞았으며, IMF는 한국 경제의 문제점으로 경직된 고용구조를 지적했다. IMF가 한국에 달러를 빌려주는 조건으로 노동시장의 유연화, 즉 비정규직 도입을 권고했고, 한국은 그것을 받아들이지 않을 수 없었다. 그전에도 임시적인 일자리는 있었고 예외적으로 노동조합의 협조 아래 파견근로를 운영하고 있었으나 IMF 사태는 그것을 더 가속화시켰고 그때부터 비정규직은 일반화되었다. 이후 외환위기를 극복하고 경기가 회복되면서 비정규직에 대한 문제가 꾸준히 제기되자 정부는 경력직을 선호하는 기업의 추세에 맞추어 비정규직을 정규직 채용 이전의 직무 경험을 쌓는 일종의 인턴과정으로 활용하고자 했다. 그러나 결과적으로 이러한 정책은 비정규직을 단순 반복적 업무 종사자로 전락시켜 허드렛일만 시키게 되면서 본래의 취지를 무색하게 만들었다. 결국 현재의 비정규직은 원래 취지인 고용의 유연화와는 완전히 거리가 먼 하급 직종으로 굳어져버렸다.

비정규직은 노동자의 입장에서 보면 고용안정성이 떨어지는 일이지만, 기업의 관점에서는 노동시장 유연성이 올라가는 일이다. 정당한 시장경제라면 비정규직들은 고용안정성을 포기한 데 대한 보상을 받아야 하고, 기업은 노동시장 유연성을 얻은 대가를 지불해야 한다. 다시 말해 비정규직은 고용안정성을 포기한 대신 동일 노동을 하는 정규직보다 높은 임금을 받아야 하지만, 한국의 사회 분위기는 정규직과 비정규직이 태생부터 별개의 노동시장으로 존재했던 것처럼 인식되고 있으며 그러한 인식은 점점 더 정당화되어가고 있다. 실제 노동시장에는 정규직용 일자리가 따로 있어 정규직 신분과 비정규직 신분 사이에 건널 수 없는 강이 흐른다.

2019년 10월 30일자 〈한겨레신문〉에는 "정규직의 월평균 임금이 316만 5,000원이고, 비정규직은 172만 9,000원으로 비정규직 월급이 정규직의 55% 수준이며 격차가 역대 최대"라는 기사가 실렸다. 대표적인 보수언론인 〈조선일보〉는 비정규직이 급증한 이유에 대해 "최저임금 인상으로 일자리가 얼어붙으면서 계약직이나 시간제 알바라도 취업하려는 사람이 늘었기 때문"이라고 진단하면서[19] 엉뚱하게도 최저임금 인상을 저격했다. 〈중앙일보〉는 "일방적인 친노동정책은 시장을 왜곡하고 부작용만 양산한다. … 근로자를 고용하는 주체는 기업인만큼 기업의 기를 살리는 쪽으로 일자리 정책의 전면적인 전환이 절실하다"고 했다.[20] 힘든 건 비정규직인데 언론의 해법은 기업 기 살리기를 제시한다.

장하성 교수(전 청와대 정책실장)가 우리 사회의 불평등 원인을 분석한 책《왜 분노해야 하는가: 분배의 실패가 만든 한국의 불평등》(헤이북스, 2018)에서 소득불평등의 원인을 노동소득의 격차에서 찾고 임금격차의

---

19 최규민 기자, "비정규직 87만 명, 거꾸로 가는 일자리", 〈조선일보〉, 2019. 10. 30.

20 손해용 기자, "비정규직 '0' 한다더니 … 1년 새 86만 명 늘었다", 〈중앙일보〉, 2019. 10. 30.

원인에 대해 갈수록 확대되어가는 대기업과 중소기업 간의 임금격차와 정규직과 비정규직의 임금격차가 소득불평등을 악화시키고 있는 절대 원인이라고 진단하면서, 이러한 불평등한 고용구조가 한국 사회 불평등의 근본적인 원인이라고 강조했다. 위 책에는 우리 사회의 비정규직의 실태에 대해 아래와 같이 기술해놓고 있다.

> 1990년대 초반까지는 비정규직이라는 개념 자체가 없었다. 비정규직에 관한 통계조차 존재하지 않았다. 비정규직은 외환위기 이후 나타난 새로운 고용형태이며, 기업은 비정규직을 낮은 임금을 지급할 뿐 아니라 임의로 해고하는 수단으로 악용해왔다. 고용 불안정과 낮은 임금이라는 두 가지 부당함을 감수하고 있는 비정규직 노동자가 정부 통계로는 노동자 세 명 중 한 명 그리고 노동계 통계로는 노동자 두 명 중 한 명이다. 이러한 고용구조 때문에 한국은 같은 직장에서 1년 미만 근무하는 노동자가 세 명 중 한 명일 정도로 고용 불안정이 OECD 국가 중에서 최악이다(26쪽).
> 비정규직 임금은 정규직의 절반 수준이다. 비정규직으로 1년 근무한 이후에 정규직으로 전환되는 비율은 열 명 중 한 명이고, 기간제 노동자 보호법의 제한 기간인 2년보다 더 긴 3년 후 정규직으로 전환되는 비율도 열 명 중 두 명에 불과하다. 대학 졸업생의 경우에도 첫 일자리를 비정규직으로 시작해서 2년 후 정규직으로 전환되는 사람은 열 명 중 두 명뿐이다. 비정규직은 정규직으로 가는 징검다리가 아니라 한번 빠지면 헤어나올 수 없는 함정인 것이다(282쪽).

2017년 5월 12일 문재인 대통령은 취임 3일차에 비정규직이 압도적 다수인 인천공항을 방문해 "임기 중에 비정규직 문제를 반드시 해결하겠다"고 말하고, "우선 공공부문 비정규직 제로 시대를 열겠다"고 약속했다. 비정규직 근로자들은 환호했다. 비정규직이라는 지위가 준 고용불안에 대한 조바심과 사실상의 신분차별로 인한 고통을 해소할 수 있을 것이라는 희망과 함께 정규직 전환에 따른 임금인상과 복지혜택에 대한 기대감도 컸다. 노동계에서는 외환위기 이후 20여 년간 지속해왔던 기나긴 싸움의 끝이 보인다며 기대에 찼고, 현장에서는 정규직 전환을 위한 노·사·정 협의가 시작되었다.

그러던 중 2018년 겨울, 태안화력발전소에서 청년노동자 김용균이 입사 석 달 만에 안전 매뉴얼도 없는 현장에 투입되어 새벽 시간 혼자 일하다가 사고로 목숨을 잃었다. 노동자들은 투쟁했고, 정부는 결국 발전소 비정규직들을 한국전력 자회사 소속으로 전환한다는 큰 틀의 합의를 했으며, 고 김용균 씨의 부모는 문재인 대통령을 만났다. 그 후 3년 동안 세 차례의 당·정·청 발표와 약속이 있었지만, 정규직화를 위한 세부 협상만 진행하다가 임기를 마쳤다. 노동계에서는 문재인 정부는 노동자 입장에서 보자면 실패한 정부라고 규정하고, 실패의 원인 중 하나로 '비정규직 정규직화 정책'의 포기를 제시한다.

2020년 6월 21일 인천공항공사는 1,902명의 공항검색 근로자를 직고용하는 방안을 포함해 9,785명의 비정규직 근무자 중에서 2,143명을 공사가 직접 고용하고, 7,642명은 공항 자회사 소속의 정규직으로 전환하는 방침을 발표했다. 직종별로는 공항소방대(211명), 야생동물통제(30명), 여객 보안검색(1,902명) 등 생명·안전과 밀접한 3개 분야 2,143명이 직접고용 대상이 되었고, 공항운영(2,423명), 공항시설 및 시스템(2,490명), 보안경비(1,729명) 등 7,642명은 3개의 전문자회사 정규직 신분으로 고용할 계획이라고 밝혔다.

문재인 대통령이 밝힌 공공기관 비정규직 제로화정책의 첫 사례가 구체화되고, 순탄하게 진행되던 인천공항공사의 비정규직 정규화는 예상치 못한 암초에 부딪혔다. 기존 정규직 노조의 반발은 그렇다 치더라도 취업준비로 사투를 벌이고 있던 20~30대 젊은이들까지 극도로 반발했으며, "인천국제공항 정규직화를 멈춰달라"는 청와대 청원까지 등장했다. 속칭 '인국공 사태'라는 사회적 이슈가 던져진 것이다. 이 사건은 치열한 경쟁과 치킨게임chicken game이 일상화된 사회에서 경쟁에서 힘겹게 살아가고 있는 청년들의 인식의 한 단면을 적나라하게 드러낸 것이다.

정규직화 정책에 대한 사람들의 평가는 다양하다. "처음부터 무리한 시도였다"는 의견에서 "자격 없는 사람들이 떼를 써서 정규직화하는 것이 부당하다. 시험 보고 정당하게 입사하라" 같은 의견은 대체로 기존 정규직들의 상대적 불평등에 대한 불만이며, 노노갈등이 문제라는 의견은 새로이 정규직화를 기대하는 노동자들이 "기존 정규직들이 자신에게 가해지는 불이익이 없는데도 다른 사람이 잘되는 걸 배 아파한다"는 불만이다.

어떤 사람은 "지금의 20대는 이미 사회적 정의나 평등추구, 낭만이나 이상 같은 과거 젊은이들이 추구했던 가치를 꼰대스러운 가치로 치부하며, 개인의 이익, 안전하고 손해 보지 않는 삶, 내 노력에 대해 공정하게 보상받는 기회의 공정 같은 가치를 더 중요하게 생각하는 철저하게 실용적 · 이성적 · 자기중심적 성향을 보이고 있다"면서 이러한 20대에 대해 신보수 패러다임을 공유하고 있는 세대라고 표현하기도 한다.[21]

각박해진 것은 20대뿐만이 아니다. 2022년 7월 대우조선해양 하청 비정규직 노동자들의 파업쟁의가 있었을 때 원청회사인 대우조선해양 소속 근로자인 민주노총 금속노조 산하의 대우조선지회는 파업을 반대하는 시위를 벌였다. 국내 조선소는 전체 노동자의 약 90%를 하청 비정규직으로 운영하고 있다. 지난 2014년부터 조선경기가 불황에 접어들면서 7만 5천 명의 하청노동자가 직장을 떠났다. 살아보겠다고 끝까지 남아 조선소를 지킨 비정규직들은 임금의 30%를 삭감당한 채 일해야 했

---

21 룩스의 이슈칼럼, "'인국공 사태' 인천국제공항 정규직전환", 2020. 6. 27.

다. 그동안의 물가상승률을 반영한 실질임금은 절반 이하로 줄어든 것이다. 2014년에는 15년차 노동자 기준으로 연봉 4,974만 원이었는데, 현재는 20년차 노동자의 임금이 연봉 기준 3,400만 원 선으로 법정최저임금보다 조금 많은 수준이다.

2020년 이후 조선업계는 장기불황을 끝내고 다시 회복되면서 대규모 수주량 확보에 성공했지만, 이듬해부터 철재 등 원자재 가격의 폭등으로 적자가 불가피한 상황에 직면해있다. 정부는 조선업계가 불황기를 지내는 동안 국민의 혈세 10조 원을 지원하면서도 잘려나가고 임금을 반납하며 눈물로 현장을 지킨 하청 비정규직 노동자들의 고통과 희생은 외면했다. 도저히 살 수 없게 된 거제통영고성조선소 하청노동자들이 2021년 4월 비정규직 노동조합을 만들어 함께 살자고 호소해왔지만, 책임 있는 어떤 사람의 이야기도 들을 수 없었다. 그들이 파업 기간 중 들었던 손팻말은 "이대로 살 순 없지 않습니까?"와 "여기 사람이 있습니다"라는 처절한 내용이었다. 유최안 민주노총 금속노조 거제통영고성 조선하청지회 부지회장은 0.3평짜리 철제감옥에 들어가 스스로를 유폐했다. 대우조선 본사 소속 직원들은 자신들과 한 공간에서 일하면서도 임금, 고용, 근로조건 등에서 훨씬 열악한 상태에서 일하는 하청노동자들의 고통에 대해 공감하지 못했고 회사를 살려야 한다며 파업 반대 시위에 나섰다.

신자유주의가 낳은 가장 큰 부정적 영향은 아마도 노동의 존엄성을 심각히 훼손시킨 일일 것이다. '노동의 유연화'라는 말이 실제로 가져온 것은 고용불안과 비정규직의 양산, 그리고 노동소득의 양극화였으며, 나아가 노동자들의 인간성 상실과 계층 간의 갈등이었다.

아웃소싱과 위험의 외주화

1997년 외환위기를 겪은 이후 우리나라에도 아웃소싱outsourcing이라는 새로운 경영기법이 '경영효율화'라는 이름으로 확산되었다. 아웃소싱은 기업 내부의 프로젝트나 정보화, 시스템 개발 및 운영 등을 외부 기업에 일괄하여 위탁하는 것으로서 생산성 향상과 인원절감이라는 두 가지 효과를 얻기 위한 것이다. 이는 급속한 시장변화와 치열한 경쟁에서 살아남기 위해 기업의 핵심 사업에 집중투자하고, 나머지 부수적인 업무는 자사보다 탁월한 능력을 보유하고 있는 기업과 팀을 이뤄 업무를 추진함으로써 조직의 유연성을 제고하고 업무의 효율화에 급진전을 이룰 수 있어 예측하기 힘든 미래 상황과 위험에 신속하게 대처할 수 있다는 장점이 있다. 특히 특정 업무나 기능을 자체적으로 제공 · 유지하기에는 수익성이 부족하거나, 당장 필요한 기능에 대해 내부 전문성이 부족한 경우 외부에서 조달하기에 유용한 경영기법이다.

이러한 아웃소싱은 미국기업이 제조업 분야에서 활용하기 시작해 전 세계 기업들로 확산되고 있으며 업무도 경리 · 인사 · 신제품개발 · 영업 등의 분야로 확대되는 추세에 있어 아웃소싱 계약 규모는 매년 꾸준히 급상승하고 있다. 특히 정보통신 시스템의 운영과 네트워크관리 및 디지털 · 자동화 · 분석 등과 같은 IT 아웃소싱이 강세를 띠고 있으며, 이는 기업뿐만 아니라 공공부문에서 특히 활발히 이루어지고 있다. 외부인에게 회사의 업무를 맡기는 것이니만큼 중요하고 핵심적인 업무를 제외한 부수적인 업무가 아웃소싱 처리되기 쉽다.

그러나 이윤극대화를 위한 신자유주의 이데올로기의 한 요소로 등장한 아웃소싱은 우리나라에 들어와 주로 비용절감에 초점을 맞춘 '3D 업종의 외주화' 형태로 나타났으며, 특히 그중에서도 비용절감을 이유로 안전에 관한 책임을 떠넘기는 '위험의 외주화' 또는 '죽음의 외주화'

의 모습으로 등장했다. 고용노동부 발표에 따르면 2021년 한 해 동안 산업현장에서의 사고사망자는 828명이었으며 그중 50.4%가 건설업에서, 22.2%가 제조업에서 발생했다. 5인 미만 사업장에서 발생한 38.4%를 포함해 50인 미만 소규모사업장에서 발생한 산재사망사고가 80.9%를 차지했다. 그러나 노동자 측에서는 실제 산재사망자 수는 연간 약 2천 명에 이른다고 주장한다.

우리나라에서 산업재해는 2003년 정점을 찍은 이후 해마다 줄어들고 있으나 선진국에 비하면 여전히 높은 수준의 산재사망률을 기록하고 있으며, 그보다 더 심각한 것은 산업재해가 하청근로자에게 집중되고 있다는 사실이다.

그러나 현장은 여전히 달라지지 않았다. 안전조치에는 비용이 소요되었고 처벌은 너무 미약했기 때문이다. 2016년 서울 광진구 구의역에서 혼자 스크린도어를 고치다가 사망한 외주업체 직원 김 군(당시 19세)은 간접고용 비정규직이었다. 안전수칙에 따르면 스크린도어 수리작업은 2인 1조로 진행해야 하지만, 김 군은 사고 당시 혼자 작업하고 있었으며 이 사건은 단순히 개인 과실에 의해 발생한 것이 아니라 근본적으로 열

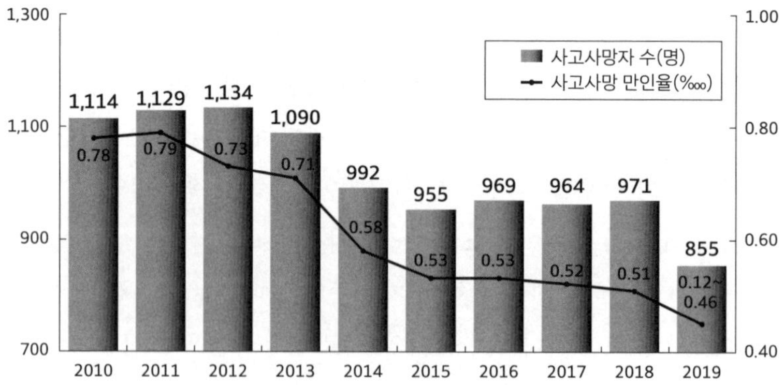

그림 7. 연도별 사고사망자 수와 사고사망 만인율

출처: 고용노동부 홈페이지

악한 작업환경과 서울메트로의 관리 · 감독 소홀 때문에 발생한 것으로 지적되었다. 아직 기술적으로 숙련되지 않은 특성화고 졸업생 김 군을 충분한 안전교육도 없이, 사고 발생 시 응급구호해줄 동료도 없이 혼자 현장에 투입한 것은 돈과 생명을 교환하는 자본의 추악함을 보여주는 것이다. 김 군 가방 속의 컵라면이 그것을 적나라하게 보여주고 있다.

1981년 12월 31일 제정된 이래 38차례의 개정을 거쳤음에도 실로 유명무실했던 〈산업안전보건법〉이 2018년 김용균 씨의 태안화력발전소 사고사 이후 2018년 12월 17일 개정 · 강화되었으며, 이 법은 '김용균법'으로 불리고 있다. 김용균법은 위험의 외주화를 방지하기 위해 도금작업 등 유해하거나 위험성이 매우 높은 작업에 대해 도급을 원칙적으로 금지하는 내용이 핵심이다. 다만 일시 · 간헐적 작업이거나 전문적이고 기술상 사업 운영에 필수불가결한 경우에는 도급할 수 있도록 예외조항을 두었으며, 위반 시에는 10억 원 이하의 과징금을 부과하도록 했고, 도급받은 작업을 다시 하도급 할 수 없도록 했다. 이 법의 보호 대상도 종전 '근로자'에서 '노무를 제공하는 자'로 확대함으로써 하청노동자나 특수형태근로종사자를 이 법의 보호 대상으로 명확히 했고, 배달종사자 및 가맹사업자 소속 근로자의 산재예방을 위한 안전조치 의무를 명시했다.

고 김용균 특별조사위원회는 2018년 12월 10일 김용균 씨가 태안의 화력발전소에서 혼자 일하다가 사고로 숨진 것도 죽음의 원인이 위험의 외주화, 즉 원 · 하청 구조에서 발생한 구조적 문제임을 밝혔다. 1심 재판부는 대부분의 피고에 대해 산업안전보건법 위반과 업무상과실치사를 인정하면서도 원청의 책임에 대해서는 인정하지 않았고 한국서부발전 대표이사에게는 무죄, 다른 13명에게는 최고 징역 1년 6월, 최저 금고 6월에 2년의 집행유예 또는 벌금형을 선고했다. 법인에 대해서도 원청기업 한국서부발전은 1,000만 원, 하청기업 한국발전기술은 1,500만 원의 벌금형을 선고하는 등 기업으로서는 새 발의 피도 되지 않는 솜털 같이 가벼운 처벌을 내리는 데 그쳤다.

2021년 9월 인천 연수구 송도의 한 아파트 외벽 청소 도중 어린 자녀 하나를 둔 20대 일용직 노동자가 구명 로프도 없이 작업용 밧줄 하나에만 의지해 유리창을 닦다가 15층 높이에서 40m 아래로 추락해 숨졌다. 피해자를 고용한 청소업체는 사고 사흘 전 한국안전보건공단으로부터 "보조용 구명 밧줄을 구비하라"는 지적을 받고도 이를 무시했으며 결국 사고로 이어졌다. 김훈 작가는 땀 흘려 일하는 시민들이 "날마다 우수수 우수수 낙엽처럼 떨어져서 땅바닥에 부딪쳐 으깨진다"고 표현했다.

민주노총은 처음에는 강력한 내용을 담은 〈기업살인법〉 제정을 요구했다. 그러나 여러 과정을 통해 2021년 1월 26일 〈중대재해 처벌 등에 관한 법률(중대재해처벌법)〉이 제정되었고, 1년 유예 후 2022년 1월 27일부터 시행되고 있다. 그러나 〈중대재해처벌법〉은 개인사업자 또는 상시 근로자 50명 미만인 사업 또는 사업장(건설업의 경우에는 공사금액 50억 원 미만의 공사)에 대해서는 공포 후 3년이 경과한 날부터 시행하도록 규정했고, 전체 산재사망사고의 약 40%를 차지하는 상시 근로자 5명 미만인 사업 또는 사업장의 사업주 또는 경영책임자에게 적용을 전면 배제함으로써 심각한 공백을 만들어두었다.

경제계는 이 법이 시행되면 국내에서 기업을 경영하기 어려워 해외로 이주하거나 외국자본의 국내투자가 어려워질 것이라며 반발해왔다. 특히 법 제6조의 "중대산업재해에 이르게 한 사업주 또는 경영책임자등은 1년 이상의 징역 또는 10억원 이하의 벌금에 처한다"는 조항을 폐기해야 한다고 요구하고 있다. 노동자의 지친 몸과 영혼을 갈아 넣어 이윤을 극대화하려는 자본의 탐욕은 변하지 않고 있으며, 노동 착취에 힘입어 경제가 성장할수록 산재가 늘어나고 빈부격차와 양극화가 커지는 현실을 외면하고 있다.

산안법은 원가절감을 이유로 안전조치를 위반하는 등 안전사고 예방과 관리의무를 하청업체로 전가하는 이른바 '위험의 외주화'를 방지하고, 의무위반에 대한 법정형을 확대 · 강화하고자 했다. 산안법의 법정형 강화는 처벌만능주의를 지향하는 것이 아니라 책임 이행에 대한 경각심을 재고하고자 하는 취지였지만, 논의된 법정형 확대 · 강화가 제대로 반영되지 않았다. 그보다 중요한 것은 안전보건조치의무와 감독행정이라는 산안법의 입법목적으로는 중대재해 범죄에 실효적으로 대응할 수 없다는 결론에 이르러 〈중대재해처벌법〉이 제정된 것이다. 산업 안전시설, 교육, 위험에 처할 경우 노동자의 작업중지권 발동, 최소한 2인 1조 작업, 노동시간 단축과 야간노동 축소로 과로사 방지 등 산재를 근원적으로 차단해야 한다. 기업은 자신의 수익획득을 위해 일하는 직원이 아침에 직장에 출근했다가 저녁에 안전하게 집으로 돌아갈 수 있도록 재해예방을 위한 작업환경조성과 투자에 적극적으로 나서야 하며, 그 어떤 가치보다 노동자와 시민의 생명과 안전을 우선으로 생각해야 한다. 일하는 사람은 안전이 확보된 환경에서 노무를 제공해야 한다. 산업재해로 사망하는 경우 근로자 본인뿐만 아니라 유가족들에게도 커다란 비극이며, 사망에까지 이르지 않더라도 산재로 불구가 된 사람은 남은 삶을 정상적으로 살아내기 어렵기 때문이다.

심화되는 임금소득불평등

장하성 교수는 《왜 분노해야 하는가》에서 우리나라에서 산업화 과정이 본격적으로 시작된 1960년대 초반부터 적어도 1990년대 중반까지 약 30년 넘는 기간 동안 급속한 성장 과정에서도 소득불평등이 악화되지 않았다는 점을 지적하면서 "그것은 실질임금이 노동생산성과 비슷하게 올랐기 때문이며 성장의 과실이 대체로 고루 분배되었다는 의미"라고 평가했다. 우리나라 노동력의 역량에 비해 워낙 초저임금으로 시작했기 때문에 산업 분야에서는 임금 압박보다는 사업 규모를 늘리는 것이 더 중요한 관건이었기 때문이다. 또한 성장과 더불어 적절한 분배가 이루어졌기 때문에 세계 최장 노동시간이라는 기록이나 독재정치 같은 고통에도 불구하고 산업화 세대는 그 시절의 향수를 소중히 기억하며 인내할 수 있었다고 해석했다.

산업화가 본격적으로 진행되던 1960년대 초반부터 1980년대까지는 소득분배가 악화되지 않았으며, 1990년대 중반까지는 오히려 호전되는 양상을 보이기까지 했던 소득분배의 형평성은 1997년 외환위기 이후 매우 빠르게 악화되기 시작했다. 지난 25년 가까운 기간 동안 소득분배의 균형은 완전히 상실되었고, 이제 한국은 OECD 국가 중 가장 불평등이 심해진 나라 중 하나가 되었다. 불평등의 악화는 단지 소득에만 그치지 않았다. 일자리 간의 불평등, 노동자 간의 불평등, 기업 간의 불평등, 세대 간의 불평등 등 거의 모든 지표에서 한국의 불평등 정도는 심각한 수준에 이르렀다.

게다가 글로벌 금융위기가 있었던 2008년부터 근로자들의 임금이 실질가치로 전혀 증가하지 않고 있다. 즉, 1인당 GDP가 2만 430달러였던 2008년 이후 2021년 3만 4,866달러가 되는 동안 평균적인 근로자들의 생활이 전혀 나아지지 않았다는 것이며, 기업들의 눈부신 성과에도 불구하고 가계가 그 혜택을 거의 받지 못하는 상황이 계속되고 있다는 것이다. 말하자면 임금을 초과하는 생산성 향상분이 대부분 기업소득으로 가는 것이고, 달리 말하면 자본소득이 되는 것이다. 가계로 배분된 임금이 대부분 생활비로 소비되는 것과 달리 증가된 자본소득은 다시 주식, 채권, 부동산 형태로 자본화하여 더 많은 자본소득을 창출한다.

임금격차가 확대되는 이유는 기업 간의 불균형과 고용형태에 따른 불평등이 심화되고 있기 때문이며, 그것이 소득불평등을 악화시키는 가장 큰 원인이다. 1980년대까지 중소기업 근로자의 임금은 대기업의 90%가 넘는 수준이었지만, 지속적으로 격차가 확대되어 2015년 53.1%로 줄었다가 2019년 59.4%로 소폭 회복되었다. 2018년과 2019년 2년에 걸쳐 최저임금이 각각 16.4%와 10.9%로 높게 인상된 것이 영향을 미친 것으로 보인다. 임금격차가 커졌을 뿐 아니라 국민 절대다수가 임금이 상대적으로 낮아진 중소기업에서 일하기 때문에 소득불평등이 가속적으로 악화된 것은 당연한 결과다.

또한 앞서 살펴보았듯이 비정규직은 고용불안정에 더해 임금도 정규직의 절반 수준에 그친다. 통계청이 공개한 2021년 8월 '경제활동인구 조사결과'에 따르면 비정규직 근로자 수는 806만 6천 명으로 집계된다. 반면 정규직 근로자 수는 1,292만 7천 명으로 처음으로 1,300만 명 아래로 내려앉았다. 비정규직이 38.4%로 전체 근로자 10명 중 4명 정도가 비정규직인 셈이다. 정규직 근로자의 월평균 임금이 333.6만 원인 데 반해 비정규직은 176.9만 원으로서 비정규직의 임금은 정규직의 53.0%로서 정규직과 비정규직 간 임금 격차는 2004년 통계 작성 이래 최대로 벌어졌다. 중소기업 비정규직 직원의 임금수준이 대기업 정규직 임금의 1/4~1/3 이하 수준임을 짐작할 수 있다.

한국 사회의 불평등이 급격히 악화되기 시작한 시점은 1997년 IMF 외환위기 이후부터이며, 다시 말해 한국 사회가 신자유주의 시스템으로 전환되기 시작한 시기 이후부터다. 불평등이 지속적으로 그리고 가파르게 악화되어가는 상황이 교정되지 않고 오랫동안 방치된 것은 성장과 분배를 함께 이루어낸 기간이 길었기 때문에 불평등 악화를 그저 일시적 현상으로 보았거나 다시 과거 같은 고도성장이 이루어지면 불평등 문제도 자연스레 해소될 것으로 기대하는 심리가 작용했을 수 있다. 하지만 기대했던 고도성장의 회복은 돌아올 리 없고 불평등은 더욱 심화되기만 한다. 이제는 오히려 불평등이 성장을 저해하면서 인과관계가 물고 물리는 구조적 모순으로 고착되고 있다.[22]

우리나라의 경영계나 보수정치권에서는 미국식 노사관계를 선진 노사제도인 양 추앙하는 경우가 많지만, 미국의 노사관계를 두고 폴 크루그먼 뉴욕시립대 교수는 50년 전의 노사관계와 지금의 노사관계가 얼마나 다른지 알아보려면 대표적인 두 기업을 비교해보라고 한다. 그가 말하는 50년 전의 대표기업은 GM, 현재의 대표기업은 월마트이며 50년 전엔 GM이, 지금은 월마트가 미국에서 가장 많은 노동자를 고용하고 있는 기업이다. 그에 따르면 물가상승을 고려할 때 월마트 노동자는 35년 전 GM 노동자가 받은 연봉의 절반도 안 되는 돈을 받고 일한다. 즉, 40년쯤 전에는 미국 대표기업 노동자는 중산층이었지만, 지금의 미국 대표기업 노동자는 최저임금을 받는 저소득층이다.[23] 한편 한국 사회에서 코로나19가 불러온 언택트 시대에는 배달노동자와 라이더가 대표적 노동자 계층으로 대체되어가고 있다.

하버드 로스쿨의 엘리자베스 워런 교수는 미국의 경우 물가를 감안한 현재의 가구당 소득이 2001년에 비해 1,175달러 감소한 반면, 평균적으로 지출하는 기초생활비가 4,600달러 이상 올랐다고 지적한다. 워런 교수는 "그 어떤 방식으로 계산하더라도 부유층 아닌 사람들이 버텨나갈 기반이 사라지고 있다. 경제정책이 변하지 않는 한 미국 경제의 근간이었던 강력한 중산층이 몰락할 것이고, 이는 미국 민주주의의 위기를 야기할 것"이라고 경고했다.

최저임금제도란 국가가 노·사 간의 임금결정 과정에 개입해 임금의 최저수준을 정하고, 사용자에게 이 수준 이상의 임금을 지급하도록

---

22 《왜 분노해야 하는가》, p. 21 참고.

23 경향신문 특별취재팀, 《세계 금융위기 이후》, 한스미디어, p. 172 참고.

법으로 강제함으로써 저임금 근로자를 보호하는 제도를 말한다. 우리 헌법 제32조 제1항에 "국가는 … 법률이 정하는 바에 의하여 최저임금제를 시행하여야 한다"고 규정하고 있으며, 〈최저임금법〉 제1조는 "최저임금제도는 근로자에 대하여 임금의 최저수준을 보장하여 근로자의 생활안정과 노동력의 질적 향상을 꾀함으로써 국민경제의 건전한 발전에 이바지하게 함을 목적으로 한다"고 규정하고 있다.

우리나라에서는 1953년 〈근로기준법〉을 제정하면서 최저임금제의 실시 근거를 두었으나, 당시 경제적 여력이 충분하지 않다는 이유로 시행을 유보하다가 저임금의 제도적인 해소와 근로자에 대해 일정한 수준 이상의 생활안정을 보장해주어야 할 필요성이 거듭 제기되고 우리 경제도 이를 충분히 수용할 수 있는 수준에 도달했다고 판단해 1986년 12월 31일 〈최저임금법〉을 제정 · 공포하고 1988년 1월 1일부터 실시하게 되었다. 최저임금위원회는 "최저임금제도 실시는 저임금을 해소해 임금격차를 완화하고 소득분배 개선에 기여하며, 근로자에게 일정한 수준 이상의 생계를 보장해줌으로써 근로자의 생활을 안정시키고 근로자의 사기를 올려주어 노동생산성이 향상되고, 저임금을 바탕으로 한 경쟁방식을 지양하고 적정한 임금을 지급토록 하여 공정한 경쟁을 촉진하고 경영합리화를 기하는 효과를 가져온다"고 설명한다.

최저임금제도 시행 첫해인 1988년의 최저시급은 1그룹 462.5원, 2그룹 487.5원이었으나 이듬해부터 단일시급으로 600원으로 정한 이후 해마다 꾸준히 상승하여 35년 만인 2023년 9,620원으로 결정되었다. 2022년 6월 말, 2023년 최저임금을 결정하기 위한 최저임금위원회가 열리고 있는 가운데 전경련이 "현재 9,160원인 최저임금이 1만 원으로 인상될 경우 16만 5천 개의 일자리가 사라질 것이다. 특히 영세사업장들의 타격이 커서 5인 미만의 영세사업장 일자리는 7만 개 이상 없어질 것"이라는 협박성 분석자료를 내놓았다.

이에 대해 〈홍사훈의 경제쇼〉를 진행하는 KBS 홍사훈 기자는

> "전경련은 국내 400여 개 대기업들로 구성된 단체로 전경련 회원사 정규직원 가운데 최저임금을 받는 직원은 아마 거의 없을 것이다. 최저임금은 이들 전경련 회원사들의 2차, 3차 하청중소기업 노동자의 임금이다. 전경련이 하청 중소기업들을 진정으로 위한다면 최저임금 걱정보다 납품단가부터 먼저 현실화시켜주는 게 우선이다. 올해 원자재 가격은 평균 51% 올랐다. 그런데 공정거래위원회의 조사 결과 42%의 하청기업들은 원청인 대기업으로부터 원자재 인상분을 단 한 푼도 반영받지 못했다. 절반 가까운 하청기업들이 원자재 인상분을 모두 떠안았다는 말이다. 대기업들은 코로나19에도 최대 실적을 기록했다면서 자사 임직원들 성과급 잔치를 벌이기 전에, 중소기업 망할까 봐 최저임금 걱정해주기 전에 하청업체들 납품단가부터 반영해주기 바란다."

라고 일갈하고 "양심이 있다면 말이죠!"라고 덧붙였다.[24]

이 방송이 있은 다음날 MBC는 네이버 10%, 카카오 15%, 삼성전자 9%, LG전자 9% 등 대기업들은 높은 임금인상률을 확정했다고 보도했다. 그러자 정부 당국이 대기업들에 직원들의 임금을 인상시키는 만큼 하청기업의 납품단가도 인상시켜달라고 주문했어야 했음에도 추경호 경제부총리는 서울 마포구 한국경영자총협회 회의실에서 경총 회장단과 조찬 간담회를 열고 "최근 일부 정보기술(IT) 기업과 대기업 중심으로 높은 임금인상 경향이 나타나면서 여타 산업 · 기업으로 확산할 조짐을 보이는 매우 우려스러운 상황"이라고 지적하고 "물가 상승세를 심

---

24 KBS 〈홍사훈의 경제쇼〉, 2022. 6. 27 방송분 오프닝멘트.

화할 수 있는 과도한 임금인상을 자제해달라"고 요청했다.[25]

물가와 유가가 외환위기 이후 최고 수준으로 인상되고 있는 시기에 임금을 인상하지 않으면 그 고통은 임금노동자가 홀로 감당해야 한다. 추 부총리는 전 세계적인 유동성 확대와 러시아-우크라이나전쟁의 여파로 글로벌 공급망이 무너지면서 발생한 인플레이션의 원인을 엉뚱하게도 노동자들의 임금인상에서 찾고 있다. 물가인상과 고금리가 계속되는 불황기에 노동자들의 임금인상을 억누르면 소비가 억제되어 내수부진으로 경제가 악순환에 빠질 위험이 있음에도 말이다.

2020년 30대 재벌기업의 사내유보 현금성자산(현금 및 단기투자자산)이 1,045조 원에 이르는 것으로 보도되고 있다. 사내유보금은 기업의 이익잉여금에서 주주에게 배당하고 남은 금액을 사내에 유보해둔 것을 말한다. 재벌기업들이 이렇게 큰 규모의 이익을 누리면서 높은 배당률에도 불구하고 막대한 유보금을 쌓아놓는 동안 중소 협력업체들은 낮은 영업이익률을 실현하면서 명맥을 유지하기 급급했으며, 그것은 상당 부분 낮은 임금수준에 의존한 것이다.

그럼에도 윤석열 정부의 첫 경제정책은 상속세와 법인세를 인하하겠다는 것이다. 윤석열 대통령은 후보 시절 "상속세 부담 때문에 기업이 제대로 운영될 수 없다"고 말했을 정도로 상속세 개편 의지가 강하다.

정부가 법인세율을 인하하겠다며 내세우는 가장 큰 이유는 국내 기업의 세 부담이 다른 나라보다 크다는 것이다. 우리나라의 법인세 최고세율은 당초 25%였으나 2008년 이명박 정부가 법인세를 22%로 인하했다가 문재인 정부에서 다시 25%로 올린 반면 OECD 회원국들은 지난 20여 년 사이 법인세율을 10%p 가까이 끌어내렸기 때문에 현재 한

25 차지연 기자, "추경호 높은 임금인상 확산 조짐 매우 우려 … 자제해달라", 〈연합뉴스〉, 2022. 6. 28.

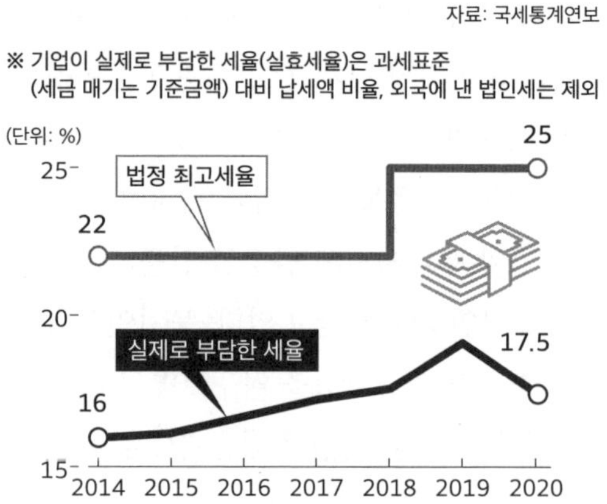

그림 8. 국내 법인세율 추이

국의 법인세 최고세율은 OECD 회원국 38개국 평균인 21.5%보다 약간 높은 수준으로서 각국이 법으로 정한 최고세율만 보면 틀린 말은 아니다. 그러나 문제는 각종 세액공제제도를 적용한 후 기업이 실제로 부담하는 세율(실효세율)은 다르다. 국내 기업의 법인세 실효세율은 지난 2014년 16%(이하 신고기준)에서 2019년 19.1%로 올라갔다. 박근혜 정부의 비과세·감면 축소, 문재인 정부의 최고세율 인상 영향이다. 그러나 2020년 17.5%로 낮아지며 〔그림 8〕과 같이 문재인 정부 초반으로 돌아갔다.[26]

〈한겨레신문〉이 케이프투자증권의 보고서를 인용해 보도한 바에 따르면 법인세 최고세율을 25%에서 22%로 낮추면 2021년 기준으로 삼성전자의 법인세만 1조 5,916억 원 감소하고, 총 11개의 삼성 계열사가 총 1조 8,972억 원의 감면 혜택을 보게 되어 전체 법인세 감세액 가운

---

26 박종오 기자, "MB가 깎아줬다 원상복귀 했는데 … 법인세 감세 3대 쟁점", 〈한겨레신문〉, 2022. 6. 8.(그림 8 포함)

데 30%를 삼성그룹이 가져간다. 10대 재벌 중에서는 현대중공업을 제외한 9개 재벌 62개 계열사가 총 4조 106억 원의 세금 혜택을 본다. 감세액의 65%가 10대 재벌에 돌아가는 셈이다.[27] 보수정권이 누구를 위한 정부인지 명확히 보여주는 정책이다.

재벌 대기업들은 최저임금이 이슈가 될 때마다 그들이 장악한 신문·방송을 통해 영세 소상공인들을 방패막이 삼아 최저임금의 인상이 영세 상공인들의 줄폐업을 불러올 것이라고 겁박해왔다. 실제로 IMF 외환위기 이후 과다하게 늘어난 영세 외식업체나 편의점 등의 경우 직원이나 아르바이트생들에게 대부분 최저임금을 지급하고 있는 상황에서 최저임금의 인상은 영업비용에 그대로 반영되어 가뜩이나 열악한 영업에 부담이 될 것은 분명하다. 이런 사정으로 최저임금이 논의될 때마다 원인은 대기업의 지나친 납품단가 후려치기와 과다한 이익독점에 있으면서도 전선戰線은 늘 소상공인과 최저임금을 받는 하층 노동자 사이에 그어졌다.

2019년 기준 외식업체의 영업비용 중 재료비가 38.7%, 인건비가 17.6%, 임대료가 9.8% 순으로 조사되었는데 이것은 인건비를 10% 인상할 경우 영업비용이 1.76% 늘어나 사실상 영업의 성패를 좌우할 절대적인 요인은 아님을 보여준다. 다만 '보이지 않는 검은 손'에 의해 보도방향이 좌우되는 언론보도에 과잉 지배 당하고 있는 것은 아닌지 되돌아볼 필요가 있다.

2008년 하도급 계약 기간 중 원자재 가격이 급등하면 이를 반영해 발주기업이 납품단가를 인상해주는 '납품단가 연동제'를 한 차례 검토한 적 있었지만, 당시 대기업의 극심한 반대에 부딪혀 시행되지 못했다. "사적 자치 영역인 계약금액을 자동 인상하게 하는 건 시장조절 기능을

---

27 이정훈 기자, "법인세 인하땐 삼성전자만 1조6천억 혜택", 〈한겨레신문〉, 2022. 6. 27.

저해하고, 원자재 가격 인상분을 최종 소비자에게 전가시키는 것일 뿐만 아니라 중소기업의 혁신 의지를 약화시킬 수 있다"는 어처구니없는 지적이 이어졌고, 결국 물가변동에 따라 공급원가가 변동되는 경우 중소기업중앙회가 수급사업자를 대신해 원사업자와의 납품대금을 협의해주는 납품대금조정협의제도만 도입되는 데 그쳤다. 그러나 조정협의제도는 처음부터 실효성이 없는 제도였다. 원자재 가격이 급등한 2022년 상반기 공정거래위원회가 최근 철강류와 비철금속, 제지류, 목재류 등을 주원료로 제품을 생산·납품하는 401개 업체를 조사해보니 조정신청 뒤 위탁기업이 협의를 개시했다고 응답한 비중은 51.2%에 그쳤다. 거래가 단절될 위험을 무릅쓰고 어렵게 조정을 신청했지만, 절반 정도는 협의 자체를 거부당한 것이다.[28] 대기업과 좋은 관계를 유지해야 생존이 가능한 중소기업 입장에서는 정부 같은 외부의 강력한 힘이 강제하지 않는 한 스스로 직접 원청기업에 요구사항을 제시하기는 어려운 일이다.

우리나라에는 약 50만 개의 기업이 있으며 그중 재벌그룹에 속하는 100대 기업의 매출액이 차지하는 비중은 29%이고, 나머지 중소기업이 35%를 차지한다. 재벌 100대 기업이 고용하고 있는 노동자는 전체 노동자의 4%에 불과한 반면 중소기업은 72%다. 재벌 100대 기업은 한국 모든 기업의 순이익 60%를 차지한 반면 중소기업은 35% 불과하다. 대기업과 중소기업의 하청 구조 정점에 있는 재벌기업이 고용을 만들어내지 않으면서 이익을 독차지하고 있기 때문에 절대다수의 고용을 담당하고 있는 중소기업은 정상적인 임금을 지급하지 못하고 간신히 생존하고 있다. 그 결과 2차 하청기업 직원의 임금은 원청기업인 초대기업 직원 임금의 3분의 1이고, 3차 하청기업은 4분의 1 수준에 불과한 극심한 격차를 보이고 있다. 동일한 생산사슬에 있는 원청기업과 하청기업 사

---

28 최하얀 기자, "납품단가 연동제 도입 첩첩산중", 〈한겨레신문〉, 2022. 5. 22.

이의 이렇게 엄청난 임금불평등은 어떤 합리적인 경제이론으로도 설명될 수 없는 것이다.[29] 그뿐만 아니라 원청기업 직원과 동일노동을 하는 하청기업 직원의 임금 차이도 받아들이기 어렵다. 장하성 교수는 강연에서 자동차 생산라인에서 왜 오른쪽 바퀴는 연봉 1억 원의 노동자가 끼우고 왼쪽 바퀴는 연봉 2~3천만 원의 노동자가 끼워야 하는지 이해할 수 없다고 항변했다.

원자재 가격뿐만이 아니다. 최저임금이 인상되면 그에 따른 비용인상분만큼 납품단가를 의무적으로 조정하는 제도의 법제화와 최저임금 인상 추진을 병행했어야 한다. 원청 대기업은 납품가를 올려줄 생각이 전혀 없는데 최저임금 인상으로 중간에 낀 중소기업의 비용부담만 가중시키는 정책을 누가 받아들이려 하겠는가? 중소기업과 중소상공인의 불만과 반발만 사고 말았으며, 문재인 정부의 최저임금 인상과 소득주도성장정책 실패의 주요 원인이 되고 말았다. 대기업 노동자들은 대부분 최저임금의 영향을 받지 않는다. 대기업이 누리는 막대한 이익의 규모에 비추어 하청 중소기업에 최저임금 인상분의 원가를 인상해준다고 해서 그들이 얻는 이익에 미치는 영향은 크지 않을 것이다. 대기업들은 하청 중소기업들을 '협력업체'라는 이름으로 부른다. 그 협력업체의 노동자들도 결국은 원청 대기업의 이익을 위해 일하는 사람들이라는 인식을 가져야 한다. 노동에 대한 정당한 대가를 절약해야 할 생산비용으로 간주하면서 지속가능한 성장과 상생발전을 기대하기는 불가능한 일이다.

대한민국 헌법은 노동자의 인간다운 생활을 회복하기 위해 단결권, 단체교섭권, 단체행동권을 보장하고 있다. 노동3권은 대한민국에서 헌법으로 규정된 기본권이며, 개인의 권리인 동시에 노조에 인정되는 권리이기도 하다. 기본권이기 때문에 국가안전보장, 질서유지 또는 공공

29 《왜 분노해야 하는가》, p. 28 참고.

복리를 위해 필요한 경우에 한하여 법률로써 제한할 수 있으며, 제한하는 경우에도 권리의 본질적인 내용을 침해할 수는 없다. 그러나 우리 사회는 노동을 포용하지 못한다. 노동자가 임금인상이나 처우개선을 위한 파업 같은 쟁의행위를 하는 것은 노동자의 정당한 권리 행사임에도 "파업은 부도덕하고 반사회적인 것"으로 낙인찍혀 있다. 파업해서 안 되는 이유는 무궁무진하다. 임금인상을 목적으로 한 파업은 밥그릇 지키기라는 비난을 듣는다. 지하철노조의 파업은 시민의 발을 볼모로 잡기 때문에 시민의 지지를 받지 못하고, 대기업 노조의 파업은 국가경제를 힘들게 해서 안 되고, 중소기업의 파업은 회사를 쓰러뜨릴 수 있어 안 된다. 그리고 노조의 쟁의행위에 대해 기업은 무분별한 손해배상청구소송으로 옥죈다. 2022년 10월 국회에 파업노동자에 대한 기업의 손해배상청구를 제한하는 〈노란봉투법〉[30]이 발의되었는데 야당인 민주당은 '노동자 권리 보장'을 주장한 반면, 여당인 국민의힘과 정부는 '재산권 침해와 경제적 손실, 불법파업이나 갈등 조장'을 이유로 반대 입장을 고수하고 있다.

심한 경우 노동자들의 권리주장을 좌경으로 몰아가는 비이성적 억압의 논리도 만연해있다. 현실의 불평등한 계층질서와 갈등관계를 어떻게 다룰 것인가 하는 문제를 빼고 민주주의를 말하는 것은 공허하다.

자산양극화가 불러온 세습사회

소득주도성장을 위한 문재인 정부의 최저임금 인상 논의가 뜨거워지고 있을 때 그 모든 것을 집어삼켜버릴 대형 쓰나미가 밀려오고 있

---

30 '노란봉투법'은 2014년 법원이 쌍용차 파업에 참여한 노동자들에게 회사에 끼친 47억 원의 손해를 배상하라는 판결을 내리자 한 시민이 언론사에 4만 7천 원이 담긴 노란색 봉투를 손해배상에 보태 쓰라고 보낸 데서 유래했다.

었다. 빚내서 집 사라고 부동산 투자를 부추기고 규제를 완화했던 박근혜 정부의 초이노믹스가 문재인 정부에 와서 효과를 발휘하기 시작할 즈음 코로나19로 위축된 경제상황을 끌어올리기 위한 글로벌 유동성 확대는 부동산 가격폭등에 기름을 부은 격이 되었다. 한국부동산원이 발표한 전국 아파트 매매가격지수(2021년 6월 = 100)를 보면 문재인 정부가 출범한 2017년 5월 88.6에서 퇴임하는 2022년 5월 104.8로 5년간 18.28% 상승한 것으로 조사되었다. 문재인 대통령도 퇴임을 앞두고 손석희 앵커와 가진 '대담'에서 우리나라의 주택가격 상승률이 OECD 국가의 평균에 미치지 못했다며 한국부동산원의 통계를 제시했다. 그러나 이 수치는 연평균 3.41% 상승했다는 것으로 실제 아파트 가격이 지난 5년간 그 정도 수준으로 오르는 데 그쳤다면 국민이 정부의 부동산정책 실패를 탓하지는 않았을 것이며, 국민이 피부로 느끼는 같은 기간 동안 대도시 아파트값은 적어도 두 배 가까이 상승한 것으로 보인다.

땀 흘려 일하는 사람들의 내 집 마련에 대한 꿈은 처참하게 무너지고 부동산으로 불로소득을 얻으려는 사람들은 일확천금을 얻게 되었다. 열심히 일하고 맞벌이까지 해가며 한푼 두푼 모아 은행 대출을 끼고 작은 내 집을 마련해 단란한 가정을 꾸리고자 했던 청년층의 희망은 물거품이 되었고 그들은 깊은 좌절에 빠져들었다. '가진 자'들이 부동산 투자로 엄청난 이익을 얻는 것을 지켜본 '못 가진 자'들도 마음이 조급해지면서 주식투자와 코인투자로 달려갔으나 그들은 대부분 실패했고 더 깊은 수렁에 빠져들었다.

문재인 정부가 소득주도성장을 주장하며 그토록 강조했던 소득불평등 완화정책은 부동산가격 폭등으로 무산되었으며, 문재인 정부 5년 동안 소득불평등은 다소 완화되었지만 자산불평등은 오히려 훨씬 심화되었다.

OECD가 발표한 자료에 따르면 한국의 GDP 대비 토지자산의 배율은 2018년 4.3, 2019년 4.6으로서 OECD의 다른 가입국에 비해 압도적으로 높은 1위를 차지하고 있다. 이 배율은 영국의 1.5배, 독일의 2.9배 수준이고 한국과 인구밀도가 비슷한 네덜란드의 2.4배 수준이다. 2022년 10월 한국은행이 더불어민주당 고용진 의원에게 제출한 자료에 따르면 2021년 한국의 피케티지수, 즉 가계와 기업 그리고 정부의 순자산을 GDP로 나눈 β값이 9.6으로 사상 최대치를 기록했다. 한국의 피케티지수는 전 세계 역사상 최초로 9.0을 넘어선 것으로 조사되었다.[31] 이는 독일 4.4, 미국 4.8, 프랑스 5.9, 영국 6.0, 일본 6.1, 스페인 6.6보다 크게 높을 뿐 아니라 불평등이 극심했던 19세기 말~20세기 초 산업혁명 초기의 유럽 선진국 수준 7.0을 넘어선 수치다.

프랑스의 경제학자 토마 피케티 교수는 피케티지수가 상승하면 그만큼 자산의 힘이 증대하고 노동소득보다는 자산소득의 비중이 커져서 소득-자산 불평등이 심해지면서 세습자본주의의 도래가 불가피해진다

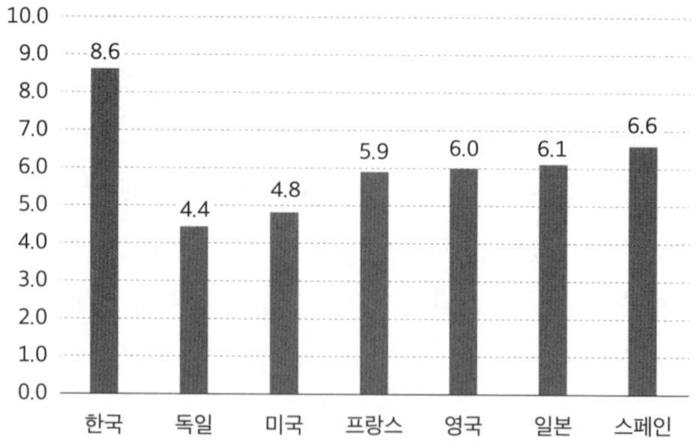

그림 9. 2019년 기준 국가별 피케티지수

31 김용훈 기자, "부동산 급등에 따른 불평등 최고조 … 韓 작년 피케티지수 9.6배로 상승", 〈헤럴드경제〉, 2022. 10. 7.에서 인용(표 1 포함).

표 1. 순소득 및 GDP 대비 자산비율과 피케티지수

구분	2012	2013	2014	2015	2016	2017	2018	2019	2020	2021
국민순자산/국민순소득	9.3	9.2	9.4	9.4	9.5	9.5	10.1	10.6	11.4	11.9
국민순자산/명목 GDP	7.6	7.5	7.7	7.7	7.8	7.8	8.2	8.6	9.2	9.6
피케티지수	7.8	7.8	7.8	7.8	7.8	7.9	8.1	8.6	9.3	9.6

출처: 한국은행, 피케티지수는 고용진 의원실

고 강조했다.[32]

우리나라의 GDP 대비 자산 비율이나 피케티지수의 연도별 추이를 보면 완만한 상승추세를 보이다가 문재인 정부 집권기인 2017년 이후 급증하는데, 이것은 문재인 정부의 부동산정책 실패를 여실히 보여주고 있다.

문재인 정부의 소득주도성장정책을 주도했던 장하성 교수는 그의 책《왜 분노해야 하는가》와 다수의 강연에서

> "한국의 소득불평등은 재산격차('가진 것')가 아니라 임금('버는 것')의 격차가 만들어낸 것이다. 한국에서 불평등한 상황으로 인해 절대다수의 국민이 경제적 고통을 겪는 것은 재산불평등보다는 '버는 것'의 격차, 즉 소득불평등으로부터 오는 것이다. 그리고 소득불평등의 근본적인 원인은 고용불평등이다. … 대다수 국민의 일상적인 삶의 질은 '가진 것'보다는 '버는 것'이 결정한다. '가진 것'의 격차가 의미가 있는 경우는 '가진 것'의 차이로 인해 '버는 것'의 차이가 만들어질 때다. … 한국의 소득불평등은 재산격차가 아

---

32 이병천 외,《다시 촛불이 묻는다》, 동녘, 2021 중 전강수 대구가톨릭대학교 교수가 쓴 05. 〈부동산공화국 해체를 위한 정책전략〉 pp. 144-146 참고.

니라 임금격차가 만들어낸 것이다. 모든 계층에서 노동소득이 전체 소득의 90% 이상을 차지하고 있고, 평균적인 가계의 경우에 재산소득은 가계소득의 1%도 되지 않는다. 심지어 소득 상위 10%에 속하는 고소득층의 경우에도 재산이 만들어내는 소득은 5%도 되지 않는다. … 그 때문에 불평등에 대한 원인 규명과 대안 마련을 위해서는 관심의 초점을 재산보다는 소득에 맞추어야 한다"

고 강조했다.[33]

이러한 인식하에 추진된 문재인 정부의 부동산정책은 한국 사회에서 부동산소유 불평등이 차지하는 심각성을 간과한 것이며, 부동산 문제가 한국 사회에서 얼마나 큰 질곡을 불러오는지 이해하지 못한 것이다. 더 근본적으로 장하성 교수는 재산소득을 재산이 벌어들이는 소득으로만 계산했으며, 재산의 가격상승으로부터 발생하는 '자본이득'은 고려하지도 않았다. 이것이 심각한 오류라는 것을 증명하는 것은 간단하다.

만일 부동산가격이 3%만 상승해도 2021년 한국의 피케티지수가 9.6이라는 점을 고려하여 개략적으로 추정해보아도[34] GDP의 28.8%(3%×9.6)에 해당하는 부동산가격 상승, 즉 불로소득이 발생한다. 2022년 한국의 GDP가 약 2천조 원임을 감안하면 매년 576조 원에 이르는 엄청난 액수다. 장하성 정책실장은 이러한 엄청난 사실을 간과하거나 외면했고, 결과적으로 문재인 정부의 부동산정책은 실패했다.

---

33 《왜 분노해야 하는가》, pp. 24-28 요약.

34 한국은행은 한국의 피케티지수를 8.6으로 발표했지만 용혜인 의원실은 8.8로 발표했고, 일부 학자들은 10.5까지 주장하기도 한다. 한편 피케티지수 산정에 사용되는 순자산에는 부동산 외의 자산도 일부 있어 실제는 조금 줄어들 것이므로 서로 상쇄시키고 한국은행이 발표한 8.6을 기준으로 분석해도 큰 차이는 없을 것이다.

부동산가격 상승이 가져오는 심각한 불평등은 2022년 5월 17일 SBS(한지연 기자) 보도를 보면 명확히 알 수 있다. 보도에 따르면 2022년 3월 말 기준으로 2030세대의 평균자산이 3억 6천만 원으로 1년 전에 비해 거의 4천만 원 가까이 증가했다. 우리나라의 상위 20%와 하위 20% 가구의 자산격차는 약 35배 수준이며 자산양극화는 점차 심화되고 있다. 지난 1년간 상위와 하위의 자산 증가율은 약 12%대로 비슷했지만, 증가액으로 따져보면 상위 20%는 1억 1천만 원 뛰었고 하위 20%는 단 300만 원 오르는 데 그쳤다. 이는 원래 가지고 있던 자산규모가 달랐기 때문이다.

부동산을 대하는 철학이 빈곤했던 문재인 정부는 근본대책 대신에 26차례에 이르는 사후약방문식 핀셋정책을 쏟아냈지만, 치솟는 주택가격을 주저앉히기에는 역부족이었다. 집값을 잡겠다는 문재인 정부의 가장 이율배반적인 정책 중 하나는 임대료상승을 억제한다는 명분으로 다주택자의 임대주택 등록에 대한 인센티브를 강화해 등록임대사업자에게 과도한 혜택을 부여한 것이다. 박근혜 정부가 시작한 임대주택등록제가 투기를 조장한다는 여러 문제가 지적되고 있었음에도 이 정책을 그대로 계승하면서 8년 이상 임대사업자로 등록하는 사람들에게 취득세, 재산세, 임대소득세, 양도소득 및 임대소득세 과세에 따른 건강보험료 인상분까지 대폭 감면해주는 오류를 저질렀다. 임대주택등록제가 투기꾼들에게 꽃길을 깔아준 것이라는 비판이 일자 뒤늦게 등록 임대사업자에게 주어지는 혜택을 줄이겠다고 발표했지만, 이미 혜택을 받은 160만 호에 달하는 기등록 임대사업주택은 기간 만료 시까지 기존의 혜택을 유지할 수밖에 없게 되었다. 이미 임대사업자로 등록한 사람이 혜택을 포기하고 투기목적으로 보유한 주택을 매물로 내놓을 리 없기 때문이다.

도심 내 군부대 부지와 공공기관의 이전 후 유휴 부지를 신규택지로 활용하겠다는 수도권 주택공급 확대방안도 주택정책 실패를 우선 모면하기 위해 노무현 정부가 추진했던 국토균형발전정책에 반해 수도권 비대화를 초래하는 이율배반적 정책이다. 토건세력과 보수 기득권층은 부동산경기가 침체할 때는 부동산경기 부양정책을 요구하고, 부동산 투기열풍이 불 때는 주택공급 확대정책을 요구하면서 그들의 배를 불려왔으며 문재인 정부의 수도권 주택공급 확대정책은 그러한 토건세력의 이익에 부역하는 것이었다. 분노한 청년들은 2022년 20대 대선에서 투표로 문재인 정부를 응징했다. 빌 클린턴이 "The economy, stupid(문제는 경제야, 바보야!)"라는 슬로건으로 부시를 꺾고 미국 대선에서 승리한 것처럼 20대 대선에서 청년들은 문재인 정부에 대해 "문제는 부동산이야, 바보야!"라고 외쳤고, 그것이 20대 대선 승부를 결정지었다.

일반재화는 가격이 '비싼가?'의 여부가 수요를 결정하지만, 부동산은 가격이 '상승할 것인가?'의 여부가 수요를 결정한다. 치솟는 부동산 가격을 바라보면서 도태되지 않기 위해 영끌로 어렵게 주택을 마련했던 청년, 저소득층들은 이제 세계적인 인플레이션과 이를 잡기 위한 고금리정책의 유탄을 맞아 파산의 위기에 내몰리고 있다. 주택을 구입할 기초자금조차 마련할 수 없었던 청년들 상당수는 코인으로 몰려갔다가 그마저 폭락 장세를 맞으면서 영혼마저 털리고 있다.

2021년 기준 한국의 GDP 대비 정부부채비율은 약 49%로서 OECD 국가 평균인 86%의 절반을 약간 넘는다. 그러나 2021년 4/4분기 기준 GDP 대비 가계부채비율은 104%에 달해 압도적인 세계 1위다. 정부부채비율이 258%로 세계 최고 수준인 일본도 가계부채비율은 59.7% 수준에 불과하다. 정부부채가 해외채무라면 급작스런 상환요구에 따른 외환위기의 문제를 걱정해야 하지만, 현재 한국 정부의 부채는 대부분 한국은행에 대한 국내부채이기 때문에 갑작스러운 채무상환 압박을 받을 일이 없다. 즉, 정부부채비율이 다소 높아도 그로 인한 리스크는 그리 높지 않다는 것이다.

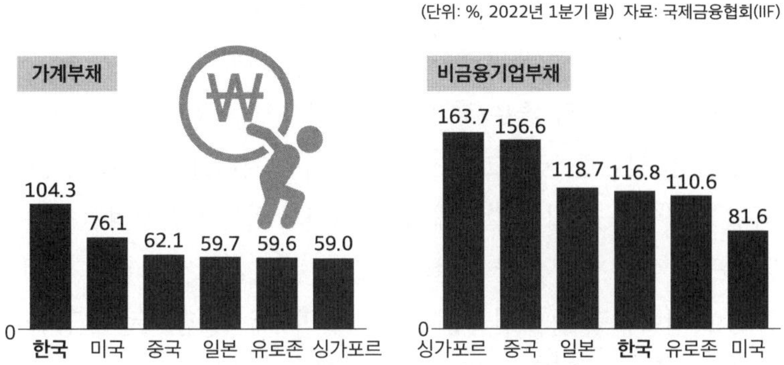

그림 10. 주요국 GDP 대비 가계부채비율과 기업부채비율

출처: 조계완 기자, "한국 가계부채, GDP 대비 104% … 여전히 세계1위", 〈한겨레신문〉, 2022. 6. 6.

반면 우리나라의 가계부채는 약 2,100조 원으로서(기업부채는 포함되지 않은 것이다) 대출금리가 1.0%만 올라도 가계의 연간 이자부담이 21조 원 늘어난다는 것이다. 이처럼 과도한 가계부채는 다수 국민 개개인에게 감당하기 어려운 고통을 초래할 우려가 클 뿐만 아니라 금리인상 시기에 소비를 위축시킴으로써 불황을 초래하고, 나아가 부동산시장 붕괴로 이어질 위험이 크다. 급기야 세계은행은 한국의 가계부채를 '시한폭탄'에 비유하며 지속적인 경고를 보내고 있다. 그러나 문재인 정부의 홍남기 경제부총리는 나라의 곳간을 지켜야 한다면서 코로나19로 힘든 나날을 보내고 있는 자영업자와 저소득층 국민의 고통을 외면했다.

저소득층 자녀들은 고소득층 자녀들이 받는 좋은 사교육의 기회를 갖지 못한다. 한때 어느 정도 열려있던 저소득층 자녀가 in서울의 4년제 대학에 진학할 기회의 문은 점점 좁아지고 있다. 설령 진학에 성공한다 해도 아르바이트로 생활비를 버느라 충분한 학습시간을 갖기 어렵고, 그로 인한 낮은 학점은 장학금 수령 기회에서 멀어지게 만든다. 졸업할 때 학점은 중간 이하로 처져있어 취업이 쉽지 않은 상태인데다 이미 감당하기 어려운 학자금대출을 짊어진 상태다. 30대를 훌쩍 넘겨도

가정을 꾸린다거나 거주할 집을 장만할 엄두조차 내기 쉽지 않다. 부모의 도움으로 대학 시절 해외연수를 다녀오는 등 학업에만 전념할 수 있었던 친구들은 비교적 좋은 직장을 갖고 부모의 도움으로 주택도 장만해 희망에 찬 장래를 꿈꾸고 있지만, 저소득층 자녀로 자란 청년들에게는 꿈같은 일이다. 어렵게 결혼해 내 집 마련의 희망을 꿈꾸었던 일부 청년들에게 문재인 정부 기간 동안의 집값 폭등으로 그것은 손에 닿지 않는 희망이 되어버렸다. 자신들은 꿈꾸기도 버거운 내 집 마련의 꿈을 '가진 자'들이 너무 쉽게 얻어내고, 또 그 집값의 상승으로 자신이 평생 벌기 어려운 액수의 돈을 불로소득으로 너무 쉽게 얻는 것을 지켜보면서 저소득층 출신들은 좌절하고 절망한다.

조귀동 작가는《세습 중산층 사회》(생각의힘, 2020)에서

> "흔히 이야기하는 '집안 좋은 애들이 공부도 잘하고 성격도 좋다'는 속설은 참이다. 양육환경이 좋은, 즉 부모가 경제력이 있고 학력이나 직업 등 사회적 지위도 뒷받침되는 계층의 가정에서 자란 자녀는 인지적 능력뿐만 아니라 비인지적 능력도 다른 계층의 자녀들보다 더 뛰어나다. 그리고 비인지적 능력이 뒷받침되기 때문에 대치동 학원가 등을 통한 교육투자는 결실을 맺는다. 노력은 실력이 아니다. 계층이다(144쪽). … 오늘날의 20대들은 남성과 여성이 만나 결혼하고 1~2명의 자녀를 낳아 양육하고, 주택 소유주가 되는 '정상가족'을 구성할 수 있을지 여부가 본인의 능력이 아니라 '출신 계층'에 달렸다는 것을 인지하고 있다(153쪽)."

라고 썼다.

불평등이 심한 사회의 가장 우려할 문제는 우리 사회가 다시 시민혁명 이전의 세습사회로 돌아간다는 것이다. 그런 사회에서는 "내가 누구의 자식으로 태어나는가? 혹은 어느 정도의 재력을 가진 사람과 결혼

하는가?"처럼 혈연과 인적 관계가 더 중요한 것이지 내가 정직하게 열심히 일한다거나 아니면 어려움을 극복하고 꾸준히 노력한다는 것은 별다른 의미를 갖지 못한다. 자산불평등의 문제는 한국의 사회구조를 왜곡시키는 가장 심각한 문제이며, 이 문제를 바로잡지 않고서는 한국 사회의 통합이나 지속적인 발전 그리고 건강한 민주주의 사회를 기대하기 어렵다.

보수정권의 위험한 민영화 정책

이명박 정부 시절 정부는 공공기관 및 공기업 중 민간수행이나 경쟁이 가능한 기능을 민영화, 출자회사 정리 등을 통해 민간에 이양하는 공공기관 선진화 계획을 추진했다. 선진화 계획의 기본원칙 중 가장 먼저 '작은 정부, 큰 시장'으로의 전환정책을 밝혔는데, 이에 대해 "민간이 창의력을 발휘할 공간을 확대하고, 활력 있는 시장경제를 구현하는 것을 목표로 공공부문이 국민경제에서 차지하고 있는 비중을 지속적으로 축소하고, 금융 등 민간의 역량이 성숙한 분야는 공공의 역할을 조정한다"고 밝혔다. 둘째는 '국민 편익의 증대'를 내세워 "공공기관의 선진화를 통해 질 좋은 공공서비스를 제공하고, 공공기관에 대한 정부지원 절감으로 국민의 부담을 경감한다"면서 민영화 추진의 명분을 제시했다. 선진화라는 미명하에 진행된 이 작업에는 인천국제공항, 산업은행금융지주, 석유공사, KTX 등 수많은 공기업이 대상으로 거론되었다.

당시의 언론에 보도된 기사를 통해 몇 가지 사례를 살펴보자. MB 정부의 공공기관 선진화 계획에 따라 한국관광공사의 기능조정으로 면세사업이 폐지되면서 면세시장이 자연스레 민영화되었으며, 이에 따라 우리나라 전체 면세시장을 재벌 대기업이 장악하게 되었고, 롯데와 삼성(신라)이 80.9%의 시장점유율을 보이는 독과점시장으로 전락했다. 2012년 10월 민주당 김현미 의원은 "면세시장은 관세법에 따라 국가가 자발적으로 징세권을 포기한 특수사업으로 면세사업에서는 특별히 중소기업 상생발전과 국산품 판매증대 같은 공익적 역할의 필요성이 요구된다. 시장규모가 2배로 늘어난 만큼 줄어든 막대한 세수에는 아랑곳하지 않는 정부가 공공기관 선진화라는 미명하에 면세시장을 민영화해 특혜 사업 수익의 대부분을 재벌 대기업이 가져가게 했다"고 주장했다.

석유공사 민영화에 대해 정의당 김제남 의원은 "이명박 대통령이 당초부터 4조 원 대의 국민세금을 석유공사에 투입해 무모한 해외 M&A를 대대적으로 추진한 이면에는 '석유공사 민영화'가 자리 잡고 있었다는 사실이 드러났다"고 비판했다. 이명박 정부 자원외교의 첨병이 되었던 석유공사가 만신창이가 된 것은 이미 언론을 통해 수차례 보도된 바 있다.

국토해양위 소속 민주통합당 문병호 의원은 2012년 8월 인천공항과 14개 주요 시설 민영화를 막기 위해 1997년 제정된 〈공기업민영화법〉 폐지법안을 내겠다는 입장을 밝히면서 "현 정부가 인천공항과 급유시설 민영화를 시도하는 이유는 공공성보다 수익성을 우선하는 시장만능주의 민영화 철학 때문이며 방치할 경우 인천공항은 물론 한국공항공사 산하 14개 공항, KTX 철도노선, 가스공사 등 주요 공기업 지분과 운영권도 순차적으로 외국자본과 재벌의 손에 넘어갈 수 있다"고 우려했다.

우리나라의 고속철도는 KTX와 SRT의 2개 사업자로 운영되고 있는데 SRT는 이명박 정부가 KTX 노선 중 수익이 많이 나는 노선을 분리해 SRT(당초 명칭은 수서발 KTX)에 넘긴 후 민영화하기 위해 설립한 것이다. MB 정부는 수서발 KTX 노선의 민간운영자 선정을 추진하면서 민영화에 드라이브를 걸었지만, 실현하지 못하고 박근혜 정부로 넘어갔다. 철도노조는 수서발 KTX를 기존 KTX에 통합해야 한다며 강력히 반발했지만, 박근혜 정부는 독점운영체제인 코레일에 자회사를 세워 경쟁시키면 효율을 높일 수 있으며 철도운영과 서비스의 질을 높이고 경쟁력을 향상시킬 기회라고 주장하면서 민영화하지 않겠다는 약속을 하고 코레일의 자회사 형태로 별도회사로 설립했다. 이러한 과정을 거쳐 SRT가 설립되었으며 SRT의 자본은 코레일이 41%, 그리고 사학연금, 기업은행, 산업은행이 59%의 지분을 갖게 되었다. 그 이후 KTX는 공기업으로서 적자 노선까지 운행하느라 적자 폭이 더욱 커진 반면 SRT는 상당한 흑자를 기록하고 있다. 철도노조와 시민단체는 SRT가 지분투자방식이기 때문에 정부가 마음만 먹으면 언제든지 민영화가 가능한 것이고 자회사 형태로 설립한 것 자체가 장기적으로 민영화의 싹을 남겨둔 형태라며 우려하고 있다.

1997년 외환위기 직후인 김대중 정부 시절부터 시작된 영리병원에 대한 논의는 당시 외국인 전용 영리병원이라는 제한된 틀 속에서 시작되었고 그 이후 노무현 정권에서 재논의가 본격화되었지만, 많은 논란 끝에 외국인과 외국법인에 한해 영리 의료기관을 설립하도록 〈제주특별자치도 설치 및 국제자유도시 조성을 위한 특별법〉 안이 의결되었다. 이후 이명박 정부 시절 재차 국내 영리법인 도입이 추진되었지만 다시 한번 시민사회와 보건의료단체, 노동단체, 의료연대의 반발로 무산되었다. 현재 많은 의료관계인들은 윤석열 정부가 국정과제에서 명칭은 '공공의료 강화'라고 붙였지만, 실제 알맹이는 '민간병원 지원확대'를 담고 있다고 지적하면서 영리병원 도입과 민간병원 확대를 통한 의료민영화를 추진하고 재정안정에 치우친 연금개혁을 강행할 것이라는 우려 섞인 전망을 하고 있다.

경향신문 특별취재팀의 《세계 금융위기 이후》 제2편 제1장 〈의료민영화〉 부분에는 미국동포와 결혼해 미국으로 간 큰언니와 이탈리아에 유학 갔다가 이탈리아인과 결혼해 정착한 둘째언니, 그리고 한국에서 결혼해 살고 있는 막냇동생 등 세 자매가 1997년 비슷한 시기에 순차적으로 임신해 출산하면서 지불하는 의료비에 대한 취재를 소개하고 있다. 세 자매는 임산부로서의 경험을 나누면서 자연스럽게 각국의 의료 시스템을 비교하게 되었다는 기사를 소개하고 있다. 결론을 말하면 이탈리아의 작은언니는 임신 사실을 확인한 후 산모 등록을 하자 정기 검진비부터 출산 전후로 4박 5일 동안 병원에 머무른 비용, 심지어 출산 후에 아기가 잘 크는지 확인하는 사후 관리비용까지 전부 무료였다고 한다. 무료라고는 하지만 시설도 훌륭하고 수유 전문가와 간호사의 꽤 훌륭한 서비스를 포함한 것이었다.

한국의 막냇동생은 초음파검사 등 검사비용으로 10만 원대, 진료비는 2만 원대, 출산 후 여성전문병원 1인실에서 4박 5일 동안의 입원비는 36만 원 정도를 지출했다고 한다. 미국에서 출산한 큰언니는 의료보험에 가입해 있었지만 임신과 출산비용이 제외된 것이었으며, 의료비가 너무 비싸 동생들이 받은 기형아검사 같은 것은 꿈도 못 꾸었고 진통이 시작되고 출산이 임박해서야 겨우 병원에 입원하고 다음날 아기가 태어나자마자 퇴원했음에도 병원비로 약 2천만 원을 지불했다고 한다. 그뿐만 아니라 출산 후 아기에게 예방접종을 할 때마다 수십만 원을 냈다고 한다.

기사에 따르면 이탈리아의 둘째형부는 월급 중 약 40%를 세금으로 내고 있고, 막냇동생의 남편은 월 27만 원 정도의 의료보험료를 납부하고 있으며, 미국의 큰형부는 의료보험료로 매년 초에 약 250만 원 상당을 한꺼번에 내고 있다. 그뿐만 아니라 큰언니는 보험에 가입하고도 한국에 나올 때마다 습관처럼 아이들과 병원 순례를 하는데, 미국에서는 민영보험에 가입해도 본인부담금이 한국보다 훨씬 비싸기 때문이라고 한다. 미국은 전 국민을 포괄하는 공공의료보험이 없으며 인구의 67.5%가 민영의료보험에 의존한다고 한다.

2018년 12월 30일 캐나다에 유학 중인 부산지역 출신 대학생 한 명이 미국 애리조나주 그랜드캐니언에서 추락하는 사고가 발생했다. 학생은 혼수상태에 빠지기도 했는데, 너무 비싼 치료비를 감당하지 못해 지인들이 국가가 자국민을 보호해야 한다면서 고국으로 돌아올 수 있게 도와달라는 청와대 국민청원을 올렸다. 당시 언론에는 사고일로부터 약 25일 후 이 청년의 치료비가 10억 원을 훌쩍 넘었다는 기사가 쏟아졌는데, 그로부터 다시 한 달이 지나 외교부와 대한항공의 도움을 받아 귀국할 수 있었으니 웬만한 경제력이 있거나 정부의 도움이 없었다면 이 학생의 운명이 어떻게 되었을지 암담하다.

같은 책은 하버드대 의과대학 힘멜스타인 교수의 2005년 연구 결과를 소개하고 있는데, 충격적이게도 "미국 내에서 파산신고를 하는 사람 가운데 50%에 달하는 200만 명은 의료비 때문"이라는 것이다. 의료보험이 민영화되면 경쟁을 통해 더 좋은 서비스가 제공될 것이라는 주장은 사기에 가깝다. 〈경향신문〉이 인터뷰한 하버드대 의과대학 명예교수 아널드 S. 렐만은 의료민영화의 폐해 중 가장 큰 문제는 무엇이냐고 묻는 질문에 "시장논리에 따라 운영되기 때문에 의료서비스가 너무 비싸고 비효율적이어서 빈곤층에게는 불공정한 일이다. 의료민영화 체제에서는 의료진이 환자의 건강과 안정보다는 경제적인 이익을 우선시하기 때문에 의료업 종사자들의 윤리적인 기준을 무너뜨린다는 점도 심각한 일"이라며 "민간보험회사들은 이윤을 극대화하기 위해 가입자들에게 꼭 필요한 약이나 수술이라도 비용이 비싸면 갖은 수를 써서 비싼 의료서비스를 받지 못하도록 막는다. 당연히 제대로 치료받지 못한 사람들의 병은 더 악화될 수밖에 없다"고 답했다.

126년의 역사를 자랑하던 필리핀 메트로 마닐라의 도시 상하수도 공사는 1997년 세계은행의 지침을 받아 민영화되었다. 장기독재를 누렸던 마르코스 대통령 시기에 수도와 전기는 비리와 부정축재의 온상이었던 터라 상수도 민영화는 일정 정도 수도공급의 효율성과 합리성을 높여줄 것으로 기대를 모았다. 민영화 직전까지 필리핀 정부는 수도 관련 시설확충을 위해 아시아개발은행, 세계은행, 일본국제협력은행으로부터 8억 달러의 부채를 지고 있었는데, 아시아 외환위기와 맞물려 누적된 외채와 수도공급의 비효율성을 타파하기 위해 IMF는 필리핀 정부에 상수도 사업을 민영화할 것을 요구했다. 당시 1,100만 명에 달하는 메트로 마닐라 시민을 위한 물 공급 사업인데다 필요한 투자액이 75억 달러였던 만큼 이 민영화 사업은 아시아에서 첫 번째의 대규모 수도 민영화 사업이었다. 아시아개발은행ADB은 이를 두고 향후 아시아·태평양 지역에서 모범적인 민영화 사업이 될 것이라고 치켜세우기도 했다.

공개입찰 결과 마닐라를 동서로 양분해 1997년부터 25년간 물을 공급할 사업자로 마닐라워터와 마이닐라드가 각각 선정되었고, 이들은 인수조건으로 ① 수도요금 인하, ② 2000년까지 24시간 물 공급 체계 완성과 수압 증가, ③ 2000년까지 세계보건기구 기준의 수질 달성, ④ 10년 안에 필리핀 전 지역에 수도 공급, ⑤ 소비자에게 전달되는 과정에서 누수로 버려지거나 도둑맞는 비수익수량 축소, ⑥ 새로운 인프라 구축을 위한 75억 달러 투자, ⑦ 15년 안에 하수도 설비 비율을 60%로, 25년 안에 80%로 증가 등을 약속했다.

약속이 이행되었더라면 ADB의 말처럼 모범적인 민영화 사업이 되었을 테지만 실제는 그렇지 못했다. 민영화된 두 수도사업자는 저소득층이 살고 있는 지역의 수도공급을 위한 수도관 매설 및 연결 등의 비용을 사용자에게 부담시키고 있어 여전히 물 공급을 받지 못하는 시민이 많으며, 무엇보다 입찰 당시 마닐라워터는 1m^{2}당 2.61페소, 마이닐라드는 4.86페소를 제시했던 약속과 달리 10년이 지난 2008년 기준으로 약속한 수도요금의 6~10배가 넘는 26.98페소와 32.03페소의 요금을 받고 있다. 이들은 입찰 당시 맺었던 계약과 달리 사업권을 따내자마자 페소가치 하락 및 수익률 저하를 이유로 지속적으로 가격인상을 요구해왔으며, 최초 계약에는 없었던 여러 가지 항목을 요금에 부과하면서 수도요금을 전반적으로 급격히 올렸다. 그뿐만 아니라 당시 두 기업은 8억 달러의 외채 변제를 약속했지만 적자 누적을 이유로 제대로 이행하지 않고 있으며, 정부를 상대로 가격인상을 위한 협상을 벌일 때 외채변제 문제를 압박수단으로 활용하기도 했다. 결국 필리핀 정부는 이 기업을 퇴출하는 대신 공적자금을 투여해 출자전환방식으로 마이닐라드의 지분을 사서 다른 주주들에게 매각하는 방식을 택했다. 이 과정에서 정부는 추가로 외채를 더 빌려야 했으며 일반 시민의 세금 부담은 더욱 늘어나게 되었다. 또한 노후한 상수도관을 교체하는 일은 아직도 더디게 진행되고 있어 수도관을 통해 전달되는 물은 여전히 필리핀 정부가 정한 식수기준에 도달하지 못하고 있다.[35]

2022년 5월 17일 국회 운영위원회에 출석한 김대기 대통령 비서실장은 박찬대 더불어민주당 의원의 질문에 "인천국제공항 경영은 정부가 하되 30~40% 정도는 지분을 민간에 팔아야 한다"고 답했다. 김 실장은 기간시설 민자투자로 악명 높은 맥쿼리인프라에서 이사를 지낸 인물이다. 더불어민주당은 '사회간접자본 증시상장=민영화'로 해석하며 "민영화의 악몽이 되살아나고 있다"고 비판했다.

민주노총 공공운수노조는 2022년 6월 23일 오후 서울시 중구 프란치스코 교육회관에서 "위장된 민영화가 몰려온다"는 제목의 정책 비판 토론회를 열고 "현재까지 새 정부의 공식 입장은 공기업 등에 대한 민영화를 검토한 적도 없고 현재 추진할 계획도 없다는 것이지만, 이날 토론회 참석자들은 주요 정부 인사의 거듭된 민영화 발언이나 민간주도 경제와 공공기관 경영 효율화 등을 기치로 내건 새 정부의 정책 방향으로

---

35 필리핀 상수도 민영화에 관한 내용은《세계 금융위기 이후》, pp. 230-237 참고.

미뤄볼 때 정부가 사실상 위장된 형태의 민영화 방침을 정한 것과 다름없다"고 주장했다.[36] 민영화는 한번 진행되면 되돌리는 것이 불가능하다. 공기업이었던 대한석유공사와 한국이동통신을 인수한 선경그룹(현 SK그룹)이 그 후로 어떻게 되었는지 보면 재벌기업과 투기자본들이 민영화를 얼마나 갈구하는지 쉽게 알 수 있다. 비즈니스 프렌들리를 내세웠던 이명박 정부 시즌 2로 의심받는 새 정부의 민영화 정책이 어디까지 갈 것인지 우려스럽다. 재벌기업과 투기자본은 전기, 철도, 상수도, 발전, 공항, 도로 등등 수많은 먹잇감에 눈독을 들이고 있기 때문이다.

혁신적 플랫폼 기업의 열악한 노동자들

2014년 9월 중국 알리바바가 뉴욕 증권거래소에 상장되었다. 최대 250조 원에 가까운 자금을 조달한 알리바바는 공모가 기준으로 아마존의 시가총액을 추월한 데 이어 하루 만에 페이스북의 시가총액을 넘어서는 데 성공했으며 이는 당시 기준으로 애플, 구글, 마이크로소프트에 이어 네 번째로 큰 시가총액이었다.

그리고 7년이 지난 2021년 3월 12일, 쿠팡이 뉴욕 증권거래소의 오프닝 벨을 울리게 되었다. 쿠팡은 이번 상장으로 단숨에 시가총액 100조 원까지 몸집을 불렸으며, 이는 알리바바 상장 이후 최대 규모의 기업공개로 기록되었고. 국내 기업과 비교해도 삼성전자 이후 두 번째로 큰 시가총액이었다.

쿠팡 상장보다 1년 반가량 앞선 2019년 12월 독일계 기업인 '딜리버리히어로'가 '배달의민족'을 소유한 '우아한형제들'의 주식지분 87%

---

36 이창준 기자, "윤 정부, 꼼수 민영화 … 결국 재벌 특혜", 〈경향신문〉, 2022. 6. 23.

를 40억 달러에 인수했다는 뉴스가 보도되었다. 당시 환율로 약 4조 7천억 원에 해당하는 금액으로 우리에게 잘 알려진 기업은행, LG디스플레이, CJ제일제당 같은 기업의 시가총액을 상회하는 금액이었다. 그 외에도 플랫폼 기업 중 야놀자, 여기어때, 당근마켓 등도 다음 주자로 거론되고 있으며 카카오는 이미 우리 생활 전반을 지배하게 된 지 오래다.

플랫폼 비즈니스는 사람들과 조직의 자원을 연결해서 만들어지는 새로운 형식의 비즈니스 모델, 즉 소비자와 생산자가 거래할 수 있도록 연결해주는 모델을 뜻하는 것으로 대표적으로 구글, 아마존, 에어비앤비, 우버, 카카오 등이 이에 속한다. 모바일 앱이나 웹사이트, 프로그램 등을 통해 생산자와 소비자 간의 거래를 매개하는 '플랫폼 기업'은 21세기 기업생태계를 이끄는 가장 혁신적인 기업모델로 추앙받고 있으며, 자본주의는 플랫폼 기업에 대해 4차 산업혁명이라거나 디지털 뉴딜 또는 DNA Digital, Network, AI니 하는 찬사를 남발하고 있다. 그리고 포스트 코로나19 시대는 급속히 플랫폼 자본주의로 이행되고 있다.

그러나 기업 측면이 아니라 사회구조와 경제생태계의 관점에서 바라보면 플랫폼 기업의 성장은 다른 한편에서는 낯설고 위험한 변화를 예감하게 하는 상징이 되어가고 있다. 플랫폼 기업이 성장하는 만큼 스마트폰과 무선 헤드셋을 신체 일부처럼 장착한 배달노동자가 늘어나고 있지만, 이들 긱 노동자 gig waker[37]들은 대부분 근로기준법의 보호를 받지

37 gig은 음악, 연극, 코미디의 '비정기적 단발성 무대공연'을 의미한다. gig worker는 1920년대 미국 재즈공연자 주변에서 단기공연계약으로 일하던 연주자(gig)에서 차용한 용어로 한동안 IT업계의 개발자나 디자이너 등 비정규직 근무자를 지칭할 때 사용되었으며, 최근에는 디지털 플랫폼을 중심으로 필요에 따라 단기계약직이나 임시직으로 활동하는 사람을 일컫는다. 작업 주문 회사들과 공식 계약을 맺고 회사의 고객에게 서비스를 제공하는 긱 노동자는 독립 계약자(independent contractor), 온라인 플랫폼 노동자(online platform worker), 외주업체 노동자(contract firm worker), 호출 대기 노동자(on-call worker), 임시직 노동자(temporary worker; 비정규직)를 가리키는 의미로 확대되었다. 긱 경제는 일종의 노동력 공유서비스에 해당한다.

못하고 있으며, 플랫폼 기업의 갑질과 극한의 경쟁에 내몰리고 있다.

플랫폼 자본과 긱 노동시장의 성장은 뛰어난 사업수완을 가진 기업가의 성공 신화의 그늘에 가려진 착취와 불안정 노동에 시달리는 노동자를 양산했다. 플랫폼 기업은 긱 워커를 노동자나 생산자가 아니라 유통시장에 참여하는 개인사업자 또는 예외적인 영역의 특수노동자로 분류함으로써 일반적인 노동법에 따른 임금계약이나 노동조합 설립, 파업이나 노동쟁의, 보건과 안전 그리고 해고 보호에 이르는 법적 장치에서 배제하고 있다. 따라서 이들 물류 · 배달노동자는 거대 프랜차이즈 회사가 감당해야 할 사업상의 위험이나 비용손실을 대신 떠안은 힘없는 '을'에 불과하며, 자본가와 노동자 사이의 회색지대에 머물러 있다.

플랫폼 경제의 성장배경에는 자본주의가 저성장기에 접어든 이후 고용 없는 성장의 시기를 지나 성장도 없고 고용도 없는 시장으로 변화하면서 기존의 노동시장에서는 일자리를 찾지 못한 청년들이 몰려들기 때문이다. 이것은 양모산업이 발전하면서 인클로저 운동이 일어나고 그 결과 저소득 노동자들이 도시로 몰려든 것이 산업혁명의 큰 동인이 되었던 것과 유사하다.

《포스트 코로나 시대, 플랫폼 자본주의와 배달노동자》(정득권 외, 북코리아, 2021) 1장 4절에서는 플랫폼 기업 '쿠팡'의 음식배달서비스인 '쿠팡이츠'의 계약 내용 일부를 소개하고 있다. 그에 따르면 배달노동자를 '배송사업자'로 규정해 "회사와 배송사업자 사이에는 고용 또는 대리인관계가 존재하지 않는다"고 하면서도 다른 한편으로는 그들의 노동에 대해 관리 · 감독 · 훈육을 강제하고 있다. 쿠팡이츠는 일방적으로 계약조건을 변경하거나 계약 자체를 해지할 권리를 가질 수 있도록 정하고 배달노동자는 계약서에 사인하고 배달을 시작할 수 있지만 바로 그때부터 배달수수료, 근무조건, 배달사고, 해고 등이 포함된 회사의 일방적인 조건에 동의하고 명령을 이행하는 일에 동의한 것으로 간주된다. 자유로운 계약에 동의한 것으로 보이지만 사실상 계약서에 사인하지 않으면 앱에 등록할 수 없고 일을 시작할 수 없다는 점에서 불공정한 계약이며, 개별노동자는 무조건 회사가 요구하는 계약조건과 그 계약조건의 일방적 변경에 순응하고 일을 계속하거나, 앱 접속 중단과 해고를 받아들이거나 둘 중 하나를 선택해야 한다.

코로나19로 거리두기가 시행된 2020년 이후 배달노동자와 라이더가 급격히 늘어났으며, 코로나19가 종식된 이후에도 이러한 추세는 계속 이어질 것으로 보인다. 코로나19 대유행 기간 중에 고용을 보장할 수 있는 법적 · 제도적 장치가 없는 배달노동자는 코로나19에 감염될지 모른다는 의심이 들더라도 일을 멈출 수 없었으며, 심지어 방역 당국에서 외부활동을 자제하고 집에 머물라고 권고할 때조차 전 세계의 배달 · 물류 · 운송 노동자는 생존을 위해 출근할 수밖에 없었다. 게다가 노동자가 아닌 자영업자라고 하면서도 정부가 재난지원금을 지원할 때는 소상공인 손실보전금 지원 대상에서 배제되었다.

교통사고 사망자 수가 점차 줄어드는 경향에도 불구하고 라이더들의 이륜차 교통사고 사망자 수는 한 해 500명 수준에 이르며 그 수는 점차 증가하는 추세에 있다. 지난 몇 년간 한국 사회에서 18~24세 청년의 산재사망 원인 1위는 '배달'이며 꼭 청년이 아니더라도 배달노동자는 늘 교통사고나 과로사의 위험, 호흡기질환을 비롯한 각종 질병의 위험에 노출되어 있다. 배달노동자의 대부분이 산재보험에 가입되어 있지 않았다는 사실과 동네 배달대행업체의 '보이지 않는 산재'가 포함되지 않았다는 것을 고려하면 실제는 발표된 것의 수배에 이를 것이다. 한국노총의 장진희 연구위원이 배달노동자 300명을 대상으로 한 설문조사에서 배달대행업체에 소속된 노동자 중 산재보험 가입률은 0.4%에 불과했다. 점포 소속 노동자가 97.9%의 가입률을 보여주는 것과 비교했을 때

이는 놀라운 일이 아닐 수 없다.[38]

2021년 1월 14일 쿠팡의 물류센터에서 밤샘 근무를 마친 50대 일용직 노동자가 회사 화장실에서 숨진 채 발견됐다. 지난 8개월 사이 쿠팡물류센터와 관련된 비정규직 노동자 3명이 돌연사했는데 사인은 모두 심근경색이다. 유가족과 노동자는 죽음의 배경으로 쿠팡의 악명 높은 작업관리 시스템을 지목했다. 한 사람이 1시간에 몇 개의 물건을 처리했는지를 'UPH'라는 수치로 실시간 측정하는데, 수치가 낮아지면 공개적으로 작업장 내부 방송으로 "속도 올려주세요. 다시 한번 명단에 올라오시는 분들은 조치하겠습니다"라는 독촉 명령이 송출된다. 이러한 실시간 평가는 상위 성과자에게 인센티브를 주고, 하위 성과자는 재계약을 제한하는 자료로 활용되어 쉴 새 없이 일의 강도를 높이는 구조를 형성한다. 더 큰 문제는 기준 작업량 자체가 날이 갈수록 높아지고 있다는 점인데, 부천물류센터의 한 노동자는 처리해야 할 물품 개수가 1분당 2개에서 2021년에는 1분당 3개로 늘었지만, 그에 비해 시급은 고작 130원 올랐을 뿐이라고 증언했다. 2020년 3월 18일 '공공운수노조 공항항만운수본부 쿠팡지부'는 "쿠팡의 무한경쟁 시스템, 죽음의 배송 규탄"을 구호로 내걸고 기자회견을 열어 쿠팡 노동자의 73%가 하루에 1시간의 휴게시간도 제대로 쓰지 못한 채 일하고 있다고도 증언했다. 쿠팡 노동자는 "비정규직의 정규직화, 배송노동자의 휴식권과 새벽배송 중단, 친노동적인 배송환경을 마련하라"라는 기본적인 요구를 외쳤으나[39] 현재 실현될 가능성은 거의 없어 보인다.

그뿐만 아니라 노동자를 규율하고 평가할 수 있는 권한이 감독자나

---

38 정득권 외, 《포스트 코로나 시대, 플랫폼 자본주의와 배달노동자》, 북코리아, p. 5, 27, 116 참고.

39 위의 책, pp. 118-119.

관리자가 아닌 손님이나 고객에게 주어지기 때문에 고객으로부터 받는 평점의 압박을 받고, 위치추적 시스템에 의해 배달노동자의 일거수일투족이 공개되고 기록된다는 점에서 전통적인 기업의 노동자와는 다른 가중된 압박 속에 일해야 한다는 특성이 있다.

플랫폼 기업은 배달노동자에게 "당신의 노동은 나에게 이윤을 주지만 노동과정에서 발생한 손실은 당신의 책임이다. 당신은 사업자이기 때문"이라고 강요한다.

THE AUTUMN OF CAPITALISM

제6부

시장만능의 신화가 불러온 위기의 자본주의

제14장

시장만능의 신화가 불러온 불평등과 급변하는 경제환경

1990년대 초 동유럽 사회주의체제의 붕괴로 사회주의 계획경제는 명백히 한계를 드러냈다. 일부 좌파 지식인들은 동유럽의 사회주의 정권이 무너지는 것이 사회주의체제의 붕괴를 의미하는 것은 아니라고 자조하면서 사회주의체제의 실패를 순순히 받아들이기를 거부했지만, 한 세기도 채 지나지 않은 동유럽의 실험을 통해 계획경제로는 시장경제의 효율성을 도저히 따라잡을 수 없다는 사실이 명확해졌고 이제 사회주의 계획경제는 역사의 뒤안길로 사라져버렸다.

1970년대 중반 미국의 과도한 정부지출이 불러온 브레튼우즈체제의 붕괴와 두 차례 오일쇼크의 영향으로 나타난 스태그플레이션 이후 시작된 신자유주의 실험은 반세기가 채 지나기도 전에 2008년 뉴욕발 글로벌 금융위기를 맞으면서 시장만능의 경제체제로는 지속가능한 성장이 불가능하다는 것을 명백히 드러냈다. 이때 역시 그때와 정반대 방향에서 시장근본주의자들은 전 세계를 공포에 떨게 만든 미국발 금융위기가 시장의 실패를 뜻하는 것이 아니라고 강변하면서 신자유주의를 지켜내기 위해 안간힘을 쓰고 있었다. 미국발 금융위기가 시장근본주의자에게 준 충격은 동유럽 사회주의체제의 붕괴가 좌파 지식인에게 준 그

것 못지않게 심대했을 것이 분명하다. 그들이 언제나 입이 닳도록 '글로벌 스탠다드'라며 칭송해온 미국식 시장경제체제가 보기 좋게 암초에 걸리고 말았기 때문이다.

신자유주의는 자유시장경제를 바이블처럼 신봉하지만 그것은 대다수 시민의 경제적 자유를 짓밟고 성취한 소수 상위계층을 위한 자유이며, 그것이 지속가능한 성장을 가로막는 장해물이 되었을 뿐만 아니라 산업혁명 직후의 초기 자본주의 시대보다 더 심각한 불평등사회로 만드는 역할을 함으로써 또다시 자본주의의 위기를 불러왔다는 점은 부인하기 어려울 것이다. 그럼에도 아직 시장만능주의자들은 신자유주의 경제체제를 포기하지 않으려 할 것이고 그들의 손에 좌우되는 기업과 교육기관, 연구단체와 언론매체 등 사회조직뿐만 아니라 그들에게 부역하는 정치인들을 이용해 시장제일주의 사회경제구조를 유지하려 할 것이다.

신자유주의적 자본주의는 소득불평등을 심화시켜 대다수 노동자, 영세 상인의 삶을 한계상황으로 내몰고, 자산 불평등을 심화시켜 국민을 유산계급과 무산계급으로 나누는 경제적 신분사회 또는 세습사회로 이끌고 있다. 그러나 이러한 소득 편중 현상은 결국 시장에서 유효수요를 위축시켜 지속가능한 성장을 불가능하게 만들게 될 것이며, 단기적 이익에 급급한 자본의 노력의 결과는 양날의 칼이 되어 언젠가 칼끝이 자본 자신을 향할 수도 있다.

이 시점에 신자유주의를 통제하고 불평등한 사회구조를 바로잡지 못한다면 중세 말 시민혁명이 그랬듯이, 1900년대 초 사회주의 혁명이 그랬듯이, 갈수록 심화되는 불평등 구조에 대한 대다수 시민의 인내심이 임계점에 이를 수도 있다. 현재의 신자유주의를 바로잡지 못한다면 후일 언젠가 이 시기를 '자본주의의 가을'이었다고 평가하게 될지도 모른다.

거대한 불평등이 내재된 자본주의

파리경제대학교 교수인 프랑스의 경제학자 토마 피케티Thomas Piketty는 2013년 《21세기 자본Capital in the Twenty-First Century》을 출간했으며, 이듬해인 2014년 가을 한국어 번역본이 출간되었다.

폴 크루그먼은 《21세기 자본》을 "최근 10년 동안 가장 중요한 경제학 서적"이라고 평가했으며, 조지프 스티글리츠는 "시의적절하고 중요한 저서인 이 책이 자본주의에 거대한 불평등이 내재되어 있음을 밝혀냈다"고 칭송했다. 소득불평등에 대한 피케티의 예리한 분석 때문에 보수주의자들이 혼비백산하고 있다는 의미를 담은 '피케티 패닉'이라는 용어가 생겨날 정도로 이 책이 전 세계에 미친 파장은 컸다. 이 책이 특별한 것은 단순히 가설이나 이론을 제시한 것을 넘어 동료들과 함께 300년에 걸친 세계 각국의 소득 및 자본 관련 통계 데이터를 바탕으로 세계자본주의의 흐름과 부와 소득의 불평등에 대한 양극화 문제를 실증적으로 분석한 책이기 때문이다.

피케티는 주류경제학이 믿어 의심치 않던 이론인 '쿠즈네츠곡선'을 부정하는 것으로부터 출발한다. 쿠즈네츠곡선이라 불리는 이론은 불평등이 증가하는 시기에는 농촌지역의 노동자들이 도시로 몰려들면서 도시와 농촌의 소득격차가 벌어지지만 이후 노동자의 전반적인 임금수준이 상승하고, 농촌에 남은 노동자들도 노동력의 희소성 덕분에 임금이 상승하면서 불평등이 완화된다는 것으로, 핵심 내용은 "국민소득이 올라가면 처음에는 불평등이 커지지만 나중에는 불평등이 줄어든다"는 것이다. 쿠즈네츠는 이 연구로 1971년 노벨 경제학상을 받기도 했다. 하지만 피케티는 경제성장이 계속되더라도 불평등이 더욱 증가할 수 있다고 말하면서 "쿠즈네츠 자신도 1913년부터 1948년까지 미국의 소득격차가 줄어든 것이 대체로 우연적이라는 사실을 잘 알고 있었다"고 힐난했

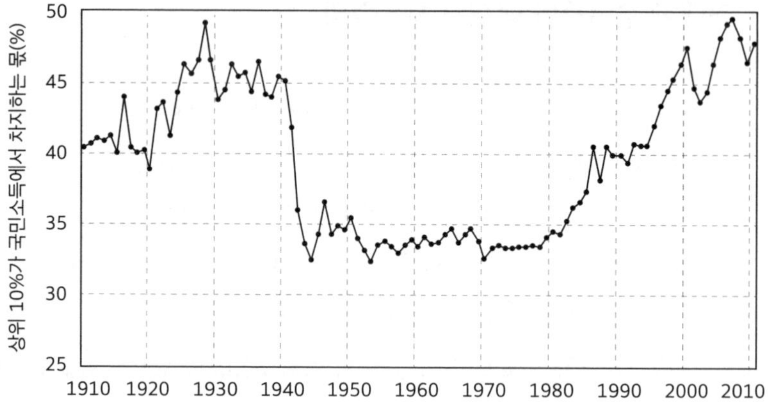

미국 국민소득 중 상위 10%의 몫은 1910년대와 1920년대에 45~50%에서 1950년대에 35% 미만으로 줄었다(이는 쿠즈네츠가 기록한 것이다). 그 후 1970년대에 35% 미만에서 2000년대와 2010년대에 45~50%로 늘어났다.

출처 및 통계: piketty.pse.ens.fr/capital21c

그림 11. 미국의 소득불평등: 상위 10%가 국민소득에서 차지하는 몫

출처: 《21세기 자본》, p. 36.

다. 쿠즈네츠가 사례로 제시한 기간에 불평등이 감소한 것은 산업화의 진전이 아니라 대공황과 제2차 세계대전에 따른 결과라는 주장이다. 특히 그는 쿠즈네츠 연구의 모델이 되었던 미국의 경우를 1910~2010년으로 관측 기간을 더 넓게 잡고 보았을 때 소득불평등 곡선은 ∩자 형태가 아니라 ∪자 형태를 띠고 있음을 실증적으로 보여주었다.

피케티는 15년에 걸쳐 미국 국세청이 갖고 있는 과거 과세자료를 모두 뒤져 그 방대한 자료를 분석한 후 미국의 소득집중도를 조사했다. 1977년부터 2007년 사이의 기간 동안 미국의 상위 10%의 소득은 전체의 75%를 차지했으며 그중 상위 1%는 경제성장의 과실 중 60%를 가져갔다. 그 나머지 25%의 소득이 하위 90%의 몫이 되었으며, 30년이라는 세월 동안 하위 90%의 소득증가는 겨우 연간 0.5% 이하에 그쳤다. 하위 인구 90%의 소득성장률이 GDP 성장률보다 훨씬 낮았다는 것이다.

피케티는 미국 상위 1%의 소득집중도가 가장 높았던 두 시점을 발견했는데(상위 1%의 소득집중도 그래프는 상위 10%의 소득집중도 그래프와 유사한 형태를 띤다. 그림 11 참고), 바로 1928년과 2008년이었으며 그 이듬해 세계는 '대공황'과 '글로벌 금융위기'라는 엄청난 사건을 겪었다. 피케티는 당시 전 세계 경제활동이 마비될 정도로 심각했던 두 사건 직전에 소득불평등이 가장 심했다는 사실은 우연이 아닐 것이라고 보았다.

피케티는 미국 중간소득계층의 침체가 1990년대와 2000년대의 가계부채 증가에 이바지했고, 이것이 금융제도를 취약하게 만들었으며, 2008년 금융위기 발생에 영향을 주었다고 분석하고, 불평등이 심하게 증가하면 이것이 금융제도를 취약하게 만들 수 있다고 말한다. 왜냐하면 가장 빈곤한 가구들이 부족한 소득을 대신하기 위해 갚지 못할 위험을 안고 더 많은 빚을 질 수 있기 때문이다.

실증적 조사를 거친 후 피케티는 두 가지 자본주의 법칙으로 불평등 현상을 설명한다. '자본주의 제1 기본법칙'은 국민소득에서 자본소득이 차지하는 몫에 대한 것으로 공식 $\alpha = r \times \beta$ (α: 자본소득의 비중, r: 자본수익률)로 표현된다. 피케티는 역사적 자료를 통해 자본의 수익률 추이를 살펴보았는데, 약간의 변동은 있지만 장기간에 걸쳐 자본의 수익률은 대체로 4~5%선에서 일정했음을 확인했다. 또 다른 요인인 β는 축적된 자본의 크기가 국민소득 대비 몇 배나 되는지를 나타내는 숫자로 현재 '피케티 지수'라고 불리고 있으며, 사회불평등을 나타내는 지표로 활용되고 있다. 대개 자본은 소수가 독점하는 경향이 있으므로 β값이 커진다는 것은 노동소득에 비해 자본의 몫이 커진다는 것이고, 불평등의 정도가 더 심해진다는 것을 의미한다.

피케티는 '자본주의 제2 기본법칙'을 통해 β값에 대해 다시 설명한다. 자본주의 제2 기본법칙은 $\beta = s / g$(s: 저축률, g: 경제성장률)로 표현된다.

저축률이 일정하다고 가정하면 β값(피케티 지수)에 영향을 주는 요인은 경제성장률이다. 경제성장률이 높아지면 β값은 떨어지고, 반대로 경제성장률이 낮아지면 β값은 올라간다. 이것은 다시 말해 피케티 지수가 커질수록 즉 소득불평등이 커질수록 경제성장률이 낮아진다는 것을 나타내는 것으로 매우 중요한 의미를 갖는다. 이 두 가지 법칙을 종합해서 피케티가 내린 결론은 r > g, 즉 자본에서 얻는 이윤, 배당금, 이자, 임대료 기타 소득의 자본총액에 대한 비율인 '연평균 자본수익률'이 '경제성장률'보다 커지면 부의 분배에서 양극화의 위험이 매우 커진다고 분석했다.[1]

세후 자본수익률이 경제성장률보다 커지면 전체 국민소득에서 자본이 가져가는 몫은 계속 커지는데, 피케티는 예외적이었던 20세기 전반부의 1, 2차 세계대전과 대공황이 있었던 기간을 제외하면 자본주의 역사에서 계속 벌어진 일이며 이것이 부가 축적되고 분배되는 과정에서 양극화나 높은 수준의 불평등을 불러오는 강력한 요인이라고 주장한다. 또한 인구증가율과 경제성장률 하락이 예상되는 향후에는 이 격차가 더욱 커질 것이라는 암울한 전망을 한다.

피케티는 지난 100년간 자본-노동 간 소득분배의 변화과정에 대해 아래와 같이 기술하고 있다.[2]

> 간단히 말해서 제1차 세계대전(1914~1918), 볼셰비키 혁명(1917), 대공황(1929~1939), 제2차 세계대전(1939~1945) 그리고 이후 자본통제와 더불어 시행된 새로운 규제와 세금정책 등 1914~1945년 세계경계를 뒤흔들었던 충격적인 사건들은 1950년대에 소득에서 자본이 가져가는 몫을 역사적으로 최저수준으로 낮춰놓았다. 하지만 자본은 곧바로 스스로 재건하기

1 토마 피케티, 장경덕 옮김, 《21세기 자본》, 글항아리, p. 39 참고.

2 위의 책, pp. 55-56.

시작했다. 보수혁명의 서막을 알린 1979년 영국의 마거릿 대처 총리 집권 및 1980년 미국의 로널드 레이건 대통령 집권과 함께 자본이 가져가는 몫의 증가 속도는 가속화되었다. 이어 1989년 구소련이 붕괴하고 1990년대 금융의 세계화와 탈규제가 진행되었는데, 이 모든 사건은 20세기 전반에 목격되었던 것과 정반대의 정치적 변화가 일어나고 있음을 의미했다. 2010년이 되자 2007~2008년에 시작된 금융위기에도 불구하고 자본은 1913년 이후 경험해보지 못했던 수준으로 번창했다.

피케티 교수는 그동안 감춰져 있던 자본주의의 속살을 여과 없이 보여주었으며, 불행히도 이 불편한 진실이 더 심화될 것이라고 말한다. 어느 사회에서나 어느 정도의 불평등은 존재한다. 불평등 자체가 문제가 되지는 않으며 적당한 수준의 불평등이 존재한다면 경제성장이 모두에게 유익할 수 있다. 문제는 불평등이 지나칠 경우다. 지나친 불평등은 성장에 도움이 되지 않을 뿐만 아니라 해를 입힐 수 있다. 왜냐하면 높은 수준의 불평등은 앞에서 언급한 바와 같이 총수요를 감소시켜 경제성장을 저해하고 계층 간의 이동을 제한하기 때문이다.

한국경제의 관심은 항상 성장에 집중되었다. 정치권, 재계뿐만 아니라 학계와 언론계도 성장지상주의자들이 넘쳐난다. 그들은 성장이 모든 문제를 해결하는 최선의 방안이라고, 분배를 개선하기 위해서도 성장이 우선되어야 한다고 속였다.

그러나 경제가 눈부시게 성장했는데도 갈수록 불평등이 심해지고, 성장의 과실이 일부 소수의 국민에게만 귀속되고 보통 국민의 삶이 나아지지 않는 상황이 계속된다면 그러한 성장은 무엇을 위한 것인지, 누구를 위한 것인지, 왜 해야 하는 것인지 되돌아보아야 한다. 불평등의 문제를 자본주의 사회의 당연한 현상으로 받아들인다면 우리는 시민혁명 이전의 전근대 사회로 회귀하게 되는 것이다. 우리가 민주주의 사회에서 살아가기를 원한다면 민주주의가 자본주의의 노예가 되는 것을 용인해서는 안 된다. 민주주의의 힘으로 자본주의를 통제해야 한다!

2021년 12월 7일 토마 피케티 교수가 주도하여 설립한 프랑스 파리경제대학 부속 연구기관인 '세계불평등연구소World Inequalty Lab, WIL'는 〈세계 불평등 보고서 2022〉를 발표했다.[3] WIL은 이번 보고서 작성 과정에 세계 각국의 경제학자 100여 명이 참여했다고 소개한다. 보고서에 따르면 코로나19 사태를 거치면서 부의 대부분이 최상위층에 집중되는 현상이 극도로 심해졌으며, 그 근거로 1995년 이후 2021년까지 억만장자들의 재산이 전 세계 자산에서 차지하는 비중이 1%에서 3.5%로 3.5배 증가했고, 2020년 한 해에만 그 비율이 1.5%p나 급증했다는 데이터를 제시하고 있다.

WIL의 보고서에 따르면 세계적인 소득불평등 정도에서 2021년을 기준으로 소득상위 10%는 전 세계 소득의 52%를 차지하는 반면, 하위 50%는 전체 소득의 8.5%를 차지한다. 자산불평등은 더욱 심각한데 상위 10%는 전 세계 자산의 76%를 차지하지만, 하위 50%는 단지 2%를 차지할 뿐이다. 이를 금액으로 비교하면 상위 10%는 평균 7억 3천만 원(55만 900유로)의 자산을 보유하는 반면 하위 50%는 평균 386만 원(29,000유로)의 자산을 보유한다. 이는 190배의 차이다. 특히 상위 1%는 자산 38%를 차지하고, 상위 0.01% 부자들의 자산 점유율은 1995년 7%에서 2021년 11%로 증가했다. WIL은 이와 같은 불평등 문제를 해결하기 위한 일환으로 글로벌 억만장자들을 대상으로 한 부유세wealthtax를 제안했다.

3 〈세계 불평등 보고서 2022〉에 대한 자료는 네이버 블로그 '가벼움과 무거움'에 2021년 12월 9일 올린 글 〈세계 불평등 보고서 2022 요약: 우리는 얼마나 불평등한 세계에서 살고 있는가?〉 작성자 IORIGINS와 네이버 블로그 '한국대중문화연구소'가 2021년 12월 8일 올린 글 〈WIL 세계 불평등 보고서 2022를 통한 한국의 불평등지수는?〉 참고.

세계 소득불평등(1820~2020)

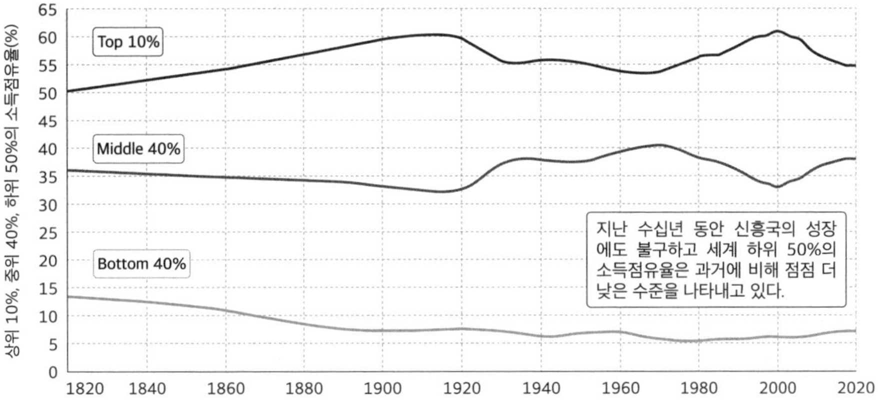

자산소득 세계 상위 10%, 중위 40%, 하위 50%의 거주지역(2021)

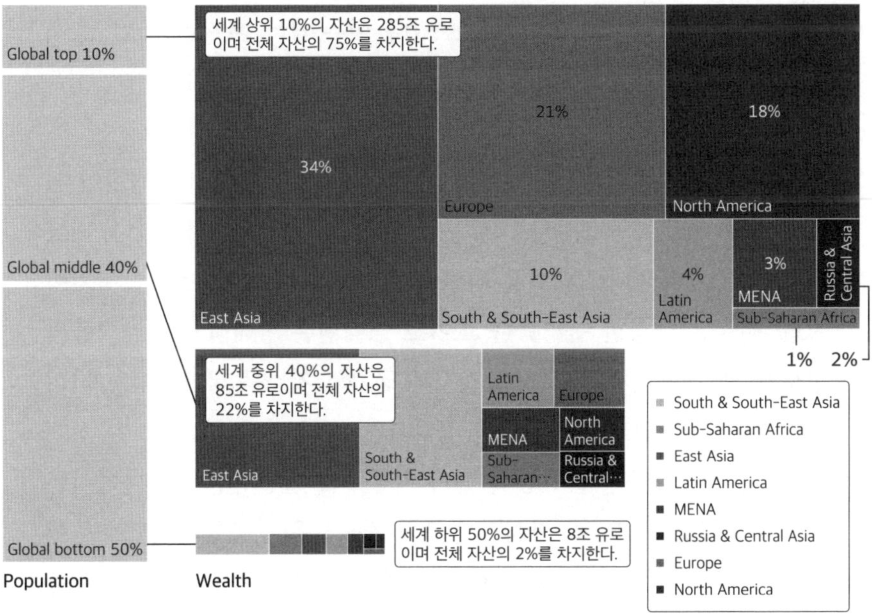

그림 12. WIL이 발표한 글로벌 소득불평등과 자산불평등

출처: '세계불평등연구소'의 온라인판 〈세계 불평등 보고서 2022〉에서 인용.

WIL의 보고서는 한국의 경우 하위 50%의 평균소득은 연간 1,232만 원으로 전체 소득의 16%를 차지한 데 반해 상위 10%는 평균 1억 7,850만 원을 벌어 전체의 46.5%를 차지했다고 보고하고, 실제 1990년 이후 한국 상위 10%의 소득 비율이 35%에서 46.5%로 상승했고, 하위 50%는 21%에서 16%로 하락해 불평등이 악화했다고 밝혔다. 상위 10%와 하위 50% 간의 1인당 소득격차는 14배를 넘는다.

보고서는 이와 같은 격차의 원인을 "한국경제가 사회적 안전망을 구축하지 않은 채 관련 규제를 완화하고 급격하게 성장하면서 불평등이 심화됐다"고 분석했다. 금융자산과 비금융자산을 합한 부는 상위 10%가 1인당 평균 105만 1,300유로(약 14억 원)로 58.5%를 차지한 반면, 하위 50%는 1인당 평균 2만 200유로(2,687만 원)로 전체의 5.6%를 차지해 두 그룹 간 52배의 자산소득 격차를 보였다. 이는 영국, 프랑스, 독일 등 서유럽 선진국에 비해 5~6배의 심각한 편차를 나타내고 있다는 점에서 우리 사회가 주목해보아야 할 것이다.

흔히 심각한 불평등을 저개발국가의 특성으로 인식하는 경향이 있으나 평균 국민소득과 불평등은 큰 관계가 없는 것으로 나타났다. 대표적인 사례로 미국과 스웨덴을 비교해보면 두 나라 모두 고소득 국가이지만, 미국은 극심한 불평등을 보이고 스웨덴은 상대적으로 불평등의 정도가 작다. 이러한 차이는 중간소득 국가와 저소득 국가에서도 나타난다. 브라질과 인도의 불평등은 심하지만, 중국의 불평등 정도는 상대적으로 작다. 따라서 불평등 현상이 자본주의 발전과정에서 나타나는 필연적인 현상이 아니라 정치적 선택의 결과임을 도출할 수 있으며, 이 점은 매우 중요하다. 1980년대 이후 세계 거의 모든 곳에서 불평등이 증가했으나 미국, 러시아, 인도는 그 정도가 극심했고, 유럽과 중국에서는 상대적으로 불평등의 정도가 작았다.

보고서는 지난 20년간 국가 간 불평등은 다소 감소했음을 보여준다. 가장 부유한 10% 국가의 국민 평균소득과 가장 가난한 50% 국가의 차이는 1980년 53배에서 2020년 38배로 줄었다. 이는 선진국으로 갈수록 성장률이 낮아지는 현상을 반영한 것이다. 반면 국가 내의 불평등은 가파르게 증가했다. 국가 내 상위 10%와 하위 50%의 평균 소득격차는 같은 기간 동안 8.5배에서 15배로 2배 가까이 증가했다. 특히 신자유주의가 전면에 등장한 1980년대 이후 국가 내의 불평등 비율이 크게 증가한 것을 보여준다.

현재의 불평등을 이해하기 위해서는 공공자산Public Wealth과 민간자산Private Wealth의 규모 변화도 주목할 필요가 있다. 전 세계 대부분 국가는 지난 40년간 경제적 성장을 거듭해 부유해졌으나 정부는 오히려 가난해졌다. 보고서에 따르면 민간자산은 증가추세를 보이는 반면, 공공자산은 오히려 줄어드는 추세다.

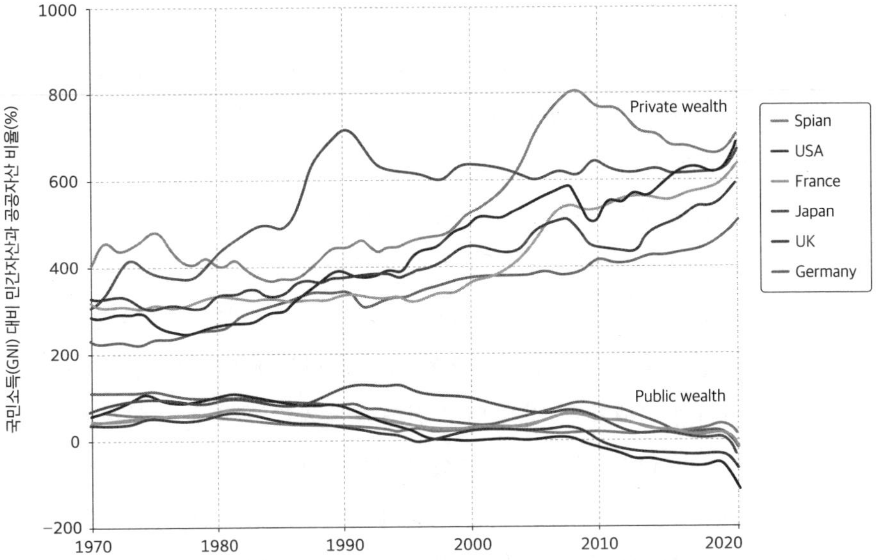

그림 13. 국민소득 대비 민간자산과 공공자산의 규모(1970~2020)

출처: '세계불평등연구소'의 온라인판 〈세계 불평등 보고서 2022〉에서 인용.

이러한 현상 역시 신자유주의가 지향하는 작은 정부 정책의 결과이며, 복지예산의 비중이 감소하고 있다는 것을 의미한다. 심지어 2020년 들어서는 마이너스(-)가 되기도 하는데, 이는 코로나19로 인해 정부가 GDP의 10~20%를 민간 영역에서 빌려왔기 때문이다. 정부의 자산 부족은 향후 불평등 해결을 위한 정책이나 기후 변화 대응에 걸림돌이 될 수 있다.

ESG 경영과 자본주의의 혁신

2022년 이른 여름부터 영국, 프랑스, 스페인 일부 지역의 기온이 42~43℃를 기록하면서 폭염경보를 발령했고, 프랑스, 포르투갈, 스페인, 그리스에서 발생한 산불로 수만 명이 집에서 대피했다. 세계기상기구WMO는 "올해는 지구의 7월 기온이 가장 높았던 3개 연도 중 하나"라고 했고 "스페인은 올해 7월이 역사상 가장 더운 달이었다"고 밝히기도 했다. 영국은 관측 사상 가장 더운 날이 될 것으로 예상되며, 전문가들은 프랑스 일부 지역이 '폭염의 종말'에 직면해 있다고 말하기도 했다. 얼마 후 더위가 한풀 꺾일 즈음 갑자기 몰아닥친 물난리로 유럽 곳곳이 또다시 몸살을 앓았다. 프랑스 남부 휴양지 마르세유에서는 반년 동안 내릴 비가 하루 만에 쏟아져 하루 300mm가 넘는 비가 내리자 더는 물을 머금지 못한 산이 흙더미를 쏟아냈으며 거센 흙탕물에 도로와 집들이 무너졌다. 이처럼 피해가 큰 것은 덥고 건조한 날씨로 땅이 굳어 한꺼번에 쏟아진 빗물을 제대로 흡수하지 못했기 때문이라고 한다.

2022년 여름 파키스탄에서는 평년의 6배에 이르는 강우가 석 달째 이어졌고, 홍수로 인해 국토의 3분의 1이 물에 잠겼다. 1,200여 명이 사망했고 4천여 명의 부상자가 발생했으며, 가옥 100만 채가 유실되었고 인구의 15%가 넘는 3,300만 명의 이재민이 발생했다. 파키스탄은 2010년에도 홍수로 인해 2천 명 이상이 숨지고 국토의 5분의 1이 물에 잠긴 적이 있는데, 이번에는 그때보다 피해 규모가 더 커졌다.

파키스탄의 5월 평균기온은 36℃ 수준이다. 그러나 장마가 시작되기 전 5월의 파키스탄 일부 지역은 50℃ 안팎까지 치솟은 폭염에 시달렸는데, 이러한 이상고온현상이 이번 대홍수의 원인으로 지목된다. 통상 기온이 1℃ 높아지면 대기 중의 수증기양이 7%씩 늘어나는 것으로 알려져 있다. 파키스탄의 산들은 습기를 머금은 구름이 지나갈 때 더 많은 비를 쏟아냈고, 이 비는 파키스탄 동북부 히말라야산맥 지대의 빙하와 만년설을 녹여 하천을 범람시켰다. 수해가 특히 심했던 파키스탄 신드주의 한 관리는 "하늘에서 지옥문이 열렸다"고 표현했다. 이는 홍수 피해에 그치지 않는다. 비가 그친 후 파키스탄은 이질 · 콜레라 · 말라리아 · 뎅기열 같은 수인성 질환으로 인한 보건 위기에 처해졌다. 전문가들은 약 500만 명의 사람들이 전염병에 걸릴 것으로 예측하기도 했다.

두말할 것도 없이 파키스탄 대홍수의 원인은 전 세계적인 기후위기다. 파키스탄은 선진국의 무책임한 개발경쟁으로 파키스탄이 기후이변의 희생자가 되었다고 주장하고, 세계는 파키스탄이 기후변화에 대응하는 데 도움을 제공할 의무가 있다고 요구했다.

세계보건기구WHO의 추정에 따르면, 2030년 기후변화와 관련된 건강피해로 지구 전체에서 연간 20~40억 달러의 손실이 발생하고, 1억 명 이상이 추가로 빈곤에 빠지며, 2030년부터 2050년까지 기후변화로 매년 25만 명이 추가로 사망할 것이라고 한다. 가뭄과 물 공급이 단절되면 식료품 생산이 영향을 받고, 기후변화로 분쟁 위험도 높아진다. 사하라 사막 이남의 아프리카는 특히 내전 위험이 높고, 현재의 수준으로 온난화가 진행되면 2030년까지 추가로 39만 3천 명의 전사자가 발생할 전망이다. 이처럼 매년 각국이 단순히 GDP 지표로 발표하는 경제성장도 지구온난화, 핵폐기물, 원자력발전 리스크, 유전 고갈, 사회적 · 국가적 갈등, 생물종 다양성 위기 같은 환경적 · 사회적 비용을 포함하여 계산해 보면 사실상 이미 마이너스 성장에 들어간 것이며 지속가능성을 상실한 것이다.[4]

다행스럽게도 최근 전 세계는 무분별한 개발과 성장 중심의 경제정책으로 인한 지구온난화가 인류의 멸종을 초래할지도 모른다는 범지구적 위기의식으로 생태적 · 사회적 · 경제적 관점에서의 지속가능성을 되돌아보고 서서히 행동을 개시하기 시작했다. 1997년 12월 체결된 '교토의정서'는 선진국에 대해 온실가스 총배출량의 감축목표를 할당하고 그 달성을 의무화했다. 즉, 온실가스 배출에 대한 권리를 국가별로 할당하고, 온실가스 감축 의무가 있는 국가가 할당받은 배출량보다 적은 양을 배출할 경우 남는 탄소배출권을 다른 국가에 판매할 수 있는 '탄소배출권 거래제도'를 채택했다. 이는 환경문제를 시장원리와 연계하여 온실가스 감축을 촉진하기 위한 기반을 마련한 것으로 평가된다. 하지만 탄소배출 감축량의 목표가 1990년에 비해 5% 정도에 불과해 충분하지 않았고, 세계 최대 온실가스 배출국이던 미국이 비준을 거부하고, 일본 · 캐나다 · 러시아 · 뉴질랜드 등이 잇따라 탈퇴하거나 기간 연장에 불참했으며 중국과 인도 등 개발도상국의 온실가스 배출량이 급증하고 있었음에도 EU 등 37개 선진국에 대해서만 구속력이 있는 실효성 없는 구조였다.

2015년 12월 12일 프랑스 파리에서 열린 제21차 유엔기후변화협약UNFCC 당사국 총회에서는 2주간에 걸친 협상 끝에 산업화 이전 수준 대비 지구 평균 온도가 2.0℃[5] 이상 상승하지 않도록 온실가스 배출량

---

4 이형종 · 송양민, 《ESG경영과 자본주의의 혁신》, 21세기북스, p. 43, 50 참고.

5 현재 지구 온도는 산업화 이전보다 1℃가량 상승한 상태다. 과학자들은 지구 평균기온이

을 단계적으로 감축하는 것을 골자로 하는 '신기후체제(파리기후협약, Paris Agreement)'를 채택했다. 파리기후협약은 선진국에만 온실가스 감축 의무를 부과했던 교토의정서와 달리 195개 당사국 모두에 구속력 있는 감축 의무를 부과한 첫 기후협약이라는 점에서 역사적 의의를 가진다. 당사국들은 지구의 온실가스 총배출량이 감축 추세로 돌아서는 시점을 최대한 앞당기기로 했고, 2050년 이후에는 인간의 온실가스 배출량과 지구가 이를 흡수하는 능력이 균형을 이루어야 한다고 촉구했다. 한편 2017년 미국 트럼프 대통령은 "지구온난화는 사기다. 협약이 미국 노동자와 기업, 납세자에게 부담을 준다"면서 파리기후협약에서 탈퇴했으나, 2021년 조 바이든 대통령은 취임 첫날 파리기후협약에 복귀한다고 선언했다.

스웨덴의 어린 소녀 그레타 툰베리Greta Thunberg는 어린 시절 아버지의 영향으로 기후변화에 관심을 가지게 된 이후 기후변화에 대해 공부를 시작했지만 공부할수록 절망감에 빠졌고, 열한 살 때 우울증을 겪으면서 아스퍼거증후군과 강박장애 및 선택적 함묵증이라는 진단을 받았다. 15세였던 2018년 9월부터 매주 금요일마다 지구환경 파괴에 침묵하고 기후변화 대응에 소극적인 주류 정치인들과 어른들에게 반항하는 의미에서 등교를 거부했고, 이를 트위터에 올린 것이 서구권의 진보 성

2℃ 이상 상승할 경우 시베리아 영구동토층, 남극 및 그린란드 빙하의 해빙이 가속화되고 이에 따라 더 이상 기후변화를 예측하고 제어하는 것이 불가능해질 것으로 예측한다. 특히 기후변화에 관한 정부 간 협의체(IPCC)는 지구 평균기온이 산업화 이전 대비 2℃ 상승할 경우 △10~20억 명 물 부족 △생물종 중 20~30% 멸종 △1,000~3,000만 명 기근 위협 △3,000여만 명 홍수 위험 노출 △여름철 폭염으로 인한 수십만 명의 심장마비 사망 △그린란드 빙하, 안데스산맥 만년설 소멸 등이 발생할 것으로 예측했다. 그러나 2℃ 목표를 두고 너무 낮은 목표라는 비판이 계속되어왔다. 환경단체와 몰디브 등 기후변화 취약 국가들이 모인 섬국가연합(AOSIS)은 이번 파리협정 협상과정에서도 "2℃ 목표는 우리가 안전한 지구에서 살기 위한 적정한 목표가 아니다"라며 이를 1.5℃로 더 낮춰야 한다고 요구해왔다. 이를 반영해 파리협정문에는 "2℃보다 훨씬 낮게(well below 2℃) 유지하고 더 나아가 1.5℃까지 제한하도록 노력한다"는 야심찬 목표가 명시됐다(출처: Daum백과).

향 청소년층에게 큰 파장을 일으켜 전 세계적인 기후 관련 동맹휴학 운동을 이끌어내는 데 성공했다. 툰베리는 2018년 12월 폴란드 카토비체에서 열린 제24차 유엔기후변화협약 당사국 총회에 참가해 "당신들은 자녀를 가장 사랑한다고 말하지만, 기후변화에 적극적으로 대처하지 않는 모습으로 자녀들의 미래를 훔치고 있다"고 외치며 환경변화 대책에 미온적인 정치인들을 공개적으로 비판해 세계적으로 주목받게 되었다. 2019년에는 유엔본부에서 열린 기후행동 정상회의에서 연설해 세계적으로 유명해졌으며, 역대 〈타임〉지 '올해의 인물'에 최연소로 선정되었고, 노벨 평화상 후보로 선정되기도 했다.

2019년 9월 16일 툰베리를 만난 버락 오바마는 "우리 지구의 가장 위대한 변호인, 그는 자신의 세대가 기후변화의 타격을 받는다는 것을 안다. 그리고 실제 행동으로 옮기는 것을 두려워하지 않는다"며 극찬했으나 트럼프 미 대통령이나 푸틴 러시아 대통령 등 세계를 움직이는 유력자들은 툰베리의 외침을 조롱했다. 〈타임〉지 '올해의 인물' 선정 다음 날 도널드 트럼프 대통령이 "툰베리는 분노 조절 프로그램에 가서 분노 조절 문제를 개선해야 한다"는 트윗을 남기자 이에 툰베리는 자신의 트위터 직업을 '분노 조절 프로그램 참석자'로 바꿔 응수했다.

나무위키는 그레타 툰베리의 TED 강연 내용을 다음과 같이 요약해 소개하고 있다.

1. 기후변화는 인류에게 존재론적 위협이며 이로 인해 인류는 여섯 번째 대종말을 맞이하고 있다. 생존은 회색지대가 존재하지 않는 죽느냐 사느냐의 영역이다. 현대문명의 존속 여부와는 상관없이 기후변화는 저지되어야 한다.
2. 전 세계의 제도권 언론과 각계의 사회 지도층들은 이에 대해 함구하고 있으며, 학계에서의 연구는 이들에 의해 의도적으로 무시되고 있다.

3. 학교 제도는 이를 해결하는 데 대체로 무의미하다. 이대로라면 인류는 대멸종을 맞이하며, 그렇기에 사람들은 현재의 사회와 그 제도를 적극적으로 거부하고 이를 급진적으로 변혁하기 위해 행동해야 한다.
4. 개발도상국들이 도로, 학교, 병원, 식수, 전기 같은 인프라를 갖췄을 때 생겨날 탄소배출을 만회하기 위해 선진국들은 2018년을 기준으로 6~12년 이내에 탄소배출을 완전히 중단해야 한다.
5. UN이 제시하는 산업혁명 이전 대비 기후변화 한계치를 기존에 국제사회가 합의한 2.0℃ 기준을 전면 폐기하고 1.5℃로 재설정해야 한다.
6. 세계 주요국들은 탄소배출을 중단하기 위해 파리기후협약을 준수하고, 그 밖에도 기후변화를 막기 위해 전 세계적인 공조가 필요하다.
7. 석탄, 석유, 천연가스 등의 화석연료 사용을 법률적으로 금지해야 하며 탄소배출 규제를 대폭 강화해야 한다.

UN의 브룬틀랜드 보고서Brundtland Report[6]는 '지속가능한 발전Sustainable Development'을 "미래 세대의 능력을 제약하지 않고 현재 세대의 필요를 충족시키는 발전"으로 정의했으며, 이는 경제성장이 사회의 안정과 통합, 환경보전과 조화를 이루면서 수행되는 개발과 발전을 의미한다. 제한된 자원 속에서 무조건적인 경제성장은 가능하지 않음을 인정하고 현재와 미래 세대가 그들의 필요를 골고루 충족시키면서 지속적으로 살아갈 수 있도록 발전의 방향을 재정립하는 것이다.

지속가능성은 생태적 관점, 사회적 관점, 경제적 관점 등 세 가지 측면을 포괄한다. 생태적 관점에서의 지속가능성은 생태계의 지속적인 기능 유지와 생물종의 다양성 보존을 의미하며, 사회적 관점에서의 지속

6 '세계환경위원회'라고도 불린 브룬틀랜드 위원회(Brundtland Commission)는 각국 정부가 지속가능한 개발을 실행하도록 힘을 모으기 위해 설치했으며, 노르웨이 총리 출신 여성 의장이던 그로 할렘 브룬틀란(Gro Harlem Brundtland)의 이름에서 유래했다.

가능성은 문화의 다양성, 제도의 지속가능성, 사회정의, 사회참여 등 인간으로서 개인의 기본적 필요를 지속적으로 충족하는 것을 의미한다. 그동안 경제학은 생태계, 환경과 사회, 제도를 외부에서 주어진 것으로 보고 주로 경제 영역만 분석의 대상으로 삼아왔으나 경제의 궁극적인 목적이 미래 세대를 포함한 모든 사람이 행복한 삶을 영위하도록 만드는 데 있다면 그 목적에 부합하는 올바른 경제학을 찾아내야 하며, 이를 위해서는 경제를 생태계, 사회제도와 영속적으로 상호작용하면서 진화하는 복잡계로 인식해야 한다.

산업혁명 이후 산업화, 도시화 등의 경제성장 방식은 효용의 극대화를 최상의 가치로 삼으면서 소비가 미덕인 삶의 방식을 추구하는 것이었으나 도시화, 대량생산 및 소비, 인구증가 등 윤택한 삶을 가져왔던 경제성장의 이면에는 무분별한 자연자원의 개발로 인한 자원의 고갈, 기후변화와 생물다양성 훼손, 사막화 등의 오염이 발생하여 심각한 자연환경 위기를 불러일으켰다. 그러나 다행스럽게도 '주주제일주의'와 '단기성과주의 경영'에서 벗어나려는 조류가 글로벌 차원에서 형성되고 있으며, 특히 주주제일주의를 선명하게 내세웠던 미국과 영국을 중심으로 이해관계자를 중시하는 자본주의 형태에 관심을 갖기 시작했다. 이제 성장신화에 의한 경제성장은 사회적 과제를 해결하지 못한다는 것을 인식했기 때문이다. 오히려 사회적 과제해결을 통한 경제성장을 실현하려는 수정된 자본주의 형태가 태동하고 있으며, 각국 정부는 기후위기와 불평등 문제를 동시에 해결하는 방향에 중점을 두고 경제정책을 수립해나갈 준비를 하고 있다.

2050년까지 실질 이산화탄소 배출량을 '0'으로 만드는 탄소중립을 선언한 국가는 한국, 미국, 중국 등 120개국이 넘고, 세계 여러 국가 사이에는 UN의 3대 환경협약이라고 불리는 기후변화협약과 생물다양성협약, 사막화방지협약을 비롯해 170여 개의 국제환경협약이 체결되어 있다. 심각한 수준의 환경오염이 계속되면서 인류의 생존이 위협받자 더 이상의 환경 파괴를 막기 위해 여러 국가가 한데 힘을 모으고 있다. 소비자 사이에서도 환경에 대한 관심이 커지고 있으며 친환경 제품을 소비하거나 일회용품 사용을 억제하는 등 환경오염을 줄일 수 있는 방향으로 소비 습관을 바꾸려는 사람들이 많아지고 있다. 또한 더 좋은 근로 환경을 제공하거나 사회 문제를 해결하기 위해 노력하는 기업의 제품을 찾는 소비자도 늘어나고 있다. 이렇게 전 세계적으로 사회적 가치에 대한 관심이 높아지면서 기업은 '이윤 추구'와 더불어 '지속가능성'까지 고려한 경영 전략을 찾아가고 있다.

'ESG 경영'이라는 개념은 2004년 UN 보고서에서 처음 사용되었다. 그 후 약 20년이 지난 지금 ESG 경영은 자본주의체제를 개선하고 기업경영환경을 변화시키는 핵심요소로 자리 잡고 있다. ESG 경영은 Environment(환경), Social(사회), Governance(지배구조)의 요소를 기업경영에 적극 반영하여 단기적 성과뿐만 아니라 장기적인 기업가치를 높이려는 경영방식이며, 전 세계 차원의 산업화와 경제활동으로 인해 대기 및 해양오염, 기후변화, 오존층 및 산림 파괴, 생물다양성 등의 지구환경 문제가 지속적으로 심화되고 있는 상황을 극복하고 인류의 장기적인 성장과 번영을 이루기 위해 제시된 방안이다.[7]

이러한 경향에 따라 투자자는 투자 여부를 결정할 때 단기 재무적 수익성만으로 판단하지 않고 기업성장의 장기 지속가능성을 고려하고 있으며, ESG 경영 실행 여부를 평가하고 있다. ESG 투자 방침을 세운 연기금과 자산운용사 등 기관투자자들은 이미 투자지표로 ESG 경영을 채택하고 있으며, ESG를 무시하는 기업은 투자가와 소비자에게 외면받는 시대가 도래한 것이다. 전 세계 ETF 운용자산의 40%가량을 차지하

---

7 《지속가능한 공정경제》, p. 29, 75.

는 '아이쉐어즈'를 보유한 세계 1위 자산운용사 블랙록Blackrock의 CEO 래리 핑크Larry Fink는 2020년 1월 투자자들과 기업 CEO들에게 보낸 연례 서한에서 "앞으로 기업의 지속가능성을 투자 결정의 기준으로 삼겠다"고 선언했다. 기후변화로 인한 리스크를 장기적인 투자 리스크로 보고 투자결정 요인으로 지속가능성의 중요성을 강조한 것이다. 래리 핑크의 언급을 신호탄으로 지속가능성에 대한 사회적 요구가 높아지면서 ESG라는 경영 전략이 세계적인 관심사가 되었다. ESG 요소를 투자 기준으로 활용한다는 것은 기업의 재무적 성과뿐 아니라 환경보호, 사회적 책임, 기업의 지배구조 같은 비재무적 성과를 보고 투자 결정을 내리겠다는 의미다.

세계 3대 연기금 중 하나인 노르웨이의 국부펀드는 ESG 평가기준에 따라 석탄, 담배, 핵무기를 생산하는 기업과 환경오염을 일으키는 기업, 부패하거나 인권을 침해하는 기업을 투자 대상에서 제외하고 있다. 마찬가지로 세계 3대 연기금 중 하나인 우리나라의 국민연금기금도 ESG 요소를 투자 결정에 반영하고, 2022년까지 ESG 관련 투자를 운용기금의 50%로 확대하겠다고 밝혔다. S&P와 무디스Moody's, 피치Fitch 같은 신용평가 기관은 이미 2019년부터 기업의 신용을 평가할 때 ESG 요소를 고려해왔다.

EU는 ESG 관련 여러 법안을 도입하고 있는데, 그중에는 기업의 생산·공급망 전체에서 환경과 인권보호 상황에 대한 조사를 의무화하는 제도도 포함하고 있다. 영국은 2025년까지 모든 기업에 ESG 정보 공시를 의무화한다는 계획을 밝혔으며, 우리나라의 금융위원회도 코스피 상장사를 대상으로 2030년까지 기업의 지속가능경영 보고서 공시를 의무화할 계획이다. 이 외에도 미국, 일본 등 여러 국가에서 ESG 공시 의무

화를 추진하고 있다.[8]

이처럼 새로운 투자기준과 법안으로 ESG가 주목받자 ESG는 기업이 고려해야 할 필수요소가 되었다. 현재 각국 정부는 자국 경제를 저탄소 경제로 전환하면서 기후 관련 대책을 빠르게 추진하고 있으며, 우리나라 기업들도 좋든 싫든 간에 ESG 경영을 선택하지 않을 수 없게 되었고, 삼성, SK, LG, 현대 등 국내 대기업들도 ESG 경영을 추진하고 있으며 국내 기업의 ESG 경영수준은 선진국의 70% 수준으로 평가되고 있다. 단순한 이윤추구형 경영 외에도 새로운 ESG 요소를 고려하는 경영전략을 추진해야 한다. 기업의 사회적 책임 수행과 사회적 공헌에 따라 기업가치가 달라질 수 있기 때문이다.

2014년 9월 개최된 UN 기후정상회의에서 비영리단체인 기후그룹과 탄소정보공개프로젝트CDP의 제안으로 기업이 소비하는 전력의 100%를 재생에너지로 조달하겠다는 RE100Renewable Electricity 100%이 민간 차원의 자발적인 캠페인으로 도입되었다. 재생에너지란 태양광·태양열·풍력·수력·지열·바이오매스·바이오가스·그린수소를 활용한 연료전지 등 친환경 발전을 통해 생산된 전력을 의미하며, RE100에 참여하는 기업들은 사용하는 전력을 재생에너지와 같이 친환경으로 발전된 전력을 자가 조달하거나 구매해야 하고, CDP에서 인정하는 수단을 통해 재생에너지 사용을 인증받아야 한다. RE100 캠페인이 시작되자 스웨덴의 이케아를 비롯한 13개 기업이 창립 회원으로 참여했고, 애플·구글·BMW·메타·마이크로소프트·지엠·나이키·인텔·3M·샤넬·듀퐁·스타벅스·버버리·이베이·화이자 등 세계 유수의 기업이 회원으로 가입했다. 가입한 기업들은 자발적으로 재생에너지 100%를 목표로 하는 연도를 제시하여 자회사나 투자자, 부품공급사가 참고할 수

8 KDI 경제정보센터, 〈지속가능한 성장을 위한 기업의 노력, ESG경영〉 참고.

있도록 하고 있다.[9]

2020년에는 유럽연합이 주도해 환경적으로 지속가능한 경제활동의 기준을 위해 그린 택소노미Green Taxonomy(EU가 발표해 'EU Taxonomy'라고도 한다)를 발표했다. 이는 탄소중립에 맞는 친환경 산업 분류체계이며, 기업과 투자자들이 투자 여부를 결정할 때 지침서로 활용하도록 고안된 '녹색투자 분류기준 체계'로서 2022년 7월 6일 최종안이 유럽연합 의회를 통과함으로써 2023년 시행이 확정되었다.

2023년부터 시행되는 그린 택소노미 최종안이 확정되기까지 원전 대국인 프랑스를 중심으로 한 찬성파와 대표적 탈원전 국가인 독일을 중심으로 한 반대파가 팽팽히 맞서면서 유럽은 1년 이상 갈등을 빚었다. 하지만 독일이 천연가스를 택소노미에 포함하기 위해 프랑스와 타협하면서 원전과 천연가스가 포함된 안이 집행위에서 최종 확정되었다.

그러나 신규 원전에 대한 투자가 녹색 경제활동으로 인정되려면, 2045년 이전에 건설 허가를 받아야 하고 2050년까지 고준위 방사성 폐기물 처분 시설을 운영하기 위한 세부 단계가 포함된 계획을 문서화된 형태로 보유해야 한다. 기존 원전에 대해서는 합리적으로 실행 가능한 수준까지 안전을 개선하고, 2025년부터 더욱 안전하다고 평가받는 핵연료를 사용하는 것을 조건으로 2040년까지 승인을 받아야 한다.

윤석열 정부는 취임 후 지난 5년간 문재인 정부에서 추진한 탈원전 정책에서 벗어나 원전 생태계 복원을 추진한다고 발표했으며, 환경부는 2021년 말 원전을 녹색에너지에서 제외한 K-택소노미를 발표했으나, 윤석열 정부가 출범하면서 원전을 포함하도록 녹색분류체계를 보완하겠다고 밝힌 바 있다. 한편 EU 택소노미에는 신규 원전투자가 친환경 활동으로 인정받기 위한 조건 중 하나로 고준위 핵폐기물 설치조건이

---

9 Daum백과 〈RE100〉 참고.

있다. 현재 우리나라의 기존 원전은 핵폐기물 보관시설 없이 임시로 원전에 보관 중이어서 EU 택소노미 기준에 못 미칠 뿐만 아니라 새 원전을 지을 때는 핵폐기물시설 등의 조건을 맞추어야 하는데, 전문가들은 그런 조건들을 맞춘다면 다른 친환경에너지와 비교해 경제성이 현저히 떨어진다고 분석한다. 이런 이유로 원전이 녹색분류체계에 포함되더라도 원전산업계가 기대하는 원전산업의 부흥으로 이어지기는 어려울 것이라는 게 에너지 전문가들의 대체적인 견해다.

저무는 세계화의 시대: 2022년의 탈세계화

영원할 것처럼 보이던 세계화는 2008년을 기점으로 상황이 바뀌어 여기저기서 탈세계화 조짐이 보이기 시작했다. 미국의 대기업과 거대자본은 세계화로 가장 큰 이득을 보았지만, 세계화로 인한 이득은 모든 미국 국민에게 골고루 분배되지 않았다. 개발도상국의 경우도 마찬가지다. 세계화는 개발도상국의 일부 독과점 대기업에는 큰 이득을 안겨주었지만, 이익을 극대화하려는 지나친 노력의 결과 국민 대다수를 차지하는 개발도상국의 노동자 계층에게는 별다른 생활의 안정을 가져다주지 못했다. 결국 세계화는 국민 개인은 물론 국가 간 격차를 더욱 벌려놓았으며 불평등은 심화되었다. 특히 선진국의 중산층들은 자신들이 세계화의 가장 큰 피해자라고 믿었다. 오프쇼어링offshoring으로 양질의 일자리가 사라지고 중산층 이하 가계의 소득이 줄거나 정체해 저소득층 또는 빈곤층으로 전락하는 현상이 광범위하게 나타났기 때문이다.

2011년 9월 미국 뉴욕의 월가Wall Street를 진앙지로 "월가를 점거하라Occupy Wall Street, OWS"는 시위가 진행되었는데, 이 시위는 11월 30일 경찰에 의해 해산될 때까지 공식적으로만 73일간 계속되었다. 처음 SNS를 중심으로 시작된 시위는 학생들이 참가하면서 점점 확대되었고, 각 노조가 가세하면서 사실상 미국 내 범진보세력이 총결집하는 상황이 되었다. OWS에는 주도층이나 지도부가 없었음에도 SNS를 타고 10월 15일 전 세계 1,500여 개의 주요 도시에서 반反월가 시위가 일어났으며, 서울의 덕수궁과 여의도 주변에서도 동조하는 시위가 일어났다. 시위대는 1%의 금융 거부들이 전체 부의 50%를 차지하는 현실에 저항한다는 의미로 "우리가 99%다We are the 99%"라는 구호를 사용했고 빈부격차 해소, 비정규직 처우 개선 등 국가에 따라 다양한 형태의 요구로 나타났으며, 금융권력의 집중과 정치인들의 부패에 대한 각성을 요구했다. 일부에서는 이 시위가 있었던 시기를 '월가의 가을'이라고 부르기도 했다.

이 시위에 앞선 2008년 세계 경제를 파탄으로 몰아넣은 서브프라임 모기지 사태로 인해 월가의 수많은 금융기업이 줄도산 위기에 몰리자 미국 정부는 세금을 투입하고 재정지원정책상 보조금을 지급했으나 정작 금융위기의 주범 격인 많은 금융회사의 경영진은 이 자금으로 보너스 잔치를 벌이는 등의 추태를 보였다.[10] 계속되는 경제난과 실업 문제가 겹치면서 불만이 누적된 민중은 금융권의 이런 부도덕한 모습에 분노해 결국 금융회사들의 본거지인 월가를 점령하자는 시위로 이어지게 된 것이다.

결국 이와 같은 중간계층의 불만은 정치적 변화를 불러왔으며, 2017년 도널드 트럼프Donald Trump를 정치무대에 등장시켰다. 트럼프는 자국의 이익을 우선시하는 '미국 우선주의America First'와 보호무역을 옹호함으로써 2017년 미국 대통령 자리에 올랐으며, 그 이후 '자유무역'이

---

10 최고경영자들 입장에서는 정액급여는 받을 수 있지만 사실상 급여의 대부분을 차지하는 스톡옵션 등 성과급을 상실하게 된 데 대한 보상으로 기대했던 성과급 일부를 지급해간 것으로 보인다. 그러나 국민의 눈에는 당연히 정책지원금으로 성과급 잔치를 한 것으로 보였을 것이다.

라는 가치는 서서히 그 빛을 잃어갔다. 이때 코로나19 바이러스가 덮쳤고, 2022년에는 러시아-우크라이나전쟁이 시작되었다.

코로나19와 전쟁, 이 두 개의 사건으로 글로벌 공급망의 작동이 멈추면서 생산 · 물류의 흐름이 일시에 정지했다. 세계 각국은 위기를 맞았고 필수소비재에 대한 수입의존도가 높은 국가일수록 심각해졌으며, 이때 주요국은 싼 비용보다는 자국 내에서의 생산과 제조가 얼마나 중요한지를 절감하게 되었다. 자본자유화와 무역자유화로 대변되는 세계화가 정답이 아니라는 인식이 일반화되어갔고, 세계화 퇴조 현상은 이로써 한층 뚜렷해졌다.

세계화를 되돌린 이후의 세계는 다시 고물가 · 고금리 시대가 될 것이다. 전 세계의 가장 싼 임금을 찾아 나섰던 미국 기업들은 리쇼어링 reshoring[11]에 나서기 시작했으며, 미국의 바이든 대통령은 "미국 시장에 상품을 팔고 싶으면 미국에 공장을 지으라"며 외국기업들을 압박하고 있다. 첨단산업의 Made in USA를 강조하면서 〈반도체 지원법〉을 제정하고, 미국 내의 비싼 임금으로 물가가 상승할 것에 대비해 〈인플레이션 감축법〉을 제정해 보조금을 지급하면서까지 제조업을 유치하고 있다. 이러한 보조금 정책이 상당한 성과를 나타내고 있는 중임에도 물가상승은 불가피할 것이며, 물가를 억제하기 위한 고금리정책도 피할 수 없을 것이기 때문이다.

이처럼 바이든 대통령이 강력한 탈세계화deglobalization 드라이브를 밀어붙이는 데는 또 다른 정치적 이유가 있다. 많은 경제학자들은 2028년이면 중국의 GDP가 미국을 앞지를 것이라는 분석을 내놓고 있으며, 이것은 1970년대 일본이 그랬던 것처럼 미국의 패권에 위협을 가하는

---

11 해외에 진출한 국내 제조기업을 다시 국내로 돌아오도록 하는 정책으로, 저렴한 인건비를 이유로 해외로 공장을 옮기는 오프쇼어링과 반대되는 말이다.

우려스러운 일이 아닐 수 없다. 더구나 일본과 달리 중국은 정치적으로도 과거 소련을 대체하는 사회주의국가가 아닌가? 미국이 그동안 애써 구축해놓은 미국 중심의 세계질서와 동맹체제가 위협받을지도 모를 일이기 때문이다.

지금까지 미국은 중국이 싼 노동력으로 저부가가치의 싼 제품을 만들어 서구세계에 공급하는 '세계의 공장' 정도로만 생각했다. 싼 중국산 농산물과 시계나 옷가지, 신발, 싸구려 전자제품 등 저렴한 중국산 공산품이 미국의 저임금 노동자들에게 큰 도움이 되어왔으며, 이것은 미국 기업이 저임금을 유지하기 위한 필수요소였기 때문이다. 이처럼 중국을 과소평가한 미국의 클린턴 행정부는 저렴한 중국 상품을 수입해 미국 내 저소득층의 생활안정을 기하고, 미국의 첨단기술제품을 수출하기 위해 중국의 WTO 가입을 적극 지원했으며, 2001년 12월 중국은 WTO의 정식 회원국이 되었다. 이로써 중국 기업들의 대외신인도가 높아지고 해외 자본투자 기회가 확대되면서 중국 경제가 급속히 성장했다. 2001년 WTO의 정식 회원이 된 이후 중국은 그동안 꾸준히 기술투자를 하면서 인공지능, 전기차, 자율주행 자동차, 최첨단 통신기기 등의 고부가가치산업으로 영역을 확대해왔으며, 오늘날 중국은 신장된 국력을 바탕으로 세계경제에 큰 영향을 미치고 있다. 결국 미국으로서는 호랑이 새끼를 키운 결과가 된 것이다.

미중 패권전쟁은 트럼프 대통령 시절부터 이미 표면화되기 시작했는데, 미국이 중국에 고율의 관세를 부과하자 중국도 미국제품에 고율의 보복관세를 부과하면서 무역전쟁이 시작되었고 결과는 미국의 참패로 끝났다. 그러자 바이든은 중국의 가장 약한 고리인 '기술'로 패권전쟁을 선포했다. 중국이 가장 필요로 하는 AI, 자율주행 자동차, 첨단통신기기 등 4차 산업혁명에 필수적인 반도체 생산기술에 뒤처진 중국의 아킬레스건을 정확히 가격한 것이다. 그뿐만 아니라 트럼프가 중국과 1 : 1로

맞붙었던 것과 달리 바이든은 기술로 중국을 고립시키기 위해서는 동맹국들과의 공조체제가 필요하다는 것을 깨닫고 반도체 생산기술에 뛰어난 한국과 일본, 대만과 함께 중국을 고립시키는 반도체기술동맹(Chip4 동맹) 구축을 원하고 있다.

반도체는 미국의 원천·설계기술을 바탕으로 일본의 소재와 장비로 한국과 대만이 대량생산해서 중국에 공급하면 중국이 저렴한 비용으로 최종상품을 생산해 전 세계에서 소비하는 협업질서를 유지하고 있는데, 바이든의 기술경쟁은 이 협업체계에서 중국을 배제하자는 것이다. 미국이 시도하는 중국 고립을 위한 시도의 성패는 한국과 대만 등 반도체 생산국들이 미국이 원하는 방향으로 안정적인 생산시스템을 갖춘다 해도 세계 최대의 반도체 소비시장인 중국을 포기하는 것이 가능할 것인지에 달렸다.

이러한 미국의 기술패권전쟁은 앞으로 배터리를 비롯한 첨단하이테크 제품들로 확산될 전망이며, 지난 30여 년간의 세계화는 영구히 무덤으로 들어갈 것으로 보인다.[12]

---

12 [시사기획 창] 홍사훈 기자, 〈인플레 & 세계화의 종식〉, 2022. 8. 26. 방송분 참고.

제15장

정의롭고 지속가능한 공정경제를 위하여

우리 사회가 근대화된 이후 국가는 국민 삶의 질 향상을 위해 경제성장을 최우선적 목표로 삼아왔으며 상당한 성과를 이루어냈다. 그러나 앞으로도 지난 기간처럼 계속적인 성장을 이루어내고 삶의 질을 향상시킬 수 있을 것인가에 대해서는 우리 사회구성원 대부분이 회의적으로 전망하고 있으며, 특히 성장이 정체된 상황에서 지나친 계층 간의 불평등은 근대 시민혁명의 기운이 확산하던 18세기 말의 음습한 분위기를 떠올리게 한다.

오늘날 공정성 회복과 지속가능성 구축이 시급한 과제로 등장한 배경에는 갈수록 더해가는 우리 사회의 불평등과 소득·자산의 양극화, 저성장, 그리고 기후변화 위기가 있다. 이러한 상황을 초래한 배경은 무엇이고 어떻게 이 위기를 극복할 것인가에 대한 해법을 찾는 것은 매우 시급하고도 중대한 문제가 아닐 수 없다. 공정성과 지속가능성은 현재 우리 사회의 시대적 요구이자 미래 세대를 아우르는 경제번영을 위한 핵심 가치가 되었기 때문이다. 세계적으로 빈부격차 문제가 심각해지자 세계은행IBRD과 아시아개발은행ADB은 2006년 "불평등 문제를 해결해야 세계경제의 지속성과 건전성을 담보할 수 있다"고 선포하고 '포용적 성장'을 새로운 대안 모델로 제시했다. 유럽연합은 2010년 유럽의 미래 10년을 준비하는 '유럽 2020'을 발표하면서 포용적 성장 비전을 제시했으며, 중국은 같은 해 8월 후진타오 당시 주석이 포용적 성장을 처음 언급한 뒤 경제개발계획의 기본 방침에 포함하고 국가의 핵심 발전전략으로 삼았다.

'포용적 성장Inclusive Growth'이란 경제활동 참여 기회가 국민 각계각층에 부여되고 성장의 혜택이 사회 전체에 공정하게 분배되어 경제성장이 소득 양극화 해소, 삶의 질 향상으로 이어지는 경제모델로서, 경제성장과 인간개발 간의 선순환에 초점을 맞춘 개념이며, 경제성장과 복지 확대를 동반 실현해야 한다는 뜻을 담고 있다. 이는 문재인 정부의 소주성(소득주도성장정책)보다 넓은 개념으로 임금인상과 복지, 동반성장 등을 아우르는 것이며 그 핵심은 기회의 형평성을 높이는 전략을 추구하는 것이다. '포용적 번영Inclusive Prosperity'이라고도 불린다.

지속가능한 공정경제의 조건

지속가능성은 우리 사회가 '성장 중심 패러다임'에서 벗어나 '안정속 포용적 발전'이라는 사회·경제 패러다임으로 전환하기 위해 추구해야 할 시대적 가치로서 일반적으로 생태적 관점, 사회적 관점, 경제적 관점 등 세 가지 측면을 포괄하는 것이다. 경제적 관점에서의 지속가능성은 인간발전을 고양하는 지속가능한 경제적 활동을 의미하는 것으로 빈곤 감소, 형평성 제고 등을 주요 목표로 제시한다. 특히 경제영역에서 강조되는 공정성은 기회와 분배의 공정성이다. '기회의 공정성'은 모든 사람이 경제생활에 참여하고 경제적 목표를 실현하는 데 동등한 기회를 얻어야 한다는 것이며, '분배의 공정성'은 보상, 지위, 권력 등 사회자원의 분배가 각 개인의 노력과 기여에 따라 공정하게 이루어져야 한다는 것이다. 다시 말해 불평등을 용납하되 과도한 불평등이 발생하지 않도록 적절한 분배를 이루어야 한다는 의미다.

모든 개인이 이룬 성과는 자신의 노력에 더해 운[幸運]이나 사회적·역사적 산물의 도움을 받아서 가능해진 것이므로 그 일부분을 사회구성원과 나누는 소득분배 조정은 정당한 것이다. 소득분배의 개선은 다시 경제적 기회의 공정성을 제고해 인적 개발을 향상시키고, 사회적 계층 이동성을 높여 근로 참여의 동기를 강화시킬 수 있다. 그리고 좀 더 평등한 소득분배와 사회안전망의 강화는 경제주체의 삶의 안정성을 높이고 개인의 실질적 자유가 확대되어 도전적인 시도를 유도함으로써 기술혁신의 촉진에도 기여할 수 있다. 또한 소득분배의 개선은 소비성향이 높은 저소득층의 소득을 늘려 수요 증대를 통한 성장에 도움이 된다. 더욱이 소득불평등의 완화는 공동체의식 형성을 위한 필수조건이 되고 사회통합에 기여한다. 여러 실증적 연구 결과들은 소득분배 개선이 경제성장을 높이는 효과가 있는 것으로 나타난다. 결국 경제적 기회의 공정성 실현이 경제성장으로 이어지는 구조는 분배제도를 어떻게 효과적으로 설계하는가에 달려있으며, 경제민주화는 더 많고 더 넓은 사회적 기본재의 배분을 가능하게 한다.[13]

OECD는 2014년 12월 〈불평등과 성장〉이라는 연구보고서에서 "소득불평등이 오히려 경제성장을 방해한다. … 낙수효과의 환상에서 벗어나 양극화를 해소해야 경제가 성장할 수 있다"고 강조했다. 크리스틴 라가르드 IMF 총재는 2014년 세계경제포럼 연차총회를 앞두고 가진 〈파이낸셜타임스〉와의 인터뷰에서 "세계경제포럼에 참석하는 기업인들과 정치지도자들은 매우 많은 국가에서 경제성장의 과실이 극소수

---

13 《지속가능한 공정경제》, pp. 26-28 참고.

의 사람에게만 향유되고 있다는 점을 기억해야 한다. 소득불평등은 안정성과 지속가능성을 위한 방안이 아니다"라고 강조했다.

2008년 글로벌 금융위기 이후 10여 년간 세계자본주의는 저성장·저금리·저물가 상황에서 국가채무와 가계부채의 증가, 소득과 부의 불평등으로 불안정이 지속되었던 '뉴노멀New Normal' 시대를 지내왔다. 뉴노멀이란 2008년 글로벌 금융위기가 초래한 세계 대공황 이후 세계 자본주의의 장기하락 추세와 불균등 발전, 금융화의 모순이 낳은 불안정, 부채 증가, 소득 및 부의 불평등이라는 변하지 않는 구조적 모순이 더 악화되고 있다는 것이며, 심지어 이런 뜻에서 '뉴노멀'은 과거의 정상 상태에서는 없었던 현상의 조합이 정상이 된 것을 말한다.[14]

이러한 뉴노멀의 특징 중 하나는 '고용 없는 성장'이며, 고용 없는 성장은 국민연금과 의료보험 그리고 고용보험 같은 전통적 사회안전망의 사각지대를 늘린다. 노동시장에서는 일자리를 찾는 실업자들의 상황이 개선될 조짐이 보이지 않고 있으며, 얼마 되지 않는 재산을 털어 자기의 노동과 섞어 넣은 자영업자들도 폐업의 위기에 내몰리고 있다. 플랫폼 경제가 성장할수록 전통적 불안정 노동계층이던 하청 비정규직 노동자와 영세자영업자뿐만 아니라 플랫폼 노동자 등 사회안전망의 사각지대에 놓인 신종 불안정 계층은 더욱 늘어날 전망이다.

2008년 글로벌 금융위기 이후 가계와 기업, 정부의 경제 3주체의 국민총소득 분배율을 보면 기업 부문은 지속적으로 높아진 데 비해 가계 부문은 낮아졌고, 기업 부문에서도 수출 대기업 중심의 소득분배율

---

14 《지속가능한 공정경제》, pp. 49-57 참고. 그러나 2022년 들어 러시아-우크라이나전쟁과 중국의 제로 코로나19 봉쇄조치로 인해 글로벌 공급망이 불안정해지면서 비용인상 인플레이션(cost-push inflation)이 발생해 물가가 급등하는 상황에서 물가상승을 방어하기 위한 고금리정책을 쓰면서 다시 고물가·고금리 시대로 전환되고 있다. 이것은 10여 년간의 뉴노멀 시대를 종식시키고 다시 전통적 노멀 시대로 돌아가는 계기가 될 것이며, 지난 30여 년간의 세계화 물결을 되돌릴 것으로 보인다.

이 올라갔지만 2, 3, 4차 중소 하청기업들에는 축소되었다. 중소기업 노동자뿐만 아니라 대기업 안에서도 정규직과 비정규직 간의 소득분배에서 차이가 커짐으로써 가계의 소득분배율이 지속적으로 낮아지는 원인이 되었다. 이 문제에 대한 해결 없이는 임금노동시장에서 양극화 또는 이중화가 해소되지 않을 것이다. 노동시장의 유연성을 높이기만 했을 뿐 이를 보완할 사회적 안전장치가 매우 부족했다. IMF 외환위기 이후 비정규직이 대거 양산되었지만, 정규직과 비정규직의 임금격차는 그 어떤 나라보다 높다. 대책 없는 노동시장의 유연화가 사회 양극화 · 이중화의 원인이 되고 있다. 이러한 상황에서 코로나19 위기가 불러온 사회적 · 경제적 충격에 따른 고통은 저소득 계층에 집중되는 양상이며, 사회적 불평등의 확대로 이어질 것이라는 우려가 커지고 있다.

각국의 노동시장에서는 실업률이 치솟고 경기후퇴로 인해 무수한 자영업자들이 생계를 잃는 지경에 이르고 있음에도 주식과 부동산 등 각종 자산시장은 오히려 코로나19 사태 이전보다 더 높은 수준으로 끓어오르고 있다. 건국대학교 최배근 교수가 한 라디오방송[15]에 출연해 대담을 나눈 내용을 요약하면 다음과 같다.

> 2021년 기업의 경제활동이나 노동자의 근로활동을 통해 만들어낸 순소득이 전년에 비해 104조 원 증가한 데 반해 자산에서 부채를 뺀 순자산은 2,030조 원 증가했다. 같은 해 가계의 가처분소득이 56조 원 증가한 데 비해 가계의 순자산은 1,133조 원 증가했으며, 그중 부동산자산이 82%를 차지한다.
>
> 정확히 10년 전에는 순소득이 54조 원 증가한 데 비해 순자산은 701조

15 KBS 홍사훈의 경제쇼 플러스, 〈조선시대보다 더 심한 자산불평등: 개천에서 다시 용이 나올 수 있을까?〉, 2022. 8. 20. 방송.

원 증가했으며, 가계의 가처분소득이 40조 원 증가했고 가계의 순자산은 250조 원 증가했다. 소득에 비해 자산의 증가액이 너무 크다는 것도 놀라운 일이지만, 가계의 소득 대비 자산증가 배율이 10년 전 약 6.25배에서 2021년 20배 이상으로 격차가 커졌다는 것은 심각하게 보아야 한다. 부모의 소득이 상위 10%일 때 자녀의 소득이 상위 10% 안에 들어갈 확률이 약 90%에 이르며, 부모의 소득이 하위 10%일 때 자녀의 소득이 하위 10% 안에 들어갈 확률도 약 90%에 이른다고 한다. 이런 상황에서 누가 땀 흘려 노동하고 싶겠는가?

반복해서 말하지만 저성장과 경제적 불균형의 확대는 1980년대 이후 신자유주의가 발흥하면서부터 지속적으로 관찰되는 현상이다. 성장 만능주의에 사로잡혀 '낙수효과'라는 말로 대중을 호도하면서 불균형 성장을 기본 철학으로 삼았던 지난 역사의 산물이며, 이로 인한 불평등의 확대는 총수요를 감소시켜 결국 다시 기업과 자본 자신을 공격함으로써 우리 경제의 지속가능성을 심각히 저해하는 주요 요인으로 작용했다.

4차 산업혁명은 전 세계가 마주한 현실이다. 단기적으로는 '인공지능'의 등장, 중장기적으로는 유례없이 빠른 '과학기술'의 발전 속도에 따른 사회 전반의 변혁을 의미한다. 인간의 인지적 영역까지 기술혁신이 진입해 과거의 산업혁명들과 사뭇 다른 모습으로 일자리 변화를 촉진하고, 당연히 산업 · 경제를 포함한 사회 전반의 진일보를 요구한다. 대한민국의 현재는 '풍요 속 불안'이다. 국민소득 3만 달러, 경제규모 세계 10위권, 세계 최고의 기대수명 등 제법 윤기 나는 수사와 수치를 삶에서 피부로 느끼지 못한다. 국민의 절반이 자신을 중산층 이하로 여기는 가운데 미래에 대한 불안감은 어느 때보다 크고 국민 다수가 미래는 더 나빠질 것이라는 생각을 안고 산다. 불안감의 뿌리는 '일자리'이며, 현재의 일자리에 그치지 않는다. 4차 산업혁명으로 인한 변화는 일자리 문제를 증폭시키고 미래의 일자리에 대한 고민이 더해지면서 불안감은 심화되고 가중된다. 4차 산업혁명은 물자와 사람 등의 이동성을 높이면서 국가 간 경계를 무너뜨리고 자연스럽게 글로벌 산업경쟁을 가속화시킨다. 특히 다양한 플랫폼 서비스는 스마트폰과 스마트폰 관련 인프라의 발전에 따라 국가 간 탈경계와 경쟁을 더욱 부추긴다.[16]

4차 산업혁명에 인공지능과 과학기술의 발달에 기초한 사회 · 경제 구조의 변화가 움트는 중에 코로나19 팬데믹이 이를 가속화시켰다. 배달노동자와 라이더 등 플랫폼 노동자가 대거 늘어나면서 저임금과 열악한 근로조건에 더해 고용불안까지 커짐에 따라 이들에 대한 노동권 보장과 사회안전망 확충이 더욱 절실한 사회적 과제로 대두되고 있다. 저임금 근로자가 늘어나면서 소득불평등이 확대되고, 이는 곧바로 교육격차 심화로 이어져 불평등의 대물림이 고착화할 가능성이 커졌다. 이처럼 불평등이 심화됨에 따라 기회와 분배의 공정성에 대한 시민의 반응도 한층 민감한 형태로 나타나고 있다.

일자리 부족은 빈곤과 함께 소득불평등을 낳는다. 불평등은 기회의 불균등으로 이어지고 빈곤층은 질 좋은 교육을 받을 권리, 일정 수준의 주거 서비스를 누릴 권리, 발전한 현대 금융제도를 이용할 권리로부터 체계적으로 배제된다. 그로 인해 빈곤층에게는 좋은 일자리를 갖고 경제성장에 기여하며 성장의 과실을 누릴 기회 자체가 사라진다. 기회의 불균등은 더 큰 불평등으로 이어진다.

경제가 성장해도 분배가 불평등하면 가계의 구매력이 정체되면서 수요가 충분히 늘어나지 못하는 수요제약이 구조화된다. 따라서 빈곤층의 소득이 줄어들고 부유층의 소득이 늘어나면 경제 전체적으로 재화를

---

16 문재인 정부의 '대통령 직속 4차산업혁명위원회' 홈페이지의 〈4차 산업혁명 대정부 권고안〉의 일부를 인용했으며, 이 위원회는 윤석열 정부 출범 직후 활동이 종료되었다.

구매하려는 총수요가 줄어들기 마련이며, 오늘날 한국경제는 이러한 수요제약 때문에 성장이 정체되는 현상이 지속되고 있다. 그리고 성장의 정체는 다시 일자리 부족으로 이어지고 일자리 부족은 재차 빈곤과 소득불평등, 기회불균등을 심화시킨다. 일자리 부족, 빈곤, 소득불평등, 기회불균등, 수요제약, 성장 정체 사이에 악순환이 반복되고 있다. 지속가능한 공정경제를 지향하는 정부라면 바로 그 악순환의 고리를 끊어내야 한다. 그런데 오늘날 한국경제에서 그와 같은 악순환을 끊어내는 일을 시장에 맡길 수는 없다. 정부가 나서서 경제상황을 관리하고 공공부문을 중심으로 일자리를 창출하며 시민의 소득을 보장하려는 목적으로 재정을 본격적으로 투입하지 않으면 개선을 기대하기 어렵다.[17]

현시점에 우리가 살아갈 사회·경제구조에 대한 재구조화의 필요성이 커지고 있다. 지금과 같은 패러다임으로는 더 이상 지속가능한 성장이 힘들다는 인식이 확신을 얻어가고 있기 때문이다. 새로이 다가올 미래지향적 경제질서가 어떤 모습이어야 하는지는 국민적 합의에 따라 결정될 것이다. 지속가능한 공정경제는 모든 국민이 행복한 삶을 영위할 기회를 보장받고 현재와 미래 세대를 아우르는 경제번영을 이루기 위한 경제정책의 방향이어야 한다. 우선 지속가능한 경제질서를 만들기 위해서는 국민의 기본적인 생명, 안전, 건강을 확보하기 위한 사회적 투자와 공공의 역할을 늘리는 것이 필수다. 그리고 탄탄한 공적 인프라를 기반으로 우리 사회의 구조적 불평등을 해소해야 한다. 더불어 진정으로 공정한 사회라면 구성원들이 마땅히 권리로서 보편적으로 보장받고 또 누릴 수 있는 '좋은 삶'이 무엇인지에 대한 논의를 병행해야 한다. 이것이 포스트 코로나 시대에 한국 사회가 지향해야 할 방향이다.[18]

---

17 《지속가능한 공정경제》, pp. 147-148 참고.

18 《지속가능한 공정경제》, p. 69 참고.

지방에서 그리고 가난한 부모 밑에서 자란 아이들에게도 균등한 기회가 보장될 수 있도록 교육정책을 펼쳐야 한다. 예전처럼 개천에서 용이 날 수 있도록 교육환경이 바뀌어야 하며, 여성이 아이를 낳고 기르면서도 남성에게 뒤처지지 않는 능력을 인정받을 수 있도록 육아환경과 노동환경을 바꿔야 한다. 그리고 고령화되어가는 경제주체들이 경제활동에 더 오래 참여할 수 있도록 노동환경과 연금체계를 바꿔야 한다. 절대빈곤층과 장애를 지닌 국민의 보건의료 혜택을 늘려 이들도 경제성장 과정에 참여하고 그 과실을 함께 나눌 수 있는 정책을 적극 추진해야 한다.

주주자본주의를 타도하라!

잭 웰치Jack Welch는 1960년 일리노이대학에서 박사학위를 취득하고 곧바로 제너럴일렉트릭GE에 입사한 이후 1981년부터 2001년까지 자그마치 20년 동안 GE의 회장과 CEO 직책을 역임했다. 재임 기간 동안 약 2천여 건에 달하는 인수합병을 이끌었고, GE의 시가총액을 140억 달러에서 3,700억 달러로 상승시키며 회사의 성장을 이끈 공로로 1999년 〈포춘〉지에서 '20세기 최고의 경영자'로 선정되었다. 1981년 GE의 최고경영자가 된 직후 미국 뉴욕시 피에르호텔에서 '저성장 경제에서 (기업의) 빠른 성장'이라는 제목의 명연설을 했는데, 이 자리에서 "시장에서 1~2위 기업이 되어 극대화된 가치를 주주들에게 돌려줘야 한다"고 역설했다. 또 "세계경제의 성장보다 빠르게 이익을 늘리려면 과감히 비용을 줄이고 수익을 내지 못하는 사업은 매각해야 한다"는 신념을 분명히 드러냈다. 잭 웰치는 이 연설로 '주주가치 운동의 아버지'로 불리게 되었다.

GE를 이끄는 동안 그는 '경영의 신'이라는 칭송과 함께 '중성자탄 잭'이라는 별명도 갖게 되었는데, 건물은 그냥 둔 채 안에 있는 사람만

싹 죽여버리는 중성자탄처럼 인수한 회사의 외양은 그대로 둔 채 내부 인원을 전부 물갈이해버리는 무시무시한 구조조정을 추진했기 때문이다. 실제로 그가 회장으로 있던 기간 동안 GE는 해마다 10%씩 직원들을 내쫓았다. 그의 경영기법은 대규모 정리해고를 통한 자본 중심의 구조조정, 기업의 인수합병, 그리고 국제화 추진에 있었으며 "세계 1위 또는 2위가 될 수 없는 사업에서는 철수한다"는 경영방식으로 GE를 이끌어나갔다. 그 결과 그는 1980~1990년대 미국에 불어 닥친 구조조정(정리해고) 열풍을 불러일으킨 장본인이기도 했으며, 이 때문에 자기 아들이 등교하다가 해고 노동자의 아들에게 보복을 당해 다쳐서 돌아온 적도 있었다고 한다.

인수합병을 통한 문어발식 확장과 무자비한 구조조정, 과감한 금융확장 등이 잭 웰치 성공의 핵심 요인이었지만, 2008년 글로벌 금융위기 이후 GE의 캐피탈 부문이 그룹 전체를 뒤흔드는 부실 덩어리가 되었고, 2021년 결국 캐피탈 부문과 산하 회사에 대한 매각결정이 내려지게 되면서 과거 잭 웰치의 거대한 유산은 실패사례로 남아 사실상 거의 청산되었다.

잭 웰치가 주도했던 주주가치 이데올로기는 '기업은 누구의 것인가?' 또는 '기업의 존재이유는 무엇인가?'라는 질문에 대해 "상장기업은 주주의 것이며 오로지 주주의 부를 극대화하기 위해 존재한다"는 명확한 답변을 내놓았다. 주주의 부는 주식가격으로 측정된다. 그것도 몇 년 후의 주가가 아니라 당장의 주가로 나타난다. 주주의 이익은 주가상승과 많은 배당금을 받아내는 것이다. 주주자본주의하에서는 높은 실적을 올린 경영진에게 동기부여라는 명목으로 연봉 외에 천문학적인 스톡옵션과 성과급을 지급하는 것이 관례로 되어 있으며, 이 성과급을 받아내기 위해 경영진은 주주가치 제고를 목표로 기업을 운영하게 된다. 기업의 최고경영자를 비롯한 고위 경영진은 주주들로부터 주가와 연계된 옵션, 주식과 보너스를 후하게 받으면서 '주주가치'라는 이데올로기에 점점 매료되어갔다.

20세기 전반까지만 해도 사람들에게 상장기업은 단순히 주주들을 위해 이익을 내는 것을 넘어서서 더 넓은 사회적 목적을 가진 존재로 보였다. 상장기업이 제대로 경영되면 고객, 임직원, 심지어 사회 전체를 포함하는 이해관계자들의 이익에도 기여할 수 있다고 여겨졌으나 1970년대 '시카고학파'로 불리는 신자유주의 경제학자들의 발흥 이후 "기업의 목적은 단지 주주들을 가능한 한 더 부유하게 만드는 것"이라는 인식을 사회 전반에 새겨 넣었다. 특히 신자유주의를 대변하는 경제학자 밀턴 프리드먼은 1970년 〈뉴욕타임스〉 일요판에 "주주들이 기업을 소유하기 때문에 기업의 유일한 사회적 책임은 이익을 늘리는 것"이라는 주제의 기고문을 썼다. 그리고 1976년 경제학자 마이클 젠슨Michael Jensen과 윌리엄 메클링William Meckling은 "주주가 기업의 주인이며, 이들이 이사와 경영진을 고용해 주주의 대리인 역할을 담당하게 한다"고 설명했는데, 이는 경영진이 추구해야 할 것은 오직 주주의 이익일 뿐 고객과 임직원과 사회 공동체의 이익이 아니라는 주장이며 나아가 기업 경영진이 주주의 부 극대화 이외의 다른 목적에 신경 쓰는 것은 '대리인 비용'을 발생시키고 사회적 부를 줄어들게 만드는 행위라는 것이다.

뉴밀레니엄 시대가 되기 전에 기업의 목적에 대한 논쟁은 시카고학파의 완승으로 마무리되었다. 미국에서 1984년 S&P500 기업들에서 경영진의 연봉은 주가와 연동된 비율이 0%였지만, 2001년에는 이 비율이 66%까지 치솟았다. 2021년 미국기업의 연간보수 3,500만 달러 이상인 상위 25명 CEO는 보수에서 스톡옵션이 차지하는 비중이 78%에 이른 것으로 조사되었다. 1991년 미 의회가 주가연동 급여를 독려하는 세법을 개정하기 직전에는 대규모 상장기업 최고경영자의 연봉이 임금노동자 평균 연봉의 140배였으나 2003년에는 이 비율이 약 500배로 늘어

났다.[19]

2020년대가 되면서 미국 상장기업 최고경영진은 연봉, 성과급, 스톡옵션 등을 포함해서 한 해에 수백억 원에서 때로는 천억 원이 넘는 소득을 올리기도 하는데, 이 금액은 연봉 5천만 원을 받는 직장인의 소득 천 년 치에 버금가는 금액이다. 일론 머스크 테슬라 CEO는 2020년에 이어 2021년에도 보수를 한 푼도 받지 않았다. 대신 머스크가 2018년에 받은 23억 달러 규모의 보수에 포함됐던 스톡옵션의 가치가 현재 650억 달러에 이르는 것으로 추정된다.[20] 우리나라도 예외는 아니어서 대기업 경영진의 경우 연봉과 배당금을 합해 수백억 원을 받는 경우가 드물지 않다.

'주주 최우선주의'라는 발상의 학문적 근간은 '주인-대리인' 모델에 있으며, 이 이론은 다음 세 가지 핵심 내용을 전제로 한다. ① 주주가 기업을 소유한다. ② 주주는 잔여청구권자다. ③ 주주는 이사진과 경영자를 고용해서 그들이 주주의 대리인으로 행동하도록 지시하는 주인이다. 그러나 린 스타우트Lynn Andrea Stout는 이 세 가지 전제가 모두 심각한 인식 오류에서 출발한다고 비판[21]한다.

첫째, 법률적인 관점에서 기업법인에도 자연인에 해당하는 법적 자격을 부여하고 있으므로 자연인이 누구에게 소유당하는 것이 아니듯 기업도 독립적인 법인으로서 스스로 존재하는 것이지 주주가 기업을 소유하는 것이 아니기 때문이라는 것이다. 즉, 기업은 소유되지 않고 독립적으로 존재하며, 채권자 · 임직원 · 협력업체와 계약을 맺는 것과 마찬가지로 주주와도 계약관계를 맺는다. 기업은 웬만한 국가보다 더 많은 자원을 통제하기도 하며, 자원을 소유하고 계약을 맺고, 불법행위를 저지

---

19 린 스타우트, 우희진 옮김, 《주주 자본주의의 배신》, 북돋움coop, pp. 55-62 참고.

20 노유정 기자, "美 대기업 CEO 보수 중간값 200억원…1위는?", 〈한국경제신문〉, 2022. 5. 16.

21 《주주 자본주의의 배신》 3장 〈주주 최우선주의, 기업경제를 배신하다〉, pp. 87-106 참고.

르면 제재를 받고, 발생한 피해를 배상해야 한다. 기업은 무한히 존속할 수도 있다. 그러나 주주는 주식을 한시적으로 소유하는 주식보유자에 불과하며, 주식은 주주와 기업 간의 계약일 뿐이다. 따라서 주주가 기업을 소유한다는 전제는 명백히 잘못된 것이다.

둘째, 잔여청구권자라는 것은 채권자에게 이자를 지급하고, 임직원에게 임금을 지급하고, 정부에 세금을 내는 것과 같이 사업을 운영하면서 필요한 지출을 다 이행한 후에 남는 이익을 모두 가질 권리를 갖는다는 것을 의미한다. 즉, 다른 기업 이해관계자의 이익은 미리 정해진 대로 다 확보되었으니 나머지는 모두 주주의 것이며, 따라서 주주이익의 가치는 기업의 가치와 동일하다는 것이다. 그러나 기업이 많은 이익을 낼 경우 경영진은 그 일부를 임직원의 임금인상과 복리후생을 위해 사용하거나 협력업체와 이익을 공유할 수도 있으며 사회공헌을 위한 기부를 할 수도 있다. 주주에게 얼마를 배당할지 또는 얼마를 사내에 유보할지 여부를 결정하는 것도 주주가 아니라 이사회의 몫이다. 반대로 기업이 많은 적자를 내어 파산의 위기에 놓이면 임직원들의 급여를 삭감하거나 법원이 채권자에게도 손실을 어느 정도 부담하도록 강제할 수 있다. 따라서 주주가 잔여청구권자라는 인식도 잘못된 것이다.

셋째, 주인은 일반적으로 자신의 이익을 위해 일할 대리인을 고용한 주체를 의미하는 것으로 이 전제가 성립하기 위해 주인은 고용인의 채용 이전부터 독립적으로 존재해야 한다. 하지만 기업을 설립하기 위해서는 이사회가 먼저 존재한 이후에야 비로소 기업은 주식을 발행하고 주주를 모집할 권한과 능력을 갖추게 된다. 즉, 기업 자신과 이사회가 먼저 그리고 독립적으로 조직되고 존재해야 주주가 존재하는 것이다. 더 중요한 것으로 주인은 대리인의 행위를 통제할 권한을 가지고 있어야 하는데 현실적으로도, 법률적으로도 기업은 이사회에 의해 통제되는 것이지 주주에 의해 통제되는 것이 아니라는 점이다. 이사회는 심지어 주주가 요구하는 배당지급을 거절할 수도 있으며, 다른 이해관계자나 사회적 이익을 주주의 이익보다 우선시했다고 해도 그것이 위법한 것은 아니다. 주주에게 의결권이 있기는 하지만 상장기업의 이사들을 주주의 지시에 따라 주주의 이익을 위해 일하도록 만들기에는 실효성이 떨어진다. 따라서 주주가 주인이고 이사회는 대리인이라는 전제도 잘못된 것이다.

이처럼 주주가 기업의 소유자도, 잔여청구권자도, 주인도 아니라면 왜 그동안 기업이 주인-대리인 모델에 따라 운영되어왔을까? 그것은 이해관계자를 중시하는 경영방침이 경영자들에게 너무 많은 재량권을 허용하기 때문에 어쩌면 주주의 이익도, 임직원의 이익도, 소비자의 이익도, 국가의 이익도 아닌 경영자 자신의 이익을 추구할 수도 있다는 점을 차단하기 위한 것일 수도 있다. 결과적으로 이처럼 잘못된 인식에 기초한 주주가치 이데올로기가 미국 기업의 표준이 된 이후 전 세계 모든 나라에서 주류가 되어버렸다. 그리고 시간이 지나면서 주주자본주의는 기업의 장기적 성장뿐만 아니라 세계경제 전반에 심각한 위해를 안기게 되었다.

우선 기업이 '주주가치 극대화'를 목표로 설정하고 단기적 주가로 경영성과를 판단할 경우 나타날 수 있는 문제는 이사회와 경영진이 지속적인 가치를 만들어내지 못하는 근시안적 사업전략을 추진하도록 압력을 가하게 된다는 점이다. 기업이 종업원을 해고하거나 임금을 삭감하고, 고객에 대한 서비스 축소를 통해 비용을 줄임으로써 기업의 단기 재무제표를 개선시켜 주가를 반짝 상승시킬 수 있고, 경영진은 그에 따른 보상으로 성과급을 받을 수도 있다. 장기투자 목적을 가진 기관투자자들과 달리 대부분의 단기투자 주주와 실적에 대한 평가에 따라 운명이 좌우되는 뮤추얼펀드나 헤지펀드 매니저들로서는 자신들이 주식을 처분하기 전까지만 주가가 오르게 해주는 경영전략을 지지할 것이며, 이런 압박 아래서 경영자는 기업의 장기적 성장전략을 위한 기술개발

비용이나 마케팅 비용을 줄임으로써 단기적 성장지표를 개선하는 쪽을 선택하기 쉽다. 단기성과주의 경영은 과도한 단기실적 추구로 인해 기업경영을 위기로 몰아넣는 부작용을 초래할 위험성을 내포하고 있으며, 2008년 발생한 글로벌 금융위기도 그런 환경에서 발생한 것이다.

한편 때로는 단기실적과 성과급에 눈먼 경영진들에 의해 엔론Enron Corporation[22]이나 월드컴[23] 사건 같은 회계부정에 대한 유혹에 노출될 위

---

22 엔론은 미국 텍사스주 휴스턴에 본사를 둔 미국의 에너지, 물류 및 서비스 회사였다. 2001년 12월 2일 파산 전까지 약 2만 명의 직원을 보유하고 2000년 매출 1,110억 달러를 달성한 세계 주요 전기, 천연가스, 통신 및 제지 기업이었으며, 〈포춘〉지는 엔론을 6년 연속 "미국에서 가장 혁신적인 기업"으로 선정했다. 그러나 2001년 말 엔론의 부실한 재정상태가 일상적이며 체계적이고도 치밀하게 계획된 방식의 회계부정으로 은폐되어왔다는 사실이 밝혀졌으며, 엔론은 계획적인 기업사기 및 비리의 대표적인 사례로 꼽히게 되었다. 또한 엔론의 회계감사를 담당했던 미국의 거대 회계법인 아서 앤더슨이 해체되는 결과를 낳기도 했다(〈위키백과〉 내용 요약).

23 1985년 미시시피에 세워진 LDDS(Long Distance Discount Services)의 CEO로 취임한 버나드 에버스(Bernard Ebbers)는 회사를 공격적으로 확장하고 싶어 했는데, 인프라를 새로 구축하는 것은 너무 시간이 오래 걸리는 일이라고 생각한 그는 인수합병으로 회사를 키우겠다고 결심했다. 실제로 LDDS는 에버스가 전권을 잡은 1985년부터 2000년까지 15년간 정크본드를 이용한 차입매수 기법을 활용해 총 60개의 회사를 인수했는데, 합병회계의 허점을 이용해 회사의 규모와 이익을 포장하는 회계 조작이 필요했기 때문이다. 1989년 LDDS는 Advantage Companies Inc.라는 상장기업을 인수해 우회상장에 성공하면서 상호를 '월드컴'으로 변경했다. 1998년 'MCI 커뮤니케이션즈'를 인수하면서 전국망과 국제통신망을 모두 갖추었고, 연 매출은 100억 달러에서 400억 달러로 껑충 뛰었다. 하지만 속을 들여다보면 월드컴의 부채는 이미 감당하기 어려울 정도로 커졌고 당황한 경영진은 분식회계를 통해 그 사실을 숨기고 있었지만, 이미 현금 결제능력을 상실했다. 그러나 분식회계에 속은 은행은 월드컴에 계속 돈을 빌려주었고, 증권사들은 월드컴의 채권을 매입하지 못해 안달이 나 있었다. 회사가 엉망이 되었음에도 에버스를 필두로 한 경영진은 은행차입금으로 자신들에게 보너스를 지급하는 등 도덕적 해이도 계속되었다. 2000년 3월에 일제히 붕괴된 닷컴 버블의 여파로 수천 개의 사이트가 사라지면서 이들이 사용하던 엄청난 양의 통신 트래픽도 함께 증발했고, 유선통신시장은 사상 최악의 초과공급 상태로 빠져들었다. 하지만 월드컴 경영진은 여전히 정신을 차리지 못한 채 판을 크게 벌이기로 했다. 사정이 비슷했던 글로벌 크로싱, 퀘스트, 엔론 등과 짜고 각 회사가 서로 회선을 임대해주는 방식으로 실적을 부풀리는 사기행각을 벌였다. 파멸은 이미 가까이 다가왔지만 에버스는 차라리 판을 더 키워보기로 했다. 1999년 10월 월드컴은 미국 4대 이동통신사 중 하나인 스프린트를 합병하려 시도했으나 뭔가 수상하다고 생각한 미 상무부에 의해 거부되었고, 더

험도 커진다. 이처럼 단기투자자는 기업이 비용을 절감하거나, 사내유보금으로 자사주를 매입하거나, 자산이나 기업 전체를 매각하더라도 바로 오늘의 주가를 올리기를 바라는 것과 달리 장기투자자는 사내유보금으로 기술개발에 투자하고, 신상품을 개발하거나 협력업체와 좋은 협력체계를 형성하고, 고객 신뢰도와 브랜드 로열티를 높이는 데 필요한 투자에 집중하기를 바랄 것이다. 이처럼 주주마다 선호도가 다르다면 주주가치란 무엇을 말하는 것인가? 장기투자자들은 행동주의 헤지펀드나 뮤추얼펀드처럼 단기적 시각에 몰입된 관점에 대해 "다이너마이트로 하는 낚시"와 같다고 비판한다. 즉각적이고 어느 정도의 수익을 얻을지 모르지만, 시간이 흐르면 전체적으로 모든 투자자가 손실을 입게 될 위험이 크기 때문이다.

기업이 단기간 내에 가시적인 성과를 내기 가장 손쉬운 방법은 노동자들의 임금을 줄이는 것이다. 그 때문에 1990년대 초 이후 지난 30년간 세계화의 바람을 타고 전 세계의 생산시설들이 세계의 공장이라고 불리는 중국으로 이전되었다가 더 싼 임금을 찾아 베트남 등지로 옮겨가는 오프쇼어링이 확산되었다. '세계의 사무실'이라고 불리는 인도로 각종 서비스업이 이전되었던 것 역시 저임금을 이용해서 기업의 이익을 최대화하고 이를 통해 주주와 경영진의 이익을 극대화하려는 데 그 목적이 있다. 우리나라도 많은 기업이 저개발국가로 생산시설들을 이전시키고

이상 월드컴에는 아무런 가망도 남지 않게 되었다. 그러나 닷컴 기업이 사라져 투자처를 잃은 유동자금은 월드컴을 필두로 한 일부 신흥 통신회사들에 몰리고 있었고, 덕분에 월드컴은 2001년 초까지 현상유지를 할 수 있었다. 그러나 2001년 9.11테러로 인해 미국 경제는 순식간에 얼어붙었고, 월드컴도 돈줄이 끊겼다. 결국 에버스는 사임했고, 2002년 7월 21일 월드컴은 파산보호를 신청하면서 그 파란만장한 역사에 종지부를 찍었다. 월드컴의 파산 규모는 보유자산 기준 1,070억 달러로 리먼브라더스가 6,700억 달러로 깨기 전까지 미국 역사상 최대 규모였다. 에버스가 퇴임하기 직전에 4억 달러를 횡령했다는 사실도 드러났다. 에버스는 25년형을 선고받은 후 13년의 복역을 마치고 2019년 말에 석방되었고 이듬해 2월에 사망했다(〈나무위키〉 내용 요약).

있는데, 이렇게 생산시설이 역외로 이전되면 생산현장의 싼 임금 덕분에 생산물의 가격을 떨어뜨려서 제품 단위당 높은 이익을 가져올 수 있으며 이렇게 수확된 높은 이익은 주주와 경영진이 받게 되는 높은 성과급의 원천이 되고 있다.

이와 같은 생산시설의 역외이전이 문제가 되는 것은 단순한 생산일자리 뿐만 아니라 연구·개발·디자인 등 높은 수준의 교육과 기술이 필요한 일자리까지 같이 옮겨가기 때문이다. 역외이전으로 이익을 보는 쪽은 저임금이나마 임금수익을 올릴 수 있는 저개발국 생산현장의 노동자들, 막대한 연봉을 받는 경영진들, 그리고 주주들이며, 손해를 보는 쪽은 당초 기업이 존재하고 있던 나라의 노동자들이다. 다시 말해 기업을 역외이전시키는 경영자들은 자신의 이익과 노동자들의 일자리를 맞바꾸고 있는 셈이다. 역외이전이 계속되면 교역과 관련된 일자리는 모두 이전되고 역내에는 간호사, 요리사, 대리기사, 요양보호사 등 현장에 노동자가 존재해야 가능한 '비교역 일자리'만 남게 된다. 미국의 경우 심지어 비교역 일자리마저 중남미, 아시아 등지에서 입국한 더 값싼 해외인력으로 충당하고 있다. 미국이 세계 최고의 불평등국가가 된 데는 이런 배경이 자리 잡고 있다.[24]

물건을 팔아서 남기는 이윤은 전체 경제활동 과정에서 부가된 가치의 아주 작은 일부에 불과하며 대부분의 경제적 이득은 생산활동이 일어나는 장소, 즉 그 가치가 더해진 장소에 생기게 된다. 물류·보관·관리·임금 등 부가된 가치의 대부분은 생산지에 남겨지게 되기 때문에 회사가 누구의 소유인가 하는 것보다 그 생산시설이 어느 곳에 있는가 하는 것이 훨씬 중요하다.

---

24 유튜브 채널 〈문군사〉의 〈중산층의 소멸: 주주자본주의는 어떻게 중산층을 사라지게 하는가?〉 참고.

주주가치 이데올로기의 활약으로 일자리는 줄어들고 저임금이 일상화되었다. 노동자들의 불안정노동체제는 비용절감을 통해 이윤을 극대화하려는 기업의 전략 속에서 일반화된 사회적 양상이다. 노동자들은 낮은 임금과 장시간 노동뿐만 아니라 고용불안에 시달리며, 다른 한편으로 아예 일자리가 없어서 삶의 불안에 시달린다. 그 결과 중산층은 점점 줄어들고, 자산보유계급인 고소득층과 저임금 근로자층으로 사회경제적 양극화가 심화되는 현상을 낳은 것이다. 이런 사태가 가능해진 것은 신자유주의의 집행자였던 미국의 로널드 레이건 대통령 집권기였던 1980년대 이후 자본-노동 사이의 힘의 균형이 깨지고 노동운동이 무력화된 것에서 출발했다. 물론 여기에 더해 기계화와 자동화가 늘어나 점점 고용 자체를 줄이는 경향이 나타난 것도 한몫했다.

지금의 신자유주의체제는 극단적인 이윤추구 속에서 소득분배가 너무나 불균형하게 이루어지기 때문에 다수가 소비할 수 있는 몫 자체가 심각하게 줄어들었다. 즉, 중산층이 줄어들고 저소득층이 늘어나면서 국가 단위의 경제규모에서 소비여력이 줄어들 수밖에 없게 되었고, 유효수요가 감소하면서 결국 세계경제 전체가 저성장의 늪에 빠져들게 된 것이다. 따라서 신자유주의하에서의 경제위기는 상시적이다. 이보다 더 큰 문제는 점점 더 많은 사람이 삶의 기본조건을 빼앗기면서 사회 자체가 해체될 수도 있다는 것이다.

잭 웰치는 2009년 3월 12일 〈파이낸셜타임스〉에 쓴 기고문에서 "분명하게 주주가치는 세계에서 가장 멍청한 아이디어"라고 못 박고, "주주가치는 결과일 뿐 전략이 아니며, 당신의 직원과 고객, 제품에 주안점을 둬야 한다"고 말했다. 지난 30여 년 동안 전 세계 기업의 지배적 이데올로기였던 기업경영과 투자의 대원칙 하나가 그 창시자에 의해 부정된 것이다. 그의 전향은 자본주의가 오류를 깨닫고 그 방향을 바꾸고 있다는 한 단면을 보여주는 것이다.

2016년 미 대선 당시 도널드 트럼프의 구호는 "미국을 다시 위대하게! 미국의 이익이 최우선이다Make America great again, America first"였다. 세계의 공장 역할을 하는 중국을 강도 높게 비난하고, 트럼프 장벽을 설치해 중남미로부터의 이민자 유입을 막아 불법체류자를 추방하는 한편, 역외 이전된 공장들을 미국으로 되돌리고, 외국기업들이 미국 내에 공장을 짓지 않으면 불이익을 주겠다는 공약을 내걸면서 러스트벨트Rust Belt 지역의 지지를 받아 대통령에 당선되었다. 일자리에 목마른 미국인의 요구가 트럼프의 주장과 일치했기 때문이다. 다음 대통령이 된 바이든 역시 "미국 시장에 물건을 팔려면 미국에 공장을 지으라"고 윽박지르고 있다. 신자유주의 이후 저비용의 이점을 활용하기 위해 생산시설 자체를 해외로 이전했던 '오프쇼어링 시대'에서 최근 저성장 국면이 장기화되자 미국 등 선진국을 중심으로 제조업이 성장 동력으로서의 중요성이 재조명되면서 투자 및 제조활동을 다시 국내로 이전하는 '리쇼어링 시대'로 전환되고 있음을 보여주는 것이다. 이러한 경향은 한때 종교와도 같이 신봉 받으며 낮은 비용을 찾아 세계 곳곳을 찾아다니던 세계화 시대가 막을 내리고 보호무역주의가 확산되는 경향과 맥락을 같이하는 것이다.

바이든 미 대통령은 선거 기간 중

> "트럼프는 팬데믹 위기 내내 다우와 나스닥 같은 증시에만 신경을 썼다. 당신이나 당신 가족에게는 관심을 두지 않았다. 내가 대통령에 당선되면 부유한 투자자가 아니라 근로자 가족, 중산층 가족에 초점을 맞추겠다. 부유한 투자자들은 내가 필요하지 않다. 주주자본주의를 끝낼 때가 됐다. 주주자본주의는 기업이 주주에게만 책임을 진다는 생각이다. 이는 진실이 아니다. 기업은 근로자, 지역사회, 그리고 국가에 대한 책임이 있다. 이는 새롭거나 급진적인 개념이 아니다."

라고 연설했다. 취임 후 법률과 제도는 물론 기업경영, 회계 및 공시, 투자 등 다양한 분야에서 자본주의의 대전환을 가시화하는 방안들이 활발하게 논의되고 있으며 현행 주주자본주의를 '이해관계자 자본주의'로 개편하는 구조적 작업에 손을 댈 것으로 보인다.

이해관계자 자본주의는 2008년 글로벌 금융위기 이후 '1% : 99%'로 상징되는 불평등 심화와 환경파괴 등 주주자본주의의 어두운 면에 대한 비판과 함께 제기되었다. 이해관계자 자본주의는 주주만이 아니라 고객, 종업원, 협력업체, 지역사회, 정부 등 기업을 둘러싼 모든 종사자 및 이해관계자와 공존하는 것을 목표로 하는 자본주의로 기업의 공익적 책임을 중시하고 기업경영에 노동자, 소비자단체 등 이해관계자 모두가 관여하는 것을 특징으로 한다.

2008년 글로벌 금융위기 이후 전 세계적으로 미국식 주주자본주의에 대항해 "탐욕스러운 1%가 99%의 행복을 무너뜨리는 불평등이 이 세상 모든 곳에 존재하고 있다"며 위기에 빠진 사회를 바로 세우려는 세계적 움직임이 일었고, 2011년 9월 미국 뉴욕에서 "월가를 점령하라"는 구호와 함께 상위 1%의 탐욕이 사회의 부를 독식하고 있는 것에 대해 나머지 99%의 사람들이 "사회의 주인은 우리"라고 외치면서 가난과 불평등에 저항하는 시위가 일어났다. 이러한 비판 여론에 떠밀려 미국기업들은 경영방식을 '주주제일주의'에서 '이해관계자주의'로 전환하고 있다. 그러나 아직 한국 사회에서는 대기업의 끝없는 탐욕과 이기심, 그리고 이에 복무하는 보수정권의 집권으로 이러한 시대적 흐름에 역주행하고 있다.

코로나19 사태가 일어나기 4개월 전인 2019년 8월 미국의 경영자단체 '비즈니스 라운드테이블Business Roundtable, BRT'[25]은 회원기업들의 최

---

25 BRT는 건전한 공공정책에 기반을 둔 포용적 경제성장을 지향하기 위해 1972년 설립된 로

고경영자 이름으로 '기업의 목적에 관한 성명Statement on Corporate Purpose'을 발표해 "주주가치 극대화에 초점을 맞춰온 주주자본주의의 종식을 선언하고 고객, 근로자, 거래기업, 지역사회 등 모든 이해관계자를 존중하는 경영을 하겠다"는 이해관계자 자본주의의 깃발을 들었다. 다시 말해 주주뿐만 아니라 기업을 둘러싼 주요 이해관계자 전체에 대한 가치 제공을 기업의 목적 또는 기업의 사회적 존재의의로 설정한 것이며, 이를 바탕으로 장기에 걸쳐 기업의 가치를 높이려는 것이다. 이러한 점에서 이해관계자 자본주의는 환경Environment, 사회Social, 지배구조Governance를 중시한 투자활동을 하는 '지속가능한 투자Sustainable Investment' 또는 'ESG 투자' 관점에 적합한 것이다. 많은 기업이 화답했고, 세계경제포럼WEF(Davos Forum)은 이를 적극적으로 전파하고 있다.

소득주도성장은 계속되어야 한다

탄핵정국을 거치며 박근혜 정부가 퇴진한 이후 촛불혁명을 통해 창출된 문재인 정부에 대한 국민의 기대는 높았다. 문재인 대통령의 "기회는 평등할 것입니다. 과정은 공정할 것입니다. 결과는 정의로울 것입니다"라는 취임사는 국민의 가슴을 뛰게 했다. 모든 경제정책의 최우선 목표는 양극화와 불평등 해소였으며, 소득주도성장은 문재인 정부의 경제정책과 사회정책 전체를 관통하는 핵심개념이 되었고, 이를 위해 대통령 직속 정책기획위원회인 '소득주도성장위원회'도 출범시켰다. 소득주도성장은 첫째, '가계소득 증대정책'으로서 임금소득자에게는 최저임금

비단체다. 애플, 아마존, GM, 월마트를 비롯해 미국 주요 기업의 경영자가 회원으로 참여하고 있다. 성명 발표 후 2년이 지난 시점에 206개 기업의 경영자가 서명했다.

인상, 일자리안정자금 지원, 저소득층에 대한 근로장려금과 자녀장려금 지원을 실시하고, 자영업자에게는 사회보험료 지원, 카드수수료와 임대료 경감, 불공정거래관행 해소 등을 지원한다. 둘째, '가계지출 경감정책'으로서 문재인 케어에 따른 의료비 경감, 보육료와 주거비 경감, 주거비부담과 교육, 통신비 경감을 지원한다. 셋째, '사회안전망 확충과 복지정책'으로서 고용보험 확대, 한국형 실업부조 시행, 공공취업서비스 등으로 고용안전망을 확충하고 아동수당 도입, 기초연금과 장애인연금 확대, 기초생활보장 확대 등 이전소득보강 등을 주요 목표로 제시했다.[26]

소득주도성장을 위한 첫 번째 정책은 최저임금 인상이었다. 3년 내에 최저임금을 1만 원으로 인상하겠다고 공약한 문재인 정부는 취임 직후 2017년 6,470원이던 최저임금을 2018년 7,530원으로 16.4% 인상하면서 그것이 최저임금 1만 원 시대로 가는 청신호라며 이를 통해 극심한 소득불평등이 어느 정도 완화될 것이라고 밝혔다.

그러나 보수진영의 반발은 예상보다 훨씬 거셌다. 보수언론, 특히 경제신문들은 "최저임금 인상으로 자영업자들이 타격을 받았다"는 내용의 기사를 수천 건씩 쏟아내면서 거세게 반발했고, 2017년 대선 당시 취임 3년 내 또는 임기 내 최저임금을 1만 원으로 인상하겠다고 공약했던 유승민, 홍준표, 안철수 후보도 비판 대열에 합류했다. 그게 전부가 아니었다. 내부의 반발도 터져 나왔다. 김동연 경제부총리 겸 기재부 장관은 "대통령에게 인상 속도를 줄여야 한다고 건의했다"고 밝혔다.

시장에서도 예상치 못한 변화가 나타났다. 급격한 인상에 이어 시장에 계속 높은 비율로 인상할 것이라는 신호를 보내자 음식점주, 편의점주 등 소상공인의 반발이 거세졌으며 실제 시장은 빠르게 선제적으로 반응했는데, 처음 나타난 변화는 그전에는 없던 배달료가 생긴 것이

26 '소득주도성장특별위원회' 홈페이지 참고.

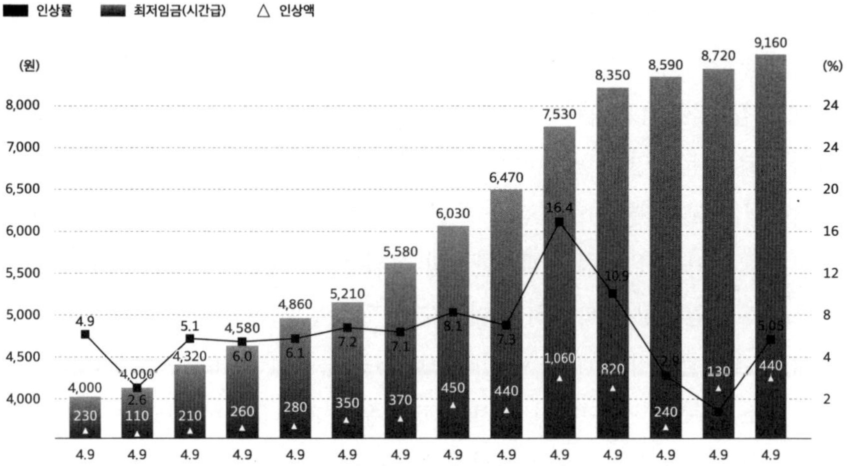

그림 14. 연도별 최저임금 결정 현황

출처: 최저임금위원회 홈페이지

고, 그다음 자동주문 패드를 도입한 무인 가게와 서빙 로봇을 운용하는 가게가 우후죽순처럼 생겨났다. 최저임금 인상이 일자리를 줄일 거라던 주장을 시장에서 직접 확인하게 된 것이다. 최저임금이 저임금 근로자와 소상공인들 간의 뜨거운 감자임을 보여주는 사례다.

문재인 정부가 대선공약을 지키기 위해서는 2019년과 2020년에도 각각 15% 수준의 최저임금 인상이 있어야 했으나 각각 10.9%와 2.87%에 그쳤고 2021년에는 코로나19에 따른 소상공인들의 어려움을 감안해 1.5%, 2022년에는 경기회복에 대한 기대감을 반영해 5.05%를 인상했다. 코로나19 팬데믹이 겹치면서 결과적으로 문재인 정부 임기 5년 동안의 최저임금 평균 인상률은 7.20%로서 박근혜 정부의 7.40%를 밑돌았다.

여론의 압박에 밀려 문재인 대통령은 결국 임기 초반의 급격한 최저임금 인상이 경제적 약자에게 악영향을 미쳤다고 인정했고, 최저임금 1만 원 공약을 지키지 못하게 되었다며 국민에게 사과했다. 소득주도성장정책의 상징이던 홍장표 경제수석과 장하성 정책실장이 차례로 사임하면서 소득주도성장은 국정과제의 우선순위에서 밀려나고 말았으며, 문재인 정부 대표 공약이 좌초하면서 경제정책에 대한 신뢰는 흔들리기 시작했다.[27]

그러나 문재인 정부 임기 동안의 최저임금 인상은 기대에는 못 미쳤지만 나름대로 성과를 보였다. 저임금노동자[28] 비율은 2017년 22.3%에서 2020년 16.0%로 감소했다. 임금 5분위 배율[29]도 2017년 5.06배에서 2021년 4.45배로 개선되었다. 전체 GDP 가운데 노동자들이 가져가는 몫인 노동소득 분배율은 2017년 62.0%에서 2020년 67.5%로 상승했다.

소득주도성장정책의 결과였다. 이처럼 소득주도성장의 효과가 나타났음에도 소득주도성장정책은 포기되었고, 문재인 정부 스스로 부정했다. 소득주도성장을 이끌던 홍장표 경제수석과 장하성 정책실장이 청와대를 떠난 후 속칭 기재부 출신 모피아들이 청와대를 장악했으며, 이후 소득주도성장정책은 포기되고 기재부가 주도하는 정체불명의 '혁신성장'이라는 구호로 바뀌었다.

노무현 대통령이 서거하기 전까지 집필하던 책 《진보의 미래》에서 노무현 대통령은 "관료들은 하나의 권력이죠. 정치권력 못지않은 막강한 권력입니다. … 관료들이 감세안을 가지고 와서 밀어붙였는데 청와대에서도, 국회에서도 아무도 방어해주는 사람이 없었어요. … 이거 하나는 내가 잘못 했어요. 오히려 예산을 가지고 오면 색연필 들고 '사회정

---

27 "다시 촛불이 묻는다, 문재인 정부 경제 5년의 기록", 〈뉴스타파〉, 2022. 3. 7. 참고.

28 저임금노동자란 전체 임금근로자 중 월 임금 중위값(평균값이 아니다)의 2/3 미만의 임금을 받는 노동자를 말한다. 저임금근로자 비율은 임금소득 불평등도를 나타내는 핵심 지표이며, 국제적으로 한국은 저임금근로자의 비율이 매우 높은 편에 속한다.

29 임금근로자의 임금을 5분위로 나눌 때 1분위 평균임금 대비 5분위 평균임금의 배율, 즉 임금수준 상위 20% 근로자의 평균임금이 하위 20% 근로자 평균임금의 몇 배가 되는지를 나타낸다.

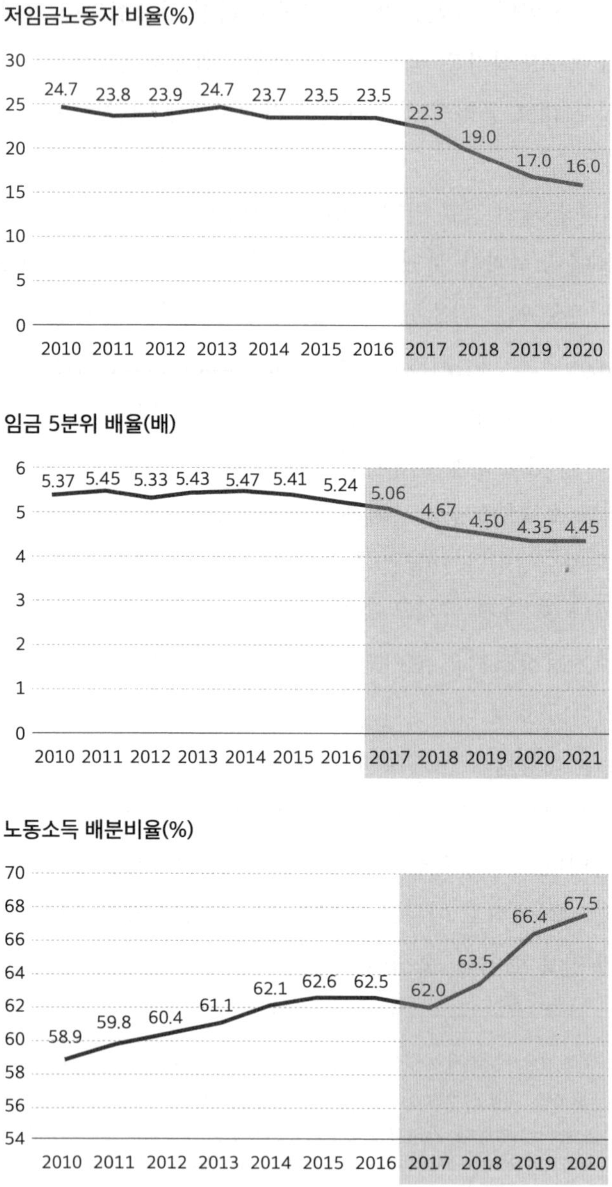

그림 15. 문재인 정부 기간 소득주도성장의 효과

책 지출 끌어올려' 하고 위로 쫙 그어버리고 '여기에 숫자 맞춰서 갖고 와' 이 정도로 나갔어야 했는데 …"라며[30] 관료에 포위되어 사회보장정책 예산을 늘리지 못한 것을 아쉬워했다. 그것을 가장 가까이에서 지켜보았을 문재인 대통령 역시 그 벽을 넘지 못하면서 역사는 반복되었고, 그만큼 한국 사회에서 관료의 힘은 막강했다.

편의점을 운영하는 점주들은 가맹수수료와 임대료, 카드수수료, 아르바이트 인건비를 지급하고 나면 점주 자신에게 돌아오는 수익은 아르바이트 직원보다 못하다며 스스로를 '가맹노동자'로 부른다. 편의점 본사 수수료는 매출액의 25% 수준으로 높은 편이고, 대기업이 운영하는 대형마트의 카드수수료가 0.7% 수준인 것과 달리 편의점의 카드수수료는 2.3~2.5%나 된다. 웬만한 동네 마트는 임대료보다 카드수수료가 더 많은 경우가 드물지 않다. 자영업자들이 최저임금 때문에 망한다는 보도가 온 언론을 도배질하면서 최저임금의 문제를 자영업자와 아르바이트 직원 간의 대립구도로 갈라치기하면서도 높은 임대료에 대한 해결방안을 고민하거나 고율의 카드수수료를 비판하는 언론보도는 쉽게 찾기 어렵다.

대기업의 하도급업체들도 최저임금이 오를 때마다 가슴이 덜컥 내려앉는다고 한다. 인건비가 오른다고 해서 원청업체가 납품단가를 올려주지 않기 때문이다. 대기업에서 먼저 납품단가를 올려주어야 1차, 2차 협력업체가 그 아래로 단가를 조금씩 인상할 수 있는 여력이 생기게 되는데, 대부분의 자사 근로자들이 최저임금의 영향을 받지 않는 대기업은 그럴 생각이 전혀 없다. 일부 대기업은 협력업체를 방문해 장부를 들여다보고 이익이 발생하면 납품단가를 인하하기도(그들은 '후려친다'고 표현한다) 하며, 협력업체가 기술개발을 통해 원가 인하를 해내면 또 그만큼

---

30 노무현,《진보의 미래》, 돌베개, 2022, pp. 233-240.

의 납품단가를 인하해버리기 때문에 대기업의 하청 중소기업들은 기술투자를 망설인다며 하소연하기도 한다.

최저임금이 가장 큰 폭으로 올랐던 2018년 산업연구원은 2011~2016년 현대자동차의 영업이익률은 9.1%인 데 반해 1차 협력업체는 3.3%로 조사되었고, 그 아래 2차, 3차 협력업체들은 1% 내외 수준에 불과할 것으로 추정된다고 발표했다. 공정한 하도급 거래질서를 확립해 원사업자와 수급사업자가 대등한 지위에서 상호보완하면서 균형 있게 발전할 수 있도록 하기 위한 목적으로 제정된 〈하도급법(하도급거래 공정화에 관한 법률)〉이 부당한 하도급대금 결정을 금지하고 "공급원가가 변동되어 하도급대금의 조정이 불가피한 경우에는 원청업체에 하도급대금의 조정을 신청할 수 있다"는 취지의 규정을 두고 있지만, 우리나라 기업의 하도급 관계로 봐서는 그 실효성을 기대하기 어렵다.

앞서 언급했듯이 2020년 30대 재벌기업의 사내유보 현금화자산(현금 및 단기투자자산)이 1,045조 원에 이른다. 불평등이 확산·심화되는 동안 재계와 이해관계를 같이하는 친기업적 보수언론들은 성장우선정책을 앞세워 부유층의 투자·소비 증가가 저소득층의 소득증대에 영향을 미쳐 전체 국가적인 경기부양 효과로 나타난다는 이른바 '낙수효과'를 주장해왔다. 그동안 많은 국민도 성장이 자신의 삶과 우리 사회를 더 개선해줄 것이라는 믿음으로 그들이 주장하는 선성장·후분배 정책에 무언의 동의를 해왔으나 이제 그러한 믿음이 깨졌다. 오랜 기간 동안의 관찰 결과 낙수효과가 허구임이 자명해졌으며, 국민은 그것이 실현 가능성이 없는 미신임을 깨닫게 되었다. 대기업의 사내유보금이 쌓여가는 것은 그들이 벌어들인 이익금이나 정부로부터 감면혜택을 받은 법인세액을 적극적으로 재투자해 고용을 창출하는 데 쓰고 있지 않다는 것을 의미한다. 성장이 지속되었지만 보통 국민의 삶이 나아지지 않는 모순이 현실화되었고, 사회는 갈수록 갈등과 대립으로 분열의 골이 깊어지고 있다. 급기야 낙수효과 예찬론자들은 "사람들이 낮은 급료를 받아들이기만 한다면 비자발적 실업이 생길 이유가 없다"고 주장하기도 한다. 결국 양극화의 극심한 진행에 따라 계층구조는 피라미드형에서 나아가 점점 압정을 거꾸로 세워놓은 모양으로 접근하고 있다. 이런 상황에서는 임금인상이나 배당 확대를 통해 기업의 소득을 가계의 소득으로 돌려 소비를 촉진하는 것이 경제성장과 일자리 창출에 더욱 효과적일 수 있다.

조세구조도 불평등을 악화시키는 주요 요인 중 하나다. OECD 국가의 평균 간접세 비율이 20% 수준이고 미국의 경우는 10% 수준인 데 비해 한국의 경우 간접세가 50%를 상회하는 수준이다. 잘 알려진 바와 같이 간접세는 상대적으로 고소득층보다 서민 가계에 더 큰 부담을 가져다주게 되므로 공평과세라고 하는 조세 정의에 반하는 세금이라 할 수 있다. 이런 불합리한 간접세율을 단계적으로 낮추어 OECD 평균 수준으로 조정해나가는 것은 불평등을 완화하고 양극화를 줄여나가는 매우 중요하고 시급한 경제정책 중 하나다. 그러나 세금 특히 직접세를 인상하는 것은 국민의 상당한 조세저항을 극복해야 하는, 그야말로 고양이 목에 방울을 다는 것과 같은 문제라고 할 수 있다. 이는 사회복지지출을 위한 재원을 증세를 통해 조달하는 정책이 국민의 광범위한 지지를 받기 어렵다는 것을 의미한다. 2022년 대선에서 이재명 후보가 패배한 것도 이 후보가 당선되면 증세가 이루어질 것이라는 예상이 상당 부분 영향을 미쳤다는 사실은 명확하다.

장하성 교수는 조세저항으로 인한 '사후적 재분배정책'의 한계를 지적하고 '공정한 원천적 분배'를 위해 임금인상을 통해 노동소득의 불평등을 해소해야 한다고 강조한다. 사전적으로 임금인상이 시행된 만큼 사후적으로 복지지출에 대한 소요가 줄어들 수 있기 때문이다. 이에 관한《왜 분노해야 하는가》내용 일부를 소개한다.

> 한국은 외환위기 직전인 1996년 GDP 대비 사회복지 지출 비율은 3.4%였고, 2014년에는 10.4%로 크게 증가했다. 이렇게 사회복지 지출을 빠르게 늘려왔는데도 불구하고 재분배를 통해 불평등을 완화하는 효과가 OECD 회원국 중에서 가장 낮은 이유는 원천적인 '분배'의 불평등이 악화되는 속도가 더더욱 빨랐기 때문이다. 여전히 한국은 GDP 대비 사회복지 지출의 비중이 매우 낮다. … 현재 GDP 대비 사회복지 예산을 OECD 평균 수준으로 확대하려면 정부 예산의 절반을 사회복지에 투입해야 한다. 그러기 위해서는 교육예산, 국방예산 등의 다른 분야에 대한 지출을 크게 줄여야 하는데, 이는 현실적으로 가능하지 않다. … 결론적으로 재분배정책만으로 지금의 불평등을 완화하는 것은 턱없이 역부족하며, 사회복지 지출을 계속해서 더 빠르게 늘려간다고 해도 불평등을 완화하는 데 상당히 오랜 기간이 걸린다는 것이다. 그렇기 때문에 원천적 분배, 즉 임금과 고용의 불평등을 직접적으로 해소하는 정책이 필요한 것이다. … 극도로 불평등한 원천적 분배를 그대로 두고, 사후적으로 교정하는 재분배만으로 불평등을 완화하는 효과는 매우 제한적일 수밖에 없다. 그뿐만 아니라 한국의 불평등한 구조는 재분배만으로 교정할 수 있는 범주를 이미 넘어선 정도로 심각하고 구조화되었다는 것이 필자의 판단이다. 따라서 '재분배' 이전에 '원천적 분배'의 불평등을 바로잡는 것이 더 시급하고 근본적인 불평등을 해소하는 방안이다(29-30쪽).

흔히 경제규모가 커지고 소득수준이 높아지게 되면 성장이 둔화된다고 생각하고 성장률이 낮아지는 것을 당연한 것으로 받아들이는 경향이 있으나 그것은 절반만 타당한 생각이다. 우리는 케인즈 경제학이 지배하던 기간 동안 자본주의가 고도성장을 이루며 황금기를 누렸던 것과 달리 1980년대 중반 이후 신자유주의 경제이론이 전면에 나선 때부터 전 세계적으로 성장이 침체에 빠진 것은 분배의 불평등이 심화됨으로써 다수 대중의 소비 여력이 줄어든 것과 무관하지 않다는 점을 기억해야 할 것이다.

한국은 OECD 회원국 중에서 불평등 정도가 가장 심한 나라 중 하나일 뿐 아니라 점차 악화되어가고 있다. 경제규모가 커지는 데 따른 지속적인 성장률 하락을 피하기 어려운 상황에서 분배의 불평등으로 인한 내수 소비시장의 위축이 성장률 하락과 그로 인한 일자리 감소와 겹쳐진다면 머지않아 한국경제는 더 깊은 불황의 수렁에 빠져들 가능성을 배제하기 어려울 것이다. 고도성장과 공평한 분배라는 두 가지 기적은 사라지고 한국경제는 저성장과 불평등 악화라는 두 가지 재앙의 나락으로 떨어지고 있다. 그 결과 이제는 오히려 불평등이 성장을 저해하는 주요 요인으로 작용하면서 악순환의 인과관계가 물고 물리는 구조적 모순으로 고착되고 있다.

평등한 소득분배가 경제의 선순환에 미치는 영향을 이해하기 위해 다음과 같은 가정을 해보자. 가령 직원 20명을 고용한 중소기업에서 연간급여가 2천만 원인 직원과 3천만 원인 직원이 각각 10명씩이고 대표자의 연간소득이 3억 원이라고 하고, 연봉 2천만 원인 직원들은 평균적으로 소득의 90%를 소비하고 연봉 3천만 원인 직원들은 평균 70%를 소비하는 데 반해 연간소득 3억 원인 대표자는 소득의 30%를 소비한다고 가정해보자. 어느 해 이 회사의 경영성과가 좋아 2억 원의 초과수익이 발생했다. 회사대표는 직원들에게 정해진 급여를 지급했으므로 초과수익 전부를 자신의 수익으로 할 수도 있고, 직원들의 노고가 컸으므로 전부를 직원들에게 상여금으로 지급할 수도 있다. 각각의 경우에 따른 경제효과를 분석해보면 먼저 회사대표가 초과수익 전액을 취할 경우 예상되는 소비증가액은 2억 원×30%인 6천만 원이 될 것이다. 한편 20명의 직원에게 각각 1천만 원씩 상여금을 지급했다고 하면 소비증가액은 1천만 원×10명×90%+1천만 원×10명×70%인 1억 6천만 원이 될 것이다. 즉, 소득이 높은 대표자의 소득이 더 증가할 때보다 소득이 낮은 직원들의 소득이 증가할 때 1억 원이나 더 큰 소비증대효과가 나타나게 된다. 그뿐만 아니라 늘어난 1억 원의 소비증대는 승수효과를 통해 몇 배의 추가적인 소비를 창출할 것이고, 고용창출에도 기여할 것이며, GDP의 성장으로 이어질 것이다. 이것은 저소득층에 대한 소득증대가 분배효과뿐만 아니라 경제성장에도 긍정적인 영향을 미친다는 것을 나타내며, 따라서 지금과 같은 소득불평등의 심화는 소비규모를 축소시킴으로써 국가적으로 총수요의 감소로 인해 GDP의 감소와 성장정체를 초래하게 된다는 것을 보여준다.

미국의 자동차왕 헨리 포드가 1914년 노동 시간을 하루 9시간에서 8시간으로 줄이고 하루 최저임금을 5달러로 인상하는(당시 동종업체의 평균 임금은 2.34달러였다) 파격적인 조치를 취하면서 한 말은 소득분배의 경제적 효과에 대한 핵심을 일러주는 것이다.

> "우리가 임금을 올리면 그만큼 소비가 늘어날 것이고, 그러면 가게 주인과 유통업자, 다른 분야의 제조업자나 노동자들이 더 잘살게 될 것이다. 그런 잘살게 된 효과가 결국 우리의 판매에도 반영될 것이다. 나라 전체의 임금이 올라가면 나라 전체가 번영한다."

토마 피케티 교수는 《21세기 자본》에서 "역사적으로 여러 사회에서 부가 심하게 집중되는 현상을 보이게 된 이유 중 하나는 경제성장률보다 자본수익률이 높았기 때문"이라고 한다. 앞서 살펴보았듯이 수세기 동안 여러 선진국에서의 자본수익률이 대체로 일정한 수준을 유지하고 있었다는 것을 전제로 생각해보면 경제성장률이 낮아질수록 임금소득이 상대적으로 줄어들어 불평등이 심화될 것이고, 불평등이 심화될수록 경제성장률이 낮아지는 구조적 모순이 고착될 위험이 있다는 점을 지적하고 있다. 이것이 우리가 사회적 약자에 대한 배려 차원의 문제를 넘어 한국경제의 지속가능한 발전을 위해 반드시 분배구조를 개선해야 하는 이유이며, 최저임금 인상을 가속화하고 소득주도성장정책을 이어가야 하는 이유다.

기본소득제도는 불가능한가?

오늘날 기본소득에 관한 아이디어가 다시 고개를 든 것은 자본주의적 성장의 한계, 4차 산업혁명의 불길한 전망, 생태 위기 등을 배경으로 한다. 1980년대 초반 이후 덴마크와 네덜란드, 독일 등 북서유럽의 몇몇 나라에서 기본소득 제안이 활발하게 토론되기 시작했다. 1986년 현대 기본소득 이론의 주창자 중 한 명인 판 파레이스Philippe Van Parijs 등 유럽의 기본소득 연구자들은 '기본소득유럽네트워크'를 결성한 데 이어 2004년 '기본소득지구네트워크Basic Income Earth Network, BIEN'로 발전시켰다. BIEN은 전 세계 기본소득 지지자들의 연대기구로서 2009년 한국에서도 '기본소득한국네트워크BIKN'가 조직되었다. 기본소득에 대한 논의가 본격적으로 시작되었던 시점은 세계적으로는 1980년대 이후, 우리나라에서는 1997년 이후 본격화된 신자유주의가 전면에 등장하면서 불평등이 심화되기 시작한 시기와 일치한다. 기본소득제도가 폭주하는 신자유주의를 넘어설 열쇠가 될 수 있을 것인지에 대한 논란은 뜨겁다.

한편 한국 사회에서도 코로나19 팬데믹으로 전 국민에게 긴급재난지원금이 지원된 이후 기본소득 도입 논의가 뜨거운 감자로 부상했다. 그러나 한편에서 기본소득에 대한 논의가 심도 있게 진행되고 있는 것과 달리 아직 우리 사회의 일반대중에게는 기본소득을 주장하는 사람을 '현실을 망각한 이상주의자'로 취급하는 분위기가 만연해 있으며, 2022

년 대선에서 기본소득제도 도입의 첫발을 내딛겠다고 공약했던 이재명 후보의 패배 요인 중 하나가 되기도 했다.

기본소득에 가해지는 저항은 수없이 많다. 먼저 기본소득제도는 공정한가? 일하지 않는 사람이 조건 없는 돈을 받을 권리가 있는가? 기본소득이 빈곤의 종말을 불러올 수 있는가? 소득에 따른 복지정책이 더 낫지 않은가? 기본소득의 재원은 어디서 오는가? 기본소득을 받으면 사람들이 일하려고 할까? 일할 수 있는 권리를 보장해주는 것이 더 낫지 않을까? 기본소득으로 인해 노동자들의 협상력이 더 높아질 수 있을까? 가난한 국가에서 부유한 국가로 많은 이민자가 이동하는 현상에 기본소득이 어떤 영향을 줄 것인가? 어떤 사람은 기본소득을 '자본주의'라는 쓰디쓴 약을 삼키게 하는 사탕발림으로 치부하기도 하고, 또 누군가는 기본소득을 사회주의 프로젝트의 일환이라고 생각하기도 한다.[31]

이러한 의문이 계속 이어지고 있음에도 기본소득에 대한 국내 정치권의 참여도 이어지고 있다. 2016년 4.13 총선에서 녹색당과 노동당이 기본소득 실시를 공약으로 내걸었으며, 2019년 기본소득을 당명으로 내건 '기본소득당'이 창당되어 2020년 총선에서 용혜인 의원이 원내에 진출했다. 보수정당인 '국민의힘' 후보로 2021년 4.7 서울시장 보궐선거에 출마한 나경원 예비후보마저 쪽방촌을 찾아 절대빈곤 퇴치를 약속하면서 '서울형 기본소득제도' 도입을 언급하기도 했다.

한편 기본소득의 이념에 대해서는 고대부터 현대에 이르기까지 여러 사상가와 유명인들의 언급이 있어왔다. 고대 정치철학과 근대 정치철학의 가교 역할을 한 것으로 평가받는 기원전 1세기 로마의 철학자이자 정치·사상가였던 키케로Marcus Tullius Cicero는 "대지와 자연물은 모든 인류의 원천적 공유였으며, 원천적 공유를 사적으로 점유한 사람은 가난

31 《기본소득이란 무엇인가》, p. 46 참고.

한 사람에 대한 부조의 의무를 갖는다"고 말한 것이 기록으로 전해진다.

15~16세기 잉글랜드 왕국의 법률가, 저술가, 사상가, 정치가이자 기독교의 성인이던 토머스 모어는 그의 책 《유토피아》에서 "도둑질이 먹을 것을 구하는 유일한 방법이라면, 지상의 어떤 형벌도 도둑질을 막을 수 없을 것이다. 모든 이에게 일정한 생계수단을 제공하는 것이 훨씬 적절할 것이다"라고 썼다.

미국의 독립운동가 토머스 페인Thomas Paine은 그의 책 《토지분배의 정의》에서 기본소득의 개념을 정립했다. 대다수 사상가는 사적 소유가 성립하면 원천적 공유가 사적 소유로 바뀌는 것이라고 보았지만, 페인은 자연적 소유와 인공적 소유로 이중화된다고 보았다. "땅은 자연 상태에서 인류 공동의 재산이다. 땅이 경작되어 개인소유가 되는 것은 개선된 가치이지 땅 자체는 아니다. 따라서 땅의 소유자는 그 땅의 기초지대를 공동체에 빚지고 있는 셈이며, 그 기초지대를 걷어서 모든 사람에게 나눠주어야 한다.[32] 그것은 토지사유제도의 도입으로 자신의 천부적 유산을 빼앗긴 모든 사람의 정당한 권리"라고 주장했다.

미국의 흑인 인권운동가 마틴 루서 킹Martin Luther King, Jr.은 "빈곤의 해결책은 빈곤을 직접적으로, 즉 '소득보장'으로 없애는 것이다. … 존 K. 갤브레이스는 연간 200억 달러면 소득보장이 가능하다고 한다. 우리나라가 베트남에서 부정하고 사악한 전쟁을 하는 데 연간 350억 달러를 쓸 수 있고, 인간을 달에 보내는 데 200억 달러를 쓸 수 있다면, 하나님의 자녀들을 여기 지구 위에서 자기 두 발로 서게 하는 데 수백억 달러를 왜 못 쓰는가?"라고 강조했다.

최근에 이르러 테슬라의 CEO 일론 머스크Elon Musk는 "자동화 덕

---

32 페인은 그 방안으로 상속재산에 10%의 상속세를 부과해 국가기금을 조성하여 21세가 되는 모든 사람에게 1회의 사회진출자금을 지급하고, 50세 이상의 모든 사람(To every person, rich or poor)에게 매년 10파운드씩 보편적 기초연금을 지급하자고 제안했다.

택에 보편적 기본소득이 실시될 가능성이 매우 높다"(2016), "인공지능(AI)이 인간의 일을 맡게 되면 보편적 기본소득은 필수적인 것이 될 것이다"(2018)라고 전망했다.

페이스북 창업자 마크 주커버거는 "내가 하버드대학을 나와 10년 만에 수십억 달러의 돈을 벌었는데, 수백만 명의 학생들은 창업은커녕 학자금대출도 못 갚고 있는 현실은 우리의 시스템에 뭔가 문제가 있다는 뜻이다. 우리 세대를 위해 새로운 사회계약을 정의해야 할 때가 왔다. 우리는 보편적 기본소득 같은 것을 시도해 모든 사람이 새로운 것을 시도할 수 있는 완충 장치를 제공해야 한다"(2017)고 주장했다.

기본소득은 모든 사회구성원의 '적절한 삶'을 보장하기 위해 국가 또는 지방자치단체가 모든 구성원 개개인에게 아무 조건 없이 정기적으로 지급하는 소득으로 기본소득 주창자들에 따르면 다섯 가지 특성을 갖는다.

첫째, 기본소득은 보편적 보장소득으로서 국가 또는 지방자치단체가 모든 구성원에게 지급하는 소득이다(보편성). 둘째, 소득 · 자산 · 노동능력 등에 대한 심사나 요구 없이 지급하는 무조건적 보장소득이다(무조건성). 셋째, 가구 단위가 아니라 각 개개인에게 직접 지급하는 소득이다(개별성). 이는 민주주의에서 성별, 인종, 소득, 종교, 장애 여부, 성적 기호 등에 관계 없이 모두에게 부여되는 투표권 같은 성격을 갖는다. 여기에 더해 일정 기간마다 정기적으로 지급하는 소득이라는 점(정시성)과 쿠폰이나 지역화폐가 아닌 현금 지급을 원칙(현금성)으로 한다는 특성이 더해진다.

그래서 기본소득에 대한 설명은 다음과 같은 네 가지 질문에 화답하는 방식으로 이뤄진다. 기본소득은 왜 필요한가? 기본소득은 왜 정당한가? 어떻게 재원을 마련할 것인가? 기본소득은 어떤 사회를 지향하는가?[33]

---

33 기본소득한국네트워크 홈페이지의 〈기본소득이란?〉(글쓴이: 안효상 기본소득한국네트워

● 기본소득은 왜 필요한가?

기본소득제도에 대한 필요성과 관심이 커지는 이유는 신자유주의가 초래한 불평등에서 찾을 수 있다. 지금의 신자유주의체제는 극단적인 이윤추구 속에서 소득 분배가 너무나 불균형하게 이루어지기 때문에 다수가 소비할 수 있는 몫 자체가 심각하게 줄어들었고, 경제위기는 항시적이다. 이보다 더 큰 문제는 점점 더 많은 사람이 삶의 조건을 빼앗기면서 사회 자체가 해체될 수도 있다는 것이다. 사회구성원의 안녕과 행복을 추구한다는 기존의 정책들이 이제는 별로 효과가 없거나 경우에 따라서는 반대의 효과를 가져왔다는 인식 때문이다.

예를 들어 일자리가 곧 복지라는 명제 아래 완전고용을 추구하는 것이 복지국가의 주요 목표였지만, 신자유주의 시대 이후 저성장 혹은 고용 없는 성장이 계속되는 시대에 그것이 가능하다고 보기는 어렵다. 또 시장의 효율성을 통해 모든 사람의 자유와 행복을 보장하겠다는 신자유주의의 약속은 사실상 거짓이었음이 드러난 지 오래다. 앞서 살펴본 바와 같이 신자유주의의 산물인 주주자본주의 이후에 비용절감을 통한 이윤극대화를 추구하는 기업의 전략 속에서 노동자들은 한편으로 낮은 임금과 장시간 노동뿐만 아니라 고용불안에 시달리며, 다른 한편으로 아예 일자리가 없어서 삶의 불안에 시달린다.

한 가지 상상을 해보자. 2022년 1월 우리나라 인구는 약 5,163만 명이다. 그중에서 일자리를 필요로 하는 사람이 3천만 명이라고 가정하자. (단순화하기 위해 외국인 근로자와 해외 취업자는 고려하지 말기로 하자.) 그런데 현재 시장에 일자리가 2,500만 개밖에 없다면 그것이 누구든 500만 명은 실업자가 될 수밖에 없을 것이다. 정부가 500만 명의 실업자에 대해 "일자리를 찾지 못한 것은 당신 개인의 책임이다. 각자의 생계는 각자가 책임

크 이사) 참고.

져야 한다. 일하지 않는 사람을 모두 정부가 책임질 수 없지 않느냐"라며 방치한다면 어떻게 될까? 안정적인 직장을 가진 사람들에 비해 실업자들은 평균적으로 공부를 적게 하고, 덜 성실하고, 창의적이지도 않으며, 게으르거나 나태했을 수도 있다. 어쩌면 그들 중 일부는 한동안 구직활동을 하다가 수많은 실패를 겪으며 이제 그마저 단념하고 시간을 죽이고 있을지도 모른다. 한때 우리 사회는 그들을 향해 장미족(장기 미취업자), 삼포세대(연애, 결혼, 출산을 포기한 세대), 오포세대(인간관계와 주택 구입까지 포기한 세대), 도태남 · 도태녀(사회에서 도태되었다는 의미) 등으로 부르기도 했다. 그들은 취업한 적이 없기 때문에 실업수당의 대상도 되지 못한다. 어떤 이는 "저렇게 일도 안 하고 종일 빈둥거리는 사람을 정부가 세금 축내가면서 먹여살려야 하냐? 나라에 돈이 넘쳐나냐?"라며 비난할 수도 있다. "자본주의 사회에서 어쩔 수 없는 것 아니냐?"며 외면하기도 한다. 특히 우리나라의 경우 근면과 성실을 강조하는 전통이 강해 "일하지 않는 자는 먹을 자격이 없다"는 정서를 당연하게 생각하는 경향이 있다. 4차 산업혁명의 영향으로 가까운 기간 내에 그것이 누구든 실업자는 500만 명을 넘어 1천만 명이나 그보다 더 많아질 수도 있다.

과학기술 분야와 산업계에서 성장의 기회라며 달려가고 있는 4차 산업혁명은 1, 2, 3차 산업혁명이 그랬듯이 산업구조뿐만 아니라 우리의 일상생활을 크게 변화시킬 것이다. 여러 가지 혁신적이고 긍 · 부정적 효과가 나타나겠지만, 대표적인 부정적 효과는 고용의 감소가 될 것이다. 우울하게도 4차 산업혁명이 본격화되는 향후 가까운 시간 내에 우리 사회의 일자리가 빠르게 줄어들고 실업자가 늘어날 것이라는 뜻이며, 늘어나는 실업자에 대한 대책을 고민해야 하는 것은 당연한 의무다. 국가와 사회가 추구해야 할 가장 중요한 목표는 국민의 신성한 권리를 지키는 것이며, 그중 가장 중요한 권리는 생존권이다. 기본소득은 빈곤층이 최소한의 삶을 위한 필수적 소비를 유지하기 위한 안전장치 역할을 해줄 것이다. 그러면 당연히 소비가 어느 정도 늘어 경제가 좀 더 원활하게 돌아갈 수 있을 것이며, 그것은 모두에게 이로운 일이다. 공통부共通富의 무조건적 · 보편적 · 개별적 배당이 이루어진다는 전제조건이 충족된 이후에 자동화와 기술혁명은 더 이상 일자리를 없애는 재앙이 아니라 풍요의 경제를 앞당기는 축복이 될 수도 있을 것이다.

● 기본소득은 왜 정당한가?

심각한 경제적 불평등은 수많은 사람의 자유를 해치고 있다. 재산이 없어서 생존의 권리를 보장받지 못하는 사람은 자유로운 시민이 아니며 타인의 관용에 빌붙어 살아가게 된다. 만일 재산 소유가 너무 불평등하고 극단적으로 편중되면 나머지 사람들이 자유를 누릴 공간도 극단적으로 좁아진다. 그들은 자유를 박탈당한 것이다. 경제권력을 쥔 부유한 자들이 허락하는 범위 안에서만 삶을 영위할 수 있는 빈곤한 노동계급의 부자유는 불평등을 더욱 악화시킨다. 기본소득의 목적은 신자유주의의 폐해에서 벗어나 빈곤을 물리치는 것이며, 다수의 빈곤한 자들이 더 이상 부유한 자들의 자비에 의존해 삶을 이어갈 수밖에 없는 상황을 극복하자는 것이다. 평등과 자유는 별개의 목표가 아니다.

자본주의 사회에서 생산수단(자본)이 없는 대부분의 사람들은 자신의 노동력을 시장에서 팔고 그 대가로 받은 임금으로 살아가야 한다. 모든 사람이 적절한 가격으로 자신의 노동력을 상품으로 팔 수 있다면 큰 문제는 드러나지 않을지도 모른다. 그러나 모든 사람이 일할 수 있는 일자리가 만들어지지 않을 뿐 아니라 실질임금은 점점 하락하고 있으며, 신자유주의적 자본주의가 발전할수록 이런 경향은 심화된다. 여기에 더해 현실에서 노동력을 상품으로 판매하는 자는 늘 '을'의 지위에 있으며, 노동 과정에서의 소외, 부당한 대우까지 감수해야 하는 처지에 놓이게 한다. 따라서 자본주의 사회에서 다수의 사람은 생존권을 박탈당하거나 불완전하게밖에 보장받지 못하는 처지에 빠질 수 있다. 모든 사회구성원에게 기본소득을 지급하면 소득불평등을 어느 정도 시정하고 불안정 노동으로부터 보호할 수 있으며 자동화, 로봇, 인공지능 등 이른바 '4차 산업혁명'으로 인해 발생하는 구조적인 일자리 감소에 대한 위기극복의 유효한 수단이 될 수 있다. 기본소득은 그들에게 시민으로서의 자유와 더 높은 수준의 자아성취를 가능하게 할 새로운 도전을 위한 개인적 기회를 제공할 수도 있다.

● 어떻게 재원을 마련할 것인가?

기본소득제도에 대해 부정적인 견해를 가진 사람들의 첫 번째 질문은 바로 "무슨 돈으로?"라는 것이다. 실제 기본소득을 지급하기 위해서는 막대한 재원이 필요하다는 점이 가장 큰 장벽으로 꼽힌다.

처음 기본소득제도에 대한 논의가 시작될 때는 세금을 재원으로 한 복지정책의 한 방법으로 논의되었다. 그러나 현대에 이르러 기본소득 주창자들은 기본소득의 재원으로 '공유부共有富, Common Wealth'를 제시하고, 그것은 그 사회구성원 모두의 것이므로 모두의 몫이 되어야 한다고 인식하면서 모두의 몫을 모두에게 돌려달라는 것은 정당한 권리라고 주장한다. '공유부' 또는 '공통부'란 한 사회가 생산한 부 중에서 특정한 경제주체의 노력으로 가치가 창출되어 그 이익을 배타적으로 그 경제주체에 귀속시킬 수 있는 것을 제외한 나머지를 말한다. 즉, 공유부란 한 개인의 것이 아닌 모두가 공유하고 있는 재산이며, 누가 얼마만큼 기여했는지 따지거나 어떤 특정인의 성과로 귀속시킬 수 없는 수익을 말한다. 토지, 천연자원, 생태환경 등과 같은 '자연적 공유부'와 빅데이터 같은 '인공적 공유부'로 나눌 수 있다.

토지는 원래 자연 상태의 것으로서 그 자체의 원천적인 소유권은 인류의 구성원 모두가 공동으로 가지고 있는 것이며, 특정인이 일시적으로 법적인 소유권을 취득하고 있다고 해서 그러한 개인적 노력과 무관하게 상승한 가치와 그 토지의 활용으로부터 발생하는 수익을 개인이 독차지하는 것은 정당하지 못하다. 소유자가 개발하여 가치를 증대시킨 것을 소유자가 취득하는 것은 정당하지만, 그것을 제외한 나머지는 사회구성원 모두에게 돌아가야 한다는 것이다.

오늘날 자본주의 사회에서 '사유재산제도'는 누구도 의문을 제기할 수 없는 신성불가침의 규율이 되고 말았다. 사유재산제도의 철학을 정립한 존 로크John Locke에 따르면 "어떤 물건에 사적 소유권이 성립하는 것은 누군가 그것을 만들기 위해 노동이라는 비용을 치렀기 때문이며, 그렇게 비용을 치르고 획득한 물건에 대해서는 절대적이고 배타적인 권리가 인정되어야 한다"는 것이다. 로크가 말한 사유재산의 원칙이란 어떤 물건은 그것을 만들기 위해 노력한, 다시 말해 비용을 치른 사람이 소유하는 것이 마땅하다는 것이다. 로크가 정립한 사유재산 원칙에 따르면 자연에 의해 주어진 토지에 사적 소유권을 인정하는 제도는 용인하기 어렵다. 토지를 만들기 위해 비용을 치른 사람이 아무도 없는데, 어떻게 거기에 사적 소유권을 부여할 수 있겠는가?

140여 년 전 인간이 왜 불평등해졌는지를 밝히면서 토지사유제의 폐해를 지적했던 위대한 정치철학자 헨리 조지Henry George[34]는 "개인은

---

34 헨리 조지는 미국의 저술가, 정치경제학자, 정치가다. 1879년 발간된 그의 책 《진보와 빈곤》은 인구의 증가에 따른 토지가치의 상승은 토지소유자의 노력의 결과가 아님에도 토지소유자가 그것을 독점적으로 향유하는 것이 "기술이 진보하는데도 대중은 점점 빈곤해지는 이유"라고 지적하고 토지단일세를 주장했다. 모든 사람은 토지에 대한 권리를 평등하게 가지고 있다는 사상을 그의 이름을 따 '조지주의(Georgism)'라고 하며, 그의 정치 · 경제 사상을 추종하는 학자들을 '조지스트(Georgist)'라고 부른다.
유럽에서 위축되어 있던 노동운동이 다시 활발해지는 움직임을 보이자 그 배경에 헨리 조지가 있음을 파악한 로마 교황청은 헨리 조지의 사상을 불순한 것으로 경계하게 되었다. 전 세계에 막대한 토지를 가지고 있던 교황청으로서는 토지단일세 주장을 받아들일 수 없었기 때문이다. 헨리 조지는 1891년 교황 레오 13세에게 매우 정중하고 수려한 문체로 토지의 공공성을 성서적으로 입증하는 〈교황에게 보내는 공개서한〉을 보냈다. 그는 편지에서

자신의 노동생산물을 사적으로 소유할 권리가 있는 반면, 사람이 창조하지 아니한 것, 즉 자연에 의해 주어지는 것은 모든 사람에게 공평하게 귀속된다"고 강조했다. 그 논거를 이해하기 위해 헨리 조지의《진보와 빈곤》내용 일부를 살펴보자. 개척 시대의 미국을 상상하면 이해하는 데 도움이 될 것이다.

> 풀과 꽃, 나무와 시냇물 등 모든 조건이 동일한 비옥한 토지가 무한히 뻗어있는 곳에 첫 이민자의 마차가 나타났다. 그는 야생동물이 풍부하고, 시냇물에는 멋진 송어가 반짝거리는 곳에 정착했다. 자연은 최고의 모습을 자랑한다. 그러나 그는 가족의 도움 외에는 힘을 크게 합쳐서 해야 할 일은 엄두도 내지 못한다. 그는 아이들에게 교육을 해줄 수도 없다. 그는 소떼를 키우고 있지만 약간의 고기를 얻기 위해 직접 소를 도살해야 한다. 그는 스스로 대장장이, 마차 제작자, 목수, 구두 수선공이 되어야 한다. 자연환경은 비옥하지만 그는 가난하다.
>
> 곧 또 다른 이민자가 등장한다. 광대한 평야의 모든 구역이 저마다 좋은 구역이지만, 그는 어디에 정착할지 조금도 의문이 들지 않는다. 다 똑같은 땅이지만 다른 어떤 곳보다 그에게 좋은 땅이 있다. 그곳은 이미 정착자가 살고 있어서 이웃으로 삼을 수 있는 곳, 첫 번째 정착자 옆에 자리를 잡는다. 그로 인해 원래 있던 사람은 상황이 즉각 좋아졌다. 전에는 할 수 없었던 많은 것이 이제 가능해졌다. 두 사람은 서로 도와서 혼자서는 할 수 없는 일을 해내게 되었다. 또 다른 이민자가 등장해 기존에 있던 두 세대 옆

"노동 의욕을 가진 인간이 가난이라는 저주에 빠지는 것은 인간이 불경스럽게도 창조주의 자비로운 의도를 거스르면서 토지를 사유재산으로 만들고 관대한 아버지께서 모든 인간을 위해 마련하신 토지에 배타적 소유권을 설정한 후 이를 극소수에게 부여했기 때문"이라고 썼다. 공개서한이 교황청에 도달한 이후 교황청은 공식대응을 하지 않았으나, 교황청이 앞서 파면한 헨리 조지의 지지자인 에드워드 맥글린 신부를 복권시킨 것으로 보아 레오 13세가 헨리 조지의 사상에 대해 품었던 오해가 해소되었던 것으로 보인다.

에 정착한다. 이렇게 한 명, 한 명 추가되어 최초의 정착자 주위에 스무 세대가 모이게 되었다. 노동은 이제 혼자 있을 때는 엄두도 내지 못하던 일을 해내는 효율성을 갖추게 되었다. 어떤 집에서 소를 한 마리 잡으면 다른 사람들은 그 고기를 얻고, 또 그들이 소를 잡으면 지난번에 얻은 고기를 갚는다. 이렇게 해서 그들은 신선한 고기를 항시 먹을 수 있다. 그들은 함께 교사를 고용하고 그들의 자녀들을 교육할 수도 있다.

한편 인구는 계속 증가할 것이고, 그런 인구 증가가 허용하는 경제의 규모도 증가할 것이다. 최초 정착자의 땅은 인구의 중심에 있으므로 잡화점, 대장장이의 대장간, 마차 제작자의 가게 등은 그 옆에 세워지거나 아니면 그 변두리에 세워질 것이다. 그리하여 곧 마을이 형성되고 이것이 급속히 성장하여 인근 지역의 모든 사람이 모여드는 교환의 중심지가 된다. 그리하여 최초의 정착자는 그가 소유한 토지 중 일부를 떼어서 건물용 부지로 판매할 수 있다. 이 경우 그 토지의 땅값은 높은 값에 팔려나갈 것이다. 그 판매 대금으로 최초의 정착자는 멋진 집을 짓고 내부 장식을 훌륭하게 치장할 수 있을 것이다. 인구는 계속하여 늘어나고 땅은 점점 더 활용도가 높아지고 땅 주인은 점점 더 많은 부를 누리게 된다. 그 마을은 세인트루이스, 시카고, 샌프란시스코 같은 도시로 성장하고 그 후에도 계속 성장한다. 이 도시는 하나의 씨앗 같은 최초의 정착촌에서 성장하여 거대한 사회조직의 심장 겸 두뇌가 된다. 단 한 명의 정착자가 한 쌍의 말을 끌면서 토지를 경작하던 시절은 아득히 사라졌고, 그 대신에 여러 곳에서 수천 명의 노동자가 층층이 쌓아올린 고층건물 속에서 열심히 노동하고 있다.

조밀한 인구가 이 땅에 부여하는 생산력은 원래의 비옥도를 수백 배, 수천 배 증가시킨 것과 맞먹는다. 그리하여 이러한 토지의 지대는 그에 따라 상승하게 된다. 최초의 정착자, 그리고 그의 땅 바로 옆에 자리 잡은 두 번째 정착자는 이제 백만장자가 되었다. 그가 무엇인가 열심히 일해서 그렇게 된 것이 아니라, 인구가 증가하여 저절로 부자가 된 것이다. 지구상에서 가장 가치 있는 땅, 가장 높은 지대를 산출하는 땅은 천연 비옥도가 높은 땅이 아니라, 인구증가 덕분에 높은 활용도를 갖게 된 땅이다.[35]

오늘날 대도시건 농촌이건 모든 지역에서 누가 땅값을 높였는가? 헨리 조지의 말이 의미하는 것은 땅의 가격을 높이는 근본적인 힘은 그 무엇도 아닌 그 땅을 둘러싼 인구수이며, 따라서 지가상승으로 인한 이익은 사회구성원 모두의 것이어야 한다는 것이다.

천연자원과 생태환경도 원래 인류 모두에 속한 자연적 기초이고, 인류 모두의 것이라고 보아야 한다. 천연자원을 채굴한 사람이 채굴을 통해 천연자원의 가치를 증대시켰을지라도 천연자원 자체를 창조한 것은 아니므로 채굴로 발생하는 수익 일부는 모두에게 조건 없이 배당되어야 한다. 나아가 생태환경은 세대와 세대를 넘어 인류 모두의 것이며, 현세대의 인류에게는 무분별한 개발로부터 생태환경을 보존해야 할 책임이 있다. 탄소배출로 인한 기후변화와 온난화로 인한 해수면 상승은 수많은 해안가 도시에 직접적인 피해를 주고 있으며, 이른바 이상기후로 인한 다양한 피해도 점점 심각해지고 있다. 수익활동 과정에서 생태환경을 오염시키고 모든 인류에게 많은 피해를 끼친 기업이 그 수익을 독차지하는 것은 정의로운 분배가 아닐뿐더러 반생태적이다. 토지 자체, 천연자원, 생태환경 등은 모두의 것이며 이로부터 나온 수익의 상당한 부분은 '자연적 공유부'로서 모든 사람 각자에게 무조건적으로 분배되는 것이 정의로운 것이다.

자연적 공유부가 인류 모두의 것인 자연적 기초로부터 흘러나온 수익이라면, 인공적 공유부는 누가 얼마만큼 기여했는지를 따질 수 없고 어떤 특정인의 성과로 귀속시킬 수 없는 자산으로부터 발생하는 수익이

35 헨리 조지, 이종인 옮김, 《진보와 빈곤》, 현대지성, pp. 250-259의 내용 요약.

다. 오늘날 빅데이터의 형성과 활용에 의해 발생하는 수익도 같은 맥락에서 인공적 공유부로 볼 수 있다. 플랫폼 기업들의 이윤은 네트워크 효과로부터 나오는 것이며, 이용자 집단이 클수록 네트워크 효과도 커진다. 더 많은 사용자를 모을수록 플랫폼 기업의 이윤도 커져간다. 즉, 산업자본과 달리 플랫폼 기업에서는 수확체감이 아니라 수확체증의 법칙이 나타난다.

디지털 경제에서 플랫폼 고유의 기능은 데이터의 추출과 이용이다. 플랫폼 자본주의와 함께 플랫폼이라는 사회 인프라를 독점적으로 소유하고 빅데이터를 활용해 수익을 올린 구글Google, 페이스북Facebook, 아마존Amazon 등의 기업은 시가총액 글로벌 5대 기업에 이름을 올렸다. 여기서 "빅데이터는 누구의 것인가?"라는 질문이 가능하다. 플랫폼 비즈니스와 인공지능 개발에서 필수적인 빅데이터는 플랫폼 없이는 형성되지 않으며, 플랫폼 기업은 플랫폼을 소유한다. 그렇다면 플랫폼을 소유한다고 해서 빅데이터를 오롯이 소유하는 것은 과연 정당한가? 개간 이전에 농지는 존재하지 않았지만, 개간에 의해 토지 자체가 창조된 것이 아닌 것과 마찬가지로, 빅데이터는 플랫폼에 의해 형성되지만 플랫폼이 디지털 활동을 창조한 것은 아니다. 플랫폼의 가장 중요한 기능은 데이터 인클로저[36]다. 즉, 디지털 활동을 데이터 형태로 물질화하는 동시에

---

36 《플랫폼 자본주의》를 쓴 닉 서르닉은 플랫폼 경제의 진행 과정을 4단계로 설명했다. 데이터 추출의 확장, 게이트키퍼로서의 입지 구축, 시장의 컨버전스, 생태계의 인클로저화가 그것이다. 풀어 설명하면, 데이터 기반의 플랫폼은 그들의 독점적 위상을 확대하기 위해 먼저 데이터 추출의 인프라를 사용자에게 제공하고, 이를 통해 영역 내 독점을 강화한 뒤 이종 분야의 시장에 침투해 데이터 사일로(silo)를 건설하게 된다는 것이다. 그 완결점이 바로 '데이터 생태계의 인클로저화'라고 볼 수 있다. 2021년 애플이 사용자 데이터 인클로징을 시도하자 페이스북은 애플의 사용자 데이터 관리 정책 변경을 강력히 비난하는 성명을 내놨다. 수만 개의 모바일 앱에 깔아둔 페이스북의 데이터 추적 코드가 사실상 무력화되고 정밀한 광고 타기팅이 어려워져 페이스북의 핵심 비즈니스가 타격을 받게 되기 때문이다. 〈주간경향〉 1476호(2022. 5. 9) 참고.

울타리를 쳐 배타적으로 활용하고 가치화하기 위한 장치다. 데이터 기반 가치창출에 대한 플랫폼 자본의 배타적 전유는 플랫폼 없이는 빅데이터가 형성되지 않는다는 한 측면에만 근거해 이익을 독식해왔다. 하지만 플랫폼 경제는 사람들이 더 많이 이용할수록 가치가 높아지기 때문에 이용자의 참여는 주주들의 투자보다 더 중요한 역할을 한다. 따라서 개별적 데이터 활동의 결과물인 빅데이터는 모두의 공동소유이고, 모든 사람은 빅데이터에 대한 모두의 공동소유권에 근거하여 네트워크 효과로 발생한 수익 일부를 모두의 몫으로 돌려받을 정당한 권리가 있다. 이미 글로벌 공룡기업이 된 FAANG(페이스북, 애플, 아마존, 넷플릭스, 구글) 등 거대 플랫폼 기업의 이익 독식은 공정한 게임 룰이라 할 수 없다. 특정인의 성과로 귀속시킬 수 없는 모두의 몫을 모든 사람에게 조건 없이 평등하게 분배할 때 "각자에게는 각자의 성과에 따라 분배하라"는 분배 원칙이 유효하게 되는 것이다.

● 기본소득은 어떤 사회를 지향하는가?

그렇다면 기본소득이 주요한 해법이 될 수 있는가? 다시 말해 소득과 자산에 따른 심각한 사회 양극화를 넘어서서 모든 사회구성원이 적절한 삶을 누릴 뿐만 아니라 생태위기를 극복할 수 있는 방도가 될 수 있는가? 기본소득은 빈곤층이 경제위기에서 최소한의 삶을 유지할 필수적 소비를 유지하기 위한 안전장치 역할을 해줄 것이다. 신자유주의 이후 수십 년간 부는 가장 부유한 사람을 향한 재분배가 이루어져왔지만, 기본소득제도가 도입된 사회는 부의 일부를 가장 빈곤한 사람들을 향해 재분배하게 될 것이다.

보건복지부와 한국생명존중희망재단이 발간한 〈2022 자살예방백서〉에 따르면 2020년 기준 우리나라에서 매일 약 36.15명이 스스로 극단적 선택을 하고 있으며, 한국은 꾸준하게 OECD 회원국 중 자살률 1위를 지키고 있다. 통계청의 연령대별 자살 원인 통계를 보면 수년간 40대와 50대가 60~65%를 차지하고 있으며, 사망원인별로도 경제적 어려움이 가장 큰 것으로 나타났다. 그뿐만 아니라 실직, 이혼 등에 따른 경제적 어려움과 사회적 고립으로 2021년 기준 하루 평균 9명씩이나 고독사하고 있다. 2014년 송파구 석촌동의 세 모녀 사건, 2022년 수원의 세 모녀 사건 등 뉴스는 거의 매일 빈곤을 극복하지 못하고 삶을 등진 사람들에 대한 소식을 전하고 있다. 기본소득은 최소한 이들에게는 생명줄 같은 기능을 하게 될 것이다.

자본주의는 이윤 극대화와 경제활동 자체를 우선시하는 체제이며, 시장은 사회의 다양성을 도모하고 개인들의 개별성을 발휘할 수 있는 제도다. 기본소득은 시장의 존재를 인정하고 존중하는 것이며, 경제를 다시금 사회의 통제하에 둠으로써 자본주의가 시장을 장악하지 못하게 하는 것이다.

세계적으로 가장 먼저 그리고 성공적으로 기본소득제도를 시행하는 미국 알래스카주의 경우 알래스카 북쪽의 프루드호만Prudhoe Bay에 위치한 유전에서 나오는 석유 수입의 일부를 '알래스카 영구기금'으로 조성해 알래스카주에 6개월 이상 거주한 모든 주민에게 배당금 형태의 종신기금을 기본소득으로 지급하고 있으며, 1982년부터 매년 10월 '기본소득의 달'에 약 2천 달러를 지급하고 있다.

인도의 여성운동단체인 자영업여성연합Self-Employed Women's Association은 2011년 6월부터 2012년 8월까지 마디야프라데시주에서 유니세프의 지원을 받아 기본소득 실험을 실시했다. 성별 · 연령에 상관없이 성인 1인당 200~300루피(약 3,300~5,000원), 어린이 1인당 100~150루피(약 1,600~2,500원)을 매달 현금으로 직접 지급한 결과 어린이 영양실조가 크게 개선되었고, 학교 출석률이 높아졌으며, 소득수준이 향상된 것이 확인되었다.

아프리카 나미비아의 오미타라 지역에서는 민간단체들이 합작해 2008년 1월부터 2009년 12월까지 지역주민 930명에게 매달 100나미비아달러(1만 4,000~1만 5,000원)를 지급하는 기본소득 실험을 실시했다. 그 결과 임금과 소득 상승률이 증가했으며, 빈곤율과 실업률이 큰 폭으로 낮아졌고, 농업생산량과 자영업 소득도 증가했다.

그 외 스위스, 핀란드, 네덜란드 등이 기본소득 실험을 계획 중이거나 입법을 준비 중이며, 국내 사례로는 성남시가 시행하고 있는 청년배당제도가 있다. 청년배당은 성남시에 3년 이상 거주한 만 24세 청년에 대해 빈부에 상관없이 보편적으로 분기당 25만 원에 해당하는 지역상품권을 지급하는 사업이다. 배당금을 현금 대신 지역상품권으로 지급해 소상공인, 재래시장 활성화에도 기여하고 있다고 평가받는다.

기본소득 예산과 관련하여 고려할 수 있는 것은 기본소득을 지급하면서 각종 현금 급여를 과세소득화하여 각 개인의 소득에 가산하여 소득세를 부과하면 같은 금액의 수당을 모두에게 지급해도 고소득자들로부터 더 높은 세율로 환수하게 되므로 결과적으로 소득수준에 따라 차등지급하는 효과를 가지게 되며 실질적인 기본소득 예산규모는 줄어들게 된다. 현재 우리나라는 공적연금 소득 외에는 공적이전 소득을 과세소득에 일절 포함하지 않고 있다. 덴마크는 2009년 공적 사회지출이 GDP의 30.2%에 달했으나 여기서 GDP의 3.8%를 직접세로, GDP의 2.6%를 간접세로 환수해 순 사회지출은 GDP의 23.8%였다. 스웨덴은 GDP의 3%가 넘는 금액을 공적 이전 지출에서 직접세로 환수하고 있다.

기본소득과 음(-)의 소득세 논쟁

기본소득과 비교되는 또 하나의 소득보장제도 중 하나로 음(-)의 소득세Negative Income Tax, NIT 또는 부負의 소득세가 논의되고 있다. 음의 소득세는 아이러니하게도 신자유주의자 밀턴 프리드먼에 의해 처음 제기되어 대중적으로 알려진 것으로 고소득자에게는 세금을 징수하고 저소득자에게는 보조금을 지급하는 소득세제도를 말한다.

음의 소득세가 도입되면 일정 수준까지의 소득에 대해서는 세금이 없고, 그 수준보다 높은 소득에 대해 세율에 따라 세금이 부과되는 한편, 그 수준보다 낮은 소득의 사람들은 부족한 부분에 대해 정해진 비율로 보조금을 지급받게 된다. 가령 연간소득 1,200~2,400만 원 사이를 면세구간으로 정하면 연소득 2,400만 원 이상인 사람들에게는 지금과 같이 소득세를 징수하고, 연소득이 1,200만 원보다 적으면 부족한 소득의 일정률(가령 50%)을 보조금으로 지급한다고 할 경우 월평균 소득이 '0'인 사람은 매월 50만 원의 보조금을 지급받고, 월평균 소득이 50만 원인 사람은 매월 25만 원을 지급받게 되는 방식이다.

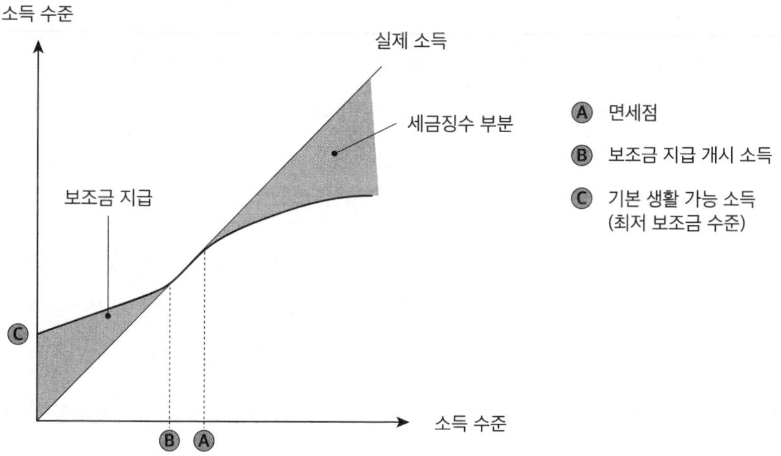

그림 16. 음의 소득세 효과

출처: 김은별 기자, "변양호 '음의 소득세 도입해 사회안전망 구축해야'", 〈아시아경제〉, 2020. 7. 10.

기본소득을 반대하면서도 음의 소득세제도를 찬성하는 사람들은 복지제도는 가난한 사람들을 위한 것이어야지 모든 국민에게 동일한 금액을 지원하는 것은 바람직하지 않을 뿐만 아니라 불필요한 예산 낭비를 초래한다고 주장한다. 그들은 기본소득에 대해 '포퓰리즘성 무차별 현금 살포'라고 비난하면서 왜 부자들에게까지 별로 도움이 되지도 않는 돈을 지불하기 위해 더 많은 세금을 걷어야 하느냐고 비판한다. 그러면서 음의 소득세는 저소득층을 선별하여 집중 지원하기 때문에 적은 예산이 소요되고 실행 가능성이 훨씬 높다고 주장한다. 그러나 이러한 주장은 기본소득제도에 대한 이해 부족과 오해에서 비롯된 주장이다.

예를 들어 설명해보자. 가령 1인당 평균소득이 5천만 원인 어느 나라에서 20%의 단일소득세를 적용하여 마련한 재원으로 모든 국민에게 연간 1천만 원씩 지불하는 경우(기본소득제도)와 평균소득 5천만 원을 초과하는 소득에 대해서만 20%의 단일소득세를 적용해서 마련한 재원으로 소득이 0원인 사람에게 1천만 원의 보조금을 지급하고 소득이 늘어날 때마다 늘어난 소득의 20%를 보조금에서 삭감하는 경우(음의 소득세제도)를 비교해보자.[37] 사례는 단순화하기 위해 소득구간별 단일세율을 적용했으나 누진세를 적용하는 경우에도 내용은 달라지지 않는다. 많은 사람들이 부자와 가난한 사람에게 같은 액수를 지급하는 것은 소득재분배 효과가 없다고 느낀다. 〔표 2〕를 얼핏 보면 기본소득은 7천만 원의 예산이 필요하고 음의 소득세는 2,400만 원의 예산이 필요한 것처럼 보인다. 그러나 표의 '효과'에서 보는 바와 같이 주는 것과 받는 것을 함께 고려한 보편적 기본소득제도와 음의 소득세제도는 실질적으로 동일한 예산이 소요되며, 접근하는 방식이 다를 뿐 그 효과는 사실상 같은 것이다.

---

37 김찬휘 TV, 〈기본소득 특집 3화 - 보편적 기본소득과 안심소득세의 차이점〉 참고(표 2 포함).

표 2. 기본소득제도와 음의 소득세제도의 효과 비교

보편적 기본소득 안

소득(원)	0	1천만	2천만	5천만	8천만	9천만	1억
소득세	0	200만	400만	1천만	1,600만	1,800만	2천만
지급	1천만	1천만	1천만	1천만	1천만	1천만	1천만
효과	1천만	800만	600만	0	-600만	-800만	-1천만

음의 소득세 안

소득(원)	0	1천만	2천만	5천만	8천만	9천만	1억
소득세	0	0	0	0	600만	800만	1천만
지급	1천만	800만	600만	0	0	0	0
효과	1천만	800만	600만	0	-600만	-800만	-1천만

'맨큐의 경제학'으로 유명한 미국의 보수주의 경제학자 그레고리 맨큐N. G. Mankiw는 "가난한 사람들만 골라서 보조금을 지급하는 현행 재분배 정책과 기본소득 정책은 사실상 아무런 실질적 차이를 갖지 않는다. 많은 사람들이 두 정책이 실질적으로 똑같은 내용의 정책이라는 점을 잘 모른 채 기본소득제도를 반대한다. 단지 두 제도 간의 논쟁은 프레임 차이에 불과하며, 만일 두 정책이 실질적으로 똑같다는 점을 분명하게 인식한다면 행정적으로 훨씬 단순한 기본소득제도를 선호할 게 분명하다"고 주장한다.

기본소득은 앞 절에서 살펴본 바와 같이 모두의 것을 모두가 돌려받는 것이기 때문에 정당하고 받는 사람도 당당하다. 그러나 음의 소득세는 저소득층에게만 지급되기 때문에 음의 소득세를 지급받는 사람들에게 스스로 사회적 낙오자라는 인식을 갖게 하기 때문에 부끄러움을 감수하게 만든다. 결과적으로 같은 정책을 수행하면서 국민 다수에게 루저라는 인식을 갖게 하고 자존감을 꺾도록 강요할 필요는 없다.

기본소득제와 음의 소득세는 모두 소득보장과 불평등 완화가 주목적이며, 기존 복지제도에 비해 제도가 훨씬 단순하여 사각지대나 근로의욕 감소 문제가 적다는 공통점도 있다. 두 제도는 이론형성의 배경이 다르기 때문에 제도설계에 있어 몇 가지 전제를 달리하고 있는데, 중요한 차이는 기본소득이 개별성의 원칙에 따라 개인별 지급을 원칙으로 하는 데 반해 음의 소득세는 가구별로 설계하는 것이 일반적이며, 기본소득이 공유부를 바탕으로 하여 다양한 재원 마련을 위한 논리적 근거를 확보하고 있는 데 반해 음의 소득세는 오직 개인별 소득에 근거한 소득세만을 재원으로 설계하고 있다는 점이다.

오세훈 서울시장은 2022년 7월 '서울안심소득'이라는 이름으로 음의 소득세 실험에 들어갔다. 실험대상 가구에는 기존 복지제도 중 생계급여와 주거급여를 배제하고 기초연금, 청년수당 등도 일부 차감하지만 국민연금, 실업급여, 의료급여, 교육급여, 아동수당은 유지하는 것으로 설계되었다. 서울안심소득은 우선 5년간 실험해보고 그 결과를 충분히 검토한 후에 도입 여부를 결정하는 시범사업으로, 총 800가구의 표본집단과 1,600가구의 비교집단으로 구성되며, 실험을 주도하고 결과를 연구하는 자문위원단에는 국내외 학자 31명이 참여하고 이 사업의 5년간 총사업비는 224억 6,400만 원으로 책정되었다. 1년으로 따지면 45억 원이 채 들지 않는다.

적용대상 소득기준은 가구별 소득평가액[38]이 중위소득의 50% 이하인 가구를 대상으로 하며, 안심소득급여 지급액은 기준 중위소득의 85%에서 소득평가액을 뺀 금액의 50%에 해당하는 금액에서 차감공적

---

38 실제소득에서 장애요인, 질병요인, 양육요인, 국가유공요인 등 가구특성에 따른 지출요인을 공제한 금액으로 계산한다.

이전소득[39]을 차감한 금액으로 산정한다. 서울시가 고시한 2022년 3인 가구 기준 중위소득이 178만 2,750원이므로 3인 가구 기준 월간소득이 89만 1,375원 이하인 가구가 대상이 되며, 가령 월간소득평가액이 80만 원인 3인 가구의 안심소득급여는 월간 최대 35만 7,668원[40]에서 차감공적이전소득을 공제한 금액으로 계산된다. 즉 이 금액에서 생계급여와 주거급여, 기초연금과 청년수당, 청년월세, 서울형 주택바우처 등 현금성 복지급여 지급액을 공제하면 사실상 실제 지급액이 거의 없어 실효성이 있을지 의문이 든다.[41]

어쨌건 서울안심소득의 효과와 실효성 여부는 5년 후의 실험 결과 분석보고서를 보면 알게 될 것이지만 기본소득, 음의 소득 또는 안심소득 간의 이론적 논쟁이 불붙었다는 사실과 특히 보수정당 소속의 서울시장에 의해 실험에 들어갔다는 사실은 매우 고무적인 일이 아닐 수 없다. 중요한 것은 그동안 온갖 폄훼와 터부, 그리고 억울한 비난 속에서 일부에 의해 논의되던 기본소득제도가 세상 밖으로 나와 현실에서 실현 가능성을 실험하게 되었다는 것이다. 이것을 계기로 기본소득제도와 음의 소득제도 간의 더욱 뜨거운 논쟁이 계속되어 더 많은 국민이 기본소득제도의 필요성과 효용성에 공감하게 되고, 머지않은 미래에 기본소득제도가 우리 사회에 정착하게 될 날이 오기를 기대한다.

---

39 안심소득 지급액에서 기존 복지제도 중 생계급여와 주거급여 및 기초연금, 청년수당 등을 차감한다는 것을 의미한다.

40 (1,782,750×85%－800,000)×50%＝357,668원

41 적용대상, 소득평가액, 안심소득급여, 차감공적이전소득 항목 등은 서울시의 서울안심소득 홈페이지를 참고했다.

참고문헌

경향신문 특별취재팀.《세계금융위기 이후》. 한스미디어, 2010.

금민.《모두의 몫을 모두에게》. 도서출판 동아시아, 2020.

김성구.《신자유주의와 공모자들》. 나름북스, 2014.

노엄 촘스키, 강주헌 옮김.《우리가 모르는 미국 그리고 세계》. 시대의창, 2012.

노영민.《현대사의 비극들: 잊혀진 자를 위한 기록》. 장백, 2011.

다니엘 라벤토스, 이한주 · 이재명 옮김.《기본소득이란 무엇인가》. 책담, 2017.

린 스타우트, 우희진 옮김.《주주자본주의의 배신》. 북돋움, 2021.

박영흠 · 김소정.《세계사를 움직인 100대 사건》. 청아출판사, 2016.

박태균.《베트남전쟁》. 한겨레출판, 2017.

새로운사회를여는연구원.《신자유주의 이후의 한국경제》. 시대의창, 2009.

쑹훙빙, 차혜정 옮김.《화폐전쟁》. 랜덤하우스코리아, 2009.

에릭 허쉬버그 외, 김종돈 · 강혜정 옮김.《신자유주의 이후의 라틴아메리카》. 모티브북, 2008.

염홍철.《제3세계와 종속이론》. 한길사, 1980.

위르겐 코카, 나종석 · 육혜원 옮김.《자본주의의 역사》. 북캠퍼스, 2017.

유시민.《거꾸로 읽는 세계사》. 돌베개, 2021.

이럿타.《이럿타로 경제에 눈뜨다》. 지식의풍경, 2020.

이병천 외.《다시 촛불이 묻는다》. 동녘, 2021.

이한주 외.《지속가능한 공정경제》. 시공사, 2021.

이형종 · 송양민.《ESG경영과 자본주의 혁신》. 21세기북스, 2021.

장하성.《왜 분노해야 하는가》. 헤이북스, 2018.

정득권 외.《포스트 코로나 시대, 플랫폼 자본주의와 배달노동자》. 북코리아, 2021.

조국.《가불선진국》. 메디치, 2022.

조귀동.《세습 중산층 사회》. 생각의힘, 2021.

조너선 D. 오스트리 외, 신현호 외 옮김.《IMF 불평등에 맞서다》. 생각의힘, 2021.

조영헌.《대운하시대 1415~1784: 중국은 왜 해양진출을 주저했는가?》. 민음사, 2021.

조준현.《고전으로 읽는 자본주의》. 다시봄, 2014.

조지프 스티글리츠, 송철복 옮김.《세계화와 그 불만》. 세종연구원, 2009.

주경철.《대항해시대: 해상팽창과 근대세계의 형성》. 서울대학교출판문화원, 2021.

채사장.《시민의 교양》. 웨일북, 2017.

______.《지적 대화를 위한 넓고 얕은 지식: 역사 · 경제 · 정치 · 사회 · 윤리 편》. 한빛비즈, 2015.

______.《지적 대화를 위한 넓고 얕은 지식: 철학 · 과학 · 예술 · 종교 · 신비 편》. 한빛비즈, 2015.

토마 피케티, 장경덕 외 옮김.《21세기 자본》. 글항아리, 2020.

프리드리히 A. 하이에크, 김이석 옮김.《노예의 길》. 자유기업원, 2020.

헨리 조지, 이종인 옮김.《진보와 빈곤》. 현대지성, 2020.

W. 칼비븐, 박동묘 옮김.《누가 케인즈를 죽였나?》. 교문사, 1991.